George Ticknor, Adolf Wolf

Geschichte der schönen Literatur in Spanien

George Ticknor, Adolf Wolf

Geschichte der schönen Literatur in Spanien

ISBN/EAN: 9783742898548

Hergestellt in Europa, USA, Kanada, Australien, Japan

Cover: Foto ©ninafisch / pixelio.de

Manufactured and distributed by brebook publishing software
(www.brebook.com)

George Ticknor, Adolf Wolf

Geschichte der schönen Literatur in Spanien

Geschichte

der

schönen Literatur

in Spanien

von

Georg Ticknor.

Deutsch mit Zusätzen herausgegeben
von
Nikolaus Heinrich Julius.

Supplementband,
enthaltend die wesentlichern Berichtigungen und Zusätze der dritten
Auflage des Originalwerks,
bearbeitet
von
Adolf Wolf.
Mit einer Vorrede
von
Ferdinand Wolf.

Leipzig:
F. A. Brockhaus.
1866.

Geschichte

der

schönen Literatur in Spanien.

———   ·

Supplementband.

Vorrede.

Ticknor's Werk ist unter den die ganze Geschichte der spanischen Literatur umfassenden nun wol unbestritten als das beste anerkannt und wird voraussichtlich noch für längere Zeit die Grundlage aller auf diesem Gebiete zu unternehmenden Arbeiten bleiben.

Man wird es daher dem Verleger der deutschen Uebersetzung desselben gewiß Dank wissen, daß er in dem vorliegenden Supplementband dazu die Berichtigungen und Zusätze der letzten Originalauflage nachliefert, um so mehr, als bei dem engen Kreise, auf welchen ein solches Werk in Deutschland zu rechnen hat, eine neue Auflage der Uebersetzung wol nicht so bald zu erwarten sein dürfte.

Wie wichtig und umfangreich aber die Berichtigungen und Zusätze der im Jahre 1864 zu Boston erschienenen dritten amerikanischen Auflage sind — nachdem von den ersten beiden in den Vereinigten Staaten allein 3500 Exemplare abgesetzt worden waren —, wird man schon aus den nachstehenden Worten der Vorrede des Verfassers zu dieser dritten Auflage entnehmen können:

„Die gegenwärtige Auflage der Geschichte der spanischen Literatur ist wesentlich sowol von den beiden frühern amerikanischen als auch von der englischen Auflage und den Uebersetzungen verschieden, die nach diesen Auflagen veranstaltet worden sind. . . .

„So sind die Biographien Garcilasso's de la Vega, des Dichters, und Luis' de Leon, des verfolgten Gelehrten, nach Materialien, die noch nicht bekannt oder wenigstens noch nicht veröffentlicht waren, als die frühern Auflagen dieser Geschichte erschienen, umgeschrieben und erweitert worden. Die Lebensbeschreibungen des Cervantes, Lope de Vega und mehrerer anderer haben in derselben Art und aus denselben Ursachen Zusätze und Verbesserungen erhalten. Mehr als hundert Schriftsteller, allerdings von untergeordneter Bedeutung, aber doch, wie ich glaube, einer Notiz nicht unwürdig, die ihnen früher nicht zutheil geworden war, sind nun meistentheils in den Anmerkungen, manchmal aber auch im Text an den passenden Orten erwähnt worden. Erörterungen, die zusammengerechnet keinen unbedeutenden Umfang einnehmen, sind in Beziehung auf Bücher mitgetheilt worden, die schon mit mehr oder minder Sorgfalt geprüft worden waren, aber nun neu geprüft wurden. Demgemäß wird man nur wenige aufeinanderfolgende Seiten in dieser „Geschichte der spanischen Literatur", wie sie jetzt dem Publikum vorliegt, finden, die nicht Zeugniß davon ablegten, daß das Werk eine, wie ich hoffe, verbesserte und jedenfalls eine von der bedeutend verschiedene Gestalt gewonnen hat, in der es früher in den Vereinigten Staaten oder in Europa veröffentlicht worden ist.

„Die Quellen dieser Zusätze und Abänderungen waren sehr mannichfaltige. Die wichtigsten und zahlreichsten sind die Resultate eines regelmäßigen und reichlichen Zuwachses meiner eigenen Sammlung spanischer Bücher, namentlich solcher, die schon selten geworden sind. In zweiter Linie bin ich auch vielfach den öffentlichen und Privatbibliotheken Europas verpflichtet, die ich neuerdings in den Jahren 1856 und 1857 besuchte."

Mein Sohn hat sich nun bemüht, durch eine möglich sorgfältige Wiedergabe alles Wesentlichen in diesen Abänderungen und Zusätzen die deutsche Uebersetzung auf den gleichen Grad der Vollendung mit dieser neuen Auflage des Originals zu bringen, was sehr dadurch erleichtert wurde, daß der Verfasser so gütig war, mir ein Exemplar dieser neuen Auflage zuzusenden, in dem er eigenhändig die Stellen bezeichnet hatte, welche für diesen Zweck berücksichtigt werden sollten. Ueberdies hat er uns in einem Schreiben vom Juli 1864 einige nach dem Erscheinen dieser neuen Auflage gemachte Verbesserungen mitgetheilt.

Es ist natürlich alles weggelassen worden, was der Verfasser aus den Zusätzen der ersten beiden Bände der spanischen Uebersetzung in diese neue Auflage aufgenommen hatte, da diese Bände bereits in den Nachträgen der deutschen Uebersetzung berücksichtigt worden waren.

Wir haben aber auch, hierin dem Vorgange des Verfassers fol=
gend, die dem vierten Bande der spanischen Uebersetzung angehängten
altcastilischen Dichtungen weggelassen, theils weil sie zu viel Raum
eingenommen hätten, theils weil inzwischen die Wiederveröffentlichung
der meisten in Ribadeneyra's „Biblioteca de Autores españoles" durch
Herrn Jauer („Poesías anteriores al siglo XV"), erfolgt ist.

Die wenigen Zusätze, meist bibliographischen Inhalts, die von
mir herrühren, sind durch Parenthesen und durch den Buchstaben W.
am Ende gekennzeichnet worden. Allerdings haben die seit der Aus=
arbeitung dieser neuen Auflage des Originals erschienenen vier Bände
der „Historia crítica de la literatura española" von Don José Ama=
dor de los Rios, besonders der dritte und vierte Band, durch das
viele darin zuerst veröffentlichte Material aus Handschriften der spa=
nischen Bibliotheken über manche bisher dunkel gebliebene Partien der
ältesten Perioden bis zur Mitte des 14. Jahrhunderts ein helleres
Licht verbreitet, sodaß der gewissenhafte Verfasser des Originalwerks,
wären ihm diese Bände noch zu rechter Zeit zugekommen, sie gewiß
vielfach benutzt und sich vielleicht zur Umarbeitung mancher Partien
veranlaßt gefunden hätte. Ich aber kann mich hier um so mehr be=
gnügen, auf mein in dem „Jahrbuch" für romanische und englische Li=
teratur" (Bd. 5 und 6) gegebenes Résumé von dem Werke des Ama=
dor de los Rios zu verweisen, als eine durchgreifendere Umarbeitung
hier nicht am Platze gewesen wäre und das „Jahrbuch" wol ohnehin
in den Händen jedes Freundes der spanischen Literatur ist.

Die übrigen in dem Appendix I der dritten amerikanischen Auf=
lage von dem Verfasser zusammengestellten Werke, welche ihm nach
Abschluß derselben bekannt geworden und von ihm noch der nachträg=
lichen Erwähnung werth gefunden worden waren, „Recent publica-
tions", sind hier, so weit als nöthig und thunlich, gleich an den betref=
fenden Orten angeführt worden.

Wien, im März 1865.

Ferdinand Wolf.

Leider war es meinem Vater nicht vergönnt, das Erscheinen die=
ses Supplementbandes, an dessen Zustandekommen er so lebhaften
Antheil nahm, zu erleben; er starb am Abend des 18. Febr. 1866,
nachdem er wenige Tage vorher, fast schon sterbend, den vierzehnten
Correcturbogen dieses Bandes durchgesehen und noch einige Verbesse=
rungen zu demselben gemacht hatte. So bethätigte er beinahe bis zu
seinem letzten Athemzuge die Liebe zur Wissenschaft und die Zuneigung
zu der spanischen Nationalliteratur, die ihn während seines ganzen Le=
bens nie verlassen und es ihm ermöglicht hatten, durch mehr als ein
Werk seinem Namen ein bleibendes Denkmal zu setzen.

Wien, im Juni 1866.

Adolf Wolf.

Zusätze und Anmerkungen zum ersten Bande.

Seite 10. Anmerkung zu Zeile 8 von oben.

Der Verfasser theilt hier die Zusätze der spanischen Uebersetzung zu S. 7, Anm. 2 (deutsche Ueberf. Band 2. Nachträge, S. 657 ff.) mit und führt dann fort: Insofern als diese Citate von Wichtigkeit für Fragen der ältesten spanischen Literatur sind, glaube ich sie genügend an den passenden Orten benutzt zu haben. Sie sind aber in der That nur von geringer Bedeutung. Mit einer einzigen Ausnahme reicht keines so weit als die Fueros von Oviedo (1145) und Avilés (1155) zurück; die Anführung nämlich des „Poeta" als Zeugen in der Urkunde Alfonso's VII., die genau von demselben Datum mit dem Fuero von Oviedo ist, läßt aber unentschieden, ob dieser „Poeta" in lateinischer Sprache oder in dem damals sich entwickelnden Spanischen geschrieben habe; ich möchte aber glauben, daß er Lateinisch schrieb. Die übrigen Citate, die alle von jüngerem Datum als die beiden Fueros sind, haben noch geringere Bedeutung.

Seite 12 zu Anmerkung 1 der vorhergehenden Seite.

Einige poetische Erzählungen vom Cid, die nie Glauben verdient hätten, wurden schon so frühe, wie in der Hälfte des 15. Jahrhunderts, bezweifelt (f. „Loores de los Claros Varones de España", ein Gedicht des Fernan Perez de Guzman, Strophe 219), und viele andere zeigen sich jetzt auf den ersten Blick als unglaublich. Die Behauptungen Masden's (Hist. critica de España, der ganze zwanzigste Band, besonders aber S. 370) und Dunham's (Hist. of Spain and Portugal, Vol. II. Appendix), daß eine solche Persönlichkeit wie der Cid nie existirt habe, sind aber ganz absurd. Sollte indessen noch jemand zu einem so hohen Grade von Skepticismus hinneigen, so möge er nur Dozy „Recherches sur l'histoire politique etc. de l'Espagne pendant

le moyen âge" (Leyden 1849, Bd. 1; in zweiter, umgearbeiteter Auf=
lage erschienen, ebendas. 1860) lesen; — ein äußerst wichtiges Werk
für die mittelalterliche und arabische Geschichte Spaniens. In demsel=
ben (S. 320 bis zum Ende des Bandes) gibt der gelehrte Verfasser
nach arabischen Quellen, die beinahe oder gänzlich gleichzeitig mit dem
Cid sind (S. 329, 356), weit mehr von der Geschichte und den Aben=
teuern dieses Helden, als bisher bekannt war; durch dieselben wird aber
jeder Zweifel ausgeschlossen, daß die rohen Umrisse, die man bisjetzt von
seiner Geschichte kannte, die richtigen waren. Zugleich aber zeigt er uns
den Cid mit den Lastern und der Grausamkeit seiner Zeit befleckt, wie
dies Conde zum Theil schon nachgewiesen hat; — diese Laster schadeten
dem Helden in den Augen seiner Zeitgenossen nicht, verschwinden aber
fast gänzlich in den poetischen Erzählungen von ihm, nach denen die
moderne Zeit sich größtentheils seinen Charakter gestaltet hat. (Conde,
Dominacion, II, 183; Dozy, Recherches, I, 183, 355, 375, 402,
567, 581, 695, 705.)

Seite 12. Anmerkung zu Zeile 2 von oben.

Robrigo Diaz oder Diez bedeutete soviel als Robrigo, Sohn
des Diego, gerade so wie sein Vater Diego Lainez, d. i. Diego, Sohn
des Lain und Alvaro Nuñez de Lara, Alvaro, der Sohn des Nuño,
aus dem Hause Lara, hießen; — ez ist eine patronymische Endung der
Namen, denen es angehängt wird (s. Geronimo Gudiel, Familia de
los Girones, Alcalá 1577, Fol., Bl. 2 a., und Diccionario de la
Academia, 1737, *Patronymico*). Diese Endung mit ihren Varietäten
az, es, is, u. s. w. kann sowol in Spanien als in Portugal durch
lateinische Urkunden bis in das 11. Jahrhundert zurück nachgewiesen
werden: Froilanez und Froilas, der Sohn des Froila; Velasques und
Velasquez, Sohn des Velasco; Sanchiz und Sanchez, Sohn des
Sancho u. s. w. Im Verlaufe der Zeit verloren diese Endungen aber
ihre ursprüngliche Bedeutung und wurden bloße Theile von Familien=
namen, so in dem bekannten Falle des Antonio Perez, des Opfers
Philipp's II., dessen Vater Gonçalo Perez, der Uebersetzer der Odyssee,
war und denselben Namen wie der Sohn trug. Woher der früheste Ge=
brauch des ez als eines Patronymicum kam, ist nicht ausgemacht.
Pater Burriel denkt, daß er möglicherweise „aus dem Norden kam"
(Paleographia española, 1758, S. 15), und I. A. Schmeller ver=
sucht den Beweis zu führen, daß dies wirklich der Fall war, und stützt
sich dabei hauptsächlich auf Ulfilas' Bibelübersetzung des 4. Jahrhun=
derts (Abhandlungen der kön. baierischen Akademie, Philos.—Philol.
Klasse, 1849, V, 213—31). Eine solche Flexion wie diese patrony=
mische Endung widerstrebt aber dem Genius der gothischen Spra=
chen; wo sie bei Ulfilas vorkommt, scheint sie mir direct aus dem Grie=
chischen und Lateinischen entlehnt zu sein; — sein Abrahamis z. B. ist
klarerweise ebenso gut ein classischer Genitivus als Tupibis. Jeden=
falls muß man zugeben, daß diese Endung in das jetzige Spanische

durch das Latein des Mittelalters gelangte, und daß es daher nicht nothwendig sei, ihren Ursprung weiter rückwärts zu verfolgen. Ein besonderer Gebrauch derselben verdient aber Erwähnung. Sie wurde manchmal angehängt, um dem Vater Huldigung oder Ehrfurcht zu erweisen. So nannte sich Alfonso der Weise gelegentlich selbst Alfonso Fernandez zu Ehren seines Vaters Ferdinand III. Diese Fälle scheinen jedoch selten gewesen zu sein (Mondejar, Memorias de Alonso el Sabio, 1777, S. 478).

Seite 12. Anmerkung 3.

So kommt es, daß der Cid der ältesten volksthümlichen Ueberlieferungen, wie er im Poema del Cid, in den Romanzen oder selbst in den alten Chroniken sich findet, weit mehr eine poetische Figur ist, als dem Cid der Geschichte gleicht, der bei allem Heroismus durch die Gewaltthätigkeit und Rauhheit seiner Zeit befleckt war, — nicht selten gegen die Christen focht, ihre Kirchen zerstörte u. s. w. Siehe Dozy (Recherches, I, 320—99 und 650—56), welcher der Ansicht ist, daß er dadurch geeignet wurde, das zu werden, was die castilianische Poesie aus ihm gemacht hat.

Seite 16. Anmerkung 1.

Es darf nicht unerwähnt bleiben, daß der Cid einen großen Theil der Bewunderung, die ihm seine Landsleute und Zeitgenossen zollten, einem Umstande verdankte, der ihn auch unsern eigenen Sympathien näher rückt. Ich meine seinen kühnen Muth bei der Vertheidigung der alten nationalen Rechte und Fueros. Huber erwähnt dies in seiner Vorrede (S. LIV) und denkt dabei, wie ich glaube, an die Chronik (Kap. 110), wo berichtet wird, daß der Cid, wenn auch nicht für Rechte des Volks, was wir jetzt so nennen, doch zum minbesten für solche Rechte aufgestanden sei, die damals der Krone bestritten wurden, gerade so wie die englischen Barone gegen König Johann aufstanden, als sie von ihm die Magna Charta erzwangen.

Seite 21. Anmerkung 1 der Seite 19.

Duran kommt in seiner Ausgabe der Crónica rimada zu dem Schlusse, den er aber bescheidenerweise nur hypothetisch aufstellt, daß das *Poema* del Cid viel älter sei als die *Crónica rimada*, — es mui anterior — (S. 649); und ich zweifle nicht, daß er recht hat, obwol er nicht bemerkt zu haben scheint, daß die *Crónica* das *Poema* nachahme. Er macht indessen die Bemerkung über den freien Gebrauch der alten Romanzen von seiten der Crónica und über die Ausschmückungen, die in derselben, ohne sich auf ältere Autorität zu stützen, das Leben des Cid erleidet. Dies bestärkt mich daher in meiner Meinung, daß die Crónica ein viel jüngeres Werk als das Poema sei; es muß hier aber bemerkt werden, daß Dozy (Bd. 1, S. 623—37) verschiedener Meinung ist, obwol er zugibt, daß die Sprache derselben die des 15. Jahrhunderts sei; er führt, um ihr hohes Alter zu erhärten, eine

Romanze an (S. 635 und 675), die im Gegentheile, wie ich kaum zweifle, nebst andern Romanzen dazu diente, um die Crónica zu Stande zu bringen, und die daher eher als Beweis angeführt werden sollte, daß die Crónica jünger als das Poema sei, anstatt umgekehrt. Diese zwei Gedichte über den Cid haben einige Aehnlichkeit mit den „Chansons de Geste" der nordfranzösischen Dichter, sodaß Wolf der Meinung ist, die spanischen Gedichte seien eine Nachahmung französischer (Wiener Jahrbücher, Bd. CXVII, und Uebersetzung dieser Geschichte, II, 458). Dozy erklärt sich aber gegen diese Meinung (Recherches, I, 616 fg.) und, wie ich glaube, mit Recht.

[Die spanische Akademie der Wissenschaften bereitet eine neue Aus= gabe des *Poema del Cid* nach der im Besitze Pidal's befindlichen Hand= schrift mit Facsimiles, Einleitung, Anmerkungen und Glossar vor, mit deren Redaction Hartzenbusch und Mora beauftragt sind; — siehe Resúmeu de las actas y tareas de la Real Academia española en el año academico de 1861 á 1862 (Madrid 1862. S. 7).

Eine französische Uebersetzung des Poema befindet sich in: *Le Cid Campeador*, chronique tirée des anciens poëmes espagnols, des historiens arabes et des biographies modernes, par *C. de Monseignat*. (Paris 1853. 16.) Dieses Gedicht wurde auch von Damas Hinard übersetzt: *Poëme du Cid*, Texte espagnol accompagné d'une traduction française, de notes, d'un vocabulaire et d'une introduction. (Paris 1858. 4.; — siehe eine Anzeige dieser Ausgabe und Uebersetzung im Jahrb. für roman. und engl. Literat., I, 215 fg.) Eine schwedische Ueber-setzung ist soeben erschienen: C. G. Estlander, *Poema del Cid* i svensk öfversättning med historisk kritisk inlädning. (Helsingfors 1863.)

Vgl. auch noch über den Cid und das Poema: Manuel Malo de Molina, Rodrigo el Campeador (Madrid 1857. 4., s. die Anzeige im Jahrb. f. rom. u. engl. Lit., I, 120 fg.); *Le Cid*, esquisse litté-raire, par *M. Walras* (Douai 1853.); Dzanam, Un pélerinage au pays du *Cid* (Paris 1853. Ueber die Legende vom Cid und ihre Entstehung); und endlich E. Baret, *Du poëme du Cid* dans ses analo-gies avec la chanson de Roland (Moulins 1858), und die Anzeige dieses Werks im Jahrb. f. rom. u. engl. Lit., II, 225—27. W.]

Seite 26. Anmerkung 1.

Muß es im Anfange heißen: Die von Berceo angenommene Versart nennt Lorenzo de Segura, sein Zeitgenosse, die vierzeilige u. s. w.

Seite 27. Anmerkung 1.

Der Titel Don wurde ursprünglich und, wie behauptet wird, lange Zeit hindurch von Rechts wegen nur den Heiligen, der königlichen Fa= milie und den *Ricos Omes* gegeben, die im Range den Granden der modernen Zeit beinahe oder ganz gleichstanden. Wenn er jemandem er-theilt wurde, so geschah dies durch ein besonderes Patent, wie z. B. in dem Falle des Columbus; denn der Besitz eines andern Titels schloß den Anspruch auf diesen noch nicht ein. (Gudiel, Familia de los Girones,

1577, Bll. 4 b. und 73 a.; Salazar de Mendoça, Origen de las Dignidades seglares, 1618, Lib. I, c. 6 und 9; Navarrete, Coleccion de Viages, 1825, II, 9.) Er verlor aber nach und nach viel von seiner Bedeutung und Salazar sagt bald nach 1600, daß er jedem ertheilt wurde, der ihn wünschte, — a quantos le quieren. Später bediente sich jeder, der wollte, ohne irgendein Recht desselben, und dieser Gebrauch wurde noch allgemeiner als der des Titels „Esquire" bei den Engländern. Ein Gedicht, das diesen Misbrauch lächerlich macht, wurde schon um die Mitte des 18. Jahrhunderts geschrieben; in diesem wird uns gesagt, daß seitdem die Aepfelweiber korbvoll mit *Señor* und *Don* herumwerfen, diese Titel alle Bedeutung verloren haben:

> Porque dar *Señor* y *Don*
> Es lo mismo que dar nada,
> Pues se lo toman y tornan
> Las Fruteras á canastas.

(El Jornalero por Sylvestre Camperino que no tiene *Don* si no es prestado, Madrid 1759. 4. S. 8). — Heutzutage empfängt jedermann diesen Titel. Ihr nennt euern Schneider Señor Don Luis X. sastre. Minutoli, Altes und Neues aus Spanien, 1854. II, 127.

[Ueber Gonzalo de Berceo vgl. *Berceo*, ó el poeta sagrado en la España cristiana del siglo XIII, — in *La Razon*, Revista quincenal (Madrid 1861, Bd. 1). W.]

Seite 31 zu Zeile 10 von oben.

Diese spanische Uebersetzung des Bouterwek'schen Werks wurde indessen in einer in Bayonne veröffentlichten Zeitung angegriffen, aber mit Erfolg in einer Flugschrift vertheidigt u. d. T.: „Cuatro Palmetazos bien plantados por el Domine Lucas á los Gazeteros de Bayona etc." (Cadix 1830. 4. 28 S.), die von Bart. José Gallardo herrührt. S. Puigblanch, Opusculos gramatico-satiricos. (London 1832. 12.) Tom. I, p. LXVI; — eine originelle Sammlung von allerlei politischen und gelehrten Miscellaneen.

Seite 32. Anmerkung 1.

Ferdinand wurde 1671 von Clemens X. heilig gesprochen; ein ausführlicher Bericht über die prächtigen Feierlichkeiten, die diesem Acte folgten — die prächtigsten und glänzendsten, die Sevilla je sah — ist in einem Foliobande mit zahlreichen Abbildungen enthalten, der im selben Jahre von Fernando de la Torre Farfan veröffentlicht wurde, einem Buche, das trotz des Gongorismus des Stils ein lesenswerther Beitrag zur Geschichte der spanischen Kunst ist. Die Reliquien des heil. Ferdinand geben der Kathedrale von Sevilla den vornehmsten Anspruch auf die Andacht der Frommen; doch mag hier nicht unerwähnt bleiben, daß dieser selbe König, um seinen religiösen Eifer zu zeigen, mit seinen eigenen königlichen Händen Holz herbeitrug, um einen armen albigensischen Ketzer zu verbrennen, und dann die Flammen anfachte; — eine fromme That, deren Mariana (Buch 12, Kap. 11) als ihm zur Ehre gereichend erwähnt, und die Calderon durch seine Poesie (Auto del Santo Rey, Parte I) und Lucas de Balbes durch ein Frescogemälde an den Wänden der Kirche des heil. Paul in Sevilla verherrlicht haben (Cean Bermudez, Diccionario. 1800. Bd. 5, S. 106). Es ist nur gerecht, hier zu bemerken, daß dieser frühe Geist der Intoleranz nicht der Inquisition zur Last fällt, die Spanien erst zwei Jahrhunderte nach Ferdinand's Tode kennen lernte (s. unten Kap. XXIV), weit eher entstammte aber diesem Geiste die Inquisition als sein natürliches Resultat und als sein Exponent.

Seite 32. Anmerkung 3.

In dem Memorial historico, das die spanische Akademie der Geschichte veröffentlicht hat (1851. Bd. 1, S. 257, 258), sind zwei Empfangsscheine mitgetheilt, die Alfonso 1270 über viele Handschriften ausgestellt hat, die er, um sie abschreiben zu lassen, entlehnte; unter diesen befinden sich Lucan, Statius, die Eclogen und Georgica des Virgil, Ovid's Episteln, Cicero's Somnium Scipionis u. s. w. — Bücher, die gewiß von wenigen Spaniern, und in der That von wenigen Personen irgendeines Landes zu jener Zeit des Abschreibens werth gehalten wurden.

Seite 33. Anmerkung 1.

Dieser Brief, welchen die spanische Akademie unnachahmlich nennt, ist, obgleich er früh handschriftlich bekannt wurde, zuerst meines Wissens nach einer ungenauen Abschrift von Pablo de Espinosa gedruckt worden (Hist. de Sevilla. Sevilla 1630, Thl. 2, S. 37).

Seite 36. Anmerkung 2.

Seine Anordnungen betreffs der verschiedenen Theile seines Körpers sind so umständlich und eigenthümlich, daß ich denke, er erhoffte sich alsbaldige religiöse Ehrenbezeigungen, da sein Vater, obwol er erst mehr denn vierhundert Jahre nach seinem Tode heilig gesprochen wurde, von der Zeit seines Begräbnisses an oder sehr bald danach auf seinem Grabe als ein Heiliger verehrt wurde (Espinosa, Hist. de Sevilla. 1627, Fol., Bd. 1, Bll. 154—56, und Ribadeneyra, Flos Sanctorum. 1761, Fol., II, 194). So verlangt Alfonso, daß sein Leichnam in dem Kloster von Sta Maria la Real zu Murcia begraben werden möge, es sei denn, daß die Executoren seines letzten Willens es zum Ruhme Gottes passender finden sollten, ihn in Sevilla oder anderswo zu bestatten; er führt als Grund seines Verlangens an, „weil Murcia der erste Ort war, von dem es Gott gefallen hat, daß ich ihn zur Ehre und im Dienste des Königs Ferdinand eroberte". Er begehrt, daß sein Herz auf dem Calvarienberge begraben werden möge, wo, wie er hinzusetzt, „einige meiner Vorfahren liegen"; sollte dies aber im Augenblicke nicht ausgeführt werden können, dann befiehlt er, daß es beiseite gelegt und sicher bis zu der Zeit verwahrt werden möge, wo dies geschehen könne. Er befiehlt, daß der Rest der Eingeweide seines Körpers nach Murcia gebracht werden solle, und dies geschah auch; der

Körper selbst wurde aber in Sevilla neben dem seines Vaters begraben; was mit seinem Herzen geschah, ist nicht bekannt. Das Kloster von Sta Maria la Real in Murcia gehörte aber den Tempelrittern und gerieth in Verfall, nachdem dieser Orden aufgehoben worden war. Infolge dessen wurden jene Theile der Ueberreste Alfonso's des Weisen, die hier aufbewahrt worden waren, nach einem speciellen und feierlichen Decrete Karl's V. im Jahre 1525 nach der Kathedrale derselben Stadt übertragen, woselbst Laborde ihr Mausoleum um 1798 gesehen hat; nach den Worten dieses kaiserlichen Decrets und nach der lächerlichen Beschreibung des Cascales von der Veranlassung, die dasselbe hervorrief, in welcher er „la esclarecida memoria de las entrañas", wie er sie betitelt, soviel als möglich feiert, vermuthe ich aber sehr, daß Murcia von der Person ihres großen Gönners nie etwas anderes bekam als diese armen *entrañas*. Der letzte Wille Alfonso's, der sehr lesenswerth ist, findet sich in der Crónica del Rey Don Alfonso que fué par de Emperador (Valladolid 1554, Fol., Bl. 55—58), und das Decret Karl's V. und der Bericht von der Uebertragung der Leichenüberreste stehen in *Francisco Cascales*, Discursos historicos de Murcia (Murcia 1621, Fol., Bl. 243—44), einem merkwürdigen Buche, das der gelehrte Verfasser der „Tablas poeticas" geschrieben hat, der uns den Unsinn hätte ersparen sollen, in dem er sich bei dieser Gelegenheit ergeht. Aber dies sind *cosas de España* und verdienen als solche Erwähnung.

Seite 40. Anmerkung 2.

In der ersten Ausgabe dieses Werks behandelte ich Alfonso X. als einen Alchemisten, woran niemand zweifeln konnte, der sich mit dem Vorwurfe seines „Tesoro" beschäftigt hatte. Es war indessen bezweifelt worden, daß er dieses seltsame Gedicht geschrieben habe, aber diese Zweifel waren nicht so stark als die, die ich schon damals in Bezug auf diese Frage hatte (S. 40). So sagte Sanchez zuerst entschieden, daß er dasselbe geschrieben habe — escribió tambien otra poesia intitulada Del Tesoro, etc. (Poesias anteriores, I, 152), und bezweifelte dann (S. 166), daß es wirklich von ihm herrühre. Quintana sprach auch in seinen Poesias castellanas (1807, Bd. 1, S. XX) einen etwas stärkern Zweifel in einer Anmerkung aus, obwol er im Texte nicht mehr Zweifel als Sanchez geäußert hatte. Don José Amador de los Rios hat aber in der Zeitung *España*, vom 10. Juni 1851, diese Frage entschieden, indem er zwei Gesetze Alfonso's X. anführt, die früher in dieser Beziehung nicht beachtet worden waren, nämlich Partida II, Tit. v, Ley 13 und Partida VI, Tit. iv, Ley 4, in denen die Alchemie verboten und als eine Unmöglichkeit behandelt wird. Wir können daher nicht annehmen, daß Alfonso an dieselbe glaubte, und noch viel weniger, daß er eine Abhandlung, um sie zu lehren, schrieb. Es darf indessen nicht unerwähnt bleiben, daß er an die Astrologie glaubte und sie durch Gesetze schützte. (Partida VII, Tit. xxiii, Ley 1).

Seite 40. Anmerkung 3.

Ist einzuschieben zwischen Castro und Mondejar:
„Crónica de Alonso, el qual fue par de Emperador (Valladolid
1554), c. IX." Ebenda Zeile 3 von unten muß es heißen: „Uebersetzung des Alten Testaments" statt Bibelübersetzung.

Von dieser Uebersetzung, die in mehrfacher Beziehung merkwürdig
ist und von welcher zwei, mit Ausnahme der Dedicationen und Titel-
blätter, identische Ausgaben in demselben Jahre gedruckt wurden, gibt
Castro, Biblioteca española (Fol., I, 401—10), ausführliche Auskunft und wichtige Auszüge. Die Behauptung, daß die eine dieser Ausgaben für Juden und die andere für Christen bestimmt war,
die von Brunet und Andern aufgestellt worden ist, scheint mir gänzlich
unbegründet; beide erhielten aber die Druckerlaubniß der Inquisition
und beide wurden von Christen sowol als Juden hochgeschätzt und
von spätern spanischen Uebersetzern der Heiligen Schriften stark benutzt.
Diese in Ferrara 1553 erschienenen Ausgaben waren das Werk zweier
portugiesischer Juden, des Abraham Usque und Duarte Pinhel (Barbosa, Bibl. Lusitana, I, 4 und 742); sie benutzten aber bei ihrem
Pentateuch eine spanische Uebersetzung, die 1547 in Konstantinopel mit
hebräischen Charakteren zum Gebrauch der aus Spanien nach der Türkei ausgewanderten Juden gedruckt worden war (Castro, Bibl. I, 449),
deren jetzt lebende Abkömmlinge nun in Konstantinopel ein periodisches
Blatt in der spanischen Sprache des 15. Jahrhunderts, aber mit hebräischen Lettern gedruckt veröffentlichen und sich noch heutzutage spanischer
Bibeln und anderer Bücher bedienen, die zu ihrem Gebrauche von dem
amerikanischen Board of foreign missions auf dieselbe Weise mit hebräischen Typen gedruckt werden. Die Uebersetzung von Ferrara ist, wie
man behauptet, eine wörtliche — sie benutzt nie zwei Ausdrücke für ein
Wort und verändert die Stellung der Worte im Hebräischen nicht im
Spanischen —; die Protestanten Cassiodoro de Reyna und Cypriano de
Valera benutzten dieses merkwürdige Werk häufig, als sie ihre Bibelübersetzungen in den Jahren 1569 und 1602 veranstalteten. Valera sagt
in seiner „Exhortacion al Letor": Es un gran tesoro de la lengua
española. Diese Uebersetzung wurde in Amsterdam zum Gebrauch der
dortigen Juden mehr als einmal wiederabgedruckt, und höchst seltsamer-
weise steht auf dem Titelblatte des Exemplars, das ich besitze und das
die Jahreszahl 5606 trägt, sowie in der Originalausgabe von Ferrara:
„Vista y examinada per el oficio de la Inquisicion", gerade als ob
es in Amsterdam eine Inquisition gegeben hätte. Reyna ließ dieser jüdi-
schen Uebersetzung 1569 ebenso Gerechtigkeit widerfahren, wie Valera 1602.
In der „Amonestacion al Letor" sagt er, er habe sie benutzt „mas
que ninguna otra". Zugleich verwahrt er sich aber gegen die Unrich-
tigkeiten dieser Uebersetzung, deren einige, wie er sagt, „en odio de
Christo" gemacht worden seien, sodaß es zweifellos ist, daß dieselbe nie,
wie Brunet und andere meinen, von den Christen acceptirt oder für
dieselben veranstaltet worden sei.

Seite 40. Anmerkung 1, letzte Zeile von unten

muß es anstatt „Heinrich dem Enkel Heinrich's III. von England"
heißen „dem Neffen".

Seite 42. Zusatz zu dieser auf Seite 41 beginnenden Anmerkung.

Ein sehr schönes Exemplar dieses Werks, das zu den hervorragenden Erzeugnissen der Buchdruckerei gehört, befindet sich in der kaiserl. Bibliothek zu Wien; ich habe aber das Exemplar des British Museum am meisten benutzt. Es besteht aus zwei Bänden mit Doppelspalten, der erste Band enthält 224, der zweite 220 Blätter. Aus dem Prologo geht hervor, daß das Werk, soweit Alfonso an demselben Theil hatte — „Mandamos trasladar" lautet die Angabe — nicht über die Zeit des heil. Ludwig von Frankreich, der 1270 starb, hinausreichte. Seit der Veröffentlichung der ersten Ausgabe unseres Werks ist eine neue Ausgabe der Ultramar mit einer guten bibliographischen Vorrede von Don Pascual de Gayangos im 44. Bande von Ribadeneyra's Biblioteca de Autores españoles 1858 erschienen. Gayangos ist der Ansicht, die Redaction dieses Werks sei in der Zeit Sancho's IV., des Sohnes Alfonso's X., unternommen worden; seine Gründe für diese Meinung sind aber nicht sehr stark und die Frage ist von geringer Wichtigkeit.

Seite 45. Anmerkung 2.

Daß Alfonso indessen die Partidas als ein für ganz Spanien noch zu seiner Zeit geltendes Gesetz einzuführen trachtete, scheint nach Kap. 9 seiner Chronik nicht zweifelhaft zu sein, wo es heißt: Mandó que todos los omes de sus reynos las oviessen por ley et por fuero et todos los alcaldes juzgassen por ellas los pleytos (Ed. 1554, Bl. 5 a.). Wir haben aber schon gesehen, wie schwach seine Autorität besonders in der letztern Hälfte seiner Regierung, vor welcher dieses Gesetzbuch nicht vollendet worden war, zur Erreichung dieses oder eines andern Vorhabens war.

Seite 45. Anmerkung 3.

Es darf nicht unerwähnt bleiben, daß die Partidas sich enger an das Römische Recht als an das alte Westgothische anschließen, das bis zu jener Zeit im christlichen Spanien gegolten hatte und dem Fuero Juzgo einverleibt worden ist. Dieser Umstand mag ihre fortwährende Geltung erklären.

Seite 47. Anmerkung 3.

(Historia del Colegio viejo de S. Bartolomé, mayor de la celebre Universidad de Salamanca por Fr. Ruiz de Vergara y Alava, corregida etc. por el Marques de Alventos, Madrid 1766, Fol., I, 17). [Ueber Alfons X. als Dichter und Schriftsteller vergl., und zwar über dessen Cantigas, einen Artikel des Menenbez de Luarca in der Revue contemporaine, 1857, Serie 2, Bd. 3 (38), S. 665, und

zwei Artikel des **Miguel Morayta** bei **Sagrario** in der Zeitschrift
La Razon,' 1856; wiederabgedruckt im *Boletin bibliografico español*
(Jahrg. 4, 1863, Nr. 16—21, S. 193 fg.). — Von den astronomischen Werken Alfonso's ist soeben der erste Band einer Gesammtausgabe
erschienen: Libros del saber de astronomia del rey D. Alonso X.
copilados, aumentados y comentados por *D. Manuel Risco y Sinobras*
(Madrid 1863, Fol., Bd. 1). **W.**]

Seite 50. Anmerkung zu Zeile 25.

Die heidnischen Götter und Göttinnen werden sehr häufig vom
Erzpriester erwähnt, wie dies auch von Guido de Colonna, Dares
Phrygius und andern ähnlichen Schriftstellern des Mittelalters ohne
Anstand geschah; es ist aber erwähnenswerth, daß, als der nämliche
Guido de Colonna im 16. Jahrhundert von Pedro Nuñez Delgado
übersetzt und unter der Regierung Philipp's II. veröffentlicht wurde,
die christlichen Leser aufmerksam gemacht wurden, daß alle diese Gottheiten nichts anders als Teufel seien; — son y serán siempre demonios; — so sehr hatten sich die religiösen Ideen und Gefühle der Spanier zwischen dem 13. und 16. Jahrhundert geändert. Es mag hier
im Vorbeigehen bemerkt werden, daß Delgado's ziemlich freie Uebersetzung im guten alten Castilianischen seiner Zeit geschrieben ist. Er
starb 1535, die Ausgabe, die ich von seiner Crónica Troyana besitze,
ist vom Jahre 1587; es existirt aber eine ältere, die, wie ich glaube,
1512 erschienen ist.

Seite 56. Zeile 4 von oben.

Die Chronik von Spanien, ein Auszug Don Juan's aus der seines Oheims, Alfons des Weisen, existirt in einer eigenen Handschrift
und verdiente eine Veröffentlichung (Puibusque, Comte Lucanor. Paris
1857, S. 106).

Seite 60. Anmerkung 1.

Alle drei spanische Ausgaben des Conde Lucanor enthalten nur
49 Erzählungen; das Manuscript der Nationalbibliothek in Madrid hat
aber um eine mehr, die sicherlich keine der besten ist und 1854 in
Puibusque's französischer Uebersetzung veröffentlicht wurde (S. 343, der
spanische Text S. 489), sodaß es nun im Ganzen 50 Erzählungen sind.

Seite 60. Anmerkung 2, Zeile 11 von oben

muß es heißen: Alfonso el Batallador, anstatt Alfons VI. von Castilien; und weiter unten zu Zeile 16: (Alphonsus sagt, er verfaßte es
partim ex proverbiis et castigationibus arabicis et fabulis et versibus, — Ed. Schmidt, S. 34). Zusatz zum Schluß dieser Anmerkung:
Ein spanisches Buch, das gewöhnlich „Bocados de Oro" genannt wird
und der Sprache nach dem 13. oder 14. Jahrhundert angehören soll,
mag hier mit dem Conde Lucanor erwähnt werden. Der volle Titel
desselben ist: El Libro llamado Bocados d'Oro, el qual hizo Bonium,
Rey de Persia (Valladolid 1522); Mendez (S. 253) erwähnt aber

eine Ausgabe von 1499, und es gibt noch andere von 1495, 1502 c. Es ist ein Bericht von den Reisen des fabelhaften Bonium nach dem fernen Osten, um die Weisheit seiner Philosophie zu erlangen. Ich habe es nie gesehen.

Seite 61. Anmerkung 5.

Die Fabel vom Krieg zwischen den Krähen und Eulen (Kap. 35) steht ursprünglich im Bidpai; der „Conde Lucanor" Calderon's ist dem sechsten Kapitel des gleichnamigen Werks Don Juan Manuel's entnommen und trägt davon seinen Namen, obwol die Person des Grafen in Don Juan's Werk nichts damit zu thun hat.

Seite 62. Anmerkung 1, Zeile 8 von oben.

Das Fabliau von der „Male Dame" bei Barbazan (ed. 1808, IV, 365) ist nicht ohne Aehnlichkeit mit derselben und muß beinahe ebenso alt sein.

Seite 64. Anmerkung 1. Zeile 9 von oben.

Eine französische Uebersetzung wurde 1854 von M. Adolphe de Puibusque, dem geistreichen Verfasser der Histoire comparée des littératures espagnole et française veröffentlicht; sie enthält eine ausführliche Lebensbeschreibung des Don Juan Manuel, die größtentheils dem reichlichen Materiale, das die Chronik Alfons' XI. bietet, entnommen und daher vornehmlich politischen Inhalts ist.

[Ueber die Uebersetzung von Puibusque vgl. Lemcke's Anzeige in den Blättern für literarische Unterhaltung, 1857, Nr. 16. W.]

Seite 66.

[Die in coplas redondillas abgefaßte Chronik Alfons'.XI. ist jetzt erschienen u. d. T.: Poema de Alfonso onceno Rey de Castilla y de Leon. Manuscrito del siglo XIV., publicado por vez primera por órden de Su Majestad la Reina con noticias y observaciones por *Florencio Janer* (Madrid 1863). — Der Verfasser, gleichzeitig mit Alfons' XI., heißt Rodrigo Yannes de Logroño (s. Poema, copla 1841, wo er sich nennt, und Cronica de Alfonso XI., c. XXI, wo dieser Yannes de Logroño als Abgesandter der Hermandad von Castilien an die Königin erwähnt wird; er war Augenzeuge von der Schlacht am Salado). W.]

Seite 68. Anmerkung 5.

Hier mag unter Einem auch erwähnt werden, daß Alonso Martinez de Toledo, ein Kaplan Johann's II. im 15. Jahrhundert, ein Buch schrieb: „De los vicios de las malas mujeres y complisiones de los hombres." Mendez (Typographia, S. 304—6) berichtet über eine Ausgabe von 1499 und führt andere von 1518, 1529 und 1547 an. Es wird gewöhnlich unter einem unanständigen Namen [Corbacho] citirt, und seine Unzüchtigkeit war wahrscheinlich der Grund, daß es mit solchem Eifer vernichtet wurde, daß Exemplare desselben äußerst selten finb. Ich kenne nur die im Besitz der kaiserl. Bibliothek von Wien befindlichen, die aus den Jahren 1518, 1529 und 1547 sind. Es ist, obwol in Prosa abgefaßt, in mehr als einer Hinsicht dem Werke des Erzpriesters von Hita verwandt, aber mehr noch der Celestina. Ein ausführlicher Bericht über dasselbe findet sich in F. Wolf's Studien, S. 232—35.

[Nach der von Ebert mitgetheilten Abschrift des handschriftlichen Katalogs der Escorialbibliothek findet sich dort von des Alonso Martinez Werk unter der Signatur: h–III–10 eine Handschrift in folgender Weise angegeben:

Libro compuesto por Alonso Martinez de Toledo Arcipreste de Talavera, en hedat suya de *quarenta* años acabado en 15 de marzo año del nacimiento del n. s. J. C. 1438. Sin bautismo sea por nombre llamado *Arcipreste de Talavera* donde quier que fuese levado, escrito por *Alfonso de Contreras*, en papel, año 1466 en-fol.

Daraus geht hervor, daß Al. Martinez im Jahre 1398 geboren und das Werk 1438 abgefaßt wurde. W.]

Seite 73. Anmerkung 1.

Die Juden erscheinen in der That bis zur Zeit ihrer Vertreibung aus Spanien (1492), und selbst noch später, oft in der Geschichte der spanischen Literatur. Dies war ganz natürlich; denn die spanischen Juden zeichneten sich seit 962, in welchem Jahre vier gelehrte Talmudisten durch Seeräuber nach Spanien gebracht wurden, bis zum 15. Jahrhundert mehr durch elegante Bildung aus, als ihre Landsleute zur selben Zeit in irgendeinem andern Theile Europas. Dr. Michael Sachs hat die Geschichte der hebräischen Poesie in hebräischer Sprache, die in Spanien mit dem Rabbiner Salomo Ben Jehudah Gabirol beginnt, der 1064 starb, unt. b. Titel geschrieben: „Die religiöse Poesie der Juden in Spanien (Berlin 1845). Die meisten Daten über alles, was sich auf den Kulturzustand der spanischen Juden bezieht, finden sich aber in der oben (S. 22, Anm. 1) erwähnten Biblioteca des Rodriguez de Castro, Bb. 1. Es verdient hier bemerkt zu werden, daß die Juden während der Maurenherrschaft in Spanien häufig an der arabischen Kultur theilnahmen, die damals so bedeutend und glänzend war; — ein schlagendes Beispiel zeigt sich in dem Falle des castilianischen Juden, Juda ha-Levi, der auch den arabischen Beinamen Abu'l Hassan führte; seine Gedichte wurden von A. Geiger ins Deutsche übersetzt und in einem sehr kleinen eleganten Bande 1851 in Breslau veröffentlicht. Juda war um 1080 geboren und starb wahrscheinlich bald nach 1140.

Seite 75. Anmerkung 1 der vorhergehenden Seite zu Zeile 10 von unten.

Der Marquis von Santillana gebraucht denselben philosophischen Trostgrund ein Jahrhundert später in einem Briefe an seinen Sohn, der damals an der Universität von Salamanca studirte. E pues non podemos aver aquello que queremos, queramos aquello que podemos (Obras 1852, p. 482).

Seite 77. **Anmerkung** 3 der vorherg. Seite.

Ein Bruchstück eines Gedichts über denselben Gegenstand wurde 1856 veröffentlicht (Madrid. 18. 16 S.). Es besteht indessen blos aus 37 Zeilen und trägt so viele Zeichen der Sorglosigkeit und Unwissenheit an sich, daß es nicht möglich scheint, sein Alter mit einiger Sicherheit zu bestimmen; — die Roheit der Sprache und Orthographie fallen wahrscheinlich ebenso sehr der Unfähigkeit des ungebildeten Verfassers und Copisten, als der Periode, in welcher dieselben gelebt haben mögen, zur Last. Es zeigt indessen einige Spuren des Provenzalischen in seiner Sprache und gehört jedenfalls zu den ältesten poetischen Versuchen der Halbinsel. Der Herausgeber [Marques de Pidal] desselben ist der Ansicht, es sei der von Wright veröffentlichten, in der nächsten Anmerkung (S. 77, Anm. 1) erwähnten französischen Uebersetzung zu Grunde gelegt. Das lateinische Gedicht ist aber älter als beide und mit größerer Wahrscheinlichkeit als ihr Prototyp zu betrachten.
[Vgl. über dieses, unbezweifelt dem 13. Jahrhundert angehörende Bruchstück: F. Wolf, Studien, S. 54—59. Die spätere „Revelacion" erschien im Separatabdruck zu Madrid (1848) in 12. und im *Semanario pintoresco* (1854), S. 263—64. W.]

Seite 77. Anmerkung 2.

[Der Todtentanz erschien in einer besondern Ausgabe: La *Danza de la muerte*, poema castellano del siglo XIV., enriquecido con un preambulo, facsimile y esplicacion de las voces mas anticuadas, publicado enteramente conforme con el Códice original por D. *Florencio Janer* (Paris 1856). — Vgl. F. Wolf, Studien, S. 157—62. W.]

Seite 79.

[Das Gedicht auf Fernan Gonzalez ist nun ganz abgedruckt erschienen in: Ensayo de una Biblioteca esp. de libros raros y curiosos ... por D. *M. R. Zarco del Valle* y D. *J. Sancho Rayon* (Madrid 1863, I, 763—804); — vergl. auch: Poema de *Fernan Gonzalez*: Observaciones sobre la época en que debió escribirse, in *La Razon*, Revista quincenal (Madrid 1861, Bd. 1). W.]

Seite 82. Zeile 1 von oben.

Das Gedicht auf Josef ist am Ende unvollständig und existirt, soviel man weiß, nur in zwei Handschriften, die beide mit arabischen Buchstaben geschrieben sind. Es scheint indeß kein beträchtlicher Theil verloren gegangen zu sein. Es beginnt nach einigen einleitenden Strophen mit der Eifersucht von Josef's Brüdern u. s. w.

Seite 85. Anmerkung 2, Zeile 2 von unten
„und Revista española, Diciembre 1832", ist einzuschalten nach: unter ihren frühesten Eigenschaften.

Seite 88. Zeile 22 von oben.

Der Kampf für persönliche Befreiung und nationale Unabhängigkeit war zu gleicher Zeit ein Kampf des religiösen Glaubens gegen den Unglauben.

Seite 93 zu Anmerkung 1.

Ein Irrthum Sarmiento's in Bezug auf die *Redondillas* wird von
Alcalá Galiano in seiner Ausgabe von Depping's ·Romancero castellano
(Leipzig 1844, I, LXIX) berichtigt. Er scheint indessen auch nicht· ganz
das Rechte getroffen zu haben und ich bin daher der Definition im
großen Wörterbuche der spanischen Akademie gefolgt,· die von den neu
erscheinenden Ausgaben des Auszugs bestätigt wird.

Seite 94. Anmerkung 1.

Diez glaubt in seinen werthvollen „Altromanischen Sprachdenk=
malen" (Bonn 1846, S. 83 fg.), daß Spuren von Assonanzen
in dem Gedicht auf Boethius und in einigen andern alten provenzali=
schen Gedichten gefunden werden können. Diese Ansicht, die ich nicht
kannte, als ich die vorhergehende Anmerkung zum ersten male veröffent=
lichte, berührt aber die im Texte ausgesprochene Behauptung nicht.
Assonanzen haben in keiner andern Literatur außer der spanischen Gel=
tung erlangt. Ich bin in der That noch immer der Ansicht, daß sie in
den seltenen Fällen, wo sie sonstwo vorkommen und nicht, wie in
Deutschland, absichtliche Nachahmung der spanischen sind, entweder das
Product des Zufalls sind, ähnlich wie die gelegentlichen Reime bei Virgil
und den andern classischen Dichtern des Alterthums, oder einer Laune
eines einzelnen Schriftstellers, wie z. B. in der „Vita Mathildis", oder
einem verunglückten Versuche, volle Reime zu gebrauchen, wie im Falle
des Gedichts von Charlemagne, ihren Ursprung verdanken. Diez gibt
die letzte Ursache in der That zu, insoweit es sich um das Gedicht auf
Boethius handelt, wenn er sagt: „es ist leicht zu bemerken, daß der
Dichter nach dem vollen Reime strebt". Ich sehe daher solche
Fälle im allgemeinen eher als verunglückte volle Reime, denn als ab=
sichtliche Assonanzen an (S. weiter unten Anmerk. 4, S. 95 und
Anmerk. 1, S. 96).

Seite 96. Anmerkung 4 der vorhergeh. Seite.

In Deutschland sind mehr, als irgendwo anders, Versuche gemacht
worden, die spanische Assonanz einzubürgern. Der erste dieser Ver=
suche wurde, soviel ich weiß, von Friedrich Schlegel 1802 in seinem
Trauerspiele „Graf Alarcos" gemacht, dessen Sujet der schönen Romanze
dieses Namens entnommen ist (S. Anm. 1 zu S. 106). Dasselbe fand
aber wenig Beifall, obwol es Stellen enthält, die des Stoffes nicht un=
würdig sind. Sein Bruder, August Wilhelm Schlegel, gebrauchte in
seinen Uebersetzungen Calderon's, die im nächstfolgenden Jahre (1803)
erschienen, die Assonanzen überall, wo er sie im spanischen Original
vorfand, an dessen Versmaß und Manier er sich streng hielt, und war
mit diesem Versuche so glücklich, daß seine Uebersetzung des *Principe
constante* ein beliebtes Bühnenstück des deutschen Theaters wurde.
(S. weiter unten, Zeitr. 2, Kap. XXII und XXIII, Anmerkungen).
Von diesem Zeitpunkte an erlangte die Assonanz in der deutschen Lite=
ratur das Bürgerrecht, wenigstens insoweit es sich um Uebersetzungen

aus dem Spanischen handelte. So hält sich Gries in seinen tüchtigen Uebersetzungen Calderon's beständig treu an dieselbe; ein glückliches Beispiel seiner Behandlung derselben kommt im Beginn seiner „Dame. Kobold" (*Dama duende*) vor (1822, Bd. 5). Ebenso verfährt Adolf Martin in seinen Uebersetzungen Calderon's (1844, 3 Bde. 12.), wo= von die erste Scene von *Toda es verdad y toda mentira* (I, 95) eine gelungene Probe ist. Malsburg und andere sind demselben Weg mit mehr oder weniger Erfolg gewandelt; keiner war aber vielleicht so glück= lich als der Cardinal von Diepenbrock in seiner Uebersetzung von *La vida es sueño* (1852). Dessenungeachtet glaube ich noch, daß die deut= sche Assonanz fast ebenso wenig Eindruck auf das Ohr macht, als dies bei der englischen der Fall ist; ich wenigstens habe diese Empfin= dung. S. weiter unten, Theil 2, Anm. am Ende des Kap. 24 über die deutschen Uebersetzer Calderon's, die sich an die spanischen Versmaße mit einer außerhalb ihres Landes unbekannten Treue halten.

Seite 96. Anmerkung 1.

Die Ansicht Lope's de Vega wird von Melendez Valdes wieder= holt, der in der Vorrede zu seinen Werken (1820, S. VIII) ausdrück= lich von dem Romanzen=Versmaße bemerkt: „Porque no aplicarla á todos los asuntos, aun los de mas aliento y osadia?"

Mir ist besonders ein Beispiel von dem Gebrauche der Assonanz zu volksmäßigen Zwecken aufgefallen, nämlich eine Reihenfolge von 99 Romanzen, Cantos geheißen, auf die Passionsgeschichte, die mit der Einsetzung des Abendmahls beginnen und mit der einsamen Trauer der Madonna am Kreuze endigen. Sie wurden anonym in einer Reihe von Flugblättern — jedes Flugblatt zu drei oder mehr Romanzen — von Francisco Martinez de Aguilar zu Malaga in 4. ohne Jahreszahl, aber dem Anscheine nach in der letzten Hälfte des 18. Jahrhunderts gedruckt. Ihr Stil ist viel einfacher, als man der Zeit nach erwarten sollte, und ich halte es für wahrscheinlich, daß sie sämmtlich nach irgendeiner in bessern Zeiten geschriebenen Prosageschichte des Heilands bearbeitet wur= den. Sie sind ohne poetischen Werth, aber merkwürdig als Beispiel, wie die Romanzenform für fortlaufende Erzählung benutzt wurde und wie geeignet sie für volksmäßige Zwecke in langen Gedichten ist.

Seite 98. Anmerkung 2.

Juglares werden auch in der *Cronica del Cid*, cap. 228, er= wähnt. Daß die ältern Romanzensänger ihre eigenen Romanzen san= gen, läßt sich nicht bezweifeln; dies wurde mit der Zeit aber mehr oder weniger aufgegeben (Pidal im *Cancionero* des Baena, Madrid 1851. S. XVII, XVIII, XXI).

Seite 98. Anmerkung 3.

Galindez de Carvajal — ein in der Zeit Ferdinand's und Isa= bellens und Karl's V. sehr geachteter Staatsmann und erster Heraus= geber der Chronik Johann's II. — schrieb den Romanzen substantiellen

Werth als Materialien zur spanischen Geschichte zu; — de gran fé para la verdad de las historias de España (Luis de Cabrera, De historia. 1611, Bl. 106). Das Zeugniß ist wichtig in Betracht der Person, von der es herrührte, und der Zeit, in der er lebte.

Seite 101. Anmerkung zu Zeile 4 von oben.

Es ist eine bezeichnende Thatsache, daß etwas, das einer Romanzensammlung ähnlich sähe, in keiner alten Handschrift zu finden ist.

Seite 101. Anmerkung zu Zeile 9 von oben.

Es muß indessen bemerkt werden, daß ungefähr zwanzig von diesen siebenunddreißig im Cancionero des Constantina stehen, der unten (Kap. XXIII) besprochen wird, und daß dieser undatirte Cancionero einige Jahre früher gedruckt worden sein kann, was auch wahrscheinlich der Fall war. Wir besitzen aber keine Romanzen mit gedruckten Jahreszahlen vor 1511.

Seite 105, Zeile 7 von oben.

Lautet jetzt: In Antwerpen und Zaragoza gaben Martin Nucio und Stevan G. de Najera zwischen 1546 und 1550 ein Romanzenbuch heraus, das der erstere „Cancionero de Romances", der zweite „Silva de Romances" nannte. Welche von den beiden Ausgaben die älteste sei, ist einigermaßen zweifelhaft, doch wurde es wahrscheinlich früher in Antwerpen ausgegeben, bevor es in Zaragoza erschien. In beiden Fällen indessen entschuldigt der Herausgeber in seiner Vorrede die Irrthümer, die er verschuldet haben mag, damit, daß das Erinnerungsvermögen derjenigen, aus deren Munde er wenigstens zum Theil diese Romanzen sammelte, oft unvollständig war.

Seite 106. Anmerkung 1, Zeile 2 von oben.

Sie kommt zuerst als Flugblatt zu unserer Kenntniß, das, wie Brunet glaubt, um 1520 erschienen ist; in diesem, sowie in dem von Wolf angeführten Flugblatt (Ueber eine Sammlung spanischer Romanzen, Wien 1850, S. 99), wird sie Pedro de Riaño zugeschrieben, von dem mir nichts weiter bekannt geworden ist.

Seite 106. Anmerkung 3.

Dieser Vorrang Lockhart's zeigt sich bei einer Vergleichung der Uebersetzung dieser selben Romanze mit der italienischen Uebersetzung Monti's in seinen Romanze storiche e moresche etc. (2te Ausg., Mailand 1855, S. 163.) Es verlohnt sich in der That die beiden Werke, die nicht nur Romanzen, sondern auch andere spanische Volkslieder enthalten, zu vergleichen, und so achtungswerth und sorgfältig auch Monti's Arbeit ist, ist es doch unmöglich, nicht zu bemerken, wie weit entfernt sie von der Kraft und Zierlichkeit der Lockhart's ist.

Seite 107, Zeile 9 von oben

muß es heißen: 1600—1614.

Seite 108. Anmerkung.

Wolf ist der Ansicht, eine sorgfältige Prüfung nicht blos ihrer äußern Formen, sondern auch ihres Tones, ihrer Färbung und ihres wesentlichen Charakters werde in den Stand setzen, sie bis zu einem gewissen Grade nach ihrem Alter zu klassificiren. Diese Idee wurde, wie er wahrheitgemäß bemerkt, zuerst von Huber in seiner Vorrede zur Chronik des Cid angeregt, und ich vermuthe, daß Wolf selbst sie in seiner ausgezeichneten „Primavera y Flor de Romances" (Berlin 1856, 2 Bde.), die weiter unten die gebührende Berücksichtigung erfahren hat, in Ausführung zu bringen versuchte. Es dürfte aber meines Erachtens nach schwierig sein, zu bestimmen, warum er aus diesem Grunde eine gute Anzahl von Romanzen aufgenommen habe, und noch schwieriger möchte es sein zu entscheiden, warum er manche andere ausgeschlossen habe. In der That, eine solche kritische Untersuchung, die zum Theil metaphysisch, zum Theil psychologisch ist und zum Theil von der schärfsten Philologie abhängt, ist ihrer Natur nach zu ungewiß und in ihren Grundlagen zu unklar, als daß sie so in Ausführung gebracht werden könnte, um danach eine verläßliche chronologische Anordnung der großen Anzahl alter Romanzen zu gestatten. Selbst Wolf hat daher die von ihm ausgewählten nach ihren Stoffen angeordnet und es nicht unternommen, zu zeigen, welche die ältesten unter den von ihm als alt ausgegebenen sind. Ich ziehe daher vor, mich des Romancero von Duran zu bedienen, nicht blos weil er soviel umfangreicher ist, sondern weil er uns jede Partie vollständiger und befriedigender gibt; bei ihm erhalten wir z. B. nicht blos einige schöne Romanzen vom Cid oder Bernardo del Carpio, sondern so viel, daß wir in den Stand gesetzt werden, uns eine genügende Vorstellung vom Leben und den Abenteuern dieser Helden zu bilden.

Seite 110. Anmerkung zu:

„Diese malerischen Abenteuer, welche eigentlich gar nicht von der Geschichte beglaubigt werden" .....

Wie gewöhnlich in solchen Fällen gab es indessen einigen historischen Grund für diese Fiction. Die Nachhut der Armee Karl's des Großen wurde, als diese Spanien verließ, von den Navarresen im Gebirgspasse von Roncesvalles besiegt und ihr Gepäck geplündert (Aschbach, Geschichte der Ommayaden in Spanien. 1829. I, 171—78).

Seite 111, Zeile 3 von oben.

Zu den besten gehört der „Traum der Doña Alba", der ganz den Geist eines ritterlichen Zeitalters athmet und jenes einfache Pathos besitzt, das allen Zeiten und allen Ländern gemeinsam ist. Diese Romanze steht in der Sammlung von 1550. *)

---

*) Sie findet sich in den meisten guten, neuen Sammlungen spanischer Romanzen, so z. B. in Grimm's Silva, 1815, S. 108, und in Wolf's Primavera, II, 314. Der Anfang des Originals lautet: En Paris está Doña Alda, la esposa de Don Roldan.

Seite 112.

[Ueber Bernardo del Carpio f. **Karow, Max Theob.**, De Bernardo del Carpio Hispanorum heroe. Dissertatio. Vratislaviae 1856. **W.**]

Seite 116, letzte Zeile von unten

anstatt 160 lies 200 Romanzen.

Seite 116.

[Ueber die Cidromanzen vgl. auch: **Herber's** Cid und die spanischen Cidromanzen. Programm von Prof. Dr. Mönnich. Tübing. 1854. 4. **W.**]

Seite 118. Anmerkung 1.

Man wird bemerken, daß hier keine Anspielung auf den Schlag gemacht wird, durch den bei Guillen de Castro und Corneille der Graf Lozano den Vater Cid's beschimpft. Ich glaube in der That, daß der Schlag in keiner alten Romanze oder Chronik vorkommt.

Seite 119. Anmerkung 2.

In Escobar's Romancero kommt eine Romanze vor, die so anfängt: Quantos dicen mal del Cid, und die geschichtliche Glaubwürdigkeit der Abenteuer des Cid vertheidigt; — sie fällt aber, wie ich glaube, in eine spätere Zeit als der Don Quixote.

Seite 120. Anmerkung 1.

Die Schlacht ist die von Aljubarotta, 1385.

Seite 121. Anmerkung 1.

Meine Absicht ist es nicht, zu leugnen, daß eine beträchtliche Anzahl der Romanzen über maurische Gegenstände, und insbesondere die über die Kriege mit Granada, wirklich volksthümlichen Ursprungs seien und daß manchmal ihre Entstehungszeit fast mit den Ereignissen, die sie besingen, zusammenfalle. Es unterliegt keinem Zweifel, daß es solche gibt; gerade sowie es auch welche gibt, die sich auf den sogenannten maurischen Aufstand unter Philipp II. und auf die grausame Vertreibung der Moriscos unter Philipp III. beziehen. Sie kommen zerstreut in der großen Sammlung von Duran vor (Romancero, 1851, II, 103—42 u. 162—92). Viele von ihnen rühren indessen von bekannten Verfassern her. Die von mehr volksthümlichem Ursprunge findet man am besten in Wolf's Primavera, I, 234—325. Aber auch hier finden sich welche darunter, die keinen volksthümlichen Ursprung haben. Wo immer man sie aber auch suchen möge, so stammen doch, mit sehr wenigen Ausnahmen, die besten derselben ursprünglich aus Hita's Guerras de Granada.

Seite 132. Anmerkung 1 nach Zeile 31 von oben.

Dozy spricht in seinen gelehrten und scharfsinnigen „Recherches sur l'histoire politique et littéraire de l'Espagne etc." (I, 388—89) seinen vollen Glauben aus, daß alle vier Theile der Crónica de España das Werk Alfonso's X. waren, und führt gewichtige Gründe dafür an.

Seite 184. Anmerkung 4.

Der Marquis von Pibal meint (Cancionero de Baena, 1851, S. 14—15, Anm. 4), daß er Bruchstücke dieser alten Gedichte an einigen Stellen der Cibchronik finde.

Seite 134. Anmerkung 5.

Fauriel (Histoire de la poésie provençale, 1846, III, 465) sagt, daß die provenzalische Erzählung von „Karles le mainet", oder Karl dem Kleinen, in der Crónica de España benutzt worden sei. Er bezieht sich hierbei, wie ich glaube, auf die Geschichte der Galiana (Th. 3, Kap. 5, Ausg. von 1604, Bll. 21 fg.); vielleicht kommt aber die entgegengesetzte Conjectur der Wahrheit näher, daß diese Erzählung von Karl, für deren spanischen Ursprung starke innere Beweisgründe sprechen und die mit der spanischen Geschichte zusammenhängt, aus der Crónica de España, oder einer andern spanischen Quelle, die beiden zugänglich war, entnommen wurde.

Seite 137. Anmerkung 1.

Wenn ich solche Stellen, wie die hier citirten, lese, so kann ich nicht umhin, Dozy's Worten beizustimmen (Recherches, etc., 1849, I, 384): La Crónica aurait droit à toute notre estime même si elle n'avait qu'un seul mérite (qu'elle partage du reste avec le Code que composa Alfonse, les *Siete Partidas*) celui d'avoir créé la prose castillane; — non pas cette pâle prose d'aujourd'hui, qui manque de caractère, d'individualité, qui trop souvent n'est que du Français traduit mot à mot, — mais la vraie prose castillane, celle du bon vieux temps; cette prose qui exprime si fidèlement le caractère espagnol; cette prose vigoureuse, large, riche, grave, noble, et naïve tout à la fois; — et cela dans un temps où les autres peuples de l'Europe, sans en excepter les Italiens, étaient bien loin encore d'avoir produit un ouvrage en prose qui se recommendât par le style.

Seite 145. Anmerkung zu Zeile 10 von oben.

Forner, Obras, ed. Villanueva (Madrid 1843. I, 29, 30, 120).

Seite 150. Anmerkung 1.

„Ob immanitatem dejectus" ist die passende Phrase, die Mariana in seinem Tractat De rege (1599, S. 44) auf ihn anwendet.

Seite 151. Anmerkung 1.

Eine der ergreifendsten Scenen, die man in der Geschichte überhaupt finden kann, ist die, wo die Königin-Mutter vor den todten Körpern der von ihrem Sohne, Don Pedro, ermordeten Ritter steht und diesen verflucht. Ann. 1356, c. 2.

Seite 152. Anmerkung 2 der vorhergehenden Seite.

Im Jahre 1777 ließ indessen ein valencianischer Rechtsgelehrter, Dr. Don Josef Berni y Catalá, eine Abhandlung von wenigen Seiten

2 *

zur Vertheidigung des Don Pedro drucken, die am 26. Mai 1778 in
der „Gaceta de Madrid" mitgetheilt wurde. Diese fachte die Streit=
frage über den Charakter dieses Monarchen von neuem wieder an. Ein
Brief des gelehrten Don T. A. Sanchez erschien am 21. Juni dessel=
ben Jahres zur Erwiderung unter dem Pseudonym Pedro Fernandez und
unter dem Titel: „Carta familiar" (Madrid, 101 S. 18.), und ver=
nichtete die absurden Behauptungen und Beweisgründe Bernt's. Sie
wurden aber vom Bruder Francisco de los Arcos, einem Kapuziner,
in seinen „Conversaciones instructivas" zum Theil wieder aufgenom=
men, dem der Fabeldichter Yriarte in einer Abhandlung u. b. Titel:
„Carta escrita por *Juan Vicente al R. Padre F. de Arcos*" (1786.
28 S. 18.), die er später in den sechsten Band seiner gesammelten
Werke aufnahm, mit liebenswürdiger und treffender Satire antwortete.
Seit dieser Zeit wurde diese Frage von Zeit zu Zeit wieder aufgenom=
men, ist nunmehr aber, wie ich denke, endgültig gegen Don Pedro ent=
schieden worden durch das „Examen historico-critico del Reynado de
Don *Pedro de Castilla*, su autor Don *Antonio Ferrer del Rio*"
(Madrid 1851), das schon vorher, am 2. März 1850, mit Stim=
meneinhelligkeit den von der k. Akademie der Geschichte ausgeschriebenen
Preis erlangt hatte.

[Ueber Ayala vgl. die „Vida literaria" von Rafael Floranes in
der *Coleccion de documentos*, Tom. XIX. XX. W.]

Seite 153. Anmerkung 6 der vorhergehenden Seite, Zeile 5 von oben.

Von den vier Theilen, in die das Werk zerfällt, sind die ersten
drei Theile bloße Fictionen, und zwar häufig sehr absurder Art, sie be=
ginnen mit einer Erzählung von dem irdischen Paradiese und gehen bis
auf die Zeit des Pelayo herab.

(Zusatz zum Schluß dieser Anmerkung.)

Vielleicht ist dies aber dieselbe Chronik in 235 Kapiteln, die den
Titel „Memorial de diversas hazañas" führt; Gayangos hält sie
(Span. Uebers. dieser Geschichte, I, 517) für das beste Werk des Valera
und spricht den Wunsch aus, daß sie gedruckt werden möge. In diesem
Falle irrt sich aber Gudiel in einem Punkte — was nicht sehr unwahr=
scheinlich ist —, denn das „Memorial" behandelt die Regierungszeit
Heinrich's IV. (1454—74) und nicht die Ferdinand's und Isabella's.
S. auch einen Aufsatz von Gayangos über Leben und Werke des Valera
in der „Revista española de ambos mundos" (1855. III, 294—312).
Valera war in Cuenca 1412 geboren und lebte noch 1483.

Seite 155. Anmerkung 3 der vorhergehenden Seite.

Die alten Romanzen theilen indessen viel Merkwürdiges über Don
Alvaro mit; besonders ist dies der Fall bei einer Sammlung in vier
Theilen, jeder Theil zu vier Blättern, die zum Gebrauche des Volks
zwischen 1628 und 1632 veröffentlicht wurde.

[Ueber die Chronik Johann's II. s. noch: Notas ms. por la

mayor parte genealogicas que puso á las margenes de un ejemplar de la *Cronica de Juan II*. *Lope Bravo de Rojas*, con aumento de la vida literaria de este varon; por D. *Raf. de Floranes* in ber *Coleccion de documentos*, T. XX. (Darin auch über bes Pereʒ be Guʒman Mar de historias, S. 511.) W.]

Seite 156. Anmerkung 1.

Ein Exemplar von Palencia's Ueberſetʒung ber Lebensbeſchreibun=gen bes Plutarch, bie wegen bes alt=caſtilianiſchen Stils bemerkenswerth iſt, aber auch einige nicht von Plutarch verfaßte Biographien enthält, befinbet ſich in ber k. Bibliothek ʒu Wien. Es beſteht aus ʒwei Bän=ben, ber erſte ohne Jahreszahl, ber ʒweite von 1491.

Seite 156. Anmerkung ʒu Zeile 4 von oben.

In Verbinbung mit bieſen königlichen Chroniken bes 15. Jahr=hunberts muß ich hier eine von Navarra erwähnen: „Crónica de los Reyes de Navarra", beren Verfaſſer ber Prinʒ Don Carlos be Viana iſt, ber gleichen Anſpruch auf unſer Intereſſe burch ſeine geiſtigen Eigen=ſchaften wie burch ſein trauriges Schickſal hat. (S. ſeine Biographie bei Quintana, Españoles celebres, 1807, Bb. 1. 12.) Er ſcheint bieſe Chronik 1454 vollenbet ʒu haben unb ſtarb ſieben Jahre ſpäter, 1461, 40 Jahr alt. Seine Ueberſetʒung ber Ethik bes Ariſtoteles wurbe 1509 in Zaragoza gebruckt (Menbez, Typographia, 1796, S. 193), aber bie Chronik wurbe ʒum erſten male von Don Joſé Yanguas y Miranba in Pamplona 1843 in 4. herausgegeben. Die Herausgabe wurbe mit aller Sorgfalt nach vier Hanbſchriften veranſtaltet; bie Chronik umfaßt bie Geſchichte Navarras von ben früheſten Zeiten bis ʒur Thronbeſtei=gung Karl's III. 1390, unb bringt auch noch einige Notizen über Er=eigniſſe aus bem Beginn bes nächſten Jahrhunberts. Dieſe Ausgabe umfaßt außer ber Biographie bes Verfaſſers 200 Seiten. Die Chronik iſt in einem beſcheibenen, einfachen, etwas trockenen Stile geſchrieben, ber neben einigen gleichʒeitigen caſtiliſchen Chroniken nicht ſehr ʒu ſei=nem Vortheile erſcheint. Einige ber alten Ueberlieferungen, bie ſich auf bas kleine Bergkönigreich beʒiehen, beſſen alte Annalen ſie uns gibt, ſinb inbeſſen gut mitgetheilt, — einige berſelben werben berichtet, wie ſie bie allgemeine Chronik von Spanien erʒählt, unb einige mit Zuſätʒen unb Abänberungen. Die Partien, in benen ich bie meiſten Spuren eines Zuſammenhanges ʒwiſchen ben ʒwei Werken bemerkt habe, ſinb in ber Chronik bes Prinʒen von Viana, Buch 1, Kap. 9—14, verglichen mit ber ſpätern Partie ber Allgemeinen Chronik, Theil 3. Manchmal weicht ber Prinʒ von allen überkommenen Erʒählungen ab, ſo wenn er bie Cava bas Weib bes Grafen Julian, ſtatt ſeine Tochter nennt; im ganʒen ſtimmt aber ſeine Chronik mit ben gewöhnlichen Ueberliefe=rungen unb Geſchichten ber Periobe, bie ſie ſchilbert, überein.

Seite 156. Anmerkung 2, Zeile 5 von oben

lies Kap. 192 ſtatt 193; unb Zeile 6 lies Kap. 199 ſtatt 200.

Seite 164. Anmerkung 2.

Mariana, der die Fehler oder Verbrechen des Connetabels nie ver=
schweigt, rechnet ihn doch unter die „eversos invidia populari" (De
Rege 1599, S. 383).

Seite 166. Anmerkung 2.

(Der Drucker des Lebens des Großen Feldherrn von Pulgar
war Cromberger.) Das Original ist indessen nicht ganz so selten, als
Martinez de la Rosa vermuthete. Ich besitze ein sehr wohl erhaltenes
Exemplar, 24 Bll. in Fol., 1527 mit gothischen Lettern gedruckt.

Seite 167. Anmerkung 3.

Es wird vielleicht manchen interessiren zu erfahren, daß eine Ueber=
setzung der Dialoge Petrarca's, „De remediis utriusque fortunae",
auf den besonderen Wunsch des Großen Feldherrn von Francisco be
Madrid in schöner alt=castilischer Sprache verfertigt wurde (N. Ant.
Bib. Nov., I, 442). Ich besitze ein Exemplar derselben — einen sehr
zierlichen gothisch=gedruckten Foliobandband — gedruckt zu Çaragoça, 1523.

Seite 170. Anmerkung 1.

Derselbe ergreifende Bericht von dem ersten Symbol der Eroberung,
das aufgepflanzt wurde, um den Fall Granadas zu bezeichnen, der cruz
de plata, findet sich auch in Marmol's „Rebelion de los Moriscos"
(1600. Bl. 25 a.), wo erzählt wird, daß es vom Cardinal=Erzbischof
von Toledo auf Befehl Ferdinand's und Isabellens aufgepflanzt wurde.

Seite 178. Anmerkung 1 der vorhergehenden Seite.

Auszüge aus den alten spanischen Chroniken sind zum Gebrauche
des Volks seit einer sehr frühen Zeit bis auf die Gegenwart in allen
Formaten gedruckt worden. Ich habe viele solche gesehen; — z. B. die
Chronik des Cid, in einem kleinen dünnen Quartband, mit rohen Holz=
schnitten, 1498; die Chronik des Fernan Gonzalez, ein Duodezband von
ungefähr 40 Seiten, 1589; und so herab bis zum Volksbuch von
Bernardo del Carpio's Abenteuern, 1849. Wie ich aber glaube, haben
diese Auszüge selten irgendeinen literarischen Werth.

Seite 181 zu Zeile 14 von oben.

In Spanien kommt uns die erste Nachricht von diesem merkwür=
digen Buche in der zweiten Hälfte des 14. Jahrhunderts durch einige
Dichter des Cancionero de Baena zu, namentlich aber durch Pedro
Ferrus, der ein mit dem Ereignisse vielleicht gleichzeitiges Gedicht über
den Tod Heinrich's II. 1379 schrieb; ebenso wird es erwähnt im Rimado
de palacio des Kanzlers Ayala, die von dem Partien, wie wir bereits
gesehen haben, zwischen 1398 und 1404 geschrieben wurden. Der Ama=
dis darf aber seinem Ursprunge nach nicht als ein spanischer Roman
betrachtet werden, wenn er auch seinen großen Ruf Spanien verdankt.

Seite 182. Anmerkung 1.

Es unterliegt gar keinem Zweifel, daß die berühmtesten Ritter=

gedichte in Spanien zur selben Zeit oder wenig später bekannt waren. Der Cancionero de Baena ist voll von Anspielungen auf dieselben.

Seite 182. Anmerkung 2.

El Señor Infante Don Alfonso de Portugal aviendo piedad desta fermosa donzella de otra guisa lo mandasse poner. En esto hizo loque su merced fue.

Seite 182. Anmerkung 3.

und die Widmung des Nicolas de Herberay vor seiner schönen alten französischen Uebersetzung, die zuerst 1540 gedruckt wurde; ich besitze aber ein Exemplar von 1548.

Seite 183. Anmerkung 1, zu Zeile 7 von unten.

Er sagt: „O original se conservava em casa dos Excellentissimos Duques de Aveiro."

Seite 185. Anmerkung 1.

Es existirt eine Schwierigkeit in Bezug auf die ursprüngliche Composition und Construction des Amadis, die mir, als ich die erste Ausgabe dieser Geschichte veröffentlichte (1849), nicht aufgefallen war, die ich nun (1858) hauptsächlich nach den Anmerkungen des Gayangos zu seiner Uebersetzung (I, 520—22, deutsche Ueberf. Bd. 2, Nachträge, S. 687 fg.) und nach seinem „Discurso preliminar" zum vierzigsten Bande der Biblioteca de Autores españoles, der den Amadis und Esplandian enthält, so gut ich kann aufklären will.

Die fragliche Schwierigkeit entsteht, wie ich denke, zum großen Theile durch den Umstand, daß die Vorrede Montalvo's in den verschiedenen alten Ausgaben des Amadis verschieden textirt ist und so zu verschiedenen Folgerungen Anlaß gibt. In der von Cromberger 1520 gedruckten Ausgabe, die ich nie gesehen habe, die aber von Gayangos citirt wird, sagt uns Montalvo: „que en su tiempo solo se conocian tres libros del Amadis, y que el añadió, trasladó y enmendó el quarto." Derselbe Umstand, daß ursprünglich nur drei Bücher von demselben bekannt waren, ergibt sich aus einigen Gedichten in Baena's Cancionero, der 1851 veröffentlicht wurde (s. Anm. zu S. 648 u. 677), insbesondere aber aus einem Gedichte des Pedro Ferrus, der vielleicht schon 1379 schrieb, aber noch lange danach lebte. Aus diesen und andern Umständen von geringerer Bedeutung folgert Gayangos, daß in Spanien ein Amadis in drei Büchern bekannt war, bevor Lobeyra seine Uebersetzung dieses Romans unternahm, was, wie er glaubt, kaum lange vor 1390 geschehen sein kann, da der Infant Alfonso, der ihn veranlaßte, die Geschichte der Briolanja abzuändern, erst 1370 geboren wurde (s. oben Anm. 2 zu S. 182). Wer aber diese drei Bücher, wenn sie so früh existirten, geschrieben haben könnte, oder in welcher Sprache sie niedergeschrieben seien, läßt sich nicht einmal muthmaßen. Lobeyra kann ihr Verfasser schon 1350 oder 1360 gewesen sein, und kann die Geschichte der Briolanja dann erst 1390 dem Prinzen zu Gefallen geändert haben, wie er behauptet, und dann steht die bestimmte und klare Behauptung des Cannes de Zurara unberührt. Keinenfalls bin ich im Stande einzusehen, wie wir sein Zeugniß, daß Lobeyra der Verfasser war, oder Montalvo's Zeugniß umgehen können, daß der Amadis, wie wir ihn jetzt besitzen, eine von ihm gefertigte Uebersetzung mit Aenderungen und Verbesserungen sei.

[Ueber den Amadis vgl.: De l'*Amadis de Gaule* et de son influence sur les mœurs et sur la littérature au XVI. et au XVII. siècle, avec une notice bibliographique, par *Eugène Baret* (Paris 1853), und F. Wolf, Studien, S. 177 fg.   W.]

Seite 194.

[Ueber die Autorschaft vom *Palmerin de Inglaterra* f. Opúsculo acerca do Palmeirim de Inglaterra e do seu autor, no qual se prova haver sido a referida obra composta originalmente em portuguez, por *Manuel Odorico Mendes,* da cidade de San Luiz do Maranhão (Lissabon 1860), — und dagegen den Artikel: Del Palmerin de Inglaterra y su verdadero autor (Luis de Hurtado). Por D. *Pascual de Gayangos;* — in der *Revista española* politica, cientifica etc. Año I, Tomo I, Nr. 2—15 de Abril de 1862.   W.]

Seite 194. Anmerkung 1, Zeile 13 von unten
lies 18 Jahre statt 20.

Seite 195. Anmerkung 1 der vorhergeh. Seite, am Schluß:
auch l'Espagne littéraire (von Nicolas Bricaire), 1774, IV, 27.

Seite 197. Anmerkung 1.

Vom „Belianis de Grecia" besitze ich ein Exemplar in Fol., gedruckt zu Burgos 1587; ich war aber nie im Stande, mit demselben so zu verfahren, wie Dr. Johnson mit dem „Felixmarte de Hircania" verfuhr. Es ist indessen augenscheinlich von Lesern benutzt worden, denn obwol es keine Zeichen rauher Behandlung an sich trägt, so ist es doch vollständig abgenutzt. Sein Verfasser war Jeronimo Fernandez, und das Buch ist eines der ausschweifendsten und absurbesten seiner Klasse und zugleich eines der seltensten.

Seite 200. Anmerkung 2 der vorhergehenden Seite.

Die Vorrede ist dieselbe mit der der Ausgabe von 1570, die Gayangos mittheilte, die ohne Zweifel die der ältesten Ausgabe war. Sie wird mit dem Werke, wie ich glaube, noch immer wiederabgedruckt.

Seite 201. Anmerkung 1.

Der erste Theil, oder der „Pié de la Rosa fragante", wurde auch in Antwerpen 1554 von Martin Nucio verlegt. In der Vorrede theilt der Verf. mit, daß ihm die Schreibung des Castilischen einige Schwierigkeit verursachte, da es nicht seine Muttersprache sei. Dies und andere Umstände lassen wenig Zweifel übrig, daß die „Carolea"

und die „Caballería celestial" von einer und derselben Person ver=
faßt seien.

Seite 203. Anmerkung 1 der vorhergehenden Seite.

Andere religiöse Erdichtungen derselben Gattung folgten, — so die
Caballería cristiana, 1570, der Caballero de la Clara Estrella u. f. w.

Seite 203. Anmerkung zu Zeile 20.

Eine wichtige Untersuchung über Ritterbücher von Don Pascual de
Gayangos steht in der „Biblioteca de Autores de Españoles", 1851,
Tom. XL, Discurso preliminar, zugleich mit einem ausführlichen biblio=
graphischen Kataloge der Ritterbücher, S. LXIII—LXXXVII. Beide sind
sehr belehrend und unterrichtend.

Seite 206. Anmerkung 1.

Einer der Beweise aber, auf die er sich beruft, kommt mir hier so
gelegen, daß ich ihm etwas genauere Berücksichtigung schenken will, als
er demselben widmet; — ich meine das prächtige Festspiel, das dem Kaiser
Karl V. von seiner Schwester, der Königin von Ungarn, 1549 zu Bins
in Flandern veranstaltet wurde. Calvete de Estrella hat es in seinem
Werke: „Viage del Principe Don Felipe etc." (Antwerpen 1552, Fol.,
Bll. 188—205), ausführlich beschrieben, und es war ohne Zweifel eine
ganz außerordentliche und glänzende Verkörperung des Geistes der irren=
den Ritterschaft durch die vornehmsten Personen ihres Hofes zu jener
Zeit. Das Hauptspectakel dauerte zwei Tage und führte ein verzauber=
tes Schloß vor, in welchem schöne Damen und tapfere Ritter von einem
falschen Zauberer gefangen gehalten, aber aus demselben dann von andern
und glücklichern Rittern befreit wurden; — Philipp, der spätere König
Philipp II., war ihr Anführer und brachte das Abenteuer, wie es fast
scheint, nicht ohne Gefahr für seine geheiligte Person zu einem glück=
lichen Ende. Eine unglückliche Königin, eine Dame in Noth, ein Zwerg,
Zaubereien, Zweikämpfe, Turniere und Gefechte aller Art fehlten nicht
und waren so angeordnet, um eine Art episches Ganze aus dem Fest=
spiele zu machen, das mit der Verschwindung des magischen Schlosses
als seiner großen Katastrophe endete. Kurz gesagt, es war ein Ritter=
roman, der sich vor dem ersten Potentaten Europas zu seiner Unterhal=
tung abspielte; ein solcher Roman, daß Don Quixote, hätte er diesem
Schauspiel beigewohnt, es nicht ohne einigen Grund für eine lebende
Verkörperung aller seiner närrischen Phantasien über das irrende Ritter=
thum gehalten haben würde.

Seite 208. Anmerkung zu Zeile 15 von oben des Textes.

Die Beweise hierfür siehe in den gelehrten und beachtenswerthen
„Origines du Théâtre moderne, par M. Édélestand Du Méril" (Paris
1849). Herr Wright hatte indessen den Nachweis hierüber schon in
seinen „Early Mysteries and other Latin poems of the twelfth and
thirteenth century" (London 1838) geliefert und stützte sich für den=
selben zum Theil auf Documente, deren sich später Herr Du Méril bediente.

Seite 208. Anmerkung 1.

Herr Du Méril veröffentlicht in seinen „Origines" (S. 390—409) ein 1805 gedrucktes Hirtenspiel über die Geburt Christi, von dem er sagt, daß er es selbst noch 'in seiner Jugend aufführen sah und von dem wenigstens zwei andere Ausgaben noch existiren. Es ist in verschiedenen Versmaßen und gereimt, und benöthigte über zwanzig Personen, außer den „Troupes de bergers et bergères", zu seiner Darstellung, — hat aber keinen poetischen Werth.

Seite 210. Anmerkung 1.

Escarnio und *escarnido* kommen im Poema de Alexandro (Str. 1748, 1749) im Sinne von „verächtlicher Behandlung" vor.

Seite 211. Anmerkung 3.

Früher hatten sie einen religiösen Charakter, d. h. religiöse Darstellungen des 13. und 14. Jahrhunderts enthielten *entremeses;* dies war in der That in den großen Tagen des spanischen Dramas noch der Fall, wie wir sehen werden, wenn wir zu der Epoche Lope de Vega's und Calderon's kommen.

Seite 213. Anmerkung 2.

Sarmiento schrieb außerdem, was er über Mingo Revulgo in seiner „Poesia española" sagt, einen Brief darüber im Jahre 1756 an einen Freund, der u. d. Titel: „Meco-Moro-Agudo etc." (Madrid 1795, 20 S. 18.), veröffentlicht oder wiederabgedruckt wurde; der Vorwurf desselben ist, zu zeigen, daß *Meco-Moro-Agudo* im Mingo Revulgo die spanischen Mohammedaner zur Zeit Heinrich's IV. bedeutet; — *Tartamudo* die spanischen Juden, und *Christobal Mexia* die spanischen Christen.

Eine geistreiche Nachahmung des Mingo Revulgo, die Mißbräuche während der Regierungszeit Ferdinand's und Isabellens satirisch schildert, erwähnt Pidal in den Anmerkungen zu seiner dem Cancionero de Baena vorangehenden Einleitung, wo er auch einen Auszug derselben mittheilt; das ganze Gedicht ist aber noch nicht veröffentlicht worden (Cancionero de Baena, 1851, p. LXXIV—V).

Seite 214. Anmerkung 1.

Ich besitze ein 1785 gedrucktes Exemplar des „Dialogo" mit handschriftlichen Anmerkungen des Dichters Thomas Yriarte zur Correctur des Textes, der derselben sehr bedarf.

Seite 215. Anmerkung 3 der vorhergeh. Seite, nach Zeile 7 v. o. einzuschalten:

Man vermuthet, daß Rodrigo Cota ein bekehrter Jude gewesen sei und zur Verfolgung des Glaubens, den er abgeschworen hatte, aufgemuntert habe (Pidal im Cancionero de Baena, p. XXXVII).

Seite 218. Anmerkung 1 nach „Nachgiebigkeit gegen die öffentliche Meinung" erste Zeile von unten einzuschalten:

Luis de Leon sagt, indem er von Personen spricht, die die Werke der heil. Teresa nicht ganz billigten: „Wenn diese Männer vom Geiste

Gottes geleitet würden, so würden sie zuerst und vor allen Dingen die Celestina und die Ritterbücher, und die andern tausend Erzählungen und Werke verdammen, die voll von Eitelkeit und Unanständigkeiten sind, womit die Seelen der Menschen beständig vergiftet werden" (Obras. Madrid 1806, V, 362).

Seite 219. Anmerkung 1.

Salas Barbabillo sagt in der Widmung seines „Sagaz Estacio", 1620, von der Celestina: „Es de tanto valor, que, entre todos los hombres doctos y graves, aunque sean los de mas recatada virtud, se ha hecho lugar, adquiriendo cada dia venerable estimacion; porque entre aquellas burlas, al parecer livianas, enseña una doctrina moral y catolica, amenazando con el mal fin de los interlocutores á los· que les imitan en los vicios." Dies war ohne Zweifel bis vor nicht langer Zeit und ist zum Theil noch jetzt die Meinung Spaniens von der Celestina.

[Ueber die Ausgaben der Celestina s. Description bibliographique des livres choisis en tout genre composant la librairie de *J. Techener* (Paris 1858, Bd. 2). — Darin: une réunion d'éditions de la fameuse comédie de la ·*Célestine:* ed. de Burgos, 1499. — Toledo, Juan de Ayala, 1538. 4. — Anvers, Mart. Nucio, s. d. 12. — Çaragoça, Agustin Millan, 1555. 16. (renferme 34 volumes). Vgl. auch: *Hidalgo*, Diccionario general de Bibliografia española s. v. (einige 40 Ausgaben). Madrid 1864. W.]

Sette 220. Anmerkung 1, Zeile 15 lautet jetzt:

Von den oben 'erwähnten Nachahmungen der Celestina verdienen vielleicht drei eine weitere Erwähnung. (Und dann folgt): Die erste ist „La Segunda Celestina", von der ich ein Exemplar in sehr kleinem 32. Format besitze, das in Antwerpen ohne Jahres- und Seitenzahl gedruckt ist, der Ankündigung nach aber in der „Polla grassa" dieser Stadt und in der „Samaritana" in Paris verkauft wird. Die Grundidee derselben ist, daß Celestina selbst, anstatt von ihren eigenen brutalen Genossen umgebracht zu werden, sich nur todt gestellt und sich dann ihrer magischen Künste bedient hat, um die Täuschung aufrecht zu erhalten. Während dieser Zeit hält sie sich im Hause eines hohen geistlichen Würdenträgers verborgen, und als sie dann nach ihrer Ellipse in die Welt wieder zurückkehrt, wird sie als eine von den Todten Auferstandene betrachtet und kommt in den Geruch der Heiligkeit und der Macht, Wunder zu wirken, fährt aber in ihrer Laufbahn geheimer Verbrechen und Greuelthaten ununterbrochen fort. Die Geschichte von Felides und Poliandria — den Liebenden, denen sie hilft — ähnelt sehr der von Calisto und Meliböa, endet aber nicht mit solchen Greueln und Verbrechen. Einige Scenen mit den untergeordneten Personen sind sehr derb, andere sind geistreich und unterhaltend; durchaus fehlt aber der geistreiche, kräftige Stil ihres glänzenden Vorbildes. Gleich dieser ist die Segunda Celestina sehr lang und sie ist in vierzig *Cenas* ein-

getheilt; — eine alte Schreibweise für *Escenas*. Der Name des Verfassers ist nur in einigen einleitenden Versen des Pedro Mercado angedeutet. Die antwerpner Ausgabe ist, wie ich bemerkt habe, ohne Jahreszahl. In der Biblioteca comunale von Bologna fand ich aber ein
Exemplar einer venetianischen Ausgabe von 1536, die angeblich von
Domingo de Gaztelu, Secretär des Don Lope de Soria, damaligen
Gesandten bei der Republik Venedig, corrigirt worden sein soll.

[Ueber die *Tragedia Policiana*, Ausgabe von 1547 (nach dem
dresdner Exemplar) s. *Serapeum*, 1853, Nr. 14, S. 209—13. W.]

Seite 221. Anmerkung 2, nach Zeile 18 von oben.

Ich besitze ein Exemplar einer 1602 in Mailand gedruckten Ausgabe, wo das Stück, wie ich glaube, geschrieben wurde, denn die Dedi-
cation vom 15. Sept. 1602 ist daher datirt und an einen andern Belasco, Präsidenten des Raths von Italien, gerichtet. Sie ist D. Alfonso
Uz. de Velasco unterzeichnet, was soviel als Velasquez de Velasco
bedeutet, da dieser Name in einer andern Ausgabe des nämlichen Jahres
in seiner ganzen Länge vorkommt. Er schrieb auch: „Odas a imitacion
de los siete Salmos penetenciales de David", 1592.

Seite 222. Anmerkung 1 der vorhergehenden Seite, Zeile 3 von unten.

Die eine zusammen mit dem Original in Rouen 1633 herausge-
kommene ist in ausgezeichnetem alten Französischen.

(Zusatz zum Schluß):

Die alte lateinische Uebersetzung ist indessen die merkwürdigste von
allen. Sie rührt von Caspar Barth, einem nicht unbedeutenden Gelehrten, her (s. Niceron, Hommes illustres, 1729, VII, 29 fg.) und
wurde unter dem Titel „Pornoboscodidascalus latinus" mit Noten des
gelehrten Uebersetzers, die noch immer werthvoll sind, 1624 in Frankfurt gedruckt. (462 S. 12.) Ich habe den vierten Act mit dem Originale verglichen, und er scheint mir geistreich und effectvoll wiedergegeben zu sein.

Seite 225. Anmerkung 1.

Ich kenne nur ein Exemplar desselben, das sich in der kostbaren
Büchersammlung des Don Vicente Salvá in Valencia befindet. Einige
andere Werke von ihm wurden separat gedruckt, so seine „Disparates
trobados", 1496, und einige seiner Farsas; eine zuerst ohne Jahreszahl und dann 1553 in 4.

Seite 228. Anmerkung 2 der vorhergehenden Seite.

Einige Kirchen führten sie noch in sehr später Zeit auf. Ich besitze eine Reihenfolge derselben, die für den Dienst unserer lieben Frau
vom Pfeiler in Zaragoza jährlich von 1679 bis 1715 veröffentlicht
wurden; eine Ausnahme machte nur das Jahr 1707, in welchem Jahre
die Unruhen des Successionskrieges die Veröffentlichung verhinderten.
Sie sind im allgemeinen sehr roh.

Seite 230, in Zeile 29 von oben.

Enzina fand einen unmittelbaren Nachfolger in der Stadt Salamanca selbst: — Lucas Fernandez, dessen Dramen oder dramatische
Dialoge 1514 veröffentlicht wurden. Es sind ihrer nur sechs, alle,
wie er der Wahrheit gemäß sagt, „im schäferlichen und castilischen
Stil geschrieben"; — drei geistliche und drei weltliche; diese letzten sind
aber in einem so freien Tone geschrieben, daß sie das ganze Werk, in
dem sie enthalten sind, in den Index expurgatorius der Inquisition
gebracht und es so zu einem der seltensten in der Welt gemacht haben.
Das beste darunter ist wahrscheinlich eine Farce über die Abenteuer
einer Dame, die die Welt durchwandert, um ihren Geliebten zu suchen;
bevor sie ihn aber findet — was ihr zuletzt gelingt — wird sie sehr
von einem Schäfer gequält, der ihr begegnet und gegen ihre Reize nicht
unempfindlich ist, obwol er schließlich vor den ältern und bessern Rechten des Cavaliers, der sein Nebenbuhler ist, zurücksteht. Dieses Stück
enthält ungefähr 600 Zeilen und ist in 3 Scenen eingetheilt; es endet
nach der Manier des Enzina mit zwei Billancicos; diesem schließt sich
Fernandez überhaupt so enge an, daß es unmöglich ist, ihn nicht als
einen Nachahmer zu behandeln, der, wie die meisten seiner Art, das Original nicht erreicht. *)

Seite 231. Anmerkung 2.

Viele höfische Dichter Portugals aus der Zeit des Vicente schrieben in der That spanisch. Ueber zwanzig solcher kommen im Cancio-
neiro geral des Resende (1516) vor, worunter einige sehr bedeutende;
später während der Periode, als Portugal einen Bestandtheil der spanischen Monarchie ausmachte und im Zeitalter Lope de Vega's und Calderon's, war die Zahl der spanisch Schreibenden noch größer. Francisco
Manuel Trigoso sagt von den portugiesischen dramatischen Dichtern dieser Zeit: „Quasi todos escreverão em Castelhano." Memorias da
Academia das sciencias de Lisboa, 1817, Tomo V, Parte II, p. 73.

Seite 241.

[Ueber die *Propaladia* des Torres Naharro vgl. *Serapeum*, 1854,
Nr. 1, S. 8—12. W.]

Seite 249. Anmerkung 1.

„Breviterque Italia verius quam provincia" — vielmehr ein
anderes Italien, als eine Provinz, — sagt Plinius der Aeltere,

---

*) Ich kenne dieses sehr seltene Buch nur aus dem Berichte, den Bart.
José Gallardo darüber in den Nummern 4 und 5 des wunderlichen „Criticon"
(1835) gibt; nebst andern Auszügen theilt er die Farce von der „Wandernden
Dame" ganz mit. Bielleicht dürfen wir hier auch einen Dialog über die Italienischen Kriege unter Ferdinand und Isabella von Francisco de Madrid anführen, der, wie es scheint, um 1500 geschrieben wurde; ein Exemplar desselben
befindet sich in der Bibliothek des Marquis von Pidal (Cancionero de Baena,
1851, S. LXXVI. Anm.). Francisco muß ein alter Mann gewesen sein, als
er denselben schrieb, wenn er anders, wie Alvarez y Baena behauptet, Secretär
oder Schreiber Johann's II. war, der 1454 starb. (Hijos de Madrid, II, 73.)

indem er dadurch seine große Bewunderung für ihre Bewohner, ihre Kultur und ihren Reichthum ausdrücken will (Hist. nat., Lib. III, c. 5. Ed. Franzii, 1778, III, 548).

Seite 249, Zeile 7 von unten lautet es jetzt:

So lange als die große Völkerwanderung vom Norden her währte, wurde die Provence hauptsächlich durch die Alanen, Vandalen und Sueven beunruhigt, wilde Stämme, die jedoch bald nach Spanien hinüberzogen und nur wenige Spuren ihres Charakters zurückließen, sowie durch die Westgothen, u. s. w.*).

Seite 252. Anmerkung 1, zu Zeile 3 von oben:

siehe Ant. Bastero, Crusca provenzale, Rom 1724, Fol., S. 7 fg., und Zusatz zum Ende:

Betreffs des Vorrangs des Catalanischen vor dem Provenzalischen schließt er sich an Bastero an, geht aber in mehr als einem Punkte nicht so weit als sein Vorgänger, der unter andern Ungereimtheiten glaubt, daß die Ueberlegenheit seines heimischen Dialekts einst durch ein Wunder bezeugt worden sei; — ein stummes Kind, das von Navarra nach Catalonien gebracht wurde, habe hier auf Fürbitte der heil. Jungfrau die Sprache erlangt, habe aber nur Catalanisch sprechen gekonnt, das seine eigenen Aeltern nicht zu verstehen im Stande waren, sodaß, wie Bastero meint, eine Art ausschließlicher Unterstützung dem catalanischen Dialekte von oben herab zukam (Crusca provenzale, S. 37).

[Ueber die Troubadours und ihre Bedeutung für Spanien s. De los Trovadores en España. Estudio de lengua y poesia provenzal por D. *Manuel Milá y Fontanals* (Barcelona 1861). W.]

Seite 254. Anmerkung 10.

Ein Gedicht von ihm über den Bürgerkrieg in Pampelona (1276), dem so viele Unruhen folgten und den er als Augenzeuge beschreibt, wurde in Pampelona 1847 veröffentlicht. Es besteht aus ungefähr 5000 Versen, jeder mit einem Ruhepunkt in der Mitte, und ist augenscheinlich eine Nachahmung der „Histoire de la Croisade" (f. Anm. 7 ders. Seite); für unsern Zweck ist von Wichtigkeit, daß es beweist, daß das Provenzalische selbst bis nach Navarra vordrang. Der nämliche Reim verbindet nach provenzalischer Weise oft viele Verse nacheinander — mitunter 40 oder 50 —, das Ganze ist aber ohne poetischen Werth.

Wenn in der Vorrede zu diesem Gedichte der Verfasser desselben, Guillaume Aneliers, ein unbekannter Dichter genannt wird, so ist das ein Irrthum. Er gehörte zu den ausgezeichnetern Troubadours; er wird von Bastero 1724 erwähnt, obwol er seinen Namen irrthümlich Anciers schreibt (S. 85); — von Crescimbeni, 1710, II, 201; Millot, 1774, III, 404; Raynouard, 1817, V, 179, ꝛc.

---

*) Pedro Salazar de Mendoza, Monarquia de España, Lib. I, Tit. III, cap. 1 et 2. Ed. 1770, Fol., I, 53, 55.

Seite 256. Anmerkung 1.

Valencia wurde am 28. Sept. 1238 erobert und wenige Tage später verließen ungefähr 50000 Mauren diese Stadt; die Ländereien und Häuser der Stadt und ihres umliegenden Gebiets wurden sogleich durch ein autorisirtes *repartimiento* unter die Eroberer vertheilt, wobei sich die Christen an ihr grausames System hielten, daß sie nie irgend ein Recht der Ungläubigen auf den Boden ihres Landes anerkannten (Aschbach, 1837, II, 89).

Seite 257. Anmerkung 2 der vorhergehenden Seite.

Es darf hier auch nicht unerwähnt bleiben, daß Francisco Diago den Don Jaume in seinen sehr schätzbaren und sorgfältigen „Anales de Valencia" (Valencia 1613, Fol.) unbedenklich für den Verfasser der fraglichen Chronik hält (Bl. 272 b.). Mariana kann auch keine Zweifel über diesen Punkt gehabt haben, dies zeigt die Art, wie er dieselbe benutzte, namentlich in dem schönen Kapitel über die Eroberung von Valencia, am Ende des zwölften Buchs.

Ein merkwürdiges Werk, das mit Jakob dem Eroberer in Zusammenhang steht, erschien 1848 mit einigem typographischen Luxus ausgestattet in Palma auf der Insel Majorca, sorgfältig von D. Joaquin María Bover herausgegeben. Es besteht aus 554 poetischen Inschriften, jede in der Regel zu 11 Zeilen, obwol einige auch zu 12 vorkommen; sie sind zur Feier der Wapenröcke der gleichen Anzahl Edelleute und Herren bestimmt, die sich bei der Einnahme von Valencia gegenwärtig befanden, unter welchen Namen sich einige später in der Geschichte dieser Stadt berühmt gewordene finden. Der Verfasser Jaime Ferrer, der den Eroberer 1269 auf seinem unglücklichen Zuge in das heilige Land begleitete und eine Person von einigem Einfluß am Hofe war, scheint diese Inschriften 1276 auf Verlangen des Infanten Pedro geschrieben zu haben; sie haben aber wenig Werth, ausgenommen als Denkmäler des limosinischen oder provenzalischen Dialekts, wie dieser damals in Valencia gesprochen wurde, wo Ferrer auf einer Besitzung geboren wurde, die sein Vater bei dem *Repartimiento* der Stadt erhielt, als diese den Mauren entrissen wurde. Eine Ausgabe dieses Werks von Ferrer erschien 1796 in Valencia.

Seite 258. Anmerkung 1.

Ich besitze auch eine italienische Uebersetzung derselben, die von Filippo Moisè mit vieler Sorgfalt gemacht wurde. Sie befindet sich in dem Werke: „Cronache Catalane del Secolo XIII e XIV" (Florenz 1844, 2 Bde.), das nicht blos die Chronik Muntaner's, sondern auch die des b'Esclot enthält, die um 1300 geschrieben wurde und die Zeit von 1207 bis 1285 umfaßt. Diese letztere wurde 1840 in Paris von Buchon veröffentlicht, und ich besitze eine castilische Uebersetzung derselben von Raphael Cervera (Barcelona 1616); sie ist aber ein bloßer Auszug des Originals und von geringem Werthe. Zurita

ſchäßt b'Esclot, deſſen Stil ſich durch große Freimüthigkeit und Ein=
fachheit auszeichnet, ſehr und benußt ihn häufig.

Vgl. über Muntaner ꝛc. G. Finlay, Mediaeval Greece and Tre-
bizond (Edinburgh u. London 1851, S. 199—200), — ein gelehrtes
und intereſſantes Buch.

Seite 262. Anmerkung 6 der vorhergehenden Seite.
Es wurde auf Koſten der „Junta de Comercio" von Barcelona
veröffentlicht.
[Vgl. über die Dichter in catalaniſcher Mundart auch: Poetas de
las Islas Baleares. Siglos XIII y XIV. Entrega 1ᵃ. 4. (Palma 1857)
und Ramon Llull, Obras rimadas. Escritas en idioma catalan-pro-
venzal, publ. p. p. v. con un articulo biográfico, ilustraciones y
variantes y seguidas de un glosario de voces anticuadas. Por
Geronimo Rossello (Palma 1859). W.]

Seite 265. Anmerkung 1.
S. auch Ant. Baſtero (Crusca provenzale, Rom 1744, Fol.,
S. 88 und 94—101), der ein anderer wichtiger Zeuge iſt, da er aus
Barcelona gebürtig iſt und der Geſchichte einer Inſtitution, die ſpäter
daſelbſt ſo großen Ruf erlangte, ſeine Aufmerkſamkeit ſchenkte. Andres
nahm auch, was man nicht vergeſſen darf, ein landsmannſchaftliches
Intereſſe an dem Provenzaliſchen als Valencianer.
[Zu Seite 267. Ueber den catalaniſchen Cançoner d'amor der
pariſer Bibliothek ſ. K. Bartſch, im Jahrb. f. rom. u. engl. Literat.,
II, 280 fg. W.]

Seite 268. Anmerkung 2.
Don Quixote, Thl. 1, Kap. 6, wo Tirante aus dem Auto de fé
der Bücherſammlung des närriſchen Ritters gerettet wird und dieſes aus=
ſchweifende Lob von Cervantes erhält. Southey dagegen (Omniana,
1812, II, 219—32) ſagt, „er habe nie ein anderes Buch geleſen, das
einen ſo thieriſchen Zuſtand des Gefühls beim Verfaſſer vorausſeßen
ließe". Sowol Lob als Tadel gehen zu weit. Der Tirante iſt ohne
Zweifel ein vernünftigeres Buch, als die Ritterbücher gewöhnlich ſind,
und enthält, wie Southey zugibt, „viele merkwürdige Stellen"; aber es
iſt keineswegs, wie Cervantes es nennt — „ein Schaß der Zufriedenheit
und eine Fundgrube des Vergnügens". Andererſeits iſt es kein ſo un=
anſtändiges Buch, als wofür Southey es erklärt. Er las eine italieni=
ſche Ueberſetzung eines ſehr ſkandalöſen franzöſiſchen rifacimento des
Grafen Caylus, das 1740, angeblich in London, mit einer Vorrede
von Freret herauskam, der etwas von ſpaniſcher Literatur verſtand.
Barbier (Anonymes et Pseudonymes, 1823, Nr. 8110) ſagt darüber:
„Tout est presque de l'imagination du comte de Caylus dans sa
prétendue traduction de Tiran le Blanc", und der franzöſiſche Ueber=
ſeßer iſt in der That für faſt alles verantwortlich, was Southey ſo ſehr
und mit Recht verletzte. Es iſt nicht leicht, die Geſchichte des Tirant
lo blanch in genügender Weiſe aufzuklären. Man kennt nur zwei oder

drei Exemplare desselben im valencianischen Dialekte; für eines derselben
wurden 1825 300 Pfund Sterling gezahlt (Repertorio americano,
London 1827, IV, 57—60). Ein anderes habe ich im Winter 1856/57
in Rom untersucht. Es befindet sich in der Biblioteca Alessandrina,
die unter dem Namen der Sapienza bekannter ist, unter der Signatur
IV. h, 3; es ist ein großer Quartband ohne Paginirung, auf gutem
Papier doppelspaltig mit Mönchsschrift sehr schön gedruckt. Es ist in
487 kurze Kapitel eingetheilt und wurde dem Colophon zufolge am
20. Novbr: 1490 in Valencia beendet. Ein Blatt mit Theilen der
Kapitel 152 und 153 fehlt, und ich vermuthe, daß es schon zur Zeit,
als dieses Exemplar wahrscheinlich im 16. Jahrhundert gebunden wurde,
gefehlt habe, denn ein weißes Blatt ist an seiner Statt eingeheftet. Mit
Ausnahme dieses fehlenden Blattes und einer leichten Beschädigung, die
ein anderes Blatt (Kap. 155, 156) erlitten hat, ist das Exemplar
wohl erhalten.

In einem bevorwortenden Briefe, der an den Prinzen Ferdinand
von Portugal — den Sohn, wie ich glaube, des ersten Herzogs von
Braganza — gerichtet ist, sagt Joannot Martorell, daß die Arbeit am
11. Januar 1460 begonnen worden sei; unter dieser Arbeit muß man
aber die Uebersetzung und nicht den Druck verstehen. Ueber das Buch
selbst sagt er, daß es ursprünglich Englisch geschrieben gewesen sei und
daß er es auf Begehren des Prinzen Ferdinand ins Portugiesische über=
setzt habe, und nun ins Valencianische übersetze, um seinen Landsleuten
das Vergnügen, es zu lesen, zu verschaffen. Seine Worte lauten:
„E com la dita historia e actes d'l dit Tirant sian en lengua Anglesa: e al vostra ilustro Senyoria n'a stat grat voler me pregar
la girar en lengua Portuguesa: opinant per yo csser stat algun
temps en la ysla de Anglaterra degues millor saber aquella lengua
que altri. Le quals pregaries son states a mo molt acceptables
manaments." Dann fährt er fort: Me atreviré expondre no sola-
ment d'lengua Anglesa en Portuguesa, mas encora de Portuguesa
en vulgar Valenciana. Perçoque la nacio don yo so natural seu
puxa alegrar. Er erlebte aber nicht die Beendigung dieser Uebersetzung.
Das Colophon setzt abermals auseinander, daß das Werk aus dem
Englischen ins Portugiesische übertragen worden sei und dann en vulgar
lengua Valenciana per lo magnific e virtuos cavalier mosse Johannot
Martorell. Lo qual per mort sua non pogue acabar de traduir
sino los tres parts. La quarta part que es la fi del libre e stata
traducida a pregaries de la noble senyora Doã Isabel de Loriç:
per lo magnifich Cavaller Marti Johann d'Galba etc. Da kein Grund
zur Annahme vorhanden ist, daß der Tirante ursprünglich englisch ge=
schrieben worden sei, so müssen wir, wie ich glaube, schließen, daß
Martorell nach der Mode der Zeit damit nur durchscheinen lassen wollte,
daß er denselben zuerst portugiesisch geschrieben und dann um 1460
herum ins Valencianische zu übersetzen begonnen habe. Gewiß ist, daß
die valencianische Uebersetzung 1490 erschien und daß viele Abenteuer

dieses Romans, wenn auch in denselben moralische Abhandlungen (wie
in den Kapp. 194—200) und einmal sogar eine Predigt (Kap. 276)
eingewoben sind, denen anderer Ritterbücher nicht unähnlich sind. Seine
vorgebliche Geschichte zeigt nur, welche Gegenstände, z. B. die Eroberung Konstantinopels durch die Türken, den Geist der Männer der damaligen Zeit erfüllten, gerade wie wir auch durch die Anspielungen auf
König Arthur und Amadis de Gaula erfahren, was ihre Lektüre war.
Eine andere Ausgabe dieser valencianischen Uebersetzung, die von Menbez
(Typographia, 1796, S. 72 fg. und 115) und Salvá (Repertorio
americano, 1827, IV, 58) angeführt wird, soll angeblich in Barcelona 1497 gedruckt worden sein; aller Wahrscheinlichkeit nach ist aber
diese Ausgabe gänzlich verschwunden.

Beinahe dasselbe läßt sich von der spanischen Uebersetzung, die Diego
de Gubiel 1511 in Valladolid druckte, behaupten; wenige Personen haben sie je gesehen. Ich habe indessen eine italienische Uebersetzung von
Lelio Manfredi gesehen, die 1621 in drei Bänden in Venedig herauskam; die erste Ausgabe derselben scheint 1538 erschienen zu sein. Ein
Vergleich derselben mit der valencianischen Ausgabe von 1490 zeigte
mir, daß die Uebersetzung der Art sei, wie sie zur Zeit ihres Erscheinens gewöhnlich von solchen Werken veranstaltet wurden. Manche Partien, wie z. B. Kapitel 469, welches den letzten Willen des sterbenden
Tirante enthält, sind eigentliche Uebersetzungen, die sich streng an das
Original anschließen; das erste Kapitel aber ist ganz ausgelassen, andere
sind sehr abgekürzt und die Eintheilung ist im Ganzen sehr verändert.

Meiner Ansicht nach darf nur die valencianische Uebersetzung des
Tirante Anspruch auf wirklichen Werth erheben, denn diese ist ein merkwürdiger Beitrag zur Kenntniß des Dialekts, in dem sie geschrieben ist.
Beuter (Crusca provenzale, 1725, S. 56) nennt Martorell, „uno dei
più chiari lumi della nostra lengua". Notizen über ihn, oder vielmehr über seinen Tirante kommen in den bereits citirten Werken vor,
und bei Diosdado Caballero, De prima typographiae hispanicae aetate,
1794, S. 32; Ximeno, I, 12; Fuster, I, 10; und in den Anmerkungen von Clemencin zum Don Quixote, I, 132—34.

[Vgl. auch Ritson, Artikel: Tiranto el Blanco, in dem Katalog
der Grenville'schen Bibliothek. W.]

Es mag vielleicht manchen interessiren, zu erfahren, daß Diosdado
Caballero ein exilirter spanischer Jesuit war und in Rom um 1820—21
in sehr hohem Alter starb, wie man mir im Collegio Romano erzählt
hat, wo er seine letzte Zufluchtsstätte fand.

Seite 273. Anmerkung 1.

Die beste Notiz über dieses merkwürdige und wichtige Buch —
von dem man nur Ein Exemplar kennt und das wie die meisten andern
Incunabula kein Titelblatt hat — findet sich in der „Disertacion sobre
el origen del nobilisimo arte tipografico y su introduccion y uso en
la Ciudad de Valencia etc. Escribióla D. *José Villaroya*." (Valencia

1796, S. 55—65); — einer sehr beachtenswerthen Abhandlung über die Anfänge der Buchdruckerkunst in Valencia. Diese Stadt kann indessen nicht länger auf die Ehre Anspruch machen, die ihr Villaroya und andere bis 1833 zugestanden haben, die Buchdruckerkunst in Spanien zuerst eingeführt zu haben; denn es ist jetzt erwiesen, daß eine kleine unbedeutende Grammatik oder grammatikalische Abhandlung früher in Barcelona gedruckt worden ist. Diese Abhand= lung besteht aus 50 Blättern ohne Paginirung; das einzige bekannte Exemplar, welches sich im Kloster der Trinitarios descalzos von Vich befindet, ist glücklicherweise ganz vollständig. Sie gibt vor, von Johan= nes Matoses nach einem Werke des Bartholomeus Mates zusammenge= stellt worden zu sein; — beide diese Personen sind mir gänzlich unbekannt. Eine Abhandlung über die Auffindung dieses typographischen Unicums erschien 1833 in Vich mit den Anfangsbuchstaben J. R. V., soviel als Jaime Ripoll, Vich. Da im Colophon des fraglichen Werks ausdrück= lich erklärt ist, daß es sei „mira arte impressum per Johannem Gher= ling, Alamannum", und dann weiter erklärt wird: „Finitur Barcynone nonis Octobris, anni a Nativitate Christi, MCCCCLXVIII", so ist jeder Zweifel über diesen Gegenstand gehoben und auch keiner, soviel ich weiß, ausgesprochen worden. Früher hatte indessen schon Capmany in seinen „Memorias" (1779. 4. I, 256) peremtorisch, ohne Gründe dafür anzugeben, für Barcelona die Ehre, die Buchdruckerkunst in Spanien eingeführt zu haben, in Anspruch genommen; Mendez hatte aber in sei= ner „Typographia" (1796. III, 56 u. 59) so gute Gründe für Va= lencia angeführt, daß man, nachdem Capmany, der Controversen nicht abhold war, nie darauf geantwortet hatte, allgemein der Meinung war, er habe sich geirrt, bis die Abhandlung Ripoll's erschien und die That= sache feststellte, daß das älteste Buch, von dem man bisjetzt weiß, daß es in Spanien gedruckt worden ist, in Barcelona am 5. Octbr. 1468 zu Ende gedruckt wurde. Ich besitze eine Abschrift von Ripoll's Ab= handlung. Es gereicht Isabellen zur Ehre, daß sie die Einführung der Buchdruckerkunst und gedruckter Werke nach Spanien begünstigte (Mem. de la Academia de Historia, 1821. VI, 244 und 430, Anm.).

Seite 278. Anmerkung 1, Zeile 7 von unten.

Jeder Abdruck derselben (der catalanischen Bibelübersetzung von Bonifacio Ferrer) wurde mit solchem Eifer zerstört, daß man nicht mehr als ein Blatt derselben — das allerletzte, das von Vers 9, Kap XX der Apokalypse bis zum Ende derselben reicht und überdies das Colo= phon enthält — jetzt kennt (Ocios de Españoles emigrados, London 1824. I, 36—40. Ximeno, Bibl., I, 20; Fuster, Bibl., I, 15). Es ist nicht unwahrscheinlich, daß Abschriften von dieser Uebersetzung gemacht wurden, die der Inquisition entgingen, und daß eine solche Abschrift sich jetzt in der Nationalbibliothek in Paris befindet; die Wahrheit dieser Vermuthung würde sich leicht durch eine Vergleichung mit dem geretten= ten gedruckten Blatte beweisen lassen, das bei Castro, Bibl. española,

(1, 444—48), und bei Villaroya, Arte tipog. en Valencia etc. (S. 89 fg.), abgedruckt sich findet.

(Zusatz zum Schluß dieser Anmerkung.)

Die Crusca provenzale des Antonio Bastero (Rom 1724, Fol., S. 20 fg.) enthält einige Untersuchungen über provenzalische Dialekte, die um so werthvoller sind, da Bastero ein Catalonier und ein leiden= schaftlicher Verehrer seines heimatlichen Dialekts war. „La lingua pro- venzale", sagt er S. 5, „è la stessa appunto che la mia materna catalana"; und er beabsichtigte in diesem Werke ein Wörterbuch her= zustellen, das dasselbe für das Catalanisch=Provenzalische leisten sollte, was das Wörterbuch der Crusca für das Toscanische geleistet hatte. Er veröffentlichte indessen blos einen Band, der nur die Einleitung ent= hält; da er lange in Italien lebte — ungefähr zwanzig Jahre, wie ich glaube —, so schrieb er sein Werk italienisch und ließ es in Rom er= scheinen. Es ist für einen Spanier aus der Zeit Philipp's V. ein sehr merkwürdiges Buch, voll Gelehrsamkeit und selbständiger Nachforschun= gen in handschriftlichen Quellen, aber nicht immer zuverlässig und sicher. Er starb 1737, 62 Jahre alt, in Barcelona; eine Notiz über ihn be= findet sich in dem Diario de los literatos, 1738, IV, 379.

Man findet eine gefällige und philosophische Untersuchung über die ältere catalanische Literatur und ihren Zusammenhang mit der proven= zalischen in der Einleitung eines Werkchens von Adolf Helfferich, das 1858 in Berlin u. d. Titel: „Raymond Lull · und die Anfänge der catalonischen Literatur", erschien.

[Ueber diesen Abschnitt vgl. auch: *F. R. Cambouliu*, Essai sur l'hist. de la littérature catalane. Paris 1857. 4.; 2. Ausg., ebendas. 1858. 8. (vgl. Jahrb. f. rom. u. engl. Lit., II, 241 fg.), und von dems. Verf.: Renaissance de la poésie provençale à Toulouse au XIV° siècle; — im Jahrb. f. rom. u. engl. Lit., III, 125 fg.

Magin Pers y Ramon, Bosquejo historico de la lengua y lite- ratura catalana, desde su origen hasta nuestros dias. Barcelona 1850. 12.

Zu diesem und dem folgenden Abschnitt vgl. auch: *Eugène Baret*, Espagne et Provence. Études sur la littérature du midi de l'Europe accompagnés d'extraits et de pièces rares ou inédites pour faire suite aux travaux de Raynouard et de Fauriel. (Paris 1857, be= sonders S. 77 fg. *L'école provençale en Castille*.) W.]

Seite 279. Anmerkung zu Zeile 5 von unten.

J. Ellendorf veröffentlichte 1843 in Darmstadt eine gelehrte Ab= handlung u. d. Titel: „Die Stellung der spanischen Kirche zum Römi= schen Stuhle." In dieser versuchte er die gänzliche Unabhängigkeit der spanischen Kirche von Rom bis zur Einnahme von Toledo 1085 nach= zuweisen und zeigte die auch nachher fortdauernde Unabhängigkeit der spanischen Regierung, selbst in der Zeit Philipp's II., der nie eine päpst= liche Einmischung in seine königlichen Prärogative duldete. Herr Ellen-

dorf hätte zu seiner schönen Reihe von Beweisstücken noch die außer=
ordentliche Drohung Ferdinand's des Katholischen im Jahre 1508 hin=
zufügen können, dem Papste allen Gehorsam zu verweigern, wenn der=
selbe auf gewissen Maßregeln, die den Rechten der spanischen Krone
Eintrag thaten, bestehen sollte. Die starke Sprache Ferdinand's an sei=
nen Gesandten in Rom lautete: „Estamos muy determinados ai su
Santidad *no revoca luego* el Breve y los Autos por virtud del fechos
*de le quitar la obediencia de todos los reynos de las coronas de
Castilla y Aragon.*" Quevedo, Obras, 1794. XI, 4.

[Ueber die älteste Geschichte der spanischen Universitäten s. *Floranes*,
Origen de los estudios de Castilla, especialmente los de Valladolid,
Palencia, y Salamanca, in der *Coleccion de documentos*, T. XX. W.]

Seite 281. Anmerkung 1.

Gibbon (Kap. LXX) nennt ihn einen „vollendeten Staatsmann"
und fügt in einer Anmerkung hinzu: „er stellte durch seinen Einfluß
und Rath die weltliche Herrschaft der Päpste wieder her." Sein Colle=
gium war ohne Zweifel ein Denkmal seiner Weisheit und leistete lange
Zeit dem Emporstreben der Wissenschaft gute Dienste. Ich besuchte es
1856 und erhielt daselbst eine kleine Geschichte der Schicksale desselben:
„Cenni storici dell' almo collegio maggiore di San Clemente della
nazione Spagnola in Bologna" (1855, 16 S.). Das ehrwürdige
Collegio war zur Zeit des ersten Napoleon fast ganz in Verfall ge=
rathen; obwol es aber 1819 unter den Auspicien Spaniens neu her=
gestellt wurde, so schien es sich doch in einem schläfrigen Zustande zu
befinden, als ich seine weiten Hallen nud schönen Gärten durchwandelte.

Seite 281. Anmerkung 3.

Das, soviel man weiß, erste datirte, in Spanien gedruckte Buch
erschien 1468 in Barcelona (siehe oben. S. 273, Anm.). Eine Presse
scheint sich aber daselbst erst später förmlich etablirt zu haben.

Seite 282. Anmerkung 2.

Einer, der Alfonso gut kannte und zugleich ein competenter Rich=
ter war, nannte ihn „unicus doctorum hominum cultor suae tempesta-
tis" (Bart. Facius de rebus gestis ab Alphonso, etc. Leyden, 1560.
Fol., S. 181). Fazio hat die Eroberung Neapels in demselben Werke
beschrieben und bei Bayle (Ausg. von 1740, III, 461) findet sich ein
interessantes Leben des Alfonso, der in der That ein großer Mann war
und eine seinem Zeitalter weit überlegene Bildung besaß. Mariana
(Lib. XXII, c. 18. Edit. 1780, II, 419) bewundert ihn höchlich, irrt
sich aber in der Annahme, daß sein Tod durch Kummer über den Tod
des Fazio beschleunigt worden sei, denn Fazio überlebte Alfonso um
einige Jahre. Alfonso V. war der siebente Descendent Alfons des
Weisen und besaß seines Urahns ganze Liebe zu den Wissenschaften. Ein
seltsamer Beweis dafür wird von Cabrera angeführt, der erzählt, daß,
als die Paduaner den Anspruch erhoben, die Ueberreste des Livius ge=

funben zu haben, Alfonso um eines ber Gebeine schicke und es um einen hohen Preis erhielt (De historia para entenderla y para escrivirla, 1611, Bl. 8).

Seite 285. Anmerkung 3.

Johann scheint auch Geschmack an der Malerkunst gefunden zu haben; wenigstens hatte er Dello, einen florentinischen Künstler, an seinem Hofe, ben er begünstigte und zum Ritter schlug. Siehe Stirling's Annals of the Artists of Spain (London 1848, 3 Bde., I, 97); — ein Buch voll von vorsichtiger Gelehrsamkeit, richtigem Urtheile und gutem Geschmack in Beziehung auf ben Gegenstand, mit bem es sich hauptsächlich beschäftigt; es enthält aber auch eine Menge merkwürdiger Notizen über verwandte Gegenstände, die sich bei einem solchen Werke gleichsam von selbst aufdrängen. Es war mir noch nicht zugekommen, als bie erste Ausgabe dieser Geschichte veröffentlicht wurde; ich werde aber oft Gelegenheit haben, mich in ber gegenwärtigen auf dasselbe zu beziehen.

Seite 286. Anmerkung 2.

Drei andere Kleinigkeiten, die man bem Könige zuschreibt, befinden sich im Anhange ber Einleitung Pibal's zum Cancionero de Baena, 1851, S. LXXXI—LXXXII.

Seite 286. Anmerkung 3.

Er wird auf dem Titelblatte seiner „Arte cisoria", bie 1766 burch bie Bibliothek bes Escorial veröffentlicht wurde, Marquis von Villena genannt, welche Benennung ihm seitdem gewöhnlich gegeben wurde. Im streng gesetzlichen Sinne war er aber kein Markgraf (Marquis); benn sein Großvater, Don Alonso be Aragon, ber 1412 starb, hatte die Markgrafschaft an Heinrich III. von Castilien verkauft, so daß, bevor Don Enrique seine Erbschaft antrat, ber Titel schon ber Krone verfallen war (Gudiel, Familia de los Girones, 1577, F. 86ᵇ; Salazar be Mendoza, Monarquia de España, 1770, Lib. III, Tit. VII, cap. 3, 4). Sein eigentlicher Name ist daher Enrique be Aragon ober Don Enrique be Villena. Quevedo versuchte diesen Irrthum zu corrigiren, ber schon zu seiner Zeit gewöhnlich war und sich fortgepflanzt hat; benn in seiner „Visita de los Chistes" läßt er ben Don Enrique witzig sagen: „mi nombre no fue del titulo aunque tuve muchos."

Seite 287. Anmerkung 3.

Der Glaube bes Volks bauert in biesem Punkte noch fort, benn ich besitze die „Historia etc. del celebre Hechicero Don Enrique de Villena" (Madrid 1818. 24 S. 4.). — Rojas benutzte diesen Glauben in seinem Stücke: „Lo que queria ver el Marques de Villena" (Comedias, 1680, Tom. II) [und Alarcon in seiner Comedia de mágia: La cueva de Salamanca. — Vgl. auch Fernan Caballero, Coleccion de cuentos y poesias populares andaluzes, p. 76. W.]

Seite 289. Anmerkung 3.

Dies ist aber ein Irrthum; denn sie sind in der That die letzten 9 Bücher von Don Enrique's Uebersetzung.

[Eine Beschreibung eines Exemplars der ersten Ausgabe von Villena's Arbeiten des Herkules, das sich im Besitze Weigel's befindet, s. im Serapeum, 1840, S. 59—61.

Ein bisher ungedrucktes Werk Villena's: „Libro de Aojamiento" wird in der Biblioteca de autores españoles erscheinen. W.]

Seite 292. Anmerkung 1.

Seit dem ersten Erscheinen dieser Geschichte ist unser Wissen über Macias durch den Commentar zu Baena's Cancionero (S. 678) etwas vermehrt worden, aber dieses Neue ist nicht eben von Bedeutung. Fünf Gedichte von ihm, deren erstes Nr. 306 ist, kommen in dieser Sammlung vor, das erste im galicischen Dialekte.

Seite 293. Anmerkung 2.

Salazar y Mendoça sagt in seiner Cronica del gran Cardenal de España (Toledo 1625. Fol., Bd. 1, Kap. 10), daß diese bemerkens-werthe Romanze von Hurtado de Velarde verfaßt sei, und theilt eine Version derselben mit, die von jeder andern mir bekannten abweicht und einfacher und besser ist.

Seite 294. Anmerkung 7.

Auf diese schweren Jahre (1450—54) müssen wir wahrscheinlich die „Lamentacion en profecia de la segunda destruycion de España" beziehen, die durch ihre Kraft und Beredsamkeit an die „Perdida de España" in der Chronica general erinnert.

Seite 295. Anmerkung zu Zeile 11 von oben.

Er war dem Dienste der heil. Jungfrau mit großer Andacht er-geben und gebrauchte in Beziehung auf dieselbe das Motto: „Dios y vos."

Seite 295. Anmerkung 2.

Eine ausführliche und fleißig ausgearbeitete Lebensbeschreibung bringt Amador de los Rios, die über 100 Seiten in seiner schätzbaren und sorg-fältigen Ausgabe von Santillana's Werken (Madrid 1852) einnimmt. Der Chronist Alonso Nuñez de Castro hat überdies den Ruhm und Glanz des Marquis und des Hauses Mendoza, sowol vor als nach ihm, in seiner Geschichte von Guadalajara (1653. Fol.) des Breiten auseinandergesetzt. Sein Name und seine Stellung waren in der That so groß, daß alle, die sich mit der Geschichte seiner Zeit beschäftigen, die bedeutende Rolle, die er in derselben spielte, berücksichtigen müssen.

Seite 295. Anmerkung 3.

Er sagt zierlich in seinem Briefe oder „Question" an den Bischof von Burgos: „Fago de este trabajo reposo de los otros."

Seite 298, Zeile 10 von oben,

muß es heißen: zweiundvierzig, statt: siebzehn seiner Sonette.

Seite 298. Anmerkung 4.

Der Marquis schätzte die Volkslieder gering. Er theilte die Dicht=
kunst überhaupt in drei Klassen ein: die erhabene, die der Griechen
und Römer; die mittlere, die der Italiener und Provenzalen, und die
niedere, — die letztere beschreibt er folgendermaßen: „*infimos* son
aquellos que sin ningunt orden, regla ni cuento facen estos *romances*
è cantares de que la gente baxa è de servil condicion se alegra".
Proemio al Condestable, in Sanchez, Poesias anteriores, I, LIV.

Seite 299. Anmerkung 1.

Herr Rios hat es daher in seiner Ausgabe der Werke des Mark=
grafen von Santillana nicht aufgenommen, er hat vielmehr seine Ein=
wendungen gegen dasselbe in seiner Vorrede (S. CLXXII fg.) erneuert
und verstärkt.

Seite 299. Anmerkung 3.

Die beste Erläuterung zur Comedieta steht aber, wie wir glauben
möchten, in „Bart. Facius de rebus gestis ab Alfonso,¹ etc." (Leyden
1560, Buch 4, Fol.)

Seite 302, zur Anmerkung der vorhergeh. Seite, Zeile 2 von oben.

Dieser Erklärer aus Toledo war der Kaplan und Beichtvater des
Markgrafen. Ein Commentar des Luis de Aranda (s. unten Kap. 21)
in derselben Versgattung, deren sich der Markgraf bei 55 Sprichwör=
tern, mit Ausnahme des achten, bediente, wurde zuerst in Granada 1575
gedruckt und findet sich in Nipho's Cajon de Sastre (1781. V, 211—55);
er ist aber langweilig und unerquicklich.

[Ueber die *Proverbios*, im Unterschiede von den Refranes, vergl.
Amador de los Rios, Obras de don Iñigo Lopez de Mendoza,
Marques de Santillana, etc. (Madrid 1852. S. CXXX).

Die Behauptung Ticknor's, daß Santillana der Gründer der italie=
nischen Hochschule spanischer Dichtung gewesen sei (S. 302), ist unbe=
gründet; nicht er, sondern Francisco Imperial ist als der Einführer
des género italiano in die castilianische Dichtung zu betrachten; vergl.
Amador de los Rios, l. c. pag. CXVI. W.]

Seite 302. Anmerkung 3.

Er selbst spielt auf seine Unkenntniß des Lateinischen in einem
Briefe an seinen Sohn an, der damals an der Universität Salamanca
studirte. Obras, 1852, S. 482.

Seite 305, Anmerkung zu Zeile 9 von unten.

Der Schluß des Olivares findet sich in der Ausgabe von 1552
und in einigen andern Ausgaben der Werke Juan de Mena's. Ein
anderer, ungefähr dreimal so langer, aber nicht besserer Schluß des
Gomez Manrique kommt in der Ausgabe von 1566 vor, und es exi=
stirt noch ein dritter, sehr kurzer von Pedro Guillen, einem Schüler,
wie er sich selbst nennt, des Juan de Mena und des Markgrafen von
Santillana.

Seite 308. Anmerkung 5.

Nach der richtigen Bemerkung Don Pascual's de Gayangos (spa=
nische Uebersetzung der ersten Auflage dieses Werkes, Bd. II, S.
458) lassen sich Spuren der Schule Juan de Mena's bis ins 16. Jahrhun=
dert hinab verfolgen. Ueber einige derselben werde ich erst weiter unten
berichten, so über den zweiten und dritten Theil von Lebrixa's Triaca
del Alma, 1515, Juan de Padilla's Retablo und Triumfos, 1518,
und über das seltsamste Werk von diesen allen, Tanco de Frexenal's
Gedichte auf Karl V. vom Jahre 1547. Zwei oder drei andere, auf
die Don Pascual aufmerksam macht, müssen hier erwähnt werden.

Diese sind: 1) Hernan Basquez de Tapia, der 1497 in 152 Coplas,
gleich denen Juan de Mena's, einen Bericht von den *Fiestas* schrieb,
die in Santander und anderswo bei der Ankunft der Margareth von
Flandern, der Tochter Kaiser Maximilian's, gefeiert wurden. 2) Diego
Guillen de Avila, dessen *Panegirico* auf Königin Isabella und ein et=
was ähnliches Gedicht auf den wohlbekannten Alonso Carillo, Erzbischof
von Toledo, in Rom 1500 erschienen, wo ihr Verfasser lebte. Und
3) Alfonso Fernandez, der ein langes chronikenartiges Gedicht zu Ehren
des Gonzalvo de Cordova und der Eroberung von Neapel, betitelt
Partenopea, schrieb, das in Rom 1516 nach dem Tode des Verfassers
herauskam, der daselbst die letzten Jahre seines Lebens zugebracht hatte.
Keines dieser Gedichte besitzt, wie ich glaube, irgendeinen Werth, wenn
man nicht die Anstrengung, um den alten Stil der Dichtung in *coplas
de arte mayor* nach der Art Juan de Mena's zu behaupten, als sol=
chen gelten lassen will.

Seite 311. Anmerkung 1.

Die meisten Gedichte Villasandino's stehen im Cancionero von
Baena. Ihre Anzahl beträgt, wie ich glaube, 243. Die beste Nach=
richt über ihn findet sich in den Anmerkungen dieses Cancionero
(S. 640 fg.), wo auch noch einige Gedichte von ihm mitgetheilt werden;
die von ihm bekannt gewordenen Werke fallen nach der daselbst enthal=
tenen Schätzung in den Zeitraum von 1374 bis 1423.

[Ueber Villasandino vgl. einen Artikel von Floranes in der
Coleccion de documentos, XX, 549. W.]

Seite 312. Anmerkung 1.

Die Gedichte von Francisco Imperial stehen im Cancionero de
Baena. Er spricht von Dante und gibt andere Beweise seiner Kennt=
niß des Italienischen, wie sich dies von einem geborenen Genueser
erwarten ließ; nicht eines seiner Gedichte ist aber in italienischer Manier
gehalten, noch zeigt er irgendeine Neigung, diese Manier in die spani=
sche Dichtkunst einzuführen (vgl. dagegen oben die Anm. zu S. 302).
Sein allegorisches Gedicht über die sieben Tugenden (Nr. 250) nähert
sich noch am meisten derselben; aber obwol er in demselben Dante er=
wähnt und ihn sogar citirt, so ist doch die Manier — die Form —
nicht italienisch.

Seite 313. Anmerkung 1.

Einunddreißig Gedichte Lando's stehen im Cancionero de Baena. Das Jahr seines Todes ist ungewiß, 1414 scheint er aber ein alter Mann gewesen zu sein. Baena, S. 651.

Seite 313. Anmerkung 2.

Der Marquis von Pidal hält sie indessen für eine und dieselbe Person, und eine unterhaltende, zuerst 1839 von ihm veröffentlichte Mystification über die angeblichen Liebesabenteuer des Rodriguez del Padron, den er damals als einen aragonischen Edelmann darstellte, mit der Gemahlin des Königs Heinrich IV., ist wiederabgedruckt in der Anm. ccliii des Cancionero von Baena. In dieser Anmerkung aus dem Jahre 1851 räumt Herr Pidal aber ein, daß Rodriguez del Padron, oder Rodriguez de la Camara, wie er oft genannt wurde, nicht ein am Hofe Heinrich's IV. bediensteter Edelmann aus Aragonien, sondern ein im Dienste des Don Pedro de Cervantes, Erzbischofs von Sevilla zur Zeit Johann's II., gestandener Galicier gewesen sei, von dem es nicht bewiesen ist, daß er die Zeit Heinrich's IV. erlebt habe. Die erwähnte Gemahlin Heinrich's IV. ist dieselbe, von der Mariana mit echt castilischem Selbstgefühl es passend findet zu erzählen (Lib. XXIII, c. 5), daß sie mit dem französischen Gesandten bei dessen Ankunft am Hofe (1463) getanzt habe, und dieser dann so galant gewesen sei, das Gelübde abzulegen, daß er nie wieder tanzen wolle. Sie war sehr reizend, und Mariana erzählt etwas später (Kap. 11) eine ebenso böse Geschichte von ihr, als die ist, die der Marquis Pidal erfunden hat.

[Ueber Pedro Velez de Guevara s. einen Artikel von Floranes in der *Col. de doc.* XX, 540. Ueber die Dichter des *Cancionero de Baena* vgl. einen Aufsatz von Leopoldo Augusto Cueto in der Revue de deux mondes, nouvelle période, II. série, Tome II (1853), p. 726 — 65. W.]

Seite 316. Anmerkung 1.

Alcantara, Hist. de Granada, 1845. III, 233 — 39.

Seite 317. Anmerkung 2 der vorhergehenden Seite.

Seine „Anacephalaeosis" oder Uebersicht der Regierungen der Könige von Spanien wurde 1545 von Antonio de Nebrija veröffentlicht und steht in Andreae Schotti Hispania illustrata (Frankf. 1603, III, 246—91). Ein Brief des Bischofs an den Markgrafen von Santillana aus dem Jahre 1444, über Pflichten der Ritter, wurde in den Werken des Markgrafen veröffentlicht und ist wegen seiner Würde, Kühnheit und Kraft sehr lesenswürdig.

Seite 317. Anmerkung zu Zeile 4 von oben.

Gonzalo de Ocaña übersetzte wahrscheinlich für sein reiferes Alter die Dialoge des heil. Gregorius in gutes Castilisch. N. Antonio (Bibl. nova, I, 559) führt eine 1532 gedruckte Ausgabe an. Mein Exemplar ist von 1514 (Toledo, Fol.), mit gothischen Lettern; es müssen also wenigstens zwei Ausgaben erschienen sein.

Seite 321. Anmerkung 1.

Er zeichnete sich schon frühe (1434) aus und war nicht nur der erste, der offen der Macht Alvaro's de Luna widerstand, sondern er nahm auch an dem endlichen Sturze dieses großen Ministers und Günstlings thätigen Antheil. Alcántara, Hist. de Granada, 1845, III, 255 fg.

Seite 322. Anmerkung 1.

Das bezügliche Gedicht steht im Cancionero general von 1535 und beginnt „Quando Roma conquistaba", Bl. 40 a. Sein Schluß zu Juan de Mena's „Siete Pecados" wurde schon oben erwähnt (Kap. XIX, Anm. zu S. 305).

Seite 323. Anmerkung 1, Zeile 2 von oben.

Aehnlich ist der Grundton in des Markgrafen von Santillana „Pregunta de nobles" (Ausgabe von Ochoa, 1844, S. 241—44) und mag den Anstoß zu der citirten Stelle Manrique's gegeben haben, denn es ist kaum denkbar, daß diesem die Gedichte des Markgrafen unbekannt gewesen seien. Die folgende Stanze möge als Beispiel dienen:

Pregunto que fue del fijo de Aurora,
Achiles, Ulixes, Ayax Talamon,
Pirro, Diomedes, y Agamemnon?
Que fue de aquestos, ó do son agora?
O quien los rebata en poca de hora,
Que no veemos dellos sinon la su fama?
O quien es aqueste que breve los llama?
O qual es su curso que nunca mejora?

Seite 324, Zeile 7 von oben

muß es jetzt heißen: Infolge hiervon sind aber jene bescheidenen Stanzen selbst so belastet und verdunkelt worden, daß sie im 16. Jahrhundert aus dem Umlaufe unter dem Volke fast verschwunden waren. Später schüttelten sie indessen die unnütze Bürde ab und vom Beginn des 17. Jahrhunderts an wurden sie besonders — oft nach Art der alten Romanzen — wiederabgedruckt und gewannen sich so die Stelle unter den theuersten Schätzen der ältern Nationalliteratur, zu der sie unstreitig ihr Werth berechtigt.

Seite 324. Anmerkung 1, Zeile 6 von oben.

Durch ungefähr 200 Jahre wurden sie auf dieselbe Weise wie die Romanzen veröffentlicht. Ich habe solche Abdrücke schon aus den Jahren 1610 und 1632 gesehen und besitze andere, die in den letzten zwanzig Jahren gedruckt wurden.

Seite 326. Anmerkung 1.

Pedro de Urrea widmete sich bald nach Veröffentlichung dieses Bandes Gedichte dem Staatsdienste und scheint der Poesie den Rücken gekehrt zu haben. Im Jahre 1516 war er Gesandter Ferdinand des Katholischen in Rom. Argensola, Anales de Aragon. Saragossa 1630. Fol., Bd. 1, S. 13.

Seite 327. Anmerkung 1.

Das Kloster Santa Maria be las Cuevas ist jenes Karthäuser-kloster, in dem die sterblichen Ueberreste des Columbus von 1513 bis 1536 ruhten (Irving's „Columbus“, London 1828, IV, 46). Unge-achtet der Strenge ihres Ordens lebten indessen die Mönche dieses Klo-sters in großer Ueppigkeit. Navagiero, der es 1526 besuchte, während die Gebeine des Columbus sich noch daselbst befanden und während Juan de Pabilla wahrscheinlich noch am Leben war, sagt, nachdem er eine ausführlichere Beschreibung von demselben gegeben hat, als er dies sonst in seinen kurzen Bemerkungen von irgend etwas zu thun pflegt: „Par che non li manca cosa alcuna a quella compita bellezza che può avere un loco. Bon grado hanno i frati che vivono lì à montar di lì al Paradiso“ (Viaggio 1563, Bl. 14); — merkwürdige Worte im Munde eines ernsten alten Staatsmannes, der noch dazu von den ver-schwenderischen Palästen Venedigs kam.

Seite 331. Anmerkung 1 zu Zeile 11 von oben.

Wurde wiederabgedruckt in der Biblioteca de autores españoles, 1855, Tom. XXXVI.

Seite 337. Anmerkung 1, Zeile 6 von oben:

von der die erste Ausgabe 1491 in Burgos gedruckt wurde, andere folgten 1522 und 1527.

Seite 340. Anmerkung 1 nach Zeile 12 von oben.

Seit dem Erscheinen der ersten Auflage dieses Werkes wurde der Cancionero de Baena auf Kosten des Marquis Pidal, schön und ge-schmackvoll ausgestattet, nach der Handschrift veröffentlicht, die sich früher im Escurial befand, die ich aber im Jahre 1818 in der königlichen, jetzt Nationalbibliothek von Madrid sah; ich machte mir damals Aus-züge aus derselben, die ich noch besitze. Jetzt (1852) befindet sich diese Handschrift indessen in der Nationalbibliothek zu Paris und hat daselbst die Nummer 1932. Dies Manuscript ist wahrscheinlich dasselbe Exem-plar, das Johann II. überreicht wurde, und ist das einzige, dessen Existenz man kennt. Die jetzt gedruckte Ausgabe führt den Titel: „Cancionero de Juan Alfonso de Baena (Siglo XV) ahora por pri-mera vez dado á luz, con notas y comentarios“ (Madrid 1851. LXXXVII u. 732 S. Groß-8). Diese ausgezeichnete Ausgabe enthält außer einer gelehrten philosophischen und scharfsinnigen Vorrede des Don P. J. Pidal noch Anmerkungen von Ochoa, Duran, Gayangos und anderen; dem Texte gehen überdies zwei sorgfältig gearbeitete Facsimiles der Handschrift voran.

Von ihren Verfassern habe ich zum Theil schon gesprochen. Sie enthält 244 Gedichte Villasandino's und 31 von Ferrant Manuel de Lando; außerdem befinden sich daselbst 78 von Baena selbst, 14 von Fernan Perez de Guzman, 13 von Ruy Paez de Ribera, 16 von Ferrant Sanchez Calavera und 43 von Diego de Valencia; — dies finb, die bedeutendſten Autoren. Die Geſammtzahl der Dichter, die in derſelben vertreten ſind, beträgt, wie ich glaube, 51, und die Zahl der anonymen Gedichte, worunter auch ſolche verſtanden werden, die von „einem Doctor", „einem Frater" verfaßt ſind, iſt ungefähr 40. Die Geſammtzahl der in derſelben enthaltenen Gedichte beläuft ſich auf 576. Einige derſelben ſind in einem mehr volksthümlichen Tone gehalten, von dem ſich in den von Caſtro mitgetheilten Proben wenig Spuren zeig= ten; dieſe ſind nicht ohne poetiſchen Geiſt.

Seite 341. Anmerkung 3.

Einige von jenen, die ſich als Dichter den Großen ihrer Zeit an= ſchloſſen, waren, wie hier erwähnt zu werden verdient, von ſehr niederm Urſprunge. So war Anton de Montero (oder Montoro), gewöhnlich „El Ropero" genannt, ein bekehrter Jude und Schneider oder Kleider= trödler von Cordova, der ganz nette Verſe ſchrieb und ſich hoher Gunſt erfreute (Pibal im Cancionero de Baena, 1851, S. xxxiii — xxxvi)*) Juan de Valladolid oder Juan Poeta war eine Perſon aus noch niede= rerem Stande; er begleitete Alfons V. nach Neapel und wurde ſpäter von der Königin Iſabella begünſtigt (ebend. S. xxxviii). Noch meh= rere werden von Pibal erwähnt (ebend. S. xxxix), ſind aber von geringerer Bedeutung.

Seite 342. Anmerkung 2.

Im Jahre 1818 befand ſich außer dem Exemplar der königlichen Bibliothek von Madrid eines im Beſitze des Don Manuel Gamez; außer dieſen habe ich nie von einem andern gehört. [Ueber die Einführung der Buchdruckerkunſt in Spanien vergl. *Serapeum*, 1847, Nr. 8. W.]

Seite 343. Anmerkung 2.

Von den noch handſchriftlichen Cancioneros und von dem Baena's, der ungedruckt war, als die erſte Ausgabe dieſer Geſchichte erſchien, habe ich ſchon hinreichend geſprochen. Ihre Anzahl war um die Mitte des 15. Jahrh. ſo groß, daß man ohne Zweifel berechtigt iſt anzunehmen, daß ſie damals zur Mode gehörten; es war daher natürlich, daß ſie, ſobald die Buchdruckerkunſt ordentlich im Gange war, in der einen oder andern Form durch die Preſſe vervielfältigt wurden. Zwei derſelben habe ich erwähnt, nämlich die in Valencia 1474 veröffentlichte Samm= lung, die eigentlich mehr ein Bericht von einem poetiſchen Turnier iſt, und die in Saragoſſa 1492 veröffentlichte, die ſich auf dem Titel „Cancionero" nennt und 15 verſchiedene Gedichte von 9 verſchiedenen Verfaſſern enthält. Zu dieſen muß auch der ſogenannte Cancionero des Ramon de Llabia hinzugefügt werden. Er iſt von Mendez nach

---

*) Daß es einen von dieſem „Ropero" verſchiedenen Dichter aus dem 15. Jahrh., Namens Antonio de Montoro gegeben, wird nachgewieſen in einem Aufſatz des Luis María Ramirez y de las Caſas-Deza, im *Semanario pintoresco*, 1854, S. 187 — 88. W.

einem undatirten Abbruck beschrieben worden, der 19 Gedichte von zehn verschiedenen Dichtern, als Fernan Perez de Guzman, Jorge Manrique und anderen enthält, die am Ende des 15. Jahrh., zu welcher Zeit diese Sammlung erschienen sein soll, wohlbekannt waren. Amador de los Rios sagt in der That, daß dieselbe 1489 in Saragossa von Juan Hurus gedruckt wurde; er gibt aber den Abbruck, den er benutzte, nicht näher an und nennt ihn einen Romancero (siehe Mendez, Typographia, S. 383 u. 385; Pidal, Vorrede zu Baena, S. XLI, und Amador de los Rios, Iudios de España, 1848, S. 378).*) Die Kenntniß eines der Mitte des 16. Jahrhunderts angehörigen, nicht unmerkwürdigen Cancionero verdanken wir Ferd. Wolf. Er ist ein *Unicum* und befindet sich in der Bibliothek zu Wolfenbüttel. Sein Titel ist: „Cancionero general de Obras nuevas nunca hasta aora impressas. Assi por el arte Española como por la Toscana etc." (1554). Anderswoher ist ersichtlich, daß er von Stevan G. de Nagera in Saragossa gedruckt wurde (siehe Wolf's „Beitrag zur Bibliographie' der Cancioneros u. s. w." Wien 1853). Er ist in Duodez auf 203 Blättern gedruckt und enthält lauter Gedichte aus der Zeit Karl's V., ungefähr von 1520 bis 1550, größtentheils von bekannten Verfassern, als Juan de Coloma, Juan Hurtado de Mendoza, Boscan, Puertocarrero, Urrea und Diego de Mendoza. Das Interessanteste an demselben ist indessen, wie Wolf richtig bemerkt hat, daß er den Kampf zwischen der alten spanischen Schule und der entstehenden italienischen, oder wie sie dieser Cancionero nennt, „El Arte *Toscano*" (Beitrag 2c., S. 28), so klar bezeichnet. Er enthält auch dadurch einige Bedeutung, weil er Werke bisher noch unbekannter Dichter enthält; so von Pedro de Guzman, einem loyalen Ritter in den Kriegen der Comuneros (S. 6 u. 49), Sanistevan (S. 7, 52), Luis de Narvaez (S. 18, 54) und Luis de Haro (S. 10, 55); des letztern muß später noch als eines unter den thätigsten Beförderern der italienischen Schule Genannten gedacht werden (S. unten, Per. II, Kap. 2). Das ganze Buch, das eine Fortsetzung oder Nachahmung des Cancionero general von Castillo zu sein scheint, enthält indessen, wie ich glaube, ebenso wenig wirkliche Poesie als sein umfangreicherer und besser bekannter Vorgänger. Obwol es aber der Zeit nach durchaus nicht der letzte, alte, mit vermischten Gedichten angefüllte Cancionero ist, so ist es doch wohl geeignet, die Reihenfolge derselben zu vervollständigen, da es mit besonderer Bestimmtheit den Uebergang zu einem andern Zustande markirt, wie dies in der That alle diese Cancioneros mehr oder weniger thun.

Seite 344. Anmerkung 1.

Tallante wird Mossen Juan Tallante genannt, andere Personen führen ebenfalls dieses Prädicat vor ihren Namen. Es ist eine Zu-

---

*) Ueber die von dem Verf. hier besprochenen Cancioneros de Constantina und de Castillo verweist er selbst auf die Zusätze der deutschen Uebersetzung, II, 528—39. W.

samменfeßung des französischen *Messire* oder *Monsieur* und des limofi=
nischen *En*, das soviel wie Don bedeutet (S. oben, S. 258, Anm. 2).
Man findet es hauptsächlich den Namen hervorragender Persönlichkeiten
aus Aragonien, Catalonien und Valencia vorgesetzt, b. i. in dem
ganzen Gebiete, über das der provenzalische Dialekt noch seine Herr=
schaft in Spanien erstreckte.

Seite 346. Anmerkung 1.

Die Anregung zu dieser Form seines „Infierno de Amor", der
sich auf die Vorstellung von den Leiden der Liebenden gründet, erhielt
er, wie ich glaube, durch Gnivara (siehe Cancionero general, 1573,
Bl. 143—44), auf den sich Garci Sanchez in seinem Eingange bezieht.
Es ist ein Gedicht von 43 elfzeiligen Strophen, in dem er 39 Dichter
seiner eigenen und der vorhergehenden Zeit einführt, als z. B. Rodri=
guez del Padron, Jorge Manrique, Cartagena, Lope de Sofa u. f. w.,
die alle die Qualen der Liebesverdammniß litten. Dies war aber ein be=
liebtes Thema der Dichter jener Zeit. Der Markgraf von Santillana dich=
tete einen Infierno de Enamorados (Rimas ineditas, 1844, S. 249–58),
in dem er auf Dante anspielt, worin er aber mit der alleinigen Aus=
nahme des Macias, wie ich glaube, nur Personen der alten Geschichte
und Mythologie sieht. Andere Gedichte der nämlichen phantastischen
Gattung findet man in den allgemeinen Liederbüchern.

Seite 848. Anmerkung 1.

Das Motto (*Mote*) vom Wasserschöpfrade wird von Ulloa (Empresas de Paulo Jovio etc., Leon 1561, S. 26—27) das beste *mote*
genannt, das je verfertigt wurde; er gibt es in Profa wieder — „Los
llenos de dolor y los vacios de Esperauza" —, und schreibt es dem
Diego de Mendoza, dem Sohne des Cardinals, zu. Der Cancionero
ist aber eine bessere Autorität für dessen Ursprung und der Reim trägt
wesentlich zu seiner Wirkung bei.

Seite 350. Anmerkung 1 zu Zeile 6 von oben.

Die „Späße zum Lachen" oder die *Obras de burlas* beginnen in
der Ausgabe von 1514, Bl. 198 b., mit dem „Pleyto del manto"
und enden mit „Desculpase de lo hecho". In einigen folgenden Aus=
gaben wurden sie ausgeschlossen, aber in der antwerpner Ausgabe von
1557 erschienen sie wieder und in der von 1573 endlich wurden sie
unterdrückt.

Seite 850. Anmerkung 2.

Eine beträchtliche Anzahl von Uebersetzungen altspanischer Gedichte,
worunter viele aus den Cancioneros, die aber wahrscheinlicher aus
Faber's „Floresta", als aus älteren Quellen entnommen sind, findet
sich in zwei beachtenswerthen Werken; wir meinen nämlich Bowring's
„Ancient poetry of Spain" (London 1824. 12.) und „Spanisches Lie=
derbuch von E. Geibel und Paul Heyse" (Berlin 1852. 12.), letzteres
ein Werk von großem Verdienste.

Seite 353. Anmerkung zu Zeile 10 von oben.

Ein Beleg dieser Unduldsamkeit ist mir oft aufgefallen. Es ist eine Lobpreisung des heil. Ferdinand, auf die nicht leicht vergessen wird, wenn von ihm die Rede ist, daß er auf seinen Schultern Holz herbeischleppte, um einen armen albigensischen Ketzer zu verbrennen. S. oben, Kap. 3, Anm. 1, womit zu vergl. die „Oracion panegirica del Santo Rey Fernando por el *Rev. Padre Tomas Sanchez*", 1672, und ein ähnlicher Panegyricus von Antonio Cavallero y Gongora, 1753; — dieser letztere wurde gehalten, um damit Ferdinand VI. zu schmeicheln, und beide zeigen, wie sehr die grausamste Unduldsamkeit bis auf die neue Zeit herab in Spanien als Tugend verehrt wurde.

Seite 354. Anmerkung 1 der vorhergehenden Seite.

Das oben angeführte Werk Marmol's verdiente vielleicht eine weitere Erwähnung. Der Verfasser desselben, der in Diensten Karl's V. stand, war 22 Jahre in Afrika, seit dem Feldzuge im Jahre 1535 gegen Tunis; während dieses Zeitraums reiste er von Guinea nach Aegypten und befand sich durch einige Monate in der Gefangenschaft der Ungläubigen. Sein Werk über die Rebellion der Morisken ist eine weitläufige Chronik desselben Krieges von 1568—70, von dem Mendoza eine kühne Skizze gegeben hat; der Stil desselben ist weitschweifig und ermüdend, während der Mendoza's vielleicht. geistreicher und conciser als der irgendeines andern castilischen Prosaisten ist. Marmol schrieb auch eine „Descripcion general de Africa, sus guerras y vicisitudes desde la fundacion del Mahometismo hasta el año 1571" (Fol., 3 Bde., 1573 — 99). In beiden Werken zeigt er einen gegen den Unglauben etwas toleranteren Geist, als zu seiner Zeit gewöhnlich war; dies rührte wahrscheinlich daher, weil er aus Granada stammte und einen großen Theil seines Lebens unter den Mauren daselbst und in Afrika zugebracht hatte; er sprach ihre Sprache geläufig und war mit ihrer Literatur, ihrem Charakter und ihren Sitten sehr vertraut, sodaß er sie besser kannte als viele, deren ererbter Haß weder Maß noch Gewissenszweifel gekannt zu haben scheint.

Seite 354. Anmerkung 2.

Als im Jahre 1497 wegen der Vermählung Isabella's, der Tochter Ferdinand's und Isabellens, mit Manuel, König von Portugal, unterhandelt wurde, war eine der Bedingungen des Contrakts, daß Manuel aus seinem Königreiche alle spanischen Flüchtlinge vertreiben sollte, die von der Inquisition verurtheilt worden waren (Zurita, Anales de Aragon, ed. 1610, Bd. 5, Bll. 124 fg.).

In einem aus Rom vom 21. April 1498 datirten Briefe schreibt Garcilasso de la Vega, der Gesandte Ferdinand's und Isabella's und Vater des Dichters, an seine Souveräne, daß der Papst Alexander VI., der ein Valencianer war, Lust bezeigt habe, der Macht der Inquisition entgegenzutreten, und daß er, Garcilasso, auf Befehl seiner Souveräne diese Einmischung verhindert und den Papst mit der Macht der Inquisition ausgesöhnt habe. Seine Worte sind: „Por las cosas que Vuestras Altezas me han escrito tocantes á la Santa Inquisicion, he procurado, no solo de empachar que no se otorgasen aqui cosas contra ella, mas que el Papa la favorescicse, y ayudase y para esto ha Dios rodeado dispusicion en que se pudiese fazer. Carta a los Reyes etc." (San Sebastian 1842). Das Original dieses merkwürdigen Briefes befindet sich im Besitze des Benjamin B. Wiffen, eines englischen Quäkers, der die spanische Literatur sehr genau kennt.

Seite 355. Anmerkung 1.

C. J. Hefele berichtigt aber Llorente in seinem Leben des Carbinals Ximenes (2te Auflage, 1851, S. 267, 328). Was aber Torquemada betrifft, so besitze ich einen Folioband, der 1576 mit behördlicher Bewilligung u. b. T. erschien: „Copilacion de las Instrucciones del Oficio de la Sancta Inquisicion hechas por el muy Reverendo Señor *Fray Thomas de Torquemada*, etc.", und in seiner abscheulichen Härte jeden Glauben übertrifft. Nach einer Verordnung von 1484 sollen selbst Personen, die auf eigenen Antrieb sich den Inquisitoren gestellt und freiwillig ihre Ketzerei gestanden haben und so mit der Kirche wieder ausgesöhnt worden sind, für infam gelten (infames de derecho) und unfähig sein, je irgend ein öffentliches Amt auszuüben; sie dürfen weder Advokaten, noch Aerzte, Apotheker oder Couriere sein, dürfen kein Gold, Silber oder Juwelen tragen und in ihrem ganzen Leben kein Pferd reiten; sollten sie dagegen handeln, so verfallen sie der Strafe der rückfälligen Ketzer, d. h. dem Scheiterhaufen (Bl. 4). Andere Verordnungen sind dem Geiste nach noch verwerflicher, aber nicht so bestimmt und genau in ihrer Phraseologie. Obwol Torquemada nicht der erste Großinquisitor war, da er diesen furchtbaren Posten erst zwei Jahre, nachdem das Inquisitionstribunal in Sevilla seine Wirksamkeit begonnen hatte, erlangte, so war er doch in der That der Vater und Gründer desselben; denn ihm war es als Beichtvater der Königin Isabella gelungen, durch sein unablässiges Anbringen ihren Widerwillen gegen dasselbe zu überwinden, und so wurde er die Ursache seiner ursprünglichen Einsetzung. Havemann, Darstellungen aus der innern Geschichte Spaniens (Göttingen 1850, S. 106).

Seite 355. Anmerkung 2.

Es darf indessen in dieser Beziehung auch nie vergessen werden, daß der heil. Dominik ein echter Castilier des 12. Jahrhunderts war, der unmittelbar nach seinem Tode, der 1221 erfolgte, wegen seiner besondern Verdienste als Ketzerverfolger heilig gesprochen wurde. Ein Jahrhundert später charakterisirte Dante seinen Geist und den seines Ordens mit einem einzigen Zuge, wie dies nur ein solcher Genius, wie er, vermochte:

Poi con dottrina, e con volere insieme,
Con l'uffizio apostolico si mosse,
Quasi torrente ch'alta vene preme;
E negli sterpi eretici percosse
L'impetu suo, più viramente quivi
Dove le resistenze eran più grosse.
Di lui si fecer poi diversi rivi,
Onde l'orto cattolico si riga,
Si che i suoi arbuscelli stan più vivi.

Paradiso, c. XII.

Seite 355.* Anmerkung 3.

Gregorio Lopez Madera hat in seinen „Excelencias de España"
(Valladolid 1597. Fol., Bl. 70 fg.) die Gründe zu Gunsten des Rechts
der Spanier, die Mauren zu vertreiben und sich ihrer Besitzungen zu
bemächtigen, so gut, als dies möglich war, auseinandergesetzt und damit
ohne Zweifel Philipp II. überzeugt, dem sein Werk gewidmet ist.
Diese Ausrottung der Morisken erfolgte, wie jedermann weiß, zum
Theil um der Beute willen, die ihr großer Reichthum in die Staats=
kassen lieferte. Es ist aber, soviel ich weiß, nicht bekannt, daß die In=
quisitoren direct bei den einzelnen Confiscationen, die sie anordneten,
interessirt waren. Die Cortes von 1555 in Valladolid bitten in
ihrer zwölften „Petition" an Karl V., während sie der Inquisition ihren
demüthigen Gehorsam betheuern, der Kaiser möge den Inquisitoren ver=
bieten, sich aus ihren eigenen Confiscationen bezahlt zu machen. Die
merkwürdigen Worte lauten: „Para que todo fuesse perfecto deve
V. Magestad mandar que los Inquisidores y Ministros del dicho
Officio no sean pagados de las condenaciones que hazen, ni de las
penas y penitencias que echan etc.", und die Cortes schlagen an
deren Stelle regelmäßige Besoldungen vor. Die ganze Antwort, die
ihnen zu Theil wurde, war: „Se proveerá y dará la orden que mas
convenga" — ungefähr so viel wie die veraltete Formel in England
„Le Roy s'avisera" Capitulos y Leyes (Valladolid 1558. Fol., Bl. 34).

Seite 356. Anmerkung zu Zeile 2 von oben.

Einige Jahre später wurde diese grausame Ungerechtigkeit auf die
äußerste Spitze getrieben und mit den feierlichsten gesetzlichen Formalitä=
ten bestätigt; denn als im Jahre 1525 eine große Zahl von Mauren
in Valencia nur durch absolute physische Gewalt getauft worden
war, wurde durch ein Decret Karl's V. zu Recht erkannt, daß sie und
ihre Kinder von dem Tage an, an dem dieses feierliche Possenspiel mit
ihnen vorgenommen worden war, als Christen zu betrachten und den
Strafen der Inquisition zu unterwerfen seien, wenn sie gegen den christ=
lichen Glauben oder die katholischen Gebräuche sich Verstöße zu Schulden
kommen ließen. Antonio de Guevara hatte an dieser schamlosen Unge=
rechtigkeit Antheil. Sayas, Anales de Aragon, 1667, Fol., Kap. 123,
S. 777 fg.
Ein Umstand macht das Benehmen des Cardinals Ximenes gegen=
über den früheren Mauren besonders tadelnswürdig. Fernando de Ta=

lavera, der erste Erzbischof von Granada, wünschte die Bibel ins Arabische übersetzen zu lassen, da er dies für das beste Mittel zur Beleh-
rung der Mauren in seinem neuen geistlichen Sprengel hielt, wo wie
natürlich die Bevölkerung dem Islam anhing. Cardinal Ximenes gestattete die Ausführung dieses Vorhabens jedoch nicht. Cipriano de
Valera, „Exhortacion" vor seiner spanischen Bibel, 1602. Index
expurg. 1667, S. 528.

Seite 358. Anmerkung 1.

Dazu vgl. noch ein Leben des Llorente vor dem „Compendio de
la historia critica de la Inquisicion, por *Rodriguez Buron.*" (Paris
1823, 2 Bde. 18.)

Hier muß ich auch noch des Llorente „Memoria historica sobre
qual ha sido la opinion nacional de España sobre la Inquisicion"
erwähnen, welches Werk in Madrid 1812 (324 S.) veröffentlicht
wurde; es ist ein verunglückter und vergessener Versuch, zu beweisen,
daß das spanische Volk immer der Inquisition abgeneigt gewesen sei.
In der That gelingt es ihm aber nicht, einen wirklichen Widerstand
gegen dieselbe nach den ersten 30 oder 40 Jahren ihres Bestehens nach-
zuweisen (S. 244—47); den kurzen Widerstand in Aragonien während
dieser ersten Zeit haben wir bereits oben (S. 356) erwähnt. Diese
Arbeit Llorente's war ein sehr hastiges und flüchtiges Product, um damit den Bedürfnissen der. revolutionären Periode zu Hülfe zu kommen
zur Zeit, als durch ein Decret der französischen Regierung vom 4. December 1808 die Inquisition aufgehoben wurde, womit ein Theil des
spanischen Volks durchaus nicht einverstanden war, den man durch dieses Buch für diese Maßregel zu gewinnen hoffte. Sein größeres Werk
über die ganze Geschichte der Inquisition hat dasselbe seitdem der Ver-
gessenheit überantwortet.

Seite 362. Anmerkung 1.

Die bemerkenswertheste Entwickelung dieser Idee findet sich indessen
in des Thomas Campanella „De Monarchia Hispanica", mit einem
Anhang über die Frage, ob eine Universalmonarchie wünschenswerth sei
(Amsterdam, Elzevir, 1640). Der Verfasser war ein 1568 geborener cala-
brischer Mönch, der unter dem spanischen Vicekönigthum in Neapel zur Zeit
Philipp's II. erzogen wurde, dessen Geist mächtig auf ihn eingewirkt hatte.
Sein Leben war voll wilder Abenteuer und außerordentlicher Studien.
Siebenundzwanzig Jahre desselben brachte er zu verschiedenen Zeiten im
Gefängniß zu, und da schrieb er auch dieses seltsame und beredte Buch,
das die kühnsten Träume des spanischen Ehrgeizes ausdrückte und be-
leuchtete. Er sagt: „Decennali miseriâ detentus et aegrotus, nec re-
lationibus instrui nec libris aut scientiis ullis adjuvari potui, quin et
ipsa ss. Biblia mihi adempta fuerunt." (S. 454.) In seinen letzten
Jahren genoß er des Schutzes des Cardinals Richelieu und starb 1639
in Frankreich. Seine „Monarchia hispanica" ist oft wiederabgedruckt
worden; — zum letzten male, wie ich glaube, in Berlin 1840.

Seite 364. Anmerkung 2 der vorhergehenden Seite.

Es verdient hier erwähnt zu werden, daß Alfonso X. in seinen Partidas (Part. II, Tit. XXXI, Ley 11) verordnete, daß die Buchhändler — *estacionarios* — in keiner Universität Bücher verkaufen sollten, die der Rector nicht zuerst als "buenos et legibles et verdaderos" geprüft und zugelassen habe. Dies geschah zwei Jahrhunderte vor Erfindung der Buchdruckerkunst.

Seite 364. Anmerkung 1.

Auf der andern Seite heißt es von des Fr. de Ossuna "Ley de Amor Sancto" (1543) einfach, dieses Buch sei auf Befehl des Provisors oder Coadjutors des Bischofs von Sevilla "geprüft" worden, und es geschieht keine Erwähnung davon, daß es erlaubt oder irgendwie der Macht der Inquisition unterworfen worden sei, sodaß es eigentlich mehr anempfohlen wurde, als daß sonst irgend etwas mit diesem Buche geschah.

Seite 365. Anmerkung 1.

Aus den officiellen Acten der Inquisition über den Proceß des Luis de Leon (1572—76) geht hervor, daß die spanischen Buchhändler die Bücherballen, die sie häufig aus Frankreich und anderswoher empfingen — de Francia y de otras partes — ohne specielle Ermächtigung des heil. Officiums nicht zu eröffnen wagten (Coleccion de Documentos ineditos para la historia de España, por *Salvá y Baranda*, 1847. X, 390). Unter diesen verdächtigen Büchern waren ohne Zweifel einige spanische; denn einige Tractate und Abhandlungen spanischer Protestanten, eines Perez de Pineda, Enzinas u. s. w. waren vor 1600 in Venedig, Antwerpen und Paris gedruckt worden. Die Anzahl derselben war aber sehr gering. Man findet eine Liste derselben und von fast allen Werken spanischer Protestanten, die veröffentlicht wurden, um den Glauben ihrer Verfasser auszubreiten, in der merkwürdigen und interessanten Notiz von B. B. Wiffen, die vor seinem Wiederabdruck der "Epistola consolatoria por *Juan Perez*" (1848) steht. Aus einer ganz andern Quelle wissen wir aber, wie diese ketzerischen Bücher ausgespürt wurden; denn wir hören, daß Carranza — derselbe, der später Erzbischof von Toledo und das bedeutendste Opfer der Inquisition wurde (s. S. 367) — von Philipp II. 1557 nach den Niederlanden geschickt wurde, um Nachforschungen betreffs ketzerischer, in spanischer Sprache außerhalb Spaniens gedruckter Bücher anzustellen, und auf seinen Betrieb wurden alle in Spanien ankommenden Bücher geprüft, bevor es erlaubt wurde, sie in Umlauf zu setzen (Porreño, Dichos y hechos de Phelipe II., 1748, S. 82). Nur zwei Jahre später wurde Carranza selbst der Inquisition als Ketzer von Philipp überliefert.

Philipp blieb aber hierbei nicht stehen. In Verbindung mit dem Herzoge von Alba bereitete er einen Index expurgatorius vor, der mit einer Vorrede des Arias Montano 1571 auf königliche Kosten gedruckt wurde, aber blos in die Hände der Büchercensoren gelangte, denen

verboten wurde, Jemanden außer ihnen eine Einsicht in den=
selben zu gestatten. „Ii ipsi", sagt die Verordnung Philipp's, „pri=
vatim, nullisque consciis, apud se Indicem expurgatorium habebunt,
quem eundem neque ullis communicabunt, neque ejus exemplum ulli
dabunt etc." Diese Geheimhaltung des Index selbst ist eine ver=
schärfte Thrannei, indem so die Person, die ein verbotenes Buch besaß,
nicht eher zur Kenntniß kam, daß es verboten sei, bevor sie wegen des
Besitzes desselben gestraft wurde. Eine andere Ausgabe von diesem merk=
würdigen Index wurde 1599 gedruckt und füllt 363 Seiten.

Seite 366. Anmerkung 2 der vorhergehenden Seite.

Ximenes hat indessen immer großer Verehrung in Spanien genossen.
Philipp IV. versuchte seine Seligsprechung durchzusetzen, und Pedro de
Quintanilla, der von Philipp gebraucht wurde, um diese Verherrlichung
in Rom zu betreiben, veröffentlichte unter andern Werken, die er zu
diesem Zwecke vorbereitete, eines unter dem Titel: „Oranum Ximenii
virtute Catholicum" (Rom 1658. 4.), in dem er zu beweisen versucht,
daß der große Cardinal von 1517, der Zeit seines Todes, bis 1657
oftmals wunderbarerweise von seinem himmlischen Aufenthalte herab sich
um die Angelegenheiten Afrikas gekümmert habe, um die Eroberungen,
die er selbst schon früher begonnen hatte, zu beschützen und zu erwei=
tern, zu deren Gunsten sich bei dem Entscheidungskampfe im Jahre 1509
das Wunder Josua's, die Sonne stillstehen zu machen, angeblich wie=
derholt hatte. Vgl. übrigens eine sehr tüchtige und viel verständigere
Untersuchung über den Charakter des Cardinals Ximenes in Havemann's
Darstellungen (Göttingen 1850, S. 138 — 60).

Seite 866. Anmerkung zu Zeile 15 von oben.

Die Protestanten hatten geringen Erfolg in dem Unternehmen, ihre
große Angriffswaffe — eine Bibel in der Muttersprache — nach Spa=
nien einzuführen; gering nämlich nenne ich denselben, in Vergleich mit
ihrem Erfolge in Italien. Die Geschichte ihres Unternehmens ist in=
dessen sowol interessant als wichtig. Die spanische Bibel, deren sie sich
vornehmlich bedienten, ist die von 1602, die von Cipriano de Valera
herausgegeben wurde, die aber in der That nur eine sehr verbesserte,
zweite Ausgabe derjenigen von 1569 des Cassiodoro de Reyna ist, der
seinerseits für das Alte Testament die in Ferrara 1553 gedruckte spani=
sche Judenbibel stark benutzt hatte.

Von der Judenbibel, die zum Theil auf einer in Konstantinopel
1547 veröffentlichten spanischen Ueberſetzung des Pentateuch fußt, habe
ich schon ein für unsern Zweck hinreichende Notiz gegeben (siehe oben
S. 40, Anm. 3).

Von der Bibelübersetzung des Cassiodoro de Reyna kennt man
weniger, als ihr Interesse verdiente. Der Verfasser derselben war in
Sevilla geboren und an der Universität daselbst erzogen; er hing aber
ketzerischen Ansichten an, entfloh um 1557 aus Spanien und ging zu=
erst nach London, dann nach Basel — wo er seine Bibel 1569 mit der

Unterſtützung des Senats veröffentlichte —, und endlich nach Frankfurt, wo er 1573 noch lebte; dies iſt die letzte Nachricht, die wir von ihm haben (Pellicer, Bibl. de Trad., II, 31—39). Seine Bibel, ein Werk redlicher Gelehrſamkeit, iſt in mehrfacher Hinſicht bemerkenswerth. Die Eintheilung der Bücher iſt die der Vulgata, ein Theil der Apokrypha iſt weggeblieben. Das Werk zerfällt durch die Paginirung in drei Abtheilungen, von denen es ſcheint, als hätten ſich dieſelben zur ſelben Zeit unter der Preſſe befunden. Die erſte umfaßt 1438 Columnen, endet mit Salomon und enthält noch die beiden apokryphen Bücher des Esdras, ſowie auch Tobias, Judith und den Eccleſiaſticus. Die zweite hat 544 Columnen und enthält den Reſt des Alten Teſtaments und die zwei Bücher der Makkabäer. Die dritte umfaßt in 508 Columnen blos das Neue Teſtament. Druckort und Name des Druckers ſind nicht angegeben, daher wird dieſe Bibel oft als die „Bärenbibel" citirt, da auf dem Titelblatt ein Bär einen Bienenſtock plündernd abgebildet iſt; Reyna ſelbſt hat aber in einem Exemplar, das er der Bibliothek der Stadt Baſel 1570 gegeben hat und das noch daſelbſt gezeigt wird, aufgezeichnet, daß er zehn Jahre mit der Herſtellung dieſer Ueberſetzung zugebracht habe und daß dieſelbe in Baſel von Thomas Guarinus gedruckt worden ſei. Er hat es durchaus kein Hehl, daß er das obenerwähnte Alte Teſtament von Ferrara benutzt habe; dies zeigt ſich beſonders bei den Pſalmen, die nach der jüdiſchen Weiſe in fünf Bücher eingetheilt ſind. Das Werk iſt in Groß-4° gedruckt.

Valera's Bibel iſt bekannter als die Reyna's, aber immer noch nicht genug. Valera ſelbſt, von dem der Index von 1667 ſagt: „llamado vulgarmente *el Herege Español*", und den Nicolas Antonio als „infame nobis semper nomen" bezeichnet, war wahrſcheinlich wegen ſeiner Ketzerei mehr gefürchtet und verabſcheut als irgendein Spanier ſeiner Zeit. Er wurde 1532 in Sevilla geboren und kannte, wie er uns erzählt, Reyna perſönlich; er war ein Studiengenoſſe des Arias Montano, des gelehrten Herausgebers der antwerpner Polyglotte. Als er Proteſtant wurde, flüchtete er ſich natürlicherweiſe, ſo wie Reyna; ſein früheſter Zufluchtsort ſcheint Genf geweſen zu ſein, wo er die Inſtitutionen des Calvin überſetzte. Später ging er nach England und brachte einige Zeit ſowol in Oxford als Cambridge zu (Wood's Athenae, ed. *Bliss*, Tom. II. Fasti, p. 169); zuletzt begab er ſich nach Amſterdam, wo wir ihn gerade in dem Augenblick aus den Augen verlieren, da er ſich, wie er ſelbſt ſagt, als Siebzigjähriger zur Rückkehr nach England anſchickte. In ſeiner Reviſion und Umſchreibung der Ueberſetzung Reyna's verfuhr er gerade ebenſo wie die Ueberſetzer der engliſchen Bibel unter Jakob I., d. h. er ſuchte Unterſtützung in den Arbeiten ſeiner Vorgänger; — er benutzte nämlich die Judenbibel von 1553, das Karl V. gewidmete Neue Teſtament des Francisco de Enzinas (Antwerpen 1543), das alſogleich unterdrückt worden war, und das von 1556 des D. Juan Perez, das in Venedig ohne ſeinen Namen gedruckt worden war; — und da Valera überdies die großen Leuchten der complutenſiſchen und antwerpner Polyglotten benutzen konnte, auf welche beide er mit der Anerkennung ver-

weist, die sie so sehr verdienen, so war seine in Amsterdam 1602 gedruckte Bibel, die neben dem Alten und Neuen Testamente noch die
apokryphen Bücher enthält, auf den richtigen Grundlagen für ein solches
Werk unternommen. Dieser große Folioband von fast 900 Seiten war
indessen gerade durch seinen Umfang durchaus nicht geeignet, dem Pro-
testantismus in Spanien in dieser finstern Zeit Vorschub zu leisten, wie
er auch daselbst nicht bekannter geworden zu sein scheint als das Neue
Testament des Valera, das 1596 besonders in England gedruckt wurde,
von dem aber, unseres Wissens, nie viele Abdrücke nach Spanien gekommen sind.

Mit diesen wenigen, aber wichtigen Facten ist die Geschichte der
christlichen spanischen Bibelübersetzungen auf beinahe zwei Jahrhunderte
hin zu Ende; — nämlich bis zum Erscheinen der Uebersetzungen des
P. Scio (Valencia 1790—93, 10 Bde. Fol.) und des Felix Torres
Amat (Madrid 1822—25); diese beiden stimmen aber natürlich mit
den strengsten Dogmen der spanischen Kirche überein und keine derselben
ist zum Gebrauche des Volks bestimmt. Durch die „Regla quinta" des
alten Index von 1667 sind in der That alle spanischen Uebersetzungen
der Bibel, oder irgendeines Theiles derselben absolut verboten, und
erst durch die „Regla octava" des Index von 1790 werden selbst solche
Uebersetzungen, wie die des Padre Scio und des Torres Amat, nur
aus dem Grunde gestattet, weil sie mit solchen autorisirten Anmerkungen versehen sind, die dem Entstehen schädlicher Meinungen vor-
beugen sollen. Diese Beschränkungen sind indessen in Beziehung auf
Uebersetzungen, die unter rechtgläubiger Autorität und conform der Vulgata gemacht sind, zum großen Theil aufgehoben. (Siehe T. Wallis,
Glimpses of Spain in 1847. Neuyork 1849, 12., Kap. 16, ein scharf-
sinniges und unterhaltendes Buch.) Dennoch glaube ich, möchte es schwer
oder unmöglich sein, eine protestantische Bibelübersetzung in Spanien
in Umlauf zu bringen. Borrow wenigstens fand es so, als er diesen
Versuch machte.

Ueber die alten spanischen Uebersetzungen der Bibel, sowol christ-
liche als jüdische, siehe Castro, Bibl. esp., 1781, I, 400—536; und
über die protestantischen Uebersetzungen allein s. Pellicer, Bibl. de Trad.,
II, 31, 41, 120, und N. Antonio, Bibl. nova, I, 234, 261, 756.

Seite 367. Anmerkung 1.

Historia del Colegio de San Bartolomé, ec. por *Vergara* y el
Marques *de Alventos*. 1766. Fol., I, 259.

Seite 368. Anmerkung 1.

Don Quixote, Parte II, c. 54, und Lope de Vega, Corona
tragica, Lib. II. Obras sueltas, 1776, IV, 30. Velasquez malte
ein großes Gemälde, das dieses verabscheuungswürdige Staatsverbrechen
zum Gegenstande hat; s. eine Notiz über dasselbe in Stirling's Artists
of Spain, 1848, II, 599.

Sir Edmund Head spricht im ersten Kapitel seines „Handbook of the history of painting" (London 1848. 12.) von „dieser eigentlich spanischen Institution, der Inquisition", und sagt bei der Gelegenheit diese treffenden Worte: „Ich sage die einzige allgemein spanische Institution, denn diese war das einzige gemeinsame Band und die Kette, die alle die zerstreuten Königreiche und Herrschaften, die zusammen Spanien ausmachten, zu einer Monarchie vereinigte." Dieses ganze Kapitel, welches vom Einfluß der Religion auf die spanische Malerei handelt, ist voll Reflexionen eines weisen und philosophischen Geistes, der mit dem spanischen Charakter innig vertraut ist.

Seite 368. Anmerkung zu Zeile 18 von oben.

Zwischen der Unterdrückung der Reformation durch Philipp II. um 1570 und der Aufhebung der Inquisition im Jahre 1808 kann ich nur drei Spanier von Bedeutung namhaft machen, die zum protestantischen Glauben sich bekehrten und etwas zur Unterstützung ihrer Meinungen drucken ließen. Der erste derselben war Tomé Carrascon, ein Augustinermönch, der nach England entfloh und von Jakob I. zum Kanonikus der Kathedrale von Hereford gemacht wurde. Er schrieb eine spanische Abhandlung von 300 Octavseiten gegen das Mönchsthum, gegen den kirchlichen Gottesdienst in lateinischer Sprache u. s. w., und ließ dieselbe irgendwo in Flandern ohne Angabe des Druckorts und Jahres, aber wahrscheinlich bald nach 1628 drucken (Ocios de Españoles emigrados, London 1824, I, 156—61). Diese Abhandlung wurde, wie ich glaube, vor kurzem in England wiederabgedruckt. — Der zweite ist Sebastian de la Enzina, der in Amsterdam 1708 eine revidirte Ausgabe des Neuen Testaments von Cipriano de Valera veröffentlichte (s. oben, Anm. zu Z. 15 v. o. der S. 366). Er war Geistlicher einer Congregation spanischer Kaufleute in dieser Stadt und ein Anhänger der anglikanischen Kirche (Castro, Biblioteca, I, 499—501). — Der dritte war Felix Antonio de Alvarado, der ebenfalls der anglikanischen Kirche anhing und Geistlicher einer Gesellschaft spanischer Kaufleute in London war. Er veröffentlichte 1709 offenbar zum Gebrauch seiner Gemeinde eine Uebersetzung der englischen Liturgie, der er noch eine Abhandlung über Priesterweihe hinzufügte; diese beiden stehen neben einigen spanisch-englischen Gesprächen zur Erlernung beider Sprachen, die er 1719 erscheinen ließ, im Index expurgatorius von 1790, S. 8, 162.

Der größte unter den spanischen Protestanten und der weitaus bedeutendste ist aber Joseph Blanco White, der 1775 in Sevilla geboren, 1800 zum katholischen Priester geweiht wurde, 1812 infolge der politischen Wirren der Zeit nach England entfloh und daselbst bald aus der katholischen Kirche austrat; er veröffentlichte zu verschiedenen Zeiten bedeutende Werke gegen den Katholicismus, sowie auch andere Werke, die Bereicherung der Literatur seines Landes sind und auf die ich daher gelegentlich Rücksicht nehmen muß. Er starb 1841 in Liverpool; seine Biographie von J. H. Thom wurde 1845 gedruckt (London, 3 Bde.).

Drei ober vier andere Spanier sind seitdem dem Beispiele des Blanco White gefolgt; es befand sich aber unter denselben keiner von so großem Talent oder der sonst in irgendeiner Beziehung so bedeutend gewesen wäre, als dieser sehr merkwürdige Mann.

Seite 369. Anmerkung zu Zeile 29 von oben.

Die Widmungen spanischer Schriftsteller zeigen manchmal diesen Geist auf das allerstärkste. Um ihre Bücher vor der Censur zu schützen, werden einige derselben den Heiligen, dem Erlöser u. s. w. in einer sowol absurden als empörenden Weise gewidmet; je anstößiger das Buch ist, desto ängstlicher ist der Verfasser bemüht, es auf diese Weise zu schützen. So besitze ich eine schlechte Prosaübersetzung der Metamorphosen von 1664, die gewidmet ist „a la purissima Reyna de los Angeles y Hombres, Maria Santissima, etc."

Seite 369. Anmerkung zur letzten Zeile.

B. A. Huber behauptet in einer 1847 vor der evangelischen Union in Berlin gehaltenen Rede, daß die Inquisition eine unvermeidliche Institution war, die sich aus dem spanischen Nationalcharakter entwickelte und daß die Stellung Spaniens als Haupt der römisch-katholischen Welt im 16. Jahrh. die einzige Stellung war, die es damals einnehmen konnte. Von der Inquisition sagt er: „Soviel ist gewiß, die Inquisition war eine, im besten Sinne, volksthümliche; — eine Maßregel im Sinne echt-katholisch costilischer Nationalität." Diese Behauptung scheint mir etwas übertrieben, obwol sie in Wahrheit nicht ganz ohne Grund ist (Ueber spanische Nationalität u. s. w. Berlin 1852, S. 13).

Seite 371. Anmerkung zur letzten Zeile.

In einem merkwürdigen Buche eines Mönchs u. d. T.: „Las cinco Excelencias del Español que despueblan España, por el M. Fr. Benito de Peñalosa y Mondragon" (Pamplona 1629. 4. 178 Bll.), versucht der Verf. zu beweisen, daß die Religion, die „die heilige Vertreibung der Morisken", wie er sie nennt, verursachte und die Klöster überfüllte, der Stolz und die Loyalität, die die Armee füllten und die Spanier abhielten, sich industriellen oder merkantilen Unternehmungen zu widmen, der Reichthum Amerikas, der eine so sehr verderbliche Auswanderung verursachte u. s. w., alle zusammengenommen in der That ebenso viele verdienstliche Seiten des spanischen Charakters wären, die Spanien zur Ehre Gottes zur Zeit Philipp's IV., da er schrieb, entvölkerten. Der fromme Mönch hielt dies ohne Zweifel sowol für Religion als Patriotismus.

Seite 372. Anmerkung zu Zeile 21 von oben.

Die Bauten in Alcalá begannen 1498 und die Universität wurde 1508 eröffnet (Pisa, Descripcion de Toledo, 1617, Lib. V, c. 10, p. 237). Von Lebrixa, der so viel zur Verbreitung der Kenntniß der classischen Literaturen in Spanien that, habe ich bereits oben (S. 157) gesprochen und werde noch oft sprechen müssen. Die erste in Spanien

gebrudte Ueberſetzung eines alten Claſſikers rührte aber nicht von ihm
her. Dies war eine Ueberſetzung des Julius Cäſar von Diego Lopez
de Toledo im Jahre 1498, die in ausgezeichnetem alten Caſtiliſchen,
aber nicht ſehr getreu iſt, was vielleicht von der Jugend ihres Ver=
faſſers herrührt, der, wie er ſagt, erſt ſiebzehn Jahre alt war, da er
dieſelbe verfaßte. Er war mit dem Prinzen Johann, einem Sohne
Ferdinand's und Iſabella's, erzogen worden und widmet ihm ſein Werk,
obwol daſſelbe erſt nach dem Tode dieſes Prinzen erſchien, der am
4. Octbr. 1497 zwanzig Jahr alt ſtarb. Da Lebrixa der Lehrer Iſa=
bella's und ihrer Kinder war, ſo iſt es wahrſcheinlich, daß dieſe Ueber=
ſetzung des Julius Cäſar unter ſeinem Einfluſſe entſtand.

Seite 374. Anmerkung 1.

Ein ſchlagender Beweis von dem Fortſchritt, den die höhern Klaſſen
der Spanier um dieſe Zeit in geiſtiger Ausbildung gemacht hatten, findet
ſich in der ſchönen alten caſtiliſchen Ueberſetzung eines 1531 geſchriebe=
nen Geſprächs von Sepulveda, die von Antonio Barba herrührt; da=
ſelbſt ſagt er bei Gelegenheit der Erwähnung der im vorhergehenden
Jahr ſtattgefundenen Krönung des Kaiſers in Bologna, indem er von
ſeinem eigenen Verkehr mit dem zu dieſen prächtigen Feſten zuſammen=
geſtrömten glänzenden jungen Adel Spaniens erzählt: Pero de lo que
mas placer úve fue ver algunos dellos ser inclinados no solamente
a las armas pero tambien a las letras, contra la costumbre de nuestra
nacion; porque, en los tiempos passados, era cosa muy rara ver
hombre Español de casa ilustre que aviesse deprendido siquiera la
lengua latina" (Dialogo llamado Democrates. Sevilla 1541. 4. Bl. 3).

Seite 377. Anmerkung 3 der vorhergehenden Seite.

Unter den von Ulloa gedruckten Werken befindet ſich der „Dialogo
de las empresas militares y amorosas", den er 1558 aus dem Ita=
lieniſchen des Paulo Jovio, Ludovico Domenichi und Gabriello Simeone
überſetzt und mit eigenen Zuſätzen vermehrt hat; aus ſeiner Widmung er=
gibt ſich, daß er durch zwölf Jahre in Benedig beſchäftigt war, ſpaniſche
Bücher herauszugeben und aus dem Italieniſchen Ueberſetzungen zu ma=
chen. Aus dem Werke ſelbſt (S. 155) erfahren wir, daß er früher in
Dienſten des Cortés geſtanden. Es wurde 1561 in Lyon wiederabge=
druckt und iſt ein intereſſantes, unterhaltendes Buch.

Seite 377. Anmerkung 1 zu Zeile 3 u. 4.

Reimloſe Verſe kommen in Spanien, wie ich denke, nicht früher
als in dieſem Bande des Boscan und Garcilaſſo von 1543 vor, wo
wir ſolche in dem „Leandro" des Boscan und in der heitern „Epistola"
des Garcilaſſo finden, die ſo anfängt: „Señor Boscan, quien tanto
gusto tiene" (Bl. CLXXXVIII). Triſſino wird gewöhnlich als ihr Er=
finder in Italien betrachtet, und er ſoll ſie zuerſt in ſeiner „Sofonisba"
angewendet haben, die 1515 dem Papſte Leo X. gewidmet und 1524
gedruckt wurde (Ginguené, Hist. litt., V, 124; VI, 19. Alacci, Dra-

maturgia, S. 727). Triffino befand sich aber im Jahre 1530 bei der Krönung Karl's V. in Bologna und trug die Schleppe des Papstes während
dieser Ceremonie (Ginguené, V, 119). Garcilasso war ebenfalls im Gefolge
des Kaisers daselbst zugegen und kannte wahrscheinlich Triffino und seine
Dichtungen. Boscan hatte aber um diese Zeit schon seit vier Jahren
in den italienischen Versarten gedichtet, sodaß es wahrscheinlich ist, daß
er sich der Erste dieser Versform bediente', wie dies auch mit andern
Versgattungen der Fall bei ihm war. Jedenfalls wurden, wie ich glaube,
die *versi sciolti* 1543 zuerst durch Boscan und Garcilasso in Spanien
bekannt gemacht.

Seite 377. Anmerkung 3.

Die erste Ausgabe davon ist in gothischer Schrift, Barcelona 1534.
Ich besitze eine Ausgabe ohne Ortsangabe von 1549, 140 Blätter in
Quart. Schon 1553 erschien wieder eine Ausgabe, welche Antonio irrig
für die älteste hält,

Seite 378, Zeile 21 von oben:

und wir wissen, daß er 1540 in Perpignan starb, während er sich daselbst mit dem Herzog von Alba befand. *)

Seite 380. Anmerkung 1.

Pedro Fernandez de Villegas (geboren 1453, gestorben 1523) ꝛc.
Ein nettes Specimen von *Terze rime* im Spanischen findet sich in
„Rissa y Planto de Democrito y Heraclito traduzido de Ytaliano
por *Alonso de Lobera*" (Valladolid 1554. 4.). Es ist eine Uebersetzung aus dem Italienischen des Antonio Fileremo Fregoso (Tiraboschi,
Storia. 4. Tom. VI, Parte II, p. 175), der noch 1515 lebte; der Vers
ist mit bedeutendem Geschick gehandhabt. Ein Sonett des Jorge Monte-
major geht voran und den Beschluß macht ein belobendes Schreiben von
Alexio Venegas. Lobera war einer der vielen Kapläne Karl's V.

Seite 381. Anmerkung 1.

Eustaquio Navarrete's neueste und beste Lebensbeschreibung des Garcilasso de la Vega (im 16. Bande der „Documentos ineditos etc."
Madrid 1850) beruht zum größten Theil auf Urkunden, die von seinem
gelehrten Vater, Don Martin, gesammelt wurden; sie ist ein wichtiger
Beitrag zur spanischen Literaturgeschichte.

Seite 381 von Zeile 2 v. u. Seite 382 bis Zeile 7 v. u.

Garcilasso wurde 1503 in Toledo geboren und scheint daselbst bis
zu dem Alter erzogen worden zu sein, in dem er die Waffen zu führen
vermochte. **) Darauf ward er seinen Jahren und Ansprüchen gemäß an
den Hof geschickt und erhielt, erst siebzehn Jahr alt, eine Stelle in der

---

*) Documentos ineditos para la historia de España, por *Salvá y
Baranda* (1850. XVI, 161).

**) Herrera, ed. Garcilasso (1580. S. 14).

Leibwache des jungen Kaisers *); — dies war ebensowol eine Gnaden- als Ehrenbezeigung, denn sein Bruder Pedro betheiligte sich schon da- mals an dem Aufstande der Comuneros und wurde später genöthigt, aus dem Königreiche als geächteter Rebell zu entfliehen. Garcilasso's frühester Kriegsdienst scheint in der That in diesem traurigen und un- heilvollen Kriege stattgefunden zu haben, in dem er tapfer focht und bei einer Gelegenheit, in Olias, eine Wunde im Gesicht empfing. **)

Im Jahre 1526 vermählte er sich mit einer Dame am Hofe Eleo- nora's, der Schwester Karl's V., damals Witwe Emanuel's des Großen von Portugal. Sein Platz scheint aber in dieser Zeit gewöhnlich nahe der Person des Kaisers gewesen zu sein, den er nach Italien begleitete und bei dessen prachtvoller und feierlicher Krönung in Bologna 1530 er zugegen war; er empfing eine Vermehrung seines Einkommens als eine Belohnung seiner Dienste, bevor er nach Spanien zurückkehrte. Um dieselbe Zeit wurde Eleonora indessen die Gemahlin Franz I. von Frank- reich, und Garcilasso wurde wegen seiner früheren Beziehungen zu ihrem Hofe bald darauf nach Paris geschickt, um Erkundigungen über die Zu- stände nicht blos in der Hauptstadt, sondern auch an den Grenzen ein- zuziehen, wo die schlecht geheilten Wunden der Niederlage und Gefan- genschaft Franzens frisch aufzubrechen drohten. Seine Mission muß aber von kurzer Dauer gewesen sein; denn 1531 war er wieder in Italien, wo der Kaiser so sehr wünschte, ihn bei sich oder in seinem unmittel- baren Dienste zu behalten, daß er sich weigerte, ihm eine Anstellung in Toledo zu geben, die ihn wieder mit seiner Familie vereinigt und ihm die Ruhe versichert haben würde, die er liebte.

Bevor dieses Jahr um war, hatte er indessen neue Ursache zu be- dauern, daß ihm seine Bitte nicht gewährt worden war. Der Herzog von Alba — an dessen Erziehung Boscan theilgenommen hatte und der schon die künftige Größe ahnen ließ — wünschte Garcilasso als Ge- fährten auf einer Reise zu haben, die er um politischer Zwecke willen nach Wien zu unternehmen im Begriff stand. Seinem Wunsche wurde entsprochen. Aber gerade zur selben Zeit vermählte sich ein Neffe des jungen Dichters, nicht ohne seines Onkels Gutheißung, heimlich mit ei- ner Dame am Hofe der Kaiserin, die von hoher Familie war und deren Vermögen das seine weit übertraf. Diese Ehe — die nie vollzogen wurde — erzürnte die Freunde der Dame, die noch sehr jung war, sehr und zog Garcilasso wegen seines Mitwissens das Misfallen des Kaisers zu. Auf das dringende Verlangen des Herzogs wurde ihm in-

---

*) Er wurde ein Contino, b. h. einer aus der Leibwache von hundert Edelleuten, die in der Zeit Johann's II. errichtet worden war und so geheißen wurde, weil sich eine Anzahl derselben beständig bei der Person des Königs befinden sollte. Eust. Navarrete, Biographie Garcilasso's in den Documentos ineditos (XVI, 19. 201).

**) Sandoval, Hist. del Emperador, Lib. V. — der bereits oben (S. 38], Anm. 2) erwähnte handschriftliche Dialog des Oviedo; — und Documentos, XVI, 147 fg.

deſſen geſtattet, ſeine Reiſe über Paris nach Wien fortzuſeßen; nach ſei=
ner Ankunft daſelbſt wurde er aber in einem Gefängniſſe auf einer
Donauinſel eingeſperrt, woſelbſt er die ſchwermüthigen Verſe auf ſein
eigenes Misgeſchick und die Schönheit der Umgegend dichtete, welche in
ſeinen Werken die dritte Canzone bilden. *)

Seine Einſperrung war aber nicht von langer Dauer. Im Juni
1532 wurde er ſchon wieder in Freiheit geſetzt und zog mit Pedro de
Toledo, dem Vater des Herzogs von Alba, nach Neapel, wo dieſer
Edelmann gerade den ;hohen Poſten eines Vicekönigs erhalten hatte. **)
Garcilaſſo erfreute ſich augenſcheinlich von allem Anfang an der Gunſt
ſeines neuen Gönners; denn er wurde ſowol 1533 als 1534 in wich=
tigen Angelegenheiten von Neapel nach Barcelona geſandt. Ein ſtren=
gerer Dienſt ſtand ihm indeſſen bevor. Er zog 1535 mit der Expedi=
tion nach Tunis, durch welche Karl V. die Macht der Raubſtaaten mit
einem einzigen Schlage zu zertrümmern beabſichtigte; er erhielt zwei
ſchwere Wunden in einem glänzenden Geſechte unter den Wällen der
Stadt, bei welchem er Diego de Mendoza, den zukünftigen Verfaſſer der
Geſchichte Granadas, zum Gefährten hatte und bei welchem der Truppe,
zu der ſie gehörten, die Ehre widerfuhr, als ſie ſchon beinahe vom
Feinde überwältigt war, vom Kaiſer in Perſon Hülfe zu erhalten. ***)

Garcilaſſo's Rückkehr nach Italien wird in einer am Fuße des
Aetna geſchriebenen Elegie erwähnt. †) Daß er ſich beeilte nach Neapel
zu kommen, kann kaum bezweifelt werden, denn die ganze Ritterſchaft
Spaniens war daſelbſt verſammelt, da die Tochter des Kaiſers mit dem
Herzoge von Florenz vermählt werden ſollte. Bei den Schaugeprängen
und Feſtlichkeiten, die abgehalten wurden, turnirte Karl perſönlich und
kämpfte in einem mauriſchen Coſtüm bei den Stiergefechten mit. Es
war, wie Giannone ſagt, eine der glänzendſten Perioden in den Anna=
len Neapels; die großen Potentaten Italiens waren, um dem Kaiſer
Ehre zu erweiſen, daſelbſt in Perſon zugegen oder ließen ſich durch ihre
Geſandten vertreten. Es war auch ohne Zweifel die glänzendſte Periode
im Leben des Garcilaſſo, es war die Zeit, in der er von allem um=
geben war, was einen Geiſt wie den ſeinen am meiſten erfreuen mußte,
und in der er ſich der Gunſt ſeines großen Herrn am meiſten erfreute. ††)

---

*) Documentos ined., XVI, 203, 23, 150, 24, 205, 28—29, 208, 35—36,
221. — Garcilasso, ed. *Herrera*, 1580, p. 234, 239, Anmerkung, und Documentos, *ut supra*, p. 208 — 222.

**) Während dieſes Aufenthalts in Neapel ſchrieb er wahrſcheinlich die oben
(S. 377, Anm. 1) erwähnte Epiſtel an Boscan in *versi sciolti*. Sie ſteht in
Herrera's Ausgabe, S. 378.

***) Documentos, *ut supra*, p. 54, 56, 59, 235 fg.

†) Elegia segunda.

††) Documentos, *ut supra*, p. 68—70, und Giannone, Geſchichte von
Neapel, Buch XXXII. Der ganze Bericht dieſes Geſchichtſchreibers von dem
Vicekönigthum des Pedro de Toledo iſt leſenswürdig und zeigt, wie viel dieſer,
nach dem Zeugniſſe eines der tüchtigſten neapolitaniſchen Schriftſteller, durch
ſeine Weisheit und die Pracht ſeiner öffentlichen Werke für Neapel that.

Im Frühjahr 1536 wurde er in einer vertraulichen Mission von Wichtigkeit nach Mailand und Genua gesandt, die mit dem Zuge in die Provence, der damals schon projectirt und vorbereitet war, in Zusammenhang stand.*) Der Zug selbst fand darauf statt, der für alle unglücklich, für Garcilasso verhängnißvoll war.

Seite 383. Zeile 6 von oben:
und er starb 21 Tage danach in Nizza am 14. October 1536.

Seite 383. Anmerkung 1.

Puerto-Carrero, der später seine Tochter heirathete und der dem Herrera die Materialien zu den Anmerkungen seiner Ausgabe des Garcilasso lieferte, befand sich zunächst bei ihm, als er fiel, und unter jenen, die am raschesten zu seinem Beistande herbeieilten, war Urrea, der nachmalige Uebersetzer des Ariosto. Seine Leiche wurde nach Spanien gebracht und sowie die seiner Gattin in seiner Vaterstadt Toledo begraben. Siehe eine Cancion von Gongora (Obras, 1654, Bl. 48. b), wo er sagt, daß jeder Stein in Toledo ein Denkmal von ihm sei.

Es mag vielleicht manchem nicht uninteressant sein, zu erfahren, daß ein Sohn Garcilasso's, der seines Vaters Namen führte, durch seine Hitze, wie sein Vater, in einem Gefecht gegen die Franzosen fiel. Dies geschah 1555 und er war erst 25 Jahr alt.

Liagno sagt in seinen Kritischen Bemerkungen über die castilische Literatur (Aachen 1830, Hft. 2, S. 108), daß 1535 eine Ausgabe des Virgil mit dem Commentar des Servius in Neapel unter der Direction des Garcilasso erschienen und ihm von Scipio Capicius gewidmet worden sei.

Seite 386. Anmerkung 1.

Southey, indem er von diesen Reimen spricht, deren er sich in seinem „Kehama" bedient, nennt sie Kryptoreime und sagt, „er habe Reime angewendet, die nur für das Ohr und nicht für das Auge berechnet gewesen seien." Er fährt dann fort: „Wenn ich mich nicht sehr täusche, so vereinigten diese Verse den Vortheil des Reimes mit der Stärke und Freiheit des reimlosen Verses in ganz besonderer Weise." Er scheint nicht gewußt zu haben, daß diese Kettenreime schon vor ihm gebraucht worden waren; es ist aber klar, daß er ihnen Bedeutung beilegte (siehe seine Briefe an Walter Savage Landor vom 20. Mai 1808, und an Ebenezer Elliott, 7. Febr. 1811, in seiner Lebensbeschreibung von seinem Sohne).

August Fuchs versucht dagegen in seiner gelehrten und interessanten Abhandlung: „Die Romanischen Sprachen in ihrem Verhältnisse zum Lateinischen" (Halle 1849, S. 254—55), solche Kettenreime bis auf die Gedichte Homer's zurückzuführen und zu zeigen, daß sie den Griechen bekannt waren; dieser Beweis mislingt ihm aber, wie natürlich. Seine allgemeine Abhandlung über den Reim indessen ist sehr lesens-

---

*) Documentos, *ut suprd*, p. 77, 240, 166—70, und Garcilasso, ed. *Herrera*, p. 18, 31 fg.

würdig (S. 249—95) und ich stimme insbesondere darin vollkommen mit ihm überein, daß der Reim so tief in der menschlichen Natur und Sprache begründet ist, daß es sich ebenso wenig verlohnt, dem Ursprung des Reimes nachzuforschen, als dem Ursprung des Gesanges oder Tanzes (s. a. a. O., S. 250). Alle Nationen haben eine Tendenz nach demselben entweder durch Alliteration oder auf andere Art gezeigt; die modernen Sprachen verlangten ihn aber, während sie sich entwickelten und als sie entwickelt waren, ihrer innersten Natur nach, da ihnen die Quantität gebricht, die im Lateinischen und Griechischen vorherrscht und deren Verse bestimmt. In den modernen Sprachen hat sich daher der Reim mehr als in allen andern in seinen verschiedensten Formen entwickelt, unter welchen der Kettenreim oder, wie Southey ihn nennt, Kryptoreim eine der selteneren und merkwürdigeren ist. (Späterer Zusatz des Verf. aus einem Briefe vom Juli 1864.) Nach Veröffentlichung dieser Anmerkung ist mir erst bekannt geworden, daß Rengifo im Jahre 1592 diese Kryptoreime unter dem Namen *Rimas encadenadas* anführt (S. 91).

Seite 391. Anmerkung 1 der vorhergehenden Seite.

Der Geschmack Karl's V., muß man billigerweise hier bemerken, neigte sich, wie der seiner unmittelbaren Nachfolger, entschieden mehr der Malerei als der Dichtkunst zu, und seine Begünstigung Titian's gereicht ihm mehr zur Ehre als die des Van Male. Es ist einer der wenigen rührenden Züge seines Lebens, daß er nach seiner argwöhnischen Einsamkeit in Yuste zwei Gemälde des großen Meisters mitnahm, den er so oft ausgezeichnet hatte, und daß er befahl, das eine derselben, die „Gloria", möge seiner Leiche folgen, wo immer sie begraben werden möchte; dieser Befehl wurde auch vollzogen, als dieselbe 1574 nach dem Escorial übergeführt wurde. Siehe den interessanten Bericht über Yuste in Ford's Handbook, 1845, S. 551. Der Caballero determinado wurde zuerst 1552 veröffentlicht.

[S. über denselben Serapeum von 1854, Nr. 5 u. 6. W.]

Seite 392. Anmerkung 2, Zeile 4 von oben.

Eine Sammlung derselben findet sich in der „Biblioteca de autores españoles" von Ribadeneyra, 1854, Bd. 32.

. (Zusatz zum Schluß dieser Anmerkung.)

Einige Gedichte des Luis de Haro kommen in dem einzigen Exemplar des Cancionero von 1554 vor, das oben erwähnt wurde (siehe S. 343, Anm. 2), und ich glaube, Castillejo hatte diesen Cancionero im Sinne, wo er die vier Dichter erwähnt, die alle in demselben vorkommen. Ich kenne aber keine Gedichte Haro's, die sonst wo vorkämen, und die hier angeführten rechtfertigen Castillejo nicht, ihm einen Platz neben Boscan, Garcilasso und Mendoza einzuräumen.

Seite 396. Anmerkung 1.

Es gibt fünf Ausgaben der Gedichte des Silvestre; vier in Granada, 1582, 1588, 1592 und 1599, und eine in Lissabon 1592 u. s. w.

[Eine Lebensnachricht des Silvestre steht im 16ten Bande der *Coleccion de documentos*, nebst der Fabula de Narciso, in Octaven. — Vgl. auch Lemcke, Handb. der span. Literat., II, 277. W.]

Seite 400. Anmerkung 1.

Die erste den Bibliographen bekannte Ausgabe des Lazarillo ist die ohne Namen des Verfassers, in Antwerpen 1553 gedruckte, sie wurde aber im nächsten Jahre in Burgos wiederabgedruckt.

(Zusatz zum Ende.)

Wie man sagt, soll Boileau einmal die Absicht gehabt haben, einen Roman über das Leben des Cynikers Diogenes, „de la plus parfaite *gueserie*", wie er sagt, zu schreiben, und er bildete sich ein, daß seine Arbeit „beaucoup plus plaisante et *plus originale* que celle de Lazarille de Tormes et de Guzman d'Alfarache" geworden wäre (Bolaeana, Amsterdam 1742. 12. S. 41). Man darf wol zweifeln, ob der Erfolg seine Erwartungen gerechtfertigt haben würde.

Seite 401. Anmerkung 1.

Eine Uebersetzung dieses anonymen zweiten Theils von Blakestone schließt sich an seine in der vorhergehenden Anmerkung angeführte Uebersetzung des ersten Theils an, aber er hat das Original irrthümlicherweise dem Juan de Luna zugeschrieben, dessen zweiter Theil weiter unten erwähnt wird. Man findet das anonyme Original mit dem Lazarillo des Mendoza und dem Lazarillo des Luna, nebst einer guten Einleitung über alle drei, im dritten Bande der „Biblioteca de autores españoles" (1846).

Seite 401. Anmerkung 2.

Eine Sammlung von sieben Gesprächen, die Gayangos wegen ihres reinen Castilischen lobt, erschien in London 1591, Paris 1619 und Brüssel 1612, 1675; in der pariser Ausgabe stehen sie unter dem Namen des Juan de Luna, der aber nur fünf weitere Gespräche zu denselben hinzufügte, sodaß jetzt im ganzen zwölf sind, und in Brüssel erschienen sie unter dem Namen des Cesar Oudin; sowol dieser als Luna waren Lehrer des Spanischen. Ob Oudin die ersten sieben Gespräche geschrieben habe, ist nicht bekannt. Siehe die spanische Uebersetzung dieser Geschichte, III, 559.

[Ueber den Lazarillo de Tormes vgl. Stahr, Mendoza's Lazarillo de Tormes und die Bettler- und Schelmenromane der Spanier, in den „Deutschen Jahrbüchern für Politik und Literatur", Bd. 3, Hft. 3, 1862. W.]

Seite 402. Anmerkung zu Zeile 16 von unten.

Mendoza wurde lange nach seinem Tode angeklagt, aus der öffentlichen Bibliothek von Venedig Manuscripte entwendet zu haben, die er dann dem Escurial schenkte (Morhofii Polyhistor literarius, Lib. I, cap. 4, §. 22, ed. Fabricii, Lübeck 1732. 4. I, 32). Pater Andres hat ihn aber gegen diese entehrende Zumuthung mit Erfolg vertheidigt (Cartas familiares, Madrid 1790, III, 54 fg.). Der wahre Sachverhalt ist, daß sich Mendoza Abschriften von vielen Abschriften alter Handschriften machen ließ, die Cardinal Bessarion der öffentlichen Bibliothek von Venedig geschenkt hatte, und da diese zweiten Abschriften, die mit chinesischer Treue ausgeführt waren, das Certificat der ersten abschrieben, worin bestätigt wurde, daß sie auf Befehl des Cardinals Bessarion gemacht worden seien, so schien es, als ob seine (des Cardinals) Handschriften nach dem Escurial gebracht worden wären. Auf Anfragen des P. Andres wurden sie aber alle auf ihren Plätzen in Venedig gefunden.

Seite 405. Anmerkung 2 zu Zelle 6 von oben.

Ein sorgfältiger Abdruck des Briefes an Salazar ist in der Biblioteca de Autores españoles (Bd. 36, 1855).

(Zusatz zum Schluß.)

Einige von Mendoza's vertraulichen Briefen finden sich in Dormer, Progresos de la historia de Aragon (1680, Fol.), und noch andere in der Biblioteca de Autores esp. (1852, XXI, 24 fg.); aber der größere Theil derselben ist noch unveröffentlicht und findet sich in der Nationalbibliothek in Madrid und in der Bibliothek der Akademie der Geschichte. Sie verdienten wol näher untersucht zu werden, denn jene, die man kennt, erregen die Begierde, noch mehrere kennen zu lernen.

Seite 406. Anmerkung 1 zu Zeile 2 von oben.

In der lissaboner Ausgabe von 1627, die besser gedruckt ist als die erste, ist die Auslassung am Ende des dritten Buchs kühn von João Silva, Grafen von Portalegre, ausgefüllt; — „vere purpuram auctoris purpurae attexens" sagt Antonio mit höfischer Schmeichelei. Der echte Schluß des Buches fand sich aber.

(Zusatz zum Ende.)

Eine vollständige Ausgabe befindet sich auch in der Biblioteca de Autores españoles (1852, Bd. 21), die über die Auslassungen beachtenswerthe Nachrichten gibt (S. 110, Anmerk.). Eine Sammlung von Mendoza's Werken erschien neuerlichst in der „Biblioteca de escritores granadinos. Tomo I. Obras de Mendóza, coleccionadas por *D. Nic. del Paso y Delgado"* (Granada 1864. 4.).

Seite 411. Anmerkung 3 der vorhergeh. Seite.

Die oben angeführte kräftige Stelle über das Escurial erinnert an eine noch stärkere und bezeichnendere bei Mariana (De rege, 1599, S. 340): „insana atque regia substructio ejus templi quod a Laurentio Martyre nomen habet". Beide zeigen, wie sehr diese finstere und prachtvolle Masse von Gebäuden in Harmonie mit dem Nationalcharakter zur Zeit Philipp's II. war. Das Escurial wurde 1563 für hundert Hieronymiten zu bauen begonnen.

Seite 412. Anmerkung zu Zeile 7 von unten.

Mein Exemplar hat folgenden Titel: Vol. I. Las Quatrocientas Respuestas a otras tantas Preguntas que el illustrissimo (sic) Señor Don Fadrique Enriquez, Almirante de Castilla y otras diversas personas embiaron a preguntar al autor etc. (Saragossa 1545, Fol., 122 Bll. zu 2 und 3 Spalten, mit gothischen Lettern gedruckt). Vol. II. La Segunda Parte de las Quatrocientas Respuestas etc. (Valladolid 1552, Fol., 245 Bll. zweispaltig, mit gothischen Lettern gedruckt). Das Werk ist mehr als zur Hälfte in Prosa.

Seite 413. Anmerkung 1, Zusatz zum Anfange.

Escobar stammte von der Familie dieses Namens in Sahagun, lebte aber im Franciskanerkloster zu Rioseco, einer Besitzung des großen Admirals.

(Dann zu Zeile 5 von unten.)

Als Beispiel der mehr lächerlichen nennen wir Nr. 10, wo der Admiral fragt, wie viele Schlüssel Christus dem heil. Petrus gegeben habe, und als eines der besseren Nr. 190, wo der Admiral fragt, ob es nothwendig sei, vor dem Priester in der Beichte zu knien, wenngleich es dem Beichtenden sehr schmerzlich fiele, worauf der alte Mönch artig und gut ungefähr Folgendes zur Antwort gibt: Derjenige, der wegen eines ihm von oben zugeschickten Leidens während der Beichte nicht kniet, begeht damit noch keine Sünde; möge er bescheidene, demüthige Liebe in sich pflegen, dies wird sein Herz innerlich rein machen.

(Zusatz zum Ende.)

Der Admiral, an den diese „Respuestas" gerichtet waren, war der tapfere, alte Edelmann, der während einer Abwesenheit Karl's V. Regent von Spanien war und es wagte, seinem Herrn überaus aufrichtige Rathschläge zu geben (Salazar, Dignidades, 1618, Bd. 3, Kap. 15; Ferrer del Rio, Decadencia de España, 1850, S. 16—17). Ihm zugeschriebene Gedichte befinden sich im Cancionero von 1554, und Notizen über den Admiral siehe in F. Wolf, Beitrag zur Bibliographie der Cancioneros, 1853.

Seite 414. Anmerkung 1.

Es scheint noch früher im selben Jahre eine Ausgabe erschienen zu sein, die nur 250 Fragen und Antworten enthielt (s. Salvá's Kataloge, 1826 und 1829, Nr. 1236, 3304).

Seite 415. Anmerkung 2

muß es am Schlusse heißen: Aus einer zwei Blätter später vorkommenden Stelle schließe ich, er sei 1539, nach dem Tode der Kaiserin, vom Hofe gegangen.

Seite 415. Anmerkung 4.

Einige Gedichte von Villalobos stehen im Cancionero von 1554 (s. S. 343, Anm. 2), aber sie sind von geringerem Werth als seine

Prosa; das Beste aus seinen Werken wurde in der Biblioteca de Autores españoles, 1855, Bd. 36, wiederabgedruckt.

Seite 417. Anmerkung 1.

Latein war aber noch länger als zwei Jahrhunderte ausschließlich die Sprache der spanischen Universitäten. In einer anonymen Streitschrift, die in Madrid 1789 unt. b. Titel „Carta de Paracuellos" erschien, heißt es (S. 29): „Los años pasados el Consejo de Castilla *mandó* à las Universidades del Reyno que, en las funciones literarias,' *solo* se hablase en Latin. Bien mandado, etc." Und doch war das Unverständige dieser Praxis schon 1589 in einer Abresse an Philipp II. von dem bekannten Gelehrten Pedro Simon de Abril treffend nachgewiesen und die Gründe dagegen mit Kraft und Schärfe auseinandergesetzt worden. S. seine „Apuntamientos de como se deven reformar las doctrinas y la manera de enseñallas". Ausgaben dieser tüchtigen Abhandlung erschienen auch 1769 und 1817; diese letztere, mit Anmerkungen und einer Einleitung des José Clemente Caricero, scheint einigen Einfluß auf die öffentliche Meinung ausgeübt zu haben.

Seite 418, nach Zeile 4 von oben.

Fabrique Ceriol druckte 1559 in Antwerpen ein ethisches nnd politisches Werk unt. b. Titel: „Rath und Räthe für einen Fürsten", das zu tolerant war, um in Spanien Glück zu machen, aber im Auslande beifällig aufgenommen und übersetzt wurde. *)

Seite 418. Anmerkung 4, Zeile 8 von unten.

Das fünfte und sechste Buch wurden aber, wie ich glaube, zuerst in der Ausgabe von 1554, zwei Jahre nach seinem Tode, hinzugefügt und sie scheinen nicht von ihm herzurühren. [Zu den im 16. Jahrhundert so üblichen Abhandlungen in Dialogenform gehört auch: Dialogo de amor. Intitulado Dorida. En que se trata de las causas por donde puede justamente vn amante (sin ser notado de inconstante) retirarse de su amor. Nueuamente sacado á luz, corregido y enmendado por *Juan de Enzinas*, vezino de Burgos. Burgos, en la imprimeria de Philippe de Junta y Juan Bapt. Varesio. 1593. 12. (Die erste Ausgabe erschien wol anonym 1591, denn von diesem Jahre ist die Aprovacion, worin es heißt: que parece ser del estilo y lenguage de los otros curiosos de Leon Hebreo, que andan impressos.) W.]

Seite 420. Anmerkung 1.

Andererseits wurde 1543 eine von Francisco de Ossuna mit großer Reinheit des Stils und stellenweise glühender Beredsamkeit geschriebene Abhandlung über heilige Liebe — „Ley de Amor Sancto" —,

---

*) El Consejo y Consejeros del Principe etc. (Antwerpen 1559.) Nur der erste Band ist erschienen, der in der Bibl. de Aut. esp. (1855, Bd. 36) wiederabgedruckt ist.

5 *

ohne Entschuldigung wegen des Castilischen veröffentlicht und dem Francisco de Cobos, einem Geheimsecretär Karl's V. (s. S. 418, Anm. 3), gewidmet. Ossuna war, wie ich glaube, todt, als diese Abhandlung erschien.

Seite 422. Anmerkung 1.

Der bekannte englische Uebersetzer, Thomas North, übersetzte den „Relox" in drei Büchern, denen er unpassenderweise als „sowerth" den „Despertador de Cortesanos" hinzufügte; er widmete das Ganze im Jahre 1557 der Königin Maria, der damaligen Gemahlin Philipp's II. Es war, wie er sagt, die Arbeit seiner Jugend, als er noch ein Student war; es ist aber in gutem alten Englischen geschrieben. Ich besitze ein 1568 in Folio gedrucktes Exemplar.

Seite 423. Anmerkung 1.

Guevara scheint ebenso große Sorgfalt für die typographische Ausstattung seiner Werke als für seinen Stil getragen zu haben. Nebst der oben erwähnten Sammlung seiner Werke besitze ich seine Briefe in Ausgaben von den Jahren 1539, 1542, 1543; sein Oratorio de religiosos, 1543, 1545, und seinen Monte Calvario von 1543 und 1549 — alles ernste Folianten mit gothischen Lettern, in verschiedenen Städten und von verschiedenen Druckern, sämmtlich aber so genau und correct gedruckt, daß man darüber erstaunen muß und versucht wird, dies für ein Charakteristicum ihres Verfassers zu halten.

Die englische Uebersetzung der „Década" von Edward Hellowes, die 1577 erschien und der Königin Elisabeth gewidmet wurde, ist nicht so gut als North's Uebersetzung des „Relox", ist aber doch lesenswerth. Ich besitze italienische Uebersetzungen von einigen Werken Guevara's, sie scheinen aber ohne Werth zu sein.

Seite 424. Anmerkung 2.

In Sevilla war das Interesse für die mit der Schiffahrt in Verbindung' stehenden Wissenschaften durch den Verkehr dieser Stadt mit Amerika zur Zeit Karl's V., als Guevara daselbst lebte, ein sehr lebendiges. Man glaubt, daß die ersten wirklich brauchbaren Seekarten daselbst verfertigt wurden (Havemann, S. 173).

Seite 426. Anmerkung 4 der vorhergehenden Seite zu Zeile 6 von oben.

Gayangos sagt, sie befinde sich jetzt im British Museum. Dies ist aber ein Irrthum. Die daselbst befindliche Handschrift in 4. Nr. 9939 „Additional MSS." ist eine moderne Copie.

(Zusatz zum Ende.)

Einige rein theologische Werke des Juan Valdés wurden im 16. Jahrhundert gedruckt, die mit zwei oder drei anonymen Abhandlungen, die man ihm gewöhnlich zuschreibt, gerade neun Werke ausmachen. Von diesen neun verdienen außer dem „Diálogo de las lenguas" zwei eine kurze Notiz. Das eine, ein Dialog zwischen Lactantius, unter dem der Verf. gemeint ist, und einem ungenannten Archidiakon ist über die Einnahme Roms und die Gefangennehmung des Papstes im Jahre 1527 und scheint sehr bald nach diesen Ereignissen zur Vertheidigung des Benehmens Karl's V. geschrieben worden zu sein. Das andere ist ein Gespräch zwischen Charon, einigen gerade von der Erde angekommenen Seelen und Mercur; dieser letztere rechtfertigt das Verfahren des Kaisers bis zum Jahre 1528 und vertheidigt insbesondere sein Benehmen bei seinem persönlichen Streite mit Franz I. und die Herausforderung zum Zweikampfe zwischen den beiden Monarchen in diesem Jahre. In jedem dieser Werke, den einzigen, die Baldés während seines Lebens veröffentlichte, sind viele religiöse Discussionen enthalten; obwol aber die Laster der Kirche verständig und ruhig in einer Weise, die an Erasmus erinnert und die auch nicht ohne seinen Humor ist, frei auseinandergesetzt werden, so glaube ich doch nicht, daß man Baldés zu den Protestanten zählen konnte, als er diese Gespräche schrieb. Seine religiösen Ansichten sind ohne Zweifel viel geistiger, als zu seiner Zeit gewöhnlich war, und seine politische Moral ist im Ganzen kräftiger, sodaß er vielleicht schon für einen Anhänger Luther's gelten dürfte, würde nicht damit seine schrankenlose Bewunderung des Kaisers, seine eingestandene Verehrung für Kirche und Papst und sein ausgesprochener Glaube an die wirkliche Gegenwart im Abendmahle in Widerspruch stehen. Beide diese Gespräche sind gut geschrieben; keines derselben zeigt aber soviel Kraft, Eleganz des Stiles und Schärfe, als der „Diálogo de las lenguas". Die frühesten Ausgaben derselben sind undatirt; im Jahre 1850 wurde ein sorgfältiger Abdruck von denselben veranstaltet.

Die „Ciento y Diez Consideraciones divinas", ein anderes religiöses Werk des Baldés, wurden von Nicholas Farrer ins Englische übersetzt und erschienen mit Anmerkungen von Geo. Herbert, dem Dichter des „Temple"; 1638 in Oxford und 1646 in Cambridge. Eine Nachricht von dieser Uebersetzung, die aber in Bezug auf Baldés unzuverlässig ist, befindet sich in Isaac Walton's „Leben Herbert's", 1819, S. 266. Es muß noch bemerkt werden, daß Farrer seine Uebersetzung nach einer italienischen Uebersetzung des Originals machte. Notes and Querries, Bd. 10, 22. Juni 1854.

[Von Baldés Diálogo de las lenguas ist eine neue Ausgabe erschienen: Diálogo de las lenguas (tenido hacia el año 1533) y publicado por 1ª. vez el año de 1737. Ahora reimpreso conforme el manuscrito de la biblioteca nacional único que el editor conoce. Por apendice va una carta de A. Valdés (Madrid 1860). Die letzten 72 Seiten enthalten: Lettera de Gio. Alfonso Valdés secretario di Carlo V. in difesa del suo dialogo sopra il sacco di Roma con la risposta del conte Baldassar Castiglione Nunzio apostolico. W.]

Seite 426. Anmerkung 3.

Wenn er sich Processe vortragen ließ, so kam er in eine noch unbehaglichere Lage (Argensola, Anales de Aragon. Saragossa 1630, Fol.,

I, 441). Die Cortes gedachten vielleicht dieses Umstandes, als sie, da Philipp II. den Thron bestieg, ihn in ihrer ersten Petition darum baten, immer in Spanien zu leben (Capitulos y Leyes, Cortes de Valladolid. Balladolid 1558, Bl. 1).

Seite 429. Anmerkung 1.

(Siehe auch Paton, Eloquencia española, 1604, Bl. 12).

Aehnlich wird der gesetzliche und traditionelle Anspruch des tolebaner Dialekts auf die Suprematie in der „Historia de Tobias", einem Gedichte von Caubirilla Santaren (1615), behauptet, der im elften Gesange von Toledo sagt:

Entre otros muchos bienes y favores
Quel soberano Dios hizo a esta gente,
Fue darle la facundia y los primores
De hablar su Castellano castamente.
Y assi *por justa ley de Emperadores*,
Se ordenó, que, si alguno, estando ausente,
Sobre qualquier vocablo porfiasse,
Quel que se usa en Toledo guardasse.

F. 190, a.

Seite 429. Anmerkung zu Zeile 8 von oben.

Die spanische Sprache wurde von der Zeit Karl's V. an, wie nie zuvor, im Auslande bekannt und beliebt; es war dies das natürliche Resultat seiner Eroberungen und seines Uebergewichts in Europa. Marguerite de Valois, die Schwester Franz I., die 1525 nach Madrid kam und ihren Bruder in der Gefangenschaft daselbst tröstete, sagt: Le langage castillan est sans comparaison mieux déclarant cette passion d'amour que n'est le françois (Heptameron, Journée III, Nouvelle 24, ed. Paris, 1615, p. 263). Und Domenichi sagt vom Spanischen (Ulloa's Uebersetzung seines Razonamiento de empresas militares, Leon. de Francia, 1561. 4. S. 178): „Es lengua muy comun a todas naciones" — was von einem Italiener gesagt sehr beachtenswerth ist. Richelieu liebte es, Spanisch zu schreiben (Havemann, S. 312). Die Vermählung Philipp's II. mit Marie Tudor brachte das Spanische an den englischen Hof, wo es einige Zeit hindurch ziemlich in der Mode war; Karl selbst machte den Einfluß desselben als Kaiser in ganz Deutschland geltend, wie dieser auch durch ihn mit andern Mitteln und durch andere ähnliche Einflüsse in Flandern und Italien zur Geltung gebracht wurde. Andere ähnliche Facten, die die weite Verbreitung des Spanischen über Italien und Frankreich um die Mitte des 16. Jahrhunderts beweisen, stehen im Prologo von Paton's Eloquencia española, 1604, S. 7 fg.

Seite 430. Anmerkung zu Zeile 2 von oben.

Wie sehr das Zeitalter der Chroniken vorüber war, zeigt sich auch aus der burlesten Chronik eines Hofnarren zu Anfange der Regierung Karl's V.; sie führt den Titel: Crónica de Don Francisco de Zúñiga,

criado privado bienquisto y predicador del Emperador Carlos V.
dirigida a su Majestad por el mismo *Don Francés.* Sie wurde zu=
erst in der Biblioteca de Autores españoles 1855 veröffentlicht. Der
Verfasser derselben und einiger folgenden Briefe war kein Narr, ob=
schon er diesen Titel am Hofe trug und sich der Privilegien eines sol=
chen erfreute. Der Stil der Chronik ist leicht und ihre Sprache rein,
aber dieselbe ist mehr witzig als elegant, und sie ist reicher an verstän=
digen Bemerkungen als an historischen Thatsachen. Sie ist, wie schon
ihr Titel besagt, eine Caricatur des damals schon aus der Mode kom=
menden Chronikenstils.

[Siehe F. Wolf, Ueber den Hofnarren Kaiser Karl's V., genannt
El Conde don Frances de Zúñiga, und seine Chronik; in den Sitzungs=
berichten der phil. hist. Klasse der k. Akad. d. Wissensch., Wien, Jahrg.
1850, Juniheft. — Ueber die Chronisten Karl's V. s. Martinez de
la Puente in der Vorrede zu seinem Auszug aus Sandoval (Serapeum, 1854, Nr. 6). W.]

Seite 431. Anmerkung zu Zeile 24 von oben.

Die Cortes von Valladolid verlangen 1555 in ihren „Peticiones"
(cxxviii und cxxix) eine Pension für Ocampo und sagen, daß er da=
mals 55 Jahr alt und seit dem Jahre 1539 Chronist gewesen sei
(s. „Capitulos y Leyes", Valladolid 1558, Fol., Bl. lxi).

[Ueber Ocampo's Todesjahr s. die Berichtigung bei Stirling,
S. 225. W.]

Seite 431. Anmerkung 4.

Sepúlveda lebte 22 Jahre in Italien und war fast ebenso sehr
Italiener als Spanier; er starb 1621, 75 Jahre alt, in einem Land=
hause in der Sierra Morena, das er sehr gefällig in einem seiner noch
unveröffentlichten Briefe beschreibt (s. Alcedo, Biblioteca Americana,
ad verb. Gines de Sepúlveda, Ms.).

Seite 432. Anmerkung 6 der vorhergehenden Seite, Zeile 2 von oben.

Die Geschichte des Kaisers, die mit dem fünften Buche aufhört,
befindet sich unter den Handschriften der madrider Nationalbibliothek;
das zweite Buch derselben, das den Krieg der Comunidades in Ca=
stilien erzählt, ist abgedruckt im 21. Bande der Biblioteca de Autores
españoles (1852). Das ganze Werk wird von Ferrer del Rio wegen
seiner geschickten Anordnung und seines reinen und würdigen Stils sehr
gelobt und verdiente veröffentlicht zu werden; der bisher bekannt gewor=
dene Theil desselben ist aber widerlich loyal.

[Lorenzo de Padilla schrieb eine Cronica de Felipe el her-
moso, in der *Coleccion de documentos,* Tom. VIII. W.]

Seite 433. Anmerkung 1.

Seitdem diese Anmerkung (1849) zum ersten Male veröffentlicht
wurde, ist der letzte Bericht gedruckt worden (Bibl. de Aut. esp., 1852,
Bd. 22), der vom 3. September 1526 datirt ist. Ein vom 10. Juli

1519 datirter Brief des „Justicia y Regimiento" von Bera Cruz geht dieser Reihe von vier Berichten voran und vertritt gleichsam die Stelle der ersten *Relacion*, und mag so vielleicht ursprünglich Anlaß zu dem Glauben gegeben haben, daß ein Bericht des Cortez verloren gegangen sei, der nie geschrieben wurde. Es ist mir sehr wahrscheinlich, daß von Cortez selbst nie mehr als vier herrührten, obschon der eine des *Justicia* von 1519 von ähnlichem Charakter und Bedeutung ist.

Seite 434, Zusatz zu Zeile 3 von oben.

Ein Aufenthalt in Italien, dessen er mehr als einmal erwähnt und während dessen er in Benedig und Bologna mit bedeutenden Män= nern, einem Saxo Grammaticus, Olaus Magnus, auf vertrautem Fuße verkehrte, erweiterte seine Kenntnisse über das gewöhnliche Maß der spa= nischen Gelehrten jener Zeit und machte ihn für seine Aufgabe geeigne= ter, als er dies in seiner Heimat hätte werden können.

Seite 434. Anmerkung 1, Zeile 2 von oben:

und im 22. Bande der Biblioteca des Ribabeneyra. Zuerst sind sie 1552, 1553 und 1554 gedruckt erschienen.

(Zusatz zum Schluß.)

Sie wurden auch ins Englische, Italienische und Französische über= setzt und wiederholt in jeder dieser Sprachen gedruckt.

Seite 434. Anmerkung 3.

Sie wurde von Alfonso Ramon oder Remon, der die Geschichte des Ordens de la Merced schrieb, herausgegeben (s. N. Ant. Bibl. nova, I, 42). Seine Ausgabe (die 1632 erschien) scheint aber nicht nach einer vollständigen Handschrift gedruckt worden zu sein, und die neuere von Cano in vier Bänden ist ein verstümmelter Wiederab= druck der von 1632. In Ribabeneyra's Biblioteca wurde sie 1853 im 26. Bande mit einer guten Einleitung von Don Enrique de Bebia wie= derabgedruckt, der dem braven alten Geschichtschreiber, der wieder nach Spanien zurückkehrte und sehr alt zu Guatemala starb, Gerechtigkeit widerfahren läßt.

Seite 434. Anmerkung 4.

Von den 550, die 1519 mit ihm nach Mexiko kamen, lebten noch fünf, als er 1568 in Guatemala schrieb, Bl. 250 a.

Seite 435. Anmerkung 5 der vorhergehenden Seite.

Seine Genauigkeit indessen, einige durch die lange seitdem verflos= sene Zeit verursachte Irrthümer abgerechnet, ist bemerkenswerth. Sayas bezeugt dieselbe in seinen Anales de Aragon, 1667, Kap. 30, S. 218, und er ist eine gute Autorität.

Seite 437. Anmerkung 1.

Seit dem Drucke der vorangehenden Anmerkung (1849) über Oviedo's „Historia general" wurde das ganze Werk von der spani= schen Akademie der Geschichte in vier starken Foliobänden in Madrid

1851—55 veröffentlicht; Herausgeber ist Don José Amador de los Rios (*Oviedo y Valdés*, Gonzalo *Fernandez*. Historia general y natural de las Indias, islas y tierra firme del mar océano, publicala la Real Academia de la Historia cotejada con el codice original, enriquecida con las enmiendas y adiciones del autor, e ilustrada con la vida y el juicio de las obras del mismo, por *D. José Amador de los Rios*. Madrid 1851—55, Fol., 4 Bde.). Die Einleitung enthält ein Leben des Oviedo und eine Aufzählung seiner Werke, unter denen sich zwei befinden, die veröffentlicht worden sind und zum wenigsten erwähnt werden müssen. Das erste ist „Claribalte", das zu einer Zeit geschrieben wurde, da Oviedo nicht in Gnade bei Hofe stand, es wurde 1519 in Valencia gedruckt; man kann sich einigen Staunens nicht enthalten bei der Idee, daß er der Verfasser dieses Buches sei, denn es ist ein Ritterroman, und als in seinen späteren Jahren solche Geschichten sehr in der Mode waren, wurden sie von niemand mit größerer Strenge behandelt als von ihm. Das andere ist ein ascetisches Werk unter dem Titel „Reglas de la Vida", das er, wie er selbst sagt, aus dem Toscanischen übersetzt hat und das 1548 in Sevilla gedruckt wurde; es ist nunmehr so selten geworden, daß es Amador de los Rios nie zu Gesichte bekommen hat, und daß er daher nicht im Stande ist, den Inhalt desselben genauer anzugeben oder zu ermitteln, wer der ursprüngliche Verfasser gewesen sei. Von den handschriftlichen Werken, die sich außer den beiden Quinquagenas auf sechs belaufen, würde für uns, wie ich glaube, der Bericht das meiste Interesse haben, den Oviedo von den Ereignissen und den Plaudereien am Hofe zu Madrid während der Gefangenschaft des Königs Franz I. im Jahre 1525 zusammenstellte.

Seite 438. Anmerkung 1.

Die „Batallas y Quinquagenas" dürfen nicht mit einem Gedichte über die ausgezeichneten Spanier aus allen Zeiten verwechselt werden, das Oviedo „Las Quinquagenas" betitelte und das er 1556 vollendete; es besteht aus 150 Strophen, jede zu 50 Zeilen oder im Ganzen aus 7500 Zeilen; — diese Verwechslung, die ich mir in der ersten Ausgabe dieses Werks zu Schulden kommen ließ, entstand hauptsächlich durch eine Dunkelheit in der Notiz, die Clemencin in seinem *Elogio* der Königin Isabella von diesen beiden Quinquagenas gibt. Es wäre sehr zu wünschen, daß beide veröffentlicht würden, wodurch man erst eine genaue Kenntniß von denselben bekommen könnte.

Seite 438. Anmerkung zu Zeile 9 von oben.

Die Familie war französischen Ursprungs und schrieb sich Casaus; sie erscheint in der spanischen Geschichte aber schon 1253 bei dem Repartimiento von Sevilla (Zuñiga, Anales de Sevilla, 1677, S. 75). In der Chronik Johann's II. werden ihre Abkömmlinge Las Casas genannt und Bruder Bartolomé schrieb seinen Namen auf beide Art. Später kehrte die Familie zu der ursprünglichen Schreibweise zurück. Gudiel, Familia de los Girones, 1577, Bl. 98.

Seite 439. Anmerkung 1.

Wenn ich mich recht erinnere, sagt Quintana nicht, daß Las Casas zu einem Kaplan Karl's V. aus Hochachtung für seine Person ernannt wurde; — ein Umstand, der von Argensola erwähnt wird, von dem, wie wir nicht unerwähnt lassen dürfen, ein treuer und interessanter Bericht über den indischen Apostel existirt, soweit eben das Leben desselben in seiner Geschichte Aragoniens noch berücksichtigt werden konnte. Anales de Aragon, 1630, I, 547.

[Ueber Las Casas siehe Hijos ilustres de Sevilla, Sevilla 1850, S. 199. W.]

Seite 439. Anmerkung 2.

Am Schluß wird bemerkt, sie sei am 8. December 1542 zu Valencia beendigt worden; eine „Adicion" oder Postscript folgt, das in meinem Exemplar aus dem Jahre 1546 datirt ist.

Seite 441. Anmerkung 2.

und in der Bibl. de Aut. esp., 1852, Bd. 22. Es sind wilde und romantische Erzählungen von außerordentlichen Abenteuern und Trübsalen, insbesondere die *Naufragios*, in denen (Kap. 22) der Verfasser des Glaubens zu sein scheint, er habe nicht blos Kranke durch göttliche Dazwischenkunft geheilt, sondern einmal auch einen Todten wieder zum Leben gebracht. Dem sei aber wie ihm wolle, er war augenscheinlich ein Mann von großem Muthe und Standhaftigkeit, und von ungewöhnlichem und großmüthigem Charakter.

Seite 441, Zeile 21 von oben,

von Francisco de Xerez, Secretär des Francisco Pizarro.

Seite 441, Zeile 23 von oben,

und durch Carvajal, einen Beamten des Gonzalo de Pizarro u. s. w.

Seite 441. Anmerkung 4, Zeile 3 von oben,

und in der Bibl. de Aut. esp., 1853, Bd. 26.

(Zusatz zum Schluß.)

Pedro Cieza de Leon, der über 17 Jahr in Peru verlebte, veröffentlichte auch 1553 ein wichtiges Werk über dieses Land unt. d. T.: „Primera parte de la Chronica del Peru"; er gedachte dasselbe zu vollenden und in weiteren drei Bänden zu veröffentlichen, starb aber *re infecta* im Jahre 1560, 42 Jahr alt. Der erste Theil ist in der Bibl. de Aut. esp., Bd. 26, wiederabgedruckt und das Manuscript des dritten Theiles soll im Besitz des James Lenox in Neuyork sein.

Seite 443. Anmerkung 2.

Es mag auch nicht unerwähnt bleiben, daß, als Maximilian II. 1548 mit Maria, der ältesten Tochter Karl's V., in Balladolid vermählt wurde, welcher Festlichkeit Philipp beiwohnte, das bei dieser Gelegenheit zur Aufführung passend gefundene Schauspiel, obschon Maximilian in Spanien erzogen worden war, noch ein Lustspiel des Ariosto in italienischer Sprache war, das, wie man uns berichtet, aufgeführt wurde „con todo aquel aparato de theatro y scenas que los Romanos las solian representar, que fue cosa muy real y sumptuosa" (Calvete de Estrella, Viage de Phelipe, Hijo del Emperador Carlos V., etc. Antwerpen 1552, Fol., Bl. 2 b.). Es kann, wie ich glaube, keinem Zweifel unterliegen, daß man ein spanisches Stück gewählt haben würde, wenn sich ein für diese so glänzende spanische Versammlung passendes hätte auftreiben lassen, die bei einer Gelegenheit zusammengekommen war, die so stark an die Nationalgefühle appellirte.

Seite 448. Anmerkung zu Zeile 12 von oben.

In der Ausgabe von Valencia (Joan Mey, 1567) führt dieses Stück den Titel „Los Engañados" — die Getäuschten.

Seite 459. Anmerkung 1.

Von Mal Lara ist weiter unten die Rede (II, 295); hier mag aber noch angeführt werden, daß er im Jahre vor seinem Tode einen Bericht über den Empfang Philipp's II. in Sevilla im Mai 1570 veröffentlichte, als Philipp diese Stadt nach dem Moriskenkriege besuchte. Mal Lara verfaßte die lateinischen und spanischen Inschriften, erklärte die vielfachen allegorischen Figuren, die einen großen Theil des Schaugepränges ausmachten, und ließ dieselben und alles andere, das zur Verherrlichung dieser Gelegenheit dienen sollte, in seinem „Recivimiento que hizo la muy leal Ciudad de Sevilla à la C. R. M. del Rey Felipe N. S." etc. (Sevilla 1570, 18°. 181 Bll.) drucken; — einem merkwürdigen Büchlein, das mitunter durch seine Bemerkungen über Philipp II., Ferdinand Columbus, Lebrixa u. s. w. unterhaltend ist, aber noch öfter durch die allgemeine Beschreibung der Stadt oder die minutiösen Schilderungen der Ceremonien bei dieser feierlichen Gelegenheit, — alles in sehr gutem Castilisch.

Seite 460. Anmerkung 1.

Es wird mitunter behauptet, daß der Charakter des Leucino in dieser „Comedia" dem Tirso de Molina zu seinem Don Juan den Anstoß gegeben habe; die Aehnlichkeit ist aber, wie ich glaube, nicht groß genug, um diese Conjectur zu rechtfertigen.

Seite 461. Zeile 24.

In der „Semiramis" *) ist der Stoff so behandelt, daß, als Calderon denselben wieder in seinen zwei Stücken „La Hija del Aire"

---

*) Die „Semiramis" wurde 1858 in Leipzig gedruckt, aber von William und Norgate in London verlegt. Der ungenannte Herausgeber hat damit der alten spanischen Literatur einen guten Dienst erwiesen; wenn er aber durch die Citirung Schad's in der Vorrede glauben machen will, daß dieser ausgezeichnete Kritiker ihm beistimme, wenn er dieses regellose Stück für ein Werk „von außerordentlichem Verdienste und Werthe hält", so bin ich vielmehr der Meinung, daß er Schad's Kritik darüber kaum verstanden haben könne (Dramat. Literat., I, 296). Unbezweifelt hat er die einzige Originalausgabe des

bearbeitete, er nicht umhin konnte, durch das grausame Licht seines eige=
nen poetischen Genius das ungeschickte Werk seines Vorgängers zu be=
leuchten.

Seite 462 steht vor dem Anfang der Anmerkung 1 dieser Zusatz:

In der Zueignung an den „Discreto Letor", womit die einzige
Ausgabe der „Obras tragicas y liricas del Capitan *Cristoval de Virues*"
(Madrid 1609. 12. 278 Bll.) beginnt, erfahren wir, daß er in den
vier ersten Trauerspielen versucht habe, „das beste von alter Kunst und
modernen Sitten zu vereinigen"; von der „Dido" aber sagt er „va
escrita toda por el estilo de Griegos y Latinos con cuidado y
estudio".

Seite 462. Anmerkung 4.

Abril's Uebersetzungen des Terenz von 1577 enthalten auch den
lateinischen Text; dem „Prologo" nach scheint es, daß sie in der Hoff=
nung verfaßt wurden, daß sie unmittelbar zur Reform des spanischen
Theaters beitragen — vielleicht sogar öffentlich aufgeführt werden würden.

Seite 462. Anmerkung 5.

Wie ich glaube, existirt von Bermudez sonst nur noch die „Hespe=
rodia", ein 1589 geschriebenes Lobgedicht auf den großen Herzog von
Alba, das der Verfasser nach großen in Frankreich und Afrika gemach=
ten Reisen schrieb. Es ist eine frostige Elegie, die ursprünglich latei=
nisch abgefaßt war und zuerst in Sedano's Parnaso abgedruckt wurde
(1773, VII, 149). Einige Theile derselben sind etwas dunkel,
und von dem Ganzen, das ins Spanische übersetzt wurde, um einem
Freunde und der Gattin desselben gefällig zu sein, sagt der Verfasser
richtig, es sei nicht so interessant, daß sie „ihrem Schlaf deswegen Ab=
bruch thun werden". Er gibt in der Widmung seiner „Nise Lasti=
mosa" zu verstehen, daß ihm als einem Galicier der Gebrauch des
Castilischen etwas schwer fiel. Ich kann indessen keine Spuren von Un=
beholfenheit in seinem Stile entdecken und sein Galicisches leistete ihm

---

Virues von 1609 nicht gesehen, und nach der Anmerkung am Ende seines
Druckfehler=Verzeichnisses scheint er den Text, den er herausgab, nicht überall
verstanden zu haben. Denn hätte er „is" (Jornada, III, Vers 690) mit einem
großen Anfangsbuchstaben gedruckt, wie Virues that, so würde er gefunden ha=
ben, daß der Fluß „Is" oder die Stadt „Is" an seinen Ufern gemeint sei, die
beide von Herodot (Buch 1, K. 179) erwähnt werden, in deren Nähe sich das
große von Virues angeführte Asphaltlager befand, und so würde ihm diese
Stelle nicht mehr „unverständlich" geblieben sein; und hätte er die Stelle
(Jornada, III, Vs. 632 fg.) aufmerksam gelesen, so würde er nicht der Ansicht
gewesen sein, daß „augenscheinlich eine Zeile fehlen müsse". Ich möchte auch
meinen, daß sich der Herausgeber der „Semiramis" in seiner Voraussetzung
irre (Vorrede, S. XI), daß Virues „sein Wissen aus der zweiten Hand er=
halten habe", und daß er seinen Irrthum erkennen würde, wenn er die Stelle
bei Herodot aufsuchen sollte, aus der der spanische Dichter meiner Ansicht nach
seine Beschreibung Babylons geschöpft hat.

bei der Bearbeitung von Ferreira's Portugiesischem Hülfe. Es darf nicht unerwähnt bleiben, daß die beiden Trauerspiele unter dem angenommenen Namen Antonio de Silva veröffentlicht wurden; vielleicht weil er Dominicanermönch war. Sie erschienen in Madrid (Sanchez 1577) in einem schlechten Bande mit ordinärer Cursivschrift gedruckt.

Seite 463. Anmerkung 3.

Die Originalmanuscripte der beiden veröffentlichten Stücke befanden sich 1773 in den Archiven der „Escuelas pias" der Stadt Balbastro in Aragonien, wo sie von dem Erben des L. Leonardo de Argensola deponirt worden waren. Sie sollen einen besseren Text als die von Sedano gebrauchten Manuscripte enthalten und verdienten daher, um dem Verfasser gerecht zu werden, eine genauere Untersuchung. Sebastian de Latre, Ensayo sobre el Teatro español (1773, Fol., Prologo).

Seite 465. Anmerkung zu Zeile 2 von oben.

Es gibt einige alte Romanzen über den Stoff dieses Stücks (siehe Wolf, Ueber eine Sammlung span. Romanzen, Wien 1850, S. 33—34); die historische Sage steht in der „Cronica general", Thl. 3, Kap. 22, Ausgabe von 1604, Bl. 83—84.

Seite 468. Anmerkung 1, Zeile 3.

Dieser Streit kommt im Schauspiele des Pedro Ximenez de Enciso (sic), das den Titel „El Principe Don Carlos" führt, vor und zwar in der 2. Jornada (Parte XXVIII. de Comedias de varios autores, Huesca 1634, Bl. 183 a.).

(Zusatz zum Ende.)

Lope de Vega spricht von ihm mit großer Bewunderung als von einem Schauspieler, „der mit keinem andern verglichen werden kann, seit man Schauspiele kennt". Peregrino en su patria, ed. 1604, Bl. 263.

Die beste Auskunft über den Zustand der Bühne während dieses Zeitraumes — von dem Tode Lope de Rueda's bis zum erfolgreichen Auftreten Lope de Vega's — findet sich in Moratin's „Catalogo" (Obras, 1830, I, 192—300). Es wurden aber noch viel mehr rohe Versuche gemacht, als er verzeichnet hat, doch befinden sich keine von Bedeutung darunter. Gayangos hat in der spanischen Uebersetzung dieser Geschichte die Titel einer bedeutenden Anzahl derselben verzeichnet und könnte ohne Zweifel leicht noch mehr solcher gesammelt haben, wenn es sich der Mühe gelohnt hätte. Sie zeigen uns aber den Zustand der spanischen Bühne gerade so, wie wir ihn bereits zur Genüge geschildert haben. Wir ersehen aus denselben in der That klar genug, daß während dieser Periode eine Veränderung eintrat; wir erfahren aber nichts weiter durch dieselben, außer daß diese Veränderung sehr langsam von statten ging.

Seite 470. Anmerkung 1, Zeile 6.

Es ist, soviel mir bekannt ist, weitaus die wichtigste, authentische Schilderung der Behandlung, die Gelehrte, die vor diesem furchtbaren

Gerichtshofe angeklagt waren, zu erdulden hatten, und wahrscheinlich die merkwürdigste und bedeutendste, die sowol handschriftlich als gedruckt überhaupt existirt. Diese zahlreichen Urkunden füllen mehr als 900 Seiten, die überall belehrend und warnend die Usurpationen der Kirche und die geräuschlosen, ruhigen und schlauen Mittel zeigen, wodurch die geistige Freiheit und gesunde Kultur eines Volks vernichtet ward.

Seite 470, Zeile 7 von unten.

Im Anfange des Processes wurde aber das strengste Geheimniß beobachtet, ohne daß der Angeklagte im mindesten etwas erfuhr oder Verdacht schöpfen konnte. Während dieses Stadiums des Processes wurden ungefähr zwanzig Zeugen in Salamanca verhört, die ihre Angaben schriftlich einreichten, und die Aussagen Anderer wurden aus Granada, Valladolid, Murcia, Cartagena, Arévalo und Toledo eingeholt, sobaß die Angelegenheit vom Beginn schon den Charakter annahm, den sie bis zuletzt beibehielt, — den einer weitverbreiteten Verschwörung gegen eine Persönlichkeit, die man ohne die vorsichtigste und gründlichste Vorbereitung nicht anzugreifen wagen durfte.

Seite 471, Zeile 14 von unten.

Seine Feinde waren gegen ihn persönlich erbittert und gewissenlos und hatten ihn, wie es auch seinem Freunde Arias Montano ergangen war, allgemein in Verdacht gebracht, daß seine große biblische Gelehrsamkeit ihn rasch zur Ketzerei führen werde, wenn er nicht schon in der That im Herzen ein Protestant sein sollte.

Seite 472, Zeile 8 von oben.

Nachdem endlich fast fünf Jahre alle Hülfsmittel geistlicher Schlauheit umsonst angewendet worden waren, seinen festen und sanften Geist zu brechen, erfolgte der Spruch seiner sieben Richter am 28. September 1576; er war sehr absonderlich.

Seite 472, Zeile 22 von oben

muß es heißen: Einer der Richter verlangte, seine Meinung abgesondert abzugeben.

Seite 478. Anmerkung 1.

Dafür finden sich im 37. Bande der Bibl. de Aut. esp. (1855) noch einige weitere Uebersetzungen von seiner Hand und namentlich noch eine Ode „an das religiöse Leben" — A la vida religiosa —; dieser Band enthält alle seine poetischen Werke und eine Auswahl seiner prosaischen, zugleich auch die wichtigsten Urkunden seines Processes durch die Inquisition.

Seite 480. Anmerkung 1.

Eine deutsche Uebersetzung der Gedichte Luis be Leon's von C. B. Schlüter und W. Storck (Obras poéticas propias de Fray *Luis de Leon*, todas cuantas se podian hallar, recogidas y traducidas en Aleman por *C. B. Schlüter* y *W. Storck* [auch mit deutschem Titel],

Münster 1853. 12.) ist sehr verdienstlich. Die Uebersetzung dieser Ode im Versmaße des Originals befindet sich auf Seite 130. Eine andere ähnliche Uebersetzung derselben kommt in Diepenbrock's Geistlichem Blumenstrauß (1852), S. 157, vor.

[Ueber *Luis de Leon* stehe· auch *Semanario pintoresco*, 1854, S. 407—9; — dann *José Gonzalez de Tejada*, Vida de Fr. Luis de Leon, Madrid 1863. 4. „Ilustránla noticias, y documentos ineditos hallados recientemente en las universidades central y de Salamanca, y un catálogo de ediciones y manuscritos de aquel autor." Hernandez Iglesias berichtete 1857 über neu aufgefundene Dichtungen Leon's; s. *Revue contemporaine*, 2. Serie, Bd. 3. (38), S. 665. — Ueber seine Uebersetzungen des Virgil siehe *Boletin bibliografico de España*, 1861, Nr. 13, S. 165—68. W.]

Seite 481. Anmerkung 1.

[Zu den Lebensbeschreibungen des Cervantes kommen jetzt noch: Vida de *Cervantes*, por D. *Jeronimo Moran*, Madrid 1863 (forma parte del tomo 3° y último de la edicion del Quijote, publ. por el editor Sr. Dorregaray, y solo se han tirado aparte 50 ejemplares, Boletin bibliogr. esp., 1864, nr. 2), und Notas á la vida de *Cervantes* escrita por *Navarrete;* — por D. *Cayetano Alberto de la Barrera*, in der *Revista* de ciencias, lit. y artes, Sevilla 1855—56, III, 468, 517, 673.

Vgl. auch Molbech's Blandede Skrifter, Anden Samling. Udvalgt, giennemseet og udgivet af forfatteren, Kopenhagen 1855, III, 405 fg. *Cervantes* og hans Roman Don Quijote; nach Navarrete, de los Rios und Ticknor; *Malmström*, Litteraturhistoriska Studier, III. *Cervantes*. Upsala 1860.

In dem Archive des Grafen von Altamira wurde eine Epistel in Terzinen von Cervantes an Mateo Vazquez, den Staatssecretär Philipp's II., aufgefunden, worin er ihn um seine Verwendung beim Könige bittet, daß er ihn aus seiner Gefangenschaft in Algier befreie, die auch anderes biographisches Detail enthält (s. Boletin bibl. esp., 1863, Nr. 9, S. 103—9. W.]

Seite 483. Anmerkung 2.

Ueber Hoyos und seinen Band Gedichte finden sich interessante Notizen in der „Disertacion hist. geogr. etc. de Madrid, por D. *Juan Ant. Pellicer"*, Madrid 1803. 4. S. 108 fg.

Seite 484. Anmerkung 2.

Ein lebendiger Bericht über das Treffen bei Goleta in der Nähe von Tunis steht in einer kleinen Abhandlung von Gonzalo de Illescas (Bibl. de Aut. esp., 1852, XII, 451—58); — derselbe veröffentlichte 1574 den Anfang einer sehr langweiligen Geschichte der Päpste, die später in dem nämlichen Geiste von Luis de Bavia und Andern fortgesetzt wurde.

Seite 485. Anmerkung zu Zeile 12 von oben.

Der Algierer, Arnaute, der ihn gefangen nahm, spielt eine Rolle in den Romanzen der damaligen Zeit (f. Duran, Romancero general, I, xiv u. 147.

Seite 487. Anmerkung 3 der vorhergehenden Seite.

Haedo erzählt Aehnliches von dem Frater Juan Gil in seiner „Topografia de Argel" (1612, Bl. 144 fg.). Nicht wenige der „Padres de la limosna", wie sie genannt werden, erscheinen in der That sehr zu ihren Gunsten in diesem interessanten Werke und verdienten ohne Zweifel alle die Achtung, die sie erhielten.

Seite 488. Anmerkung 3.

Sieben Ausgaben der Galatea waren bis 1618 erschienen.

Seite 489. Anmerkung 2.

Der Versuch Florian's ist ohne Zweifel besser ausgefallen als ein ähnlicher, der nach seinem Beispiel und mit Benutzung seiner Arbeit von Don Canbido Maria de Trigueros gemacht wurde (Los Enamorados o Galatea etc., Madrid 1798). [Ueber die Dramen des Cervantes f. Théâtre de Cervantes trad. pour la prem. fois par Alphonse Royer. Paris 1861. 12. W.]

Seite 501. Anmerkung 1, Zeile 5 von oben.

.... und sind erst 1808 durch den ehrwürdigen Geschichtsforscher Cean Bermudez wiederaufgefunden worden, der sie mir 1818 zeigte.

Seite 502. Anmerkung 1, letzte Zeile.

....∴ und bei Espinosa, Hist. de Sevilla, 1627, Thl. II, Bll. 112–17. Die vornehmsten Künstler der Stadt waren bei dem in diesem unziemlichen Aufstand geopferten Katafalk beschäftigt und machten ihn so prächtig als möglich (Stirling's Artists of Spain, 1848, I, 351, 403, 463). Die bei dieser Gelegenheit von Maestro Fray Juan Bernal gehaltene Predigt (gedruckt zu Sevilla, 1599. 4. 18 Bll.) ist nicht ohne eine gewisse populäre und rohe Beredsamkeit; Philipp II. wird mit Ezechias verglichen, der die Ketzerei austrieb, und es wird von ihm gerühmt, „daß er gleich einem Phönix, der er auch war, in dem Neste, das er sich selbst gebaut hatte — dem berühmten Escurial — gestorben sei". Bernal starb 1601, und eine populäre Lebensbeschreibung von ihm wurde zu Sevilla in ungefähr 60 Quintillas in Knittelversen gedruckt, die voll Wortspiele und sehr charakteristisch für eine Periode sind, in der Possenreißerei oft als Mittel diente, um die Religion dem Pöbel genießbar zu machen. Wir theilen die nachstehenden Verse zur Probe mit:

Y que el varon soberano
Fuesse *Padre Santo* es llano,
Pues quando le amortajaron,
Mil *cardenales* le hallaron
Hechos de *su propria mano.*

Seite 502. Anmerkung 2.

Ich war früher der Meinung, daß der Artikel *los* in dem angeführten Satze zu verstehen geben sollte, daß der Aufenthalt des Cervantes in einem Kerker ihm zum Vorwurf gereiche. Sir Edmund Head, der so vertraut mit allem Spanischen und so scharfsinnig im Gebrauch seiner Kenntnisse ist, machte mich aber auf das Wortspiel in dem Worte „*yerros*" (Fehler) aufmerksam, das gewöhnlich fast gleich mit „*hierros*" (Eisen) ausgesprochen wird; in der Originalausgabe des Avellaneda (1614) fand ich das Wort in der That „*hierros*" (Eisen, Ketten) geschrieben, und das große Wörterbuch der Akademie (1739, sub verbo „*yerro*") gibt zu, daß „*yerros*" (Fehler) mitunter „*hierros*" geschrieben wird, und entscheidet so die Frage. Es ist, gelind gesagt, eine armselige Witzelei, die dem Cervantes sein Unglück vorwirft.

Seite 503. Anmerkung 1.

Man hat auf die Autorität eines satirischen Sonetts hin, das dem Gongora zugeschrieben wird, behauptet, daß Cervantes im Auftrage des Herzogs von Lerma einen Bericht über die Festlichkeiten geschrieben habe, die zum Empfange Howard's, des englischen Gesandten, 1605 veranstaltet wurden. Die Echtheit des Sonetts ist aber zweifelhaft und die mittels desselben versuchte Auslegung scheint mir nicht zulässig zu sein (*Navarrete*, Vida, p. 456. D. Quixote, ed. *Pellicer*, 1797, I, cxv). Es ist ebenfalls behauptet worden, daß Cervantes in demselben Jahre, 1605, in Valladolid eine Darstellung der Festlichkeiten, die in dieser Stadt bei Gelegenheit der Geburt Philipp's IV. veranstaltet wurden, in 50 Blättern in Quart verfaßt habe. Meiner Meinung nach war er aber damals zu wenig bekannt, als daß man ihn zu einer solchen Arbeit hätte verwenden sollen (s. die spanische Uebersetzung dieser Geschichte, II, 550).

Seite 505. Anmerkung 3 der vorhergehenden Seite.

Seitdem die vorstehende Erzählung über das Verhältniß zwischen Cervantes und Lope (sowol im Text als in den Anmerkungen) veröffentlicht worden ist (1849), sind neue Urkunden über die persönlichen Beziehungen zwischen diesen beiden Männern aufgefunden worden, die unglücklicherweise keinen Zweifel mehr über Lope's ungroßmüthige Gefühle gegen seinen großen Zeitgenossen gestatten. Sie sind in den „Nachträgen zur Geschichte der dramatischen Literatur und Kunst in Spanien von A. F. von Schack" (Frankfurt a. M., 1854, S. 31—34) veröffentlicht und bestehen aus Auszügen, die Duran aus autographen Briefen Lope's gemacht hat, welche unter den Papieren von Lope's großem Beschützer und Freunde, dem Herzog von Sessa, gefunden wurden, der die Kosten seines Begräbnisses bezahlte und seine Manuscripte erbte. Der für den gegenwärtigen Zweck wichtigste Brief ist vom 4. August 1604 datirt, während sich der Don Quixote unter der Presse befand; beim Lesen desselben müssen wir uns daran erinnern, daß Cervantes der Mode seiner Zeit, dem Vorsetzen lobender Sonette u. s. w. von Freunden bei seinen andern Werken nicht eben sehr huldigte und daß er sie geradezu in den scherzhaften und satirischen Versen verspottet hat, welche er unter dem Namen des Amadis de Gaula, Orlando furioso u. s. w. seinem Don Quixote vorangestellt hat. Lope schreibt unter diesen Umständen an seinen Freund, den Herzog: „Von Dichtern spreche ich nicht. Viele werden im nächsten Jahre blühen; darunter ist aber kein so schlechter wie Cervantes, oder so närrisch, um den Don Quixote zu loben", — *pero ninguno hay tan malo como Cervantes, ni tan necio que alabe á Don Quixote.* Und später, wo er von der Satire spricht, sagt er: „Sie ist mir ebenso verhaßt, als meine Büchlein es dem Almendares und meine Stücke dem Cervantes sind." Es ist nicht möglich, sich über die Gefühle Illusionen hinzugeben, die diese bittern Worte veranlaßten. Sie sind um so grausamer, als Cervantes damals leidend war, in bitterer Armuth in Valladolid lebte und Lope dies bekannt war.

Ich weiß nicht, wer unter dem Namen Almendares gemeint ist, vermuthe aber, daß es ein Verschreiben oder Druckfehler anstatt Almendariz ist, der 1603 und 1613 unbedeutende religiöse Gedichte im volksmäßigen Stil — *populari carmine* — herausgab und von Cervantes in seinem Viage al Parnaso gelobt wird.

Ich habe hier die von Pellicer in seiner „Biblioteca de Traductores" (1778, I, 170 fg.) zuerst veröffentlichten Sonette nicht erwähnt. Es sind dies nämlich zwei dem Cervantes zugeschriebene und eins angeblich von Lope, in denen diese großen Männer sich in sehr schlechtem Geschmack übereinander lustig machen; ich habe diese Sonette, wie bereits gesagt, nicht erwähnt, zum Theil, weil sie, wie Pellicer selbst bei der Veröffentlichung zugibt, ein sehr verdächtiges Aussehen haben, hauptsächlich aber, weil die Frage nach ihrer Echtheit damals von Huerta, Forner und andern gründlich geprüft wurde und es keinem Zweifel mehr unterliegt, daß sie unecht sind. Siehe „Huerta, Leccion critica" (Madrid 1786, 12.); „Tentativa de aprovechar el merito de la Leccion critica, en defensa de Cervantes por Don *Placido Guerrero*" (Madrid 1785, 18., S. 30 fg.), und endlich „Reflexiones sobre la Leccion critica por Tome Cecial, ec. las publica Don *J. P. Forner*" (Madrid 1786, 18., S. 107—23).

Seite 505. Anmerkung 1.

Die *Novelas* haben mit Ausnahme des Don Quixote unter allen Werken des Cervantes den meisten Erfolg gehabt.

Seite 505. Anmerkung 2.

Dubin ließ den Curioso impertinente, ohne den Namen des Verfassers anzugeben, am Ende eines Bandes drucken, der den Titel führt: Silva curiosa de Julian de Medrano, cavallero Navarro, ec. corregida en esta nueva edicion, ec. por *Cesar Oudin* (Paris 1608, 328 Seiten).

Seite 505. Anmerkung zu Zeile 10 von oben.

In der Vorrede bemerkt Cervantes, daß diese Erzählungen die ältesten spanischen seien: — „Yo soy el primero que he novelado en lengua castellana, — und er erklärt diese Behauptung, indem er anführt, daß seine Vorgänger in dieser Gattung des Schriftenthums ihre Dichtungen fremden Sprachen entlehnt hätten. Dies ist richtig in Hinsicht auf Timoneda, aber dem Conde Lucanor gegenüber falsch. Ich denke indessen, daß er bei dieser Behauptung die „Novelas" im Auge hatte, die damals in die Mode kamen und aus dem Italienischen entnommen wurden.

Seite 509. Anmerkung 1.

Die „Viage al Parnaso" hatte keinen Erfolg. Mit Ausnahme einer mailänder Ausgabe von 1624, die ich nur durch die Anführung bei Nic. Antonio kenne, erschien, soviel ich weiß, keine nach der ersten bis 1736.

[Eine französische Uebersetzung von Guardia erschien 1864 zu Paris mit einer ausführlichen Biographie des Cervantes und einem literarhistorischen Commentar über die im Gedicht Genannten. W.]

Seite 514. Anmerkung 1.

Die Bemerkungen Nasarre's über das ältere spanische Theater in seiner Vorrede zu Cervantes und desgleichen seine Bemerkungen über das gleichzeitige englische Theater zeigen deutlich genug, daß er der französirenden Schule des 18. Jahrhunderts in Spanien angehörte und wenig Verdienstliches in dem ältern spanischen Drama sah, und lassen keinen Zweifel übrig, daß seine Kenntniß des ganzen Gegenstandes unbedeutend und sein Geschmack möglichst schlecht war.

Seite 516. Anmerkung zu Zeile 12 von unten.

„Who, to be sure of Paradise,
Dying put on the weeds of Dominic,
Or in Franciscan think to pass disguised."

Juan Baldés theilte, vorausgesetzt, daß er der Verfasser des bemerkenswerthen „Dialogo de Mercurio y Caron" ist (erschien um 1530, s. o. S. 426, Anm. 4 der vorhergehenden Seite), in diesem Punkte Milton's Ansichten, die viel vernünftiger als die des Cervantes waren; denn er läßt seinen frommen Ehemann dem Charon erzählen, daß er, als seine Freunde von ihm, da er auf dem Todtenbette lag, verlangten, er möge das Kleid des heil. Franciscus anziehen, ihnen geantwortet habe: „Hermanos, ya sabeis, quanto me guardé siempre de engañar á ninguno; para qué quereis que me ponga ahora en engañar á Dios?" Ed. *Wiffen*, 1850, S. 172.

Seite 518. Anmerkung 1.

Andere sind ihm zugeschrieben worden. Ueber den „Buscapié" siehe den Appendix, über zwei apokryphe Kapitel des Don Quixote vgl. man die Anmerkung zu diesem Kapitel. Zu diesen Schriften gehört auch ein Brief über ein Volksfest, der zum Theil im 20. Bande der Biblioteca de Autores españoles, 1851, S. 27, abgedruckt worden ist.

Seite 518. Anmerkung 2.

Die früheste mir bekannt gewordene Uebersetzung des Persiles und Sigismunda ist die französische von François de Rosset (Paris 1618),

die beste ist aber eine ohne Nennung des Uebersetzers im reinsten Englisch erschienene (London 1854), die von Fräulein L. D. Stanley herrühren soll. Ich besitze auch eine italienische von Francesco Ella, die
1626 in Venedig gedruckt wurde.

Seite 520. Anmerkung 1.

Persiles und Sigismunda hatte schließlich den größten unmittelbaren
Erfolg von allen Werken des Cervantes. Acht Ausgaben dieses Romans
erschienen in zwei Jahren, und er wurde zwischen 1618 und 1626 ins
Italienische, Englische und Französische übersetzt.

Seite 522, Zeile 6 von oben lautet nun:

unter andern Fernandez de Oviedo, der ehrwürdige Luis de Granada,
Luis Vives, der große Gelehrte, und Malon de Chaide.

Seite 522. Anmerkung 2.

Siehe Oviedo, Hist. general y natural de las Indias, ed. *Rios*,
1851, I, xxix. *J. P. Forner*, Reflexiones etc., 1786, S. 32—35.
Alle vier sind stark in ihrem Tadel; ihnen kann man noch den Juan
Sanchez Valdes de la Plata anreihen, der im Prólogo zu seiner „Chronica del Hombre" (1595, Fol.) — einem Buche, vollgepfropft mit un-
verdauter Gelehrsamkeit über die Bestimmung des Menschen, seine Kräfte
und Erfindungen — sagt, daß „junge Männer und Mädchen und selbst
Leute von reifem Alter und Stande ihre Zeit mit dem Lesen von Büchern vergeuden, die man mit Recht Predigten des Satans nennen kann,
so voll sind sie mit entnervenden Eitelkeiten und Wappenspielereien der
Ritter Amadise und Esplandiane und der übrigen ihrer Schar, aus denen sie keinen andern Nutzen oder Lehre gewinnen, als daß sie ihre Gedanken zum Wohnplatz von Lügen und eiteln Phantasien machen, wonach
der Teufel mit aller Macht strebt".

Seite 523. Anmerkung 4. Zeile 2 von unten.

Und noch besser aus dem von Gayangos dem vierzigsten Bande von
Ribadeneyra's Biblioteca (1857) vorausgeschickten Katalog.

Seite 525. Anmerkung 1.

Es verdient vielleicht erwähnt zu werden, daß Pope, wo er in seinem „Essay on criticism" (267: „Once on a time La Mancha's
knight, they say" etc.) eine Geschichte von Don Quixote erzählt, diese
nicht dem Werke des Cervantes, sondern dem des Avellaneda und zwar
dem Avellaneda in dem *Rifacimento* des Le Sage, Buch III, Kap. 29
entnommen hat. Personen, die ihren Cervantes genau kennen, sind häufig
ärgerlich, daß sie sich an diese Stelle nicht erinnern, indem sie überzeugt
sind, daß sie aus seinem Don Quixote entnommen sein muß.

Seite 525. Anmerkung 2.

Germond de Lavigne hat eine viel bessere Uebersetzung als Le Sage
geliefert; dieselbe enthält auch eine scharfsinnige Vorrede und Anmerkungen, die zum Theil eine Rehabilitirung des Avellaneda bezwecken.

Bruder Luis de Aliaga war einige Zeit Generalinquisitor und eine Person von großer politischer Bedeutung; er resignirte aber auf seinen Posten oder fiel während der Regierung Philipp's IV. in Ungnade und starb bald darauf am 3. December 1626 im Exil. Er figurirt in des Quevedo „Grandes Anales de Quince Dias". Ausführliche Nachrichten über ihn findet man in der Revista de ciencias etc. (Sevilla 1856, III, 6, 74 fg.). Siehe auch Latassa, Bibl. nova, III, 376.

Seite 527. Anmerkung zu Zeile 23 von oben.

Es ist eine der boshaften Bemerkungen des Baccalaureus Samson Carrasco, Thl. II, Kap. 4.

Seite 528. Anmerkung zu Zeile 19 von unten.

Wordsworth sagt in seinem „Prelude", Buch V, sehr treffend von Don Quixote:

> Nor have I pitied him, but rather felt
> Reverence was due to a being thus employed;
> And thought that, in the blind and awful lair
> Of such a madness, reason did lie couched.

Seite 528. Anmerkung zu Zeile 12 von unten.

Quevedo verspottete 1626 in seinem „Cuento de Cuentos" den übermäßigen Gebrauch der Sprichwörter, richtete indessen seine Satire, wie ich denke, nicht gegen den Don Quixote, sondern vielmehr gerade so wie Cervantes gegen die absurde Mode jener Zeit. Eine rohe Antwort darauf, „Venganza de la lengua castellana", die dem Fr. Luis de Aliaga zugeschrieben wird und, wie ich glaube, im nämlichen Jahre gedruckt wurde, steht im sechsten Bande des Semanario erudito, S. 264.

Seite 529. Anmerkung zu Zeile 13 von oben.

Ich meine damit, daß nach meinem Dafürhalten Tausende von Personen in der ganzen Welt den Don Quixote und seinen Knappen kennen und von Donquixoterie, von dem drolligen Sancho u. s. w. reden, die doch nie den Roman des Cervantes gelesen haben, noch auch irgendetwas von demselben wissen. Eine ganz verschiedene Wirkung, die der Tage des griechischen Enthusiasmus würdig ist, erwähnt Rocca in den „Memoirs of the war of the French in Spain" (London 1816, S. 110). Er erzählt, daß, als die Abtheilung der französischen Truppen, der er angehörte, in Toboso eingerückt sei, das, wie er hinzufügt, vollkommen der Beschreibung des Cervantes entsprach, die Truppen sich so sehr an den Erinnerungen an die Dulcinea und den Don Quixote ergötzten, die dieser Ort wach rief, daß sie sich rasch auf guten Fuß mit den Bewohnern desselben stellten; so wurde Cervantes ein Band guter Kameradschaft, das nicht nur die Dörfler von der Flucht abhielt, die sie sonst gewöhnlich in ähnlichen Fällen ergriffen, sondern das auch die Soldaten dahin brachte, sie und ihre Behausungen mit ungewöhnlicher Achtung zu behandeln.

Seite 530. Zusatz zu Anmerkung 1.

Clemencin scheint indessen manchmal gewillt zu sein, die gelehrte Lektüre des Cervantes weiter als nothwendig auszudehnen. So glaubt er (Don Quixote, III, 132), daß die Rede des Ritters über Waffen und Wissenschaften (Thl. III, Kap. 37 und 38) sich auf eine unbedeutende lateinische Abhandlung über denselben Gegenstand, die 1549 gedruckt wurde, gründen möge. Es scheint unnöthig zu sein, eine besondere Quelle für einen besonders einem Spanier der damaligen Zeit sich so von selbst darbietenden Gegenstand aufzusuchen; sollte es sich aber schon der Mühe verlohnen, dies zu thun, so ließe sich eine nähere und viel wahrscheinlichere in der Widmung der „Flores de Seneca traducidas por *Juan Cordero*" (Antwerpen 1555, 12.) finden; dieser Cordero war, wie wir aus Ximenez und Fuster ersehen, eine zu seiner Zeit sehr ausgezeichnete und hochgeehrte Person.

Eine Antwort auf Conde's „Carta en Castellano" erschien unter dem Titel: „Respuesta á la Carta en Castellano etc. por Don *Juan Franc. Perez de Cacegas*" (Madrid 1800, 18., 60 S.). Sie war, wie ich meine, kaum nothwendig, und der Ton derselben ist nicht besser, als der solcher Streitschriften der Spanier gewöhnlich zu sein pflegt. Einige Angriffe auf die Anmerkungen Pellicer's zum Don Quixote sind aber wohl verdient.

[Ueber den Don Quixote des Cervantes vergleiche man auch:

Guardia, Cervantes et D. Quijote, articles dans la *Revue de l'instruction publique* (Octobre 1861).

Montégut, Emile, Caractère historique et moral du *D. Quijote* in der Revue des deux Mondes, Mars 1864, 2. période, Tom. 50, p. 170 fg.

Etude médico-psychologique sur l'histoire de *D. Quijote*, par le Dr. *Morejon* (aus dessen Historia bibliógrafica de la medicina española), trad. et annotée par le Dr. *J. M. Guardia* (Paris 1858, Baillière et fils).

Calderon, Juan, Cervantes vindicado en ciento y quince pasages del testo del ingenioso hidalgo Don Quijote de la Mancha, que no han entendido, ó que han entendido mal algunos de sus comentadores ó criticos (Madrid 1854).

La Estafeta de Urganda, ó Aviso de Cid Asam-Ouzad Benenjeli sobre el desencanto del Quijote. Escrito por *Nicolas Diaz Benjumea* (London 1861, 12.).

El Quijote y la Estafeta de Urganda, por D. *Franc. Maria Tubino* (Sevilla und Madrid 1862).

Ueber Avellaneda's zweiten Theil des *Don Quijote* vergleiche:

Lavigne, G. de, Les deux Don Quichotte, étude critique (Paris 1852). Lavigne hält Bartolomé Leonardo de Argensola für den Verfasser der Fortsetzung und sucht dieselbe gegen die Angriffe des Cervantes und seiner Bewunderer zu vertheidigen.

Lavigne's französische Uebersetzung des Avellaneda erschien in Paris 1853, in einem Octavbande. Avellaneda's Fortsetzung ist nun nach der ersten Ausgabe im 18. Bande der *Biblioteca de Autores españoles* wieder abgedruckt. Ueber den Verfasser dieser Fortsetzung siehe außer dem, was in der Vorrede zu dieser Ausgabe (S. xii) enthalten ist, die (Carta) Al Sr. Aureliano Fernandez Guerra y Orbe, por D. *Justo de Sancha* (sobre el autor tordesillesco del Don Quijote, wofür er unbezweifelt den Beichtvater Luis de Aliaga hält und sich auf des Cervantes selbst dafür zeugende Anspielungen beruft, im D. Q., Thl. 2, Kap. 61 und 70), im *Semanario pint.*, 1854, S. 226. W.]

. [Zu Abschnitt 13 vgl. auch:
Lewes, G. H. The spanish Drama. *Lope de Vega* and *Calderon* (London 1846).

Lafond, *Ernest*, Étude sur *Lope de Vega* (Paris 1857) (vgl. *Revue esp.-portug.* etc., 1. année, 15. livr., Sept. 1857, IV, 398 fg.). W.]

Seite 537. Anmerkung 2. Zu Zeile 11 von unten nach „dexé el Alva".

Und in den Eingangsworten der Widmung seines „Domine Lucas", wo er sagt: „Sirviendo al excelentisimo Don Antonio de Toledo y Beamonte, Duque de Alva, en la edad que pude escribir:
La verde primavera
De mis floridos años.
Comedias 1621, XVII, 137 b."

Seite 539. Zusatz zu Anmerkung 2,

Aber dieser ganze Abschnitt von Lope's Leben ist dunkel. Ein Brief, den er 1598 an den König richtete, wirft indessen einiges Licht auf denselben; ich erhielt eine Abschrift dieses Briefs durch die Güte des letzten Lord Holland, an dessen Vater, den Biographen Lope's, sie vor vielen Jahren durch Don Martin Fernandez de Navarrete gesendet worden war. Da dieser Brief wichtig und, wie ich glaube, noch unveröffentlicht ist, so will ich ihn ganz hersetzen. Er scheint von der *Villa* Madrid aus geschrieben zu sein.

„Señor, Lope de Vega Carpio, vecino de esta villa dice: Que V. M. le ha hecho merced de alzarle lo que le faltaba de cumplir de diez años de destierro en que fue condenado por los Alcaldes de Corte deste reyno, los dos que cumplió y los ocho della y cinco leguas, porque se le opusó haber hecho ciertas sátiras contra Geronimo Velasquez, autor de comedias, y otras personas de su casa, y porque durante dicho destierro á cosas forzosas que se le ofrecieron entró en esta corte y otras partes en quebrantamiento del; — suplica le haga merced de remitirle las penas que por ello incurrió!"

. Nachstehende Anmerkung ist in Navarrete's wohl bekannter Schrift: „Me. lo envió de Simancas el Sr. D. Tomas Gonzalez encargado del arreglo de aquel archivo nacional. Martin Fernandez de Navarrete." Das Rubrum des Briefs lautet: „Carta de Lope de Vega al Rey pidiendo le haga la gracia de remitir las penas incurridas por el, año 1598."

Aus diesem Briefe geht hervor, daß die Ursache von Lope's Exil, wie er dessen selbst geständig ist, seine Satiren gegen *Geronimo Velasquez*, autor de comedias, und andere Personen seiner Familie waren, — daß er die Bedingungen desselben gebrochen hatte, indem er sich innerhalb fünf Meilen vom Hoflager begab, was ihm verboten war, — und daß er nun um Nachlaß der Strafe bat, die er sich dadurch zugezogen habe, nachdem ihm schon der noch nicht verstrichene Theil seines Exils nachgesehen worden war. Nun kommt ein gewisser Belazquez in C. Pellicer's „Origen de la comedia" etc. (Madrid 1804, II, 141) vor, der ganz der Schilderung, die Montalvan und Lope von dem fraglichen „Autor de comedias" gegeben haben, entspricht, und Pellicer hat einen Theil einer volksthümlichen Satire auf ihn mitgetheilt, von der es nicht unmöglich ist, daß sie dieselbe sei, wegen der Lope verbannt wurde. Pellicer vermuthete indessen weder den ausgezeichneten Ursprung der von ihm citirten Verse, noch wußte er den Vornamen des Velazquez.

Seite 540. Zeile 9 von oben.

Baltasar Elisio de Medinilla, dessen gewaltsamer Tod von Lope de Vega in einer Elegie im ersten Bande seiner Werke betrauert wird, schrieb ein Gedicht unter dem Titel: „Limpia concepcion de la Virgen Nuestra Señora" (Madrid 1617, 89 S., 12.), — die Frucht, wie er uns sagt, einer siebenjährigen Arbeit und von ihm in seinem 32. Jahre veröffentlicht. Lope sagt davon in einigen diesem Gedicht vorgesetzten Versen:

Letor no ay silaba aqui
Que de oro puro no sea etc.

Es ist aber trotzdem ein langweiliges Gedicht, das in fünf Bücher und ungefähr 500 Stanzen in Octaven eingetheilt ist; es beginnt mit den Gebeten Joachim's um Nachkommenschaft und endet mit der geheimnißvollen Empfängniß. Der in Spanien stets populäre Stoff mag demselben größere Berücksichtigung erworben haben, als es verdient; es wurde aber nie wiederabgedruckt.

Seite 543. Anmerkung 5.

Navarrete, Vida de Cervantes, 1819, S. 468.

Seite 543. Anmerkung zu Zeile 7 von unten.

In Beziehung auf Lope's priesterlichen Stand und sein eheliches Leben herrscht einige Unklarheit. Wenn er 1609 die Tonsur empfing, so konnte er natürlicherweise im Jahre 1611 nicht als verheiratheter Mann leben, und doch theilt uns Schack (Nachträge, S. 31) folgende Stelle aus einem autographen Briefe des Lope mit, der aus Madrid am 6. Juli 1611 datirt ist und unter den Papieren seines großen Beschützers und Testamentexecutors, des Herzogs von Sessa, gefunden wurde: „Aqui paso, Señor excelentisimo, mi vida con este mal importuno de mi mujer, egercitando actos de paciencia, que si fuesen voluntarios como precisos no fuera aqui su penitencia menos que principio del purgatorio." — In einem andern Briefe vom 7. September 1611 sagt er, daß er nun beſſer mit ſeinem Weibe Juana auskomme. Sind dieſe Daten richtig, ſo muß die Berechnung von Pellicer und Navarrete irrig ſein, und Lope konnte nicht vor 1611 oder 1612 in den Prieſterſtand getreten ſein; er ſcheint aber durch ſeine Liaiſon mit Maria de Luxan in den Jahren 1605—6 hinreichenden Grund zu ſolchen Familienzer= würfniſſen gegeben zu haben, wie ſie dieſe Briefe andeuten. Die „Bru= derſchaft" verpflichtete nicht zum Cölibat.

Seite 544. Anmerkung 1. Zuſatz.

Lope hatte ſchon in ſeinem „Peregrino en su patria" (1604) der Inquiſition ſeine Huldigung dargebracht, indem er ſie „Esta santa y venerable inquisicion" etc. (Buch 2) nannte.

Lope nennt ſich auch manchmal ſelbſt *frey* auf den Titeln ſeiner Werke. Dies iſt indeſſen, wie nicht überſehen werden darf, eine von *fray* verſchiedene Benennung, obwol beide von dem lateiniſchen *frater* abſtammen. Denn mit *fray* bezeichnet man einen Mönch und im ge= wöhnlichen Sprachgebrauch einen Mönch von irgendeinem Bettlerorden; *frey* hingegen iſt ein geiſtliches oder weltliches Mitglied von einem der großen ſpaniſchen geiſtlichen Ritterorden. So war Lope de Vega „*frey* del orden de Malta" — was keine kleine Auszeichnung war —, und Juan de la Cruz war „*fray* descalzo de la reforma de Nuestra Señora del carmen" — einem ſtrengen Mönchsorden.

Seite 544. Zeile 15 von unten.

Er war von ſehr früher Zeit her in ſeiner Heimat, in Madrid, hochgeehrt und blieb es immerfort; — ſein niederer Urſprung und ſanf= ter Charakter trugen ohne Zweifel zu ſeiner Popularität bei. Ein Ge= dicht, das auffordert, ſeine Fürſprache zu erbitten bei Gelegenheit einer großen Dürre in Madrid im Jahre 1779, theilt eine Liſte der Könige mit, die ihre Verehrung dem armen Landmanne bezeigten, und unter die= ſen kommen der heil. Ferdinand und Alfons der Weiſe vor. Elogio á San Isidro, Labrador, Patron de Madrid, por D. *Jouchin Ezquerra* (Madrid 1779, 18., 14 S.).

Seite 545. Anmerkung zu Zeile 12 von unten.

Die drei Engel, die zu Abraham kamen, werden oft von den ältern Theologen, wie hier von Lope, ſo aufgefaßt, daß ſie die Dreieinigkeit ſymboliſch bedeuten ſollen. Navarrete — der mehr unter dem Namen El Mudo oder der ſtumme Maler bekannt iſt — verſuchte ihnen die= ſen Ausdruck auf der Leinwand zu geben. Stirling's Artists in Spain (1848, I, 255).

Seite 548. Anmerkung 2.

Dieſelbe Romanze kommt in dem „Entremes de los Romances" in dem ſehr ſeltenen und merkwürdigen dritten Bande der Stücke Lope's vor, der den Titel führt: Parte tercera de las comedias de Lope de Vega y otros autores ec. (Barcelona 1614); von den zwölf Stücken deſſelben rühren indeſſen nur drei von Lope her. Ich fand dieſen Band in der Bibliothek des Vaticans, in welcher sich mehr alte spanische Bücher befinden, als man gewöhnlich annimmt.

Seite 549. Anmerkung 1.

Pacheco nennt in einer 1609, fünf Jahre nach dem Erscheinen der Dragontea gedruckten Notiz über Lope dieselbe „el mas ignorado de sus libros" (Obras sueltas, XIV, XXXII).

Seite 550. Anmerkung 5 der vorhergehenden Seite.

Richard's deutsche Uebersetzung ist sehr abgekürzt; in derselben sind die Gedichte und Dramen weggeblieben.

Seite 551. Anmerkung 1.

Er legte immer einen großen Werth auf dasselbe. Vor dessen Veröffentlichung, als sein Druck aber schon nahe bevorstand, sagte er in einem vom 3. September 1609 datirten Briefe an den Herzog von Sessa: „Ich schrieb es in meinen besten Jahren und verfolgte dabei einen von den übrigen Arbeiten meiner Jugend, wo die Leidenschaften noch so große Macht ausübten, verschiedenen Zweck." (Siehe Schack, Nachträge, 1854, S. 33.)

Seite 655. Anmerkung 3.

In einem andern satirischen Werke (La estafeta del Dios Momo, 1627), das eine Sammlung von Briefen ist, worin die Thorheiten der Zeit und verschiedene Arten Thoren gegeißelt werden, spricht Barbadillo im 17. Briefe von einem Schuster, der einen Wettstreit ausschrieb und Preise für denselben anbot.

Seite 559. Anmerkung 1.

In der Dorotea steht auch ein Sonett, in welchem der Cultismo verspottet wird, das einer Erwähnung werth ist; es fängt so an: „Pululando de culto, Claudio amigo."

Seite 560. Anmerkung 1.

Es gereicht dem Cerdá y Rico zur Ehre, daß er bei Veröffentlichung dieser Novellen des Lope de Vega sich dahin aussprach, die besten in spanischer Sprache seien die des Cervantes, und Lope sei nur in dem Maße glücklich, als er sich an dieselben anschließe (Bd. 8, Prologo, VI).

Seite 562. Anmerkung zu Zeile 12 von unten.

(. . . 7000 unregelmäßige Verse.) Im 38. Bande (1856) der Biblioteca de Autores españoles befindet sich ein Verzeichniß aller von Lope in seinem „Laurel de Apolo" erwähnten Schriftsteller mit bibliographischen Notizen über ihre Werke, die oft werthvoll sind. Der Band selbst, der eine Auswahl der von Cerdá y Rico in 21 Bänden veröffentlichten Obras sueltas des Lope enthält, ist von Don Cayetano Rosell mit Sorgfalt zusammengestellt.

Seite 563. Anmerkung 2.

Die nämliche Erklärung der Hypochondrie kommt in der letzten Jor-

nada von Calderon's „Medico de su honra" vor. Jacinta fragt da=
felbſt: „Que es hipocondria?" worauf Coquin erwidert:

Es una enfermedad que no la habia,
Habrá dos años, ni en el mundo era.

Hartzenbuſch ſeßt dieſes Stüď in das Jahr 1635, das Todesjahr des
Lope, wofür er anſcheinend gute Gründe anführt. Die beiden Erflärun=
gen der Hypochondrie ſtimmen alſo ganz überein.

Seite 564. Anmerkung zu Zeile 9 von unten.

(. . . ſeinen Stand ziemte.) Siehe Lope's merkwürdige Widmung ſei=
ner „Comedias" (9. Bd., 1618) an den Herzog von Seſſa. Der Marquis
von Pidal, der ein freigebiger Unterſtüßer der ſpaniſchen Literatur und
einer der ausgezeichnetſten Kenner der ältern Literatur ſeines Landes iſt,
ſoll dem Vernehmen nach eine bedeutende Anzahl von Briefen des Lope
an den Herzog von Seſſa, den er unter dem Namen Lucindo anredet,
beſißen; hoffentlich werden dieſelben gedruckt werden.

Seite 564. Anmerkung zu Zeile 8 von unten.

(. . . Volksmenge war unermeßlich.) In der Vorrede der „Fama immortal del fenix de Europa" etc. von Juan de la Peña (Madrid
1635, 12., 16 Bll.), einer der zahlreichen Schriften, die alsbald nach
Lope's Tod erſchienen, leſen wir, daß „el concurso de gente que acu-
dió á su casa á verle y al entierro fue el mayor que se ha visto".

Seite 565. Anmerkung 1. Zuſaß zum Ende.

Lope's Teſtament iſt, ſoviel ich weiß, nie veröffentlicht worden, ob=
wol ich einen Auszug aus demſelben geſehen habe. Durch die Güte des
leßten Lord Holland gelangte ich indeſſen in den Beſiß einer Abſchrift
deſſelben, die Navarrete an ſeinen Vater, den Verfaſſer von Lope's Lebens=
beſchreibung, geſendet hatte. Navarrete bemerkt, daß er das Teſtament
in dem „Archivo de escrituras de Madrid" bei Gelegenheit, als er den
leßten Willen des Cervantes ſuchte, gefunden habe. Ich will dieſes
merkwürdige und wichtige Document hier ganz herſeßen.

TESTAMENTO DE LOPE DE VEGA.

„En el nombre de Dios nuestro Señor, amen. Sepan los que
vieren esta escritura de testamento y última voluntad, como yo
Frey Lope Félix de Vega Carpio, Presbitero de la sagrada religion
de San Juan, estando enfermo en la cama de enfermedad que Dios
nuestro Señor fué servido de me dar, y en mi memoria, juicio y
entendimiento natural, creyendo y confesando, como verdaderamente
creo y confieso, el misterio de la Ssma. Trinidad, Padre, Hijo y
Espíritu Santo, que son tres personas y un solo Dios verdadero,
y lo demas que cree y enseña la Santa Madre Iglesia Católica Ro-
mana, y en esta fe me huëlgo haber vivido y protesto vivir y morir: y con esta invocacion divina otorgo mi testamento, desapropiamiento y declaracion en la forma siguiente.

„Lo primero, encomiendo mi alma á Dios nuestro Señor que la hizo y crió á su imagen y semejanza y la redimió por su preciosa sangre, al qual suplico la perdone y lleve á su santa gloria, para lo qual pongo por mi intercesora á la Sacratísima Virgen Maria, concebida sin pecado original, y á todos los Santos y Santas de la corte del cielo; y defunto mi cuerpo sea restituido á la tierra de que fué formado.

„Difunto mi cuerpo, sea vestido con las insignias de la dicha religion de San Juan, y sea depositado en la iglesia y lugar que ordenara el exîmo. sr. Duque de Sessa mi señor; y paguese los derechos.

„El die de mi entierro, si fuere hora y si no otro siguiente, se diga por mi alma misa cantada de cuerpo presente en la forma que se acostumbra con los demas religiosos; y en quanto al acompañamiento de mi entierro, honras, novenario y demas exêquias y misas de alma y rezadas que por mi alma se han de decir, lo dexo al parecer de mis albaceas, ó de la persona que legitimamente le tocare esta disposicion.

„Declaro que, antes de ser sacerdote y religioso, fui casado segun órden de la Santa Madre Iglesia con Dª. Juana de Guardio, hija de Antonio de Guardio y Dª. Maria de Collántes, su muger, difuntos, vecinos que fueron desta villa, y la dha. mi muger traxó por dote suyo á mi poder viente y dos mil trescientos y ochenta y dos rs. de plata doble, é yo la hice de arras quinientos ducados, de que otorgué escritura ante Juan de Piña, y dellos soy deudor á Dª. Feliciana Félix del Carpio, mi hija única y de la dicha de mi muger, á quien mando se paguen y restituyan de lo mejor de mi hacienda con las ganancias que le tocare.

„Declaro que la dicha Dª. Feliciana, mi hija, está casada con Luis de Usátegui, vecino de esta villa, y al tiempo que se trató el dicho casamiento le ofreci cinco mil ducados de dote, comprehendiéndos e en ellos lo que á la dicha mi hija le tocare de sus abuelos maternos, y dellos otorgo scriptura ante el dho. Juan de Piña, á que me remito, y respecto de haber estado y alcanzado no he pagado ni satisfecho por cuento de la dicha dote mrs. ni otra cosa alguna, aunque he cobrado de la herencia del otro mi suegro algunas cantidades, como parecerá de las cartas de pago que he dado: mando se les paguen los dhos. cinco mil ducados.

„A las mandas forzosas si algun derecho tienen, les mando quatro rs.

„A los lugares santos de Jerusalem mando veinte rs.

„Para casamiento de doncellas güérfanas un real = y para ayuda de la beatificacion de la Beata Maria de la Cabeza otro real.

„Y para cumplir y pagar este mi testamento y declaracion, nombro por mis albaceas á el dho. exîmo. sr. Duque de Sessa, Dn. Luis Fernandez de Cordoba, y Luis de Usátegui, mi yerno, y á

qualquiera de los dos in sólidum, á los quales con esta facultad
doy poder para que luego que yo fallezca vendan de mis bienes
los necesarios, y cumplan este testamento, y les dure el tiempo
necesario aunque sea pasado el año del albaceazgo.

„Declaro que el Rey nuestro señor (Dios le gûe.) usando de
su benignidad y largueza, ha muchos años que en remuneracion de
el mucho afecto y voluntad con que le he servido, me ofreció dar
un oficio para la persona que casase con la dha. mi hija, conforme
á la calidad de la dha. persona, y porque con esta esperanza tuvo
efecto el dho. matrimonio, y el dho. Luis de Usátegui, mi yerno, es
hombre principal y noble, y está muy alcanzado, suplico á S. M.
con toda humildad y al eximo. sr. Conde Duque en atencion de lo
referido honre al dho. mi yerno, haciendole merced, como lo fio de
su grandeça.

„Cóbrese todo lo que pareciere me deben, y páguese lo que
legitimamente pareciere que yo debo.

„Y cumplido, en el remanente de todos mis bienes, derechos
y acciones, nombro por mi heredera universal á la dha. Dª. Feliciana Felix del Carpio, mi hija única; y en quanto á los que pue-
den tocar á la dha. sagrada religion de San Juan tambien cum-
pliendo con los estatutos della nombro á la dha. sagrada religion
para que cada uno lleve lo que le perteneciere.

„Revoco y doy por ningunos y de ningun efecto todos y qua-
lesquier testamentos, cobdicilos, desapropiamientos, mandas, legados
y poderes para testar que ántes de este haya fecho y otorgado por
escrito, de palabra, ó en otra qualquier manera que no valgaran,
ne hagan fe, en juicio ni fuera dél, salvo este que es mi testamento,
declaracion y desapropiamiento, en qual quiere y manda se guarde
y cumpla por tal, ó como mejor haya lugar de derecho. Y lo
otorgo ansi ante el presente escribano del número y testigos de
yuso escritos en la villa de Madrid á veinte y seis dias del mes de
Agosto año de mil y seis cientos y treinta y cinco; é yo el dho.
escribano doy fe conozco al dho. señor otorgante, el qual pareció
estaba en su juicio y entendimiento natural, y lo firmó: testigos el
Dr. Felipe de Vergara medico, y Juan de Prado, platero de oro,
y el licenciado, Josef Ortiz de Villena, presbitero, y D. Juan de
Solis y Diego de Logroño, residentes en esta corte, y tambien lo
firmaron tres de los testigos. — F. Lope Felix de Vega Carpio —
El Dr. Felipe de Vergara Testigo — D. Juan de Solis — El licdo.
Josef Ortiz de Villena — Ante mi: Francisco de Moráles."

Seite 572. Anmerkung 2.

Miñana berichtet nicht, in welchem Stücke Lope die Rolle des Hans-
wurſts geſpielt hat. Ich vermuthe indeſſen, daß dies in der Moralität
des verlorenen Sohns ſtattfand, welche im vierten Buche von Lope's
„Peregrino en su patria" vorkommt. Obwol daſelbſt angegeben wird,

sie sei in Perpignan aufgeführt worden, so scheint doch aus einer Stelle (Bl. 211, Ausg. von 1604) hervorzugehen, daß dieses Stück bei der Hochzeit Philipp's III. und Margarethens von Oesterreich in Valencia 1599 aufgeführt wurde; in demselben tritt der Graciofo unter dem Namen „Belardo" auf, der damals als der Dichtername Lope's wohlbekannt war. Siehe oben Kap. XIII, S. 540, Anm. 1.

Seite 573. Anmerkung zu Zeile 9 von oben.

(1604 anfängt.) Ein sehr merkwürdiger und äußerst seltener Band erschien indessen im vorhergehenden Jahre in Madrid; ich fand ein Exemplar desselben in der Biblioteca Ambrogiana zu Mailand. Dieser Band, der Stücke von Lope enthält, führt den Titel: „Seis Comedias de Lope de Vega Carpio y de otros autores cujos nombres dellas (sic) son estos:

1. De la Destruicion de Constantinopla.
2. De la Fundacion de la Alhambra de Granada.
3. De los Amigos enojados.
4. De la Libertad de Castilla.
5. De las Hazañas del Cid.
6. Del Perseguido.

Con licencia de la Sta. Inquisicion y Ordinario. En Madrid, impreso por Pedro de Madrigal. Año 1603" (K. 4., 272 Bll.).

Alle diese sechs Stücke werden in Huerta's Catalogo als von Lope herrührend bezeichnet, keines derselben kommt aber, soviel mir bekannt ist, in dem Verzeichnisse des „Peregrino" von 1604 vor, wo Lope in der That, wie ich meine, dieselben durch eine Anspielung auf diese Sammlung, von der eine Ausgabe 1603 in Lissabon und eine andere, wie ich glaube, in Sevilla erschienen war, zu biscreditiren sucht. Das erste Stück, „La Destruicion de Constantinopla", ist ohne Zweifel nicht von ihm, sondern von Gabriel Lasso de la Vega. Andererseits kommt aber Nr. 3, „Amistad pagada", im ersten Bande von Lope's Comedias (1604) vor, und Nr. 6, „Carlos el perseguido", steht im selben Bande; Nr. 4, „La Libertad de Castilla", ist aber im 19. Bande (1626) als „El Conde Fernan Gonzalez" enthalten. Diese drei Stücke sind daher von Lope. Da ich nicht Zeit hatte, sie zu lesen, mußte ich mich mit einem raschen Durchfliegen begnügen. Das erste Stück, das von Gabriel Lasso de la Vega und von geringem Umfange ist, schien mir in dem rohen Bühnenstil geschrieben zu sein, der zur Zeit herrschend war, als Lope sich der Bühne bemächtigte; es kommen allegorische Personen, Tod, Zwietracht u. s. w., in diesem Stück vor. Das sechste und dritte Stück sind dagegen in Lope's letzter Manier, wenigstens weit mehr als die andern. Es darf nicht unerwähnt bleiben, daß das dritte Stück in dem Bande durch ein Versehen als das fünfte eingereiht ist und so vice versa; von dem vierten heißt es, es sei in „lengua antigua" geschrieben. Das fünfte behandelt den Tod des Cid und die Einnahme von Valencia, es hat über 50 „figuras".

Seite 573. Anmerkung zu Zeile 16 von oben.

Die Beschreibung einer angeblichen Aufführung eines Volksstücks in einer kleinen Stadt Castiliens gerade um diese Zeit — 1595 — findet man in „Ni Rey ni Roque" (einer *Novela* von Don Patricio de la Escosura, 1835, Bd. 1, Kap. 4); sie ist lesenswerth, da sie zeigt, wie roh diese Dinge damals betrieben wurden, oder wie man wenigstens glaubt, daß sie betrieben wurden.

Seite 574. Anmerkung 1. Zeile 2.

Wir besitzen keine Stücke von ihm, die einer frühern Zeit als 1593 —94 angehörten (Schack's Nachträge, 1854, S. 45) und wissen nicht, daß Stücke von ihm mit seiner Einwilligung früher gedruckt worden seien als der Band, der als Novena Parte (Madrid 1617) erschien. Dennoch gibt er in der Vorrede zu seinem 1603 mit Druckerlaubniß versehenen „Peregrino en su patria" ein Verzeichniß von 219 Schau= spielen, welche er anerkennt und als die seinigen beansprucht, und in derselben Vorrede aber (ich besitze das Buch) gibt er ihre Anzahl auf 230 an. In der Ausgabe von 1733, die ich ebenfalls besitze, wird diese Zahl auf 349 vermehrt; in den Obras sueltas (1776, Bd. 5) wird sie aber auf 339 herabgemindert, wobei vielleicht der Angabe der Ausgabe von 1605 gefolgt wurde. Alle diese Angaben haben aber, wie ich meine, mit Ausnahme der ersten geringe Glaubwürdigkeit, und es dürfte schwer fallen, genügende Gründe aufzufinden, zufolge deren einige jener Stücke Lope zugeschrieben werden könnten, deren Titel in den spätern Ausgaben hinzugefügt werden, obwol es nicht unwahrscheinlich ist, daß uns einige derselben unter andern Namen bekannt sein mögen.

Seite 574. Anmerkung 2.

Der beste Abdruck steht in der ersten Ausgabe von 1604. In der spanischen Uebersetzung dieser Geschichte (1851, II, 551, 552), in Schack's Nachträgen (1854, S. 45—50) und in den Documentos ineditos (Bd. 1) findet man die Titel einer Anzahl von Stücken Lope's, die noch in seinen eigenhändigen Handschriften vorhanden sind. Zwei derselben wenigstens sind nie veröffentlicht worden, „Brasil restituido", das die Einnahme von San=Salvador durch die Spanier 1625 zum Gegenstande hat, und „La Reina Doña Maria", das die sonderbaren Ereignisse zum Vorwurfe hat, welche die Geburt des Don Jaime el Conquistador be= gleiteten, wie man dieselben in Muntaner's Chronik nacherzählt findet. Ueber dieses letzte Stück, das sich im Besitz des Fürsten Metternich be= findet, s. einen ausführlichen Bericht Wolf's in den Sitzungsberichten der kaiserl. Akademie zu Wien vom April 1855.

Seite 575. Anmerkung 6.

Pacheco sagt in der Notiz über Lope, die vor seinem „Jerusalen" (1609) steht, daß einige seiner am meisten bewunderten Stücke in zwei Tagen geschrieben wurden. Obras sueltas (XIV, xxxii).

Seite 575. Anmerkung zu Zeile 5 von unten.

Das bei weitem schönste Exemplar von Lope de Vega's Comedias, das ich je gesehen habe, befindet sich im Besitz des Lord Taunton (vormals Right Honorable Henry Labouchere) in Stoke-Park bei London. Mit Einschluß der Vega del Parnaso von 1647 und der verschiedenen Ausgaben einzelner Bände, von denen solche existiren, besteht es aus 44 Bänden. Die Auswahl, die Hartzenbusch für die Biblioteca de Autores españoles gemacht hat und die sich in den Bänden 24, 34, 41 und 52 (in allem 112 Stücke enthaltend) dieser Sammlung befindet, ist eine gelungene, aber die Ausgabe ist nicht mit derselben Sorgfalt veranstaltet worden wie die Calderon's von derselben Hand. Warum die „Dorotea" aufgenommen wurde, ist mir nicht bekannt.

Seite 578. Anmerkung zu Zeile 16 von oben.

Diese Titel waren oft in dem alten Romanzenversmaße und wurden als eine Zeile in das Stück, gewöhnlich gegen das Ende, eingeschaltet; so z. B. „El Amete do Toledo":

Que con este se da fin
Al Amete de Toledo.

Und in dem unmittelbar darauf folgenden Stück „El Ausente en el Lugar":

El Ausente en el Lugar
Se queda en el y contento.

Comedias, 1618, Bd. 2.

Calderon und andere Dramatiker machten es ebenso.

Seite 579. Anmerkung 1.

Da oben dieses Stück wegen seiner Uebereinstimmung mit den Regeln des Aristoteles ausgezeichnet wurde, so darf nicht unerwähnt bleiben, daß es nur anderthalb Jahr vor Lope's Tode, nämlich 1634, geschrieben wurde.

Seite 582. Anmerkung 1 nach Zeile 3.

Das *Entremes* „Las Dueñas" von Benevente (Joco-Seria, 1653, Bl. 168—72) machte einen Theil dieser glänzenden Festvorstellung aus.

Zusatz zum Ende.

Eine merkwürdige englische Uebersetzung von Mendoça's Bericht befindet sich am Schlusse von Sir R. Fanshawe's Uebersetzung von Mendoça's „Querer por solo querer", 1670. Siehe weiter unten, Anm. zu Abschnitt 21.

Seite 587. Anmerkung 1.

Solche Stücke wurden auch manchmal Tragödien genannt. „Aquella donde se introduce Rey o Señor soberano es Tragedia." Siehe *Lagrimas*, Panegiricas de Montalvan, 1639, Bl. 150 b.

Seite 595. **Anmerkung zu Zeile 13 von oben.**

Gayangos behauptet, der Grund, warum die Aufführung nicht wiederholt werden durfte, sei gewesen, daß man in der Geschichte eine versteckte Anspielung auf das Schicksal des Don Carlos gesehen habe. Ich weiß nicht, worauf sich diese Behauptung gründet, die mir nicht wahrscheinlich vorkommt.

Seite 595. **Anmerkung 1. Zeile 10.**

Er behauptete, von dem Diego Perez de Vargas der Romanzen und Chroniken abzustammen, der, nachdem er seine Angriffswaffen in der Schlacht von Xerez zur Zeit Ferdinand's des Heiligen verloren hatte, einen Ast von einem Oelbaume abbrach und damit die Mauren so bearbeitete, daß er den Beinamen „Machuca" oder die Mörserkeule empfing (*Almela*, Valerio de las Hystorias Escolasticas, Toledo 1541, Bl. 15 a. — *Lope de Vega*, Laurel de Apolo, 1630, Bl. 75.)

(Zusatz zum Ende.)

Dieser Gebrauch scheint aber am Ende des 18. Jahrhunderts abgekommen zu sein. Wenigstens fragt in einem damals aufgeführten Drama, wo Umänderungen des Anfangs der Handschriften vorgeschlagen werden, jemand, ob irgendetwas mit dem Kreuze geschehen solle, worauf die Antwort erfolgt:

Esa está ya reformada;
Porque si uno escribe al diablo
No se espante de la carta.
Juzgado Casero, 1786, S. 152.

Seite 596. **Anmerkung 1.**

Die in der „Estrella de Sevilla" angeführten Oertlichkeiten, wozu auch das Haus des Bustos Tabera, des Geliebten der Estrella, gehört, werden noch in Sevilla gezeigt. Latour, Études sur l'Espagne (Paris 1855, II, 52 fg.).

Seite 598. **Anmerkung 4.**

Schließlich zeigt es sich aber, daß es von keinem dieser beiden herrührt, denn von Schack fand in der schönen Sammlung des Herzogs von Offuna in Madrid dieses selbe Stück von der Hand des Mira de Mescua geschrieben, der sich auch als Verfasser unterzeichnet. Ja, es befindet sich sogar bei diesem autographen Stück auch die eigenhändig geschriebene *Aprovacion* des Lope, die ein artiges Compliment für Mira de Mescua als den Verfasser enthält und vom Juli 1625 datirt ist (Nachträge, 1854, S. 57). Es mag dies zum Beweise der Sorglosigkeit dienen, die unter den Herausgebern spanischer Dramen im 17. Jahrhundert nichts Seltenes war.

Seite 600. **Anmerkung 1 nach Zeile 6.**

(nicht selten Lärmenschauspiele waren,) die auch *comedias de caso* oder *comedias de fabrica* genannt werden.

Seite 600. Anmerkung 2.

Lope nahm manchmal die Personen seiner Stücke aus den niedersten Kreisen, selbst Courtisanen und Schelme waren mitunter die Hauptpersonen derselben, so in dem „Anzuelo de Fenisa" (den Stoff dieses Stücks nahm er, wie ich glaube, aus dem Decamerone, VIII. Tag, 10. Erzählung), „El Rufian dichoso" und einigen andern.

Seite 602. Anmerkung 1.

Gayangos ist der Ansicht, daß der Aragonier Alfonso, dem M. Antonio diese Sage zuschreibt, kein anderer als der bekehrte Jude Pedro Alfonso sei, der im 12. Jahrhundert die „Disciplina clericalis" schrieb. Ich kann aber nicht glauben, daß diese Sage höher als in die Zeit Karl's V. hinaufreiche; wahrscheinlich ist sie nicht vor der Einnahme von Tunis, 1535, entstanden. [Siehe aber über die Donzella Teodor M. J. Müller in den Sitzungsberichten der königl. bairischen Akademie der Wissenschaften, philos.-philologische Klasse, vom 6. Juni 1863, der nachweist, daß diese Erzählung zu denen der Tausendundeinen Nacht gehört und in der konstantinopler und kalkuttaer Ausgabe derselben vorkommt und zwar u. d. T.: Tawaddud oder Teweddud, توددو, woraus verstümmelt Tudur und Teodor. W.]

Seite 603. Anmerkung 4.

In spanischen Stücken kommen häufige Anspielungen auf die Rückkehr von Renegaten aus der Berberei nach solchen Punkten der Küste ihres Heimatslandes vor, die ihnen am besten bekannt waren, und zwar zu dem Zweck, um Christen in die Sklaverei fortzuführen, und Lope de Vega beschreibt in seinem Peregrino en su patria, Libro 2., einen besondern Punkt an den Küsten von Valencia, wo solche Gewaltthaten oft vorgekommen waren. Ohne Zweifel waren sie nicht selten. Man sehe weiter unten im 25. Abschnitt über den „Redentor cautivo" des Matos Fragoso und die Anmerkung über den „Azote de su patria" des Moreto.

Seite 605. Anmerkung 1.

Sie stellt absurde Behauptungen auf, die der Bigoterie der Zeit und der Unwissenheit des Volks entsprechen, so z. B. wenn sie dem Drama das Eindringen der Ketzerei zur Last legt — el mayor mal que a una republica o reyno le puede venir — und den Erfolg von Luther's Lehren in Deutschland (Kap. 11). Ferrer war ein Jesuit.

Seite 606. Anmerkung 1.

„Nacimientos" wurden vornehmlich pantomimisch und in Privathäusern im 18. Jahrhundert und selbst noch im 19. aufgeführt. Ich besitze ein Schriftchen in Versen u. d. T.: „Disseño metrico en que se manifiesta un Nacimiento con las figuras correspondientes segun el estilo que se pratica en las casas particulares de esta corte, etc. por D. Antonio Manuel de Cardenas, Conde del Sacro Palacio" (Madrid 1766, 18.). Es ist im Romanzenstil und beschreibt ausführlich, wie sie die Jungfrau mit dem Jesuskinde aus einem Kloster, die Ochsen aus einem benachbarten Dorf entlehnten. Eine andere ähnliche Beschreibung, aber in Quintillas, führt den Titel: „Liras a la Represencacion del Drama, El Nacimiento, Pieza inedita de D. *J. B. Colomés*" (Valencia 1807, 18.).

Seite 609. Anmerkung 3.

Ich besitze es auch in den „Comedias escogidas", Tom. III, 1653, Bl. 222.

Seite 610. Anmerkung 2.

Eine solche Taufe, die man noch dazu auf die Bühne gebracht hat, klingt sehr wunderlich; aber wunderliche Dinge dieser Art entwickelten sich gelegentlich aus den intimen Verhältnissen, die häufig zwischen den christlichen Gefangenen in der Berberei und ihren ungläubigen Herren existirten. So entfloh z. B. 1646 der älteste Sohn des Bei von Tunis nach Palermo in der Absicht, zum Christenthum überzutreten, und wurde daselbst mit großen Feierlichkeiten in den Schos der Kirche aufgenommen. Siehe „Relacion de la venida a Sicilia del Principe Mamet, hijo primogenito de Amat Dey de Tunis, a volverse Christiano, por el *P. Fr. Donato Ciantar*, etc. traducida del Toscano en Español, en Sevilla, por Juan Gomez de Blas, Año de 1646" (4., 4 S.). Dieses merkwürdige Schriftchen rechtfertigt vieles im Stück des Lope, das uns unwahrscheinlich vorkommt.

Seite 610. Anmerkung 3.

Als Francisco de Borja 1625 heilig gesprochen wurde, wurden einige Tage hindurch große Festlichkeiten gefeiert und die Jesuiten, deren Orden er zur großen Zierde gereicht hatte, ließen ein Stück über sein Leben in einem Theater, das ihnen in Madrid gehörte, aufführen, bei welcher Gelegenheit Philipp IV. und die Infanten gegenwärtig waren. Wer das Stück geschrieben hat, ist mir nicht bekannt, denn der Bericht über die Festlichkeit sagt blos, vielleicht einen Scherz dabei beabsichtigend: „Por ser el *Autor* de la Compañia, la modestia le venera en silencio." Ein Maskenzug, ein dichterischer Wettstreit u. f. w. folgten, — aber alles unter kirchlichem Schutze. Elogio del S. P. Francisco de Borja, Duque de Gandia, etc. por el Dr. *Juan Antonio de Peña*, Natural de Madrid etc. (1625, 4., 6 Bll).

Seite 612. Anmerkung 2.

Ueber die ältere Geschichte der Procession und die Maschinerie der Mogigones, der Tarasca u. f. w. f. Bibliotecario (1841, Fol., S. 25—27).

Seite 614. Anmerkung 3 der vorhergehenden Seite.

Eine gute Quelle über den Zug, wie er in den Provinzen gefeiert wurde, findet sich in Ovando's poetischer Beschreibung des zu Malaga 1655 gehaltenen, wo nebst andern irreligiösen Absonderlichkeiten Zigeuner mit Tamburins in der Procession tanzten. Ocios de Castalia por *Juan de Ovando Santarem* etc. (Malaga 1663, 4., 87 Bll.).

7*

Seite 614. Zeile 12 von unten.

Von diesen sind über 30 noch vorhanden, worunter mehrere blos handschriftlich, und eine beträchtliche Anzahl wurde nur gedruckt u. s. w.

Seite 614. Zeile 8 von unten.

Selbst Lope sagte zu Montalvan auf seinem Todtenbette, er bereue es, daß er nicht sein ganzes Leben dem Schreiben von Autos und andern ähnlichen religiösen Gedichten gewidmet habe.

Seite 615. Anmerkung 1.

Mein Freund J. R. Chorley, dessen Kenntniß der spanischen Literatur und besonders alles dessen, was sich auf Lope bezieht, so umfassend und genau ist, bezweifelt, daß die Loas, die in Lope's Werken veröffentlicht worden sind, wirklich alle von ihm herrühren, und verweist mich zum Beweise dieser Behauptung auf die Vorrede zu den Comedias, Bd. 8, und auf den Prolog von Pando y Mier zu den Autos des Calderon. Ich bezweifle nicht, daß er vollkommen recht hat. Ueber die *Loas* s. weiter unten Abschnitt 26.

Seite 620. Anmerkung 1.

Die Scenerie und Maschinen waren von Cosmo Lotti, einem florentinischen Architekten, und sie setzten, wie Stirling sagt, „die höfischen Zuseher durch ihre Schönheit und Künstlichkeit in Erstaunen". Artists of Spain (1848, II, 566).

Seite 622. Anmerkung 3.

Und in der Widmung von „Lo cierto por lo dudoso" sagt er, indem er von Dramen spricht: „En España no tienen preceptos." Es scheint aber, daß, als er den 12. Band seiner Comedias 1619 veröffentlichte, er des Glaubens war, daß er nun sorgfältiger schreibe; denn er sagt, er habe dieselben nicht für die Menge geschrieben, sondern für 14 oder 15 „que tuvo en su imaginacion". Es möchte aber schwer fallen zu sagen, wie er diese Bemerkung auf „El Marques de Mantua", welches das siebente Stück des Bandes ist, oder auf das letzte, „La fuente Ovejuna", anwenden wollte.

Seite 628. Anmerkung 2.

Ein Bericht über Santa-Fé steht in Navagiero's Viaggio (1563, Bl. 18), der es 1526 besuchte; jetzt ist es sehr verfallen. Es erhielt seinen Namen, wie Havemann sagt, weil man glaubte, es sei die einzige Stadt in Spanien, wo nie ein moslemitisches Gebet gesprochen worden sei.

Seite 629. Anmerkung 2.

Seine Stücke wurden oftmals in Italien sowol während seines Lebens als nach seinem Tode gedruckt. Ich besitze ein Exemplar einer schönen Ausgabe seines „Vellocino de oro", die 1649 in Mailand herauskam.

Seite 629. Anmerkung 3.

Eins seiner Stücke wurde 1652 von Grefflinger, einem unbedeutenden Schriftsteller jener Periode, ins Deutsche übersetzt; im allgemeinen wurde aber die spanische Literatur im 17. Jahrhundert wenig in Deutschland geschätzt, woran wol der Dreißigjährige Krieg schuld sein mochte.

Seite 630. Anmerkung 1.

Ich besitze eine solche widerrechtliche Ausgabe. Sie führt den Titel: „Las Comedias del Famoso Poeta, Lope de Vega Carpio, recopiladas por Bernardo Grassa", etc. (Saragossa 1626, 4., 289 Bll.). Den Anfang dieses merkwürdigen Buchs machen 11 Loas, von denen beinahe eine jede mit einer ernstgemeinten Bitte um Stille schließt; diesen folgen die 12 Stücke des ersten Theils ohne die Entremeses.

Seite 630. Anmerkung 4.

Und als er 1620 seinen „Verdadero amante" seinem Sohne Lope, der poetische Neigungen zeigte, widmete, führte er sein eigenes Beispiel an, um sein Kind zu warnen, daß es nie seiner Neigung zum Versemachen nachgebe, und setzte hinzu: „Ich habe, wie du weißt, ein armes Haus und mein Bett und Tisch sind nicht besser."

Seite 630. Anmerkung 5.

Siehe die Anmerkung am Ende des vorhergehenden Abschnitts (S. 565, Anm. 1, Zusatz), wo sich in Lope's Testament eine Bemerkung über dieses vom König gemachte Versprechen findet.

Seite 631. Anmerkung 1.

Pacheco sagt in seiner 1609 gedruckten Nachricht über Lope, daß seine Werke die Durchschnittszahl von drei Bogen (tres pliegos) für jeden Tag seines Lebens bis zu diesem Zeitpunkt ergäben (Obras sueltas, XIV, xxxi).

[Zu Abschnitt 19 über Quevedo vgl. man: Documentos inéditos relativos á Quevedo, por D. Severo Catalina, im Semanario pintoresco, 1854, S. 50.

Estudios histórico-literarios. — D. Franc. de Quevedo, por D. Juan Guillen Buzarán, in der Revista de ciencias, lit. y artes (Sevilla 1855—56, I, 204, 264) und Critica lit. — Quevedo y Fernandez Guerra, por Manuel Cañete, ebend. S. 601, 641.

Ernest Lafond, Les humoristes espagnols: Quevedo, in der Revue contemporaine, VII. année, 2. série, T. III (15. Juin 1858). XXXVIII. de la collection, p. 576—613. W.]

Seite 633. Anmerkung 1.

Die beste Lebensbeschreibung Quevedo's geht der Sammlung seiner Werke voran, deren erste beide Bände in der Biblioteca de Aut. esp. erschienen sind (Bd. 23, 1852, und 48, 1859); der Herausgeber Don Aureliano Fernandez Guerra y Orbe zeigt eine außerordentliche Kenntniß von alle dem, was sich auf den von ihm herausgegebenen Schriftsteller und seine Werke bezieht. Kein spanischer Schriftsteller wird den auf erklärende Anmerkungen angewandten Fleiß und die Sorgfalt besser belohnen als Quevedo, und keiner bedarf derselben so sehr. Ich muß hier jedoch bemerken, daß ich nicht mit allen Schlußfolgerungen des Don Aureliano mich einverstanden erklären kann, so z. B., daß Quevedo bei allem, was er schrieb, selbst bei seinen Sueños, einen politischen Zweck vor Augen gehabt habe. Siehe S. x, xv u. xxi.

Seite 633. Anmerkung 2.

Eine Anekdote mag zeigen, wie hoch man dieses Ehrgefühl der Ge= birgsbewohner stellte, das man noch aus den Tagen Pelayo's herleitete, als diese Gebirgsgegend allein ihre Loyalität und ihren Glauben behaup= tete. — Nachdem Philipp IV. am 23. April 1646 in Pamplona ein= gezogen war, rief er den Marques de Carpio zu sich, der das Staats= schwert trug, und steckte es mit seinen eigenen königlichen Händen in die Scheide, da es, wie er erklärte, in diesem Königreiche nicht benöthigt werde, „und so", sagt der gleichzeitige Bericht, „gab er seiner Umgebung zu verstehen, daß alle Männer Navarras treu und loyal seien". Re= lacion embiada de Pamplona de la Entrada que hizo su Magestad en aquella Ciudad (Sevilla 1646, 4., 4 S.).

Seite 634. Anmerkung zu Zeile 14 von oben.

Ich glaube, daß sein Leben etwas später in noch größerer Gefahr war, als es ihm, in Venedig 1618, durch seinen vollkommen venetiani= schen Accent gelang, den Gerichtspersonen in der Verkleidung eines Bett= lers zu entkommen, die ihn als in die Verschwörung verwickelt verfolg= ten, die durch St.=Real, Lafosse und Otway berühmt geworden ist, die aber so wild und romantisch ist, daß ihre Realität mitunter bezweifelt wurde. Er wurde später nach der Weise der Inquisition, auf Befehl des venetianischen Senats, in effigie verbrannt; er war aber, wie ich glaube, an dem ihm zur Last gelegten Verbrechen unschuldig, was in dessen Au= gen ohne Zweifel wenig Unterschied machte.

Seite 634. Zeile 2 von unten.

Obwol er aber nie ein Amt annahm, mischte er sich doch gelegent= lich in die politischen Discussionen seiner Zeit, wie sich dies aus seiner „Tira la piedra", die von der Münzverschlechterung (die schon von Mariana bitter gerügt worden war) handelt, aus seinem „Memorial de S.-Jago", das ihm ein Exil von einigen Monaten im Jahre 1628 ein= trug, und aus seinem Briefe an Ludwig XIII. über den Krieg von 1635 ergibt. Andere seiner kleinen Schriften beweisen, daß solche Interessen ihm immer sehr nahe lagen.

Seite 635. Anmerkung zu Zeile 9 von unten.

In der Widmung des heil. Paul an den Präsidenten von Castilien steht folgender außerordentliche Bericht von seiner Verhaftung und Ein= sperrung:

„Ich wurde in so rauher Weise um 11 Uhr in der Nacht des 7. December verhaftet und in meinem Alter so von allem entblößt fort= geschleppt, daß der Offizier, der mich verhaftete, mir als Almosen einen

Mantel und zwei Hemden gab, und einer der Alguazils schenkte mir einige wollene Strümpfe. Ich blieb vier Jahre im Gefängnisse; während zwei derselben wurde ich wie ein wildes Thier allein, ohne Verkehr mit Menschen eingeschlossen gehalten, und ich hätte vor Hunger und Mangel sterben müssen, wäre mir nicht die Mildthätigkeit meines Herrn, des Herzogs von Medina Coeli, ein sicherer, hülfreicher Schutz bis auf den heutigen Tag geblieben. Von dieser grausamen Kette fortgesetzten Leidens befreite mich die Gerechtigkeit und Gnade Sr. Majestät, die ich durch eine von Ew. Excellenz überreichte Bittschrift anrief, worin ich meine Angelegenheit auseinandersetzte; während der ganzen Dauer meines Processes wurde nie eine Klage gegen mich anhängig gemacht, wurde nie ein Geständniß von mir verlangt; auch wurden nach meiner Freilassung keinerlei Actenstücke gefunden, die sich auf diesen Proceß bezogen hätten." Obras, VI, 8. Seine Einsperrung dauerte vom 7. December 1639 bis Anfang Juni 1643.

Seite 635. Anmerkung 4.

Das gut gestochene Porträt Quevedo's, der ein paar gewaltige Brillen trägt, im vierten Bande von Sedano's Parnaso ist von Velasquez und zeigt den Charakter scharf ausgeprägt, den wir bei dem Verfasser der Träume voraussetzen. Stirling's Artists of Spain, 1848, II, 635.

Seite 636. Anmerkung 2.

Es befanden sich zehn „entremeses" und zehn „bayles" unter seinen Dramen.

Seite 637. Anmerkung 1.

Einige seiner Schriften sind ohne Zweifel so unanständig, daß sie nie gedruckt werden können oder wenigstens nie gedruckt werden sollten.

Seite 640. Anmerkung 4 der vorhergehenden Seite.

(und zweifle nicht, daß Quevedo der Verfasser gewesen ist oder doch diesen kannte;) oder, wenn er wirklich das Manuscript auf die von ihm angegebene Art fand, daß er die Gedichte desselben so veränderte und zustutzte, wie es für seinen besondern Zweck nothwendig war. [Ueber den Baccalaureus de la Torre f. La vida y las obras de *Francisco de la Torre*, discurso leido en la Academia española (en el año de 1857) por *Aureliano Fernandez y Orbe*, y el Marques *de Molins* in den Discursos leidos en las recepciones publicas que ha celebrado desde 1847 la real *Academia española* (Madrid 1860, 4., Bd. 2). Es wird darin zu beweisen gesucht, daß Francisco de la Torre eine wirkliche Person und ein Dichter von ganz verschiedenem Charakter und Stil als Quevedo gewesen sei. W.]

Seite 641. Anmerkung zu Zeile 12 von unten.

Seine „Politica de Dios" wurde während seiner ersten Einsperrung begonnen, und die erste Ausgabe derselben — oder vielmehr das erste Buch der nachmaligen größern Bearbeitung — wurde 1626 mit einer aus seinem Gefängnisse vom 25. April 1621 datirten Widmung

an den Grafen Olivares, der ihn später so grausam verfolgte, veröffent=
licht. Diese Widmung mußte indessen einer an den König Platz machen,
die der vollständigen Abhandlung vorgesetzt ist und unter Quevedo's
Papieren nach seinem Tode gefunden wurde. Ich besitze ein Exemplar
der sehr merkwürdigen obenerwähnten ersten Ausgabe, die mit einigen
andern seiner Werke in Saragossa veröffentlicht wurde, wahrscheinlich,
wie ich denke, weil die Büchercensur in Aragonien etwas weniger streng
war als in Castilien.

Seite 642. Anmerkung 1.

Das Leben des heil. Thomas von Villanova von Quevedo ist ein
Auszug, den er rasch in 12 Tagen aus einem größern Werke über den=
selben Gegenstand machte, um der Nachfrage des Publikums bei der
nahe bevorstehenden Heiligsprechung dieser vortrefflichen Persönlichkeit im
Jahre 1620 zu genügen. Es ist ein netter, kleiner Band, den ich be=
sitze und den der strengste Protestant mit Vergnügen lesen kann, — mit
demselben Vergnügen, mit dem er eins der großen Gemälde Murillo's
über die christlichen Tugenden dieses selben wohlthätigen Mannes Gottes
betrachten würde. Es darf nicht unerwähnt bleiben, daß dieses Bänd=
chen die älteste bekannte Publication Quevedo's und eins der seltensten
Bücher in der Welt ist.

Quevedo that sich selbst viel auf seinen „Marco Bruto" zugute,
mit dessen Correctur er unmittelbar vor seinem Tode beschäftigt war,
und auf seinen „Romulo", der eine Uebersetzung eines Werks unter dem=
selben Titel von dem Marquis Malvezzi war; dieser war ein italieni=
scher Diplomat, der lange unter Philipp IV. diente und eine Zeit lang
sein Gesandter in London war.

Seite 642. Anmerkung 2.

(Watt führt in seiner Bibliotheca unter Quevedo eine Ausgabe dieses
Romans [Saragossa 1626] an,) von der sich ein Exemplar, wie ich
glaube, im British Museum befindet.

Seite 644. Anmerkung 1.

Sie muß aber vor 1638 geschrieben worden sein, da sie von Lud=
wig XIII. als ohne Hoffnung auf Nachkommenschaft spricht und Lud=
wig XIV. in diesem Jahre geboren wurde.

Seite 644. Anmerkung 2.

Die Träume wurden außer der obenerwähnten Uebersetzung von
Genest noch später mehrmals in Frankreich bearbeitet, wo sie augenschein=
lich beliebt waren, denn ich habe gesehen: 1. L'algouasil (sic) burlesque
imité de Don *F. de Quevedo*, etc., par le Sieur de Bourneuf P.
(Paris 1657, 143 S.); 2. L'enfer burlesque tirée etc. par M. J. C.
(Paris 1668, 12., 81 S.), und 3. Horreur des Horreurs sans Horreurs tirée des Visions, etc. par M. Isaulnay (Paris 1671). Alle
drei sind in Versen.

Seite 646. Anmerkung 1.

Man hat dies mitunter für eine bloße Eitelkeit und ein fälschliches Vorgeben des Van der Hammen gehalten, da er 1627 einige dieser Träume, darunter auch den einen fraglichen, dem Francisco Ximenez be Urrea als Werke des Quevedo gewidmet hatte. Es ist aber viel wahrscheinlicher, daß Quevedo diese kleine *Supercheria* seines Freundes unterstützt habe, als daß Nicolas Antonio absichtlich von Van der Hammen getäuscht worden sei. Ueberdies sind große Partien der „Casa de Locos de Amor" des Quevedo unwürdig und durchaus nicht in seiner Manier. Van der Hammen war der Verfasser einiger jetzt vergessenen Werke; er stand aber zu seiner Zeit mit Männern von Bedeutung in Verbindung. Lope de Vega widmete ihm 1620 „El Bobo del Colegio" und bat ihn, seinen „Secretario" zu veröffentlichen, der indessen, wie ich glaube, nie gedruckt worden ist.

Seite 647. Anmerkung 1. Zeile 2.

(angeblich vom *Licenciado Arnaldo Franco-Furt*, El Tribunal de la justa venganza [Valencia 1635, 12., 294 S.].) Unter diesem Pseudonym sollen sich Montalvan, Padre Niseno, der sich bemühte, Quevedo auf den Index expurgatorius zu bringen, und andere Personen zusammengethan haben, denn einem solchen Satiriker konnte es nicht an Feinden fehlen.

(Zusatz zu Zeile 9 dieser Anmerkung.)

Im Anfange wird zu verstehen gegeben, daß diese Schrift in Sevilla geschrieben worden sei. Wahrscheinlich hatten die dortigen Jesuiten die Hand im Spiele; nachdem man aber glaubt, daß sie von verschiedenen Verfassern herrührt, so ist auch möglich, daß sie an verschiedenen Orten entstand.

Seite 648. Anmerkung 1.

Karl gestattete 1544 in der That der Stadt Madrid, eine Krone in ihr Wappen aufzunehmen, seit welcher Zeit sie *Villa Imperial y Coronada* genannt wurde. (Origen de Madrid, etc. por *Juan Ant. Pellicer.* Madrid 1803, 4., S. 97.) Sie war aber von jeher eine begünstigte Stadt. Im Jahre 1658 veröffentlichte Alonso Nuñez de Castro, spanischer Historiograph und Verfasser mehrerer für die Nationalgeschichte bedeutender Werke, ein durch und durch spanisches Werk, um in demselben den Glanz und Ruhm der Hauptstadt zu schildern; dasselbe führt den Titel: „Solo Madrid es Corte." Die Aufzählung des Reichthums der Hierarchie und einiger der großen militärischen Orden erregt mit Recht unser Staunen.

Seite 650. Anmerkung 1 zu Zeile 6.

Die Romanze scheint von Salas Barbadillo herzurühren, wenigstens finde ich sie unter seinen Rimas (1612, Bl. 125 b).

Seite 650. Anmerkung 2. Mit diesem Zusatz beginnt nun die Anmerkung.

Die „Enemiga favorable" ist das letzte Stück eines wichtigen

Bandes, der als fünfter der Sammlung der „*Diferentes* Comedias" be=
zeichnet ist und 1615 in Alcala, 1616 in Madrid und im selben Jahre
in Barcelona erschien. Lord Taunton besitzt ein Exemplar in Stoke,
ein anderes befindet sich in der Biblioteca Ambrogiana zu Mailand;
beide habe ich gesehen. (Siehe Anhang, achte Beilage.)

* (Zusatz zum Schluß dieser Anmerkung.)

Sechs andere Stücke von ihm stehen in den sehr seltenen „Doze
Comedias de Quatro Poetas en Valencia" (1609), die ich besitze; sie
sind aber nicht so gut wie die „Enemiga favorable". Ich glaube, daß
in allem noch zwölf Stücke von ihm existiren.

Seite 653. Anmerkung 1.

Seine „Venganza honrosa" ist das fünfte Stück des fünften Ban=
des der oben S. 650, Anm. 2 erwähnten „Diferentes Comedias".

Seite 653. Anmerkung 3.

Das Porträt des Guillen de Castro wurde mit den Porträts von
Gaspar de Aguilar, Luis Vives, Auslas March, Jayme Roig, Francisco
Tarrega, Francisco de Borja und andern ausgezeichneten Valencianern
für eine Galerie in Valencia von Juan de Ribalta, der 1628 starb,
gemalt. Die Porträts von Tarrega, Aguilar und Guillen de Castro
konnten nach dem Leben gemalt sein, da diese Dichter gleichzeitig mit
Ribalta lebten; die ganze Sammlung, die aus 31 Porträts bestand,
existirte noch im Kloster von La Murta de San Geronimo, als Cean
Bermudez sein Künstler=Wörterbuch zur Ausgabe (1800) vorbereitete.
Siehe IV, 181.

Seite 655. Anmerkung 1.

Guillen widmete seinen zweiten Band, den ich im Vatican fand,
mit einigen warmen Worten seiner Muhme Doña Ana Figuerola y de
Castro.

Seite 663. Anmerkung 1.

Sein Vater muß aber noch vor Lope de Vega's Tode Priester ge=
worden sein, denn er war Lope's Beichtvater. Obras de *Lope* (XX,
16 u. 41). Solche Standesänderungen kamen nicht selten vor.

Seite 663. Anmerkung 5.

Hier muß es heißen, statt: wo er auch von einer malerischen, wo
er auch von einer Schelmen=Novelle (novela picaresca) u. s. w.

Zusatz:

Die Zahl der dramatischen Werke von allen Gattungen, die man
ihm zuschreibt, beträgt ungefähr 60.

Seite 664. Anmerkung 1.

Aus den „Decimas" des Calderon in diesem Bande (Bl. 12)
schließe ich, daß Montalvan zwei Schlaganfälle hatte und eines sehr
sanften Todes starb.

Seite 665. Anmerkung 1.

Die Handschrift von Montalvan's Stück „La deshonra honrosa" in des Herzogs von Ossuna Bibliothek ist von 1622 datirt, in welchem Jahre er erst 20 Jahr alt war. Schack, Nachträge (1854, S. 61). Er sagt selbst in der Widmung von „Cumplir con su obligacion", daß es das zweite Stück war, das er schrieb. In ähnlicher Weise er= klärt er seine „Doncella de labor" für sein bestes Stück.

Seite 666. Anmerkung 1.

Die Geschichte von den Liebenden von Teruel findet sich auch im neunten Gesange des Heldengedichts Florando de Castilla (1588) von Hieronymo de Huerta. Siehe unten Abschnitt 27, Bd. 2, S. 117, Anmerkung der vorhergehenden Seite.

Seite 668. Anmerkung 1.

Die Schilderung der Charaktere und Ereignisse in diesen Stücken stimmt in allem Wesentlichen mit der des Luis Cabrera de Corboba in seinem sehr höfischen „Felipe Segundo, Rey de España" überein, welches 1619 veröffentlichte Werk wahrscheinlich die Materialien dem Montalvan lieferte, der wenig Neigung verspürte, dieselben mühsam zu= sammenzusuchen (s. Buch 5, Kap. 6; Buch 7, Kap. 22, und Buch 8, Kap. 5). Das Werk des Cabrera ist nicht besonders gut geschrieben, aber wichtig für die Zeitgeschichte, da er Zutritt zu sehr guten Quellen hatte. Er lebte bis 1655; aber obwol behauptet wird, daß er seine Geschichte vollendet und sogar einst den Schluß in die Druckerei gesen= det habe, so ist doch nie mehr als der erste Theil, der bis 1583 herab= reicht, veröffentlicht worden. Ranke's Urtheil über Cabrera in einem gediegenen Aufsatze über Don Carlos (Jahrb. d. Lit., Wien 1829, XLVI) ist sehr treffend und gerecht.

Seite 668. Anmerkung zu Zeile 5 von oben.

Von dem „Marschall Biron" besitze ich einen eigenen Druck von 1635 (Barcelona, 12.). Dem Stück geht in meinem Exemplar die „Historia tragica de la vida del Duque de Biron" von Juan Pablo Martyr Rizo voran, worauf das Stück zum großen Theil gegründet war, obwol der extravagante Charakter der Doña Blanca keine histori= sche Grundlage hat. Die Biographie Rizo's ist ein interessantes Speci= men zeitgenössischer Lebensbeschreibung; sie wurde ursprünglich 1629, sieben Jahre nach der Hinrichtung des Marschalls, veröffentlicht.

Seite 669. Anmerkung 5.

Der hier dem Quevedo zugeschriebene Brief ist in dem Don Diego de Noche (1623, Bl. 30) abgedruckt, als wäre er von Salas Barba= dillo; er kann aber nur von Quevedo sein. Die Feindschaft war eine alte. Montalvan's Vater, der, wie wir bemerkt haben, Buchhändler in Madrid war, ließ daselbst ohne Quevedo's Erlaubniß seine „Politica de Dios" gleich nach ihrem Erscheinen in Saragossa nachdrucken, worüber Quevedo sehr erzürnt war.

Seite 672. Anmerkung 1. Zeile 3

muß jetzt lauten: habe ich ein completes Exemplar nur in der kaiserl. Bibliothek in Wien gesehen.

(Zusatz.)

Ein autographes Manuscript eines Stücks von ihm befindet sich in der Bibliothek des Herzogs von Offuna, welches das Datum: Toledo, 30. Mai 1613, trägt, und man glaubt, daß sein „No peor sordo" im Jahre 1596 geschrieben worden sei.

[Ueber die Sage vom Don Juan f. *La Légende de D. Juan et ses diverses interprétations,* par M. *Heinrich* (Lyon 1858, impr. A. Vingtrinier, 20 S.). W.]

Seite 676. Zeile 5, 6 von oben

lies nun: sowie eines *(„La lealtad contra la envidia")* mit den Zufällen eines Stiergefechts u. f. w.

Seite 676. Anmerkung 1.

Im Jahre 1631 kam in Mailand ein kleiner Duodezband heraus u. d. T.: „Favores de las Musas hechas á D. Sebastian Francisco de Medrano en varias Rimas y Poesias que compuso en la mas celebre Académia de Madrid, donde fué Presidente meritissimo." Er wurde von Alonso de Castillo Solorzano, dem bekannten Novellendichter, herausgegeben und enthält einige schlechte lyrische Gedichte und drei nicht viel bessere Stücke. Der Verfasser ist, wie ich glaube, nicht eine und dieselbe Person mit dem Francisco de Medrano, der weiter unten unter den lyrischen Dichtern erwähnt wird, und ich würde kaum diesen Band besprechen, wäre es nicht, daß eins seiner Stücke, „El Luzero eclipsado" (über die Geschichte vom heil. Johannes dem Täufer), in fünf Acte eingetheilt ist, einen Chor hat und die Handlung desselben innerhalb 24 Stunden vor sich geht, — „para que se vea", wie der Herausgeber sagt, „que ay en España quien lo sabe hacer con todo primor". Dies geschah fünf Jahre vor dem Erscheinen von Corneille's Cid. Diesem Bande sollten noch andere folgen, aber es erschien keiner mehr, obwol der Verfasser noch bis 1653 lebte.

Seite 677. Anmerkung 1.

Einige von seinen vermischten Gedichten stehen in Ribadeneyra's Biblioteca (1857, Bd. 42).

Seite 678. Anmerkung 1.

Montalvan, eine gewichtige Autorität, sagt in der Widmung seiner „Amantes de Teruel", daß Baldivielfo als Verfasser von *Autos* der erste seiner Zeit war. Dies wurde um 1633 und daher vor Calderon's großem Erfolge geschrieben.

Seite 679. Zeile 2 von oben.

Er starb 1644.

Seite 679. Anmerkung 1.

Ich besitze ein Exemplar von seiner „Vida de Nuestra Señora", die von seinem Neffen 1652 herausgegeben wurde. Seine Werke sind erst lange u. s. w.

(Zusatz.)

„Querer por solo querer", das 1623 in Aranjuez bei Gelegenheit der Fiesta Philipp's IV. aufgeführt wurde, wurde von Sir Richard Fanshawe, der sowol von Karl I. als Karl II. als Gesandter nach Madrid geschickt wurde und daselbst 1666 starb, ins Englische übersetzt. Seine Uebersetzung ist sowie auch ein außergewöhnlich großer Theil des Originals gereimt und gehört zu den seltenen und merkwürdigen Büchern in englischer Sprache. In der Vorrede von Lady Fanshawe's Memoiren heißt es von demselben, daß es 1671 veröffentlicht worden sei; mein Exemplar ist aber von 1670. Am Schlusse befindet sich ein ebenfalls nach Mendoza übersetzter Bericht von einer Reihe von prächtigen allegorischen Festen, die im Jahre zuvor in Aranjuez gefeiert wurden und sehr glänzend waren und hier im echten Stil eines phantastischen castilischen Hofmanns beschrieben sind. Ueber Mendoza's Ehrenstellen vergl. man Schack's Nachträge, S. 92. Er war einer der Secretäre des Königs, er war aber auch, was viel mehr zu bedeuten hatte, Secretär der Inquisition. Montalvan, der ihm sein Stück „La Toquera Vizquayna" widmet, sagt bei dieser Gelegenheit zierlich, er thue dies nur unter der Bedingung, daß Mendoza auf seine eigenen Dramen vergesse.

Seite 680. Anmerkung 2 der vorhergehenden Seite.

Siehe auch Semanario erudito (XXXI, 57), wo das Datum von Alarcon's Tode von Pellizer y Tobar angegeben wird.

Seite 682. Anmerkung zu Zeile 9 von oben.

Es erinnert mich an den Theil des Kaufmanns von Venedig, der in Belmonte spielt, und ich möchte fast glauben, daß der Stoff von beiden aus gemeinsamer Quelle entnommen sei.

Seite 682. Anmerkung 1.

Seit dem Erscheinen der ersten Ausgabe dieser Geschichte (1849) sind alle dem Alarcon zugeschriebenen Stücke mit Einschluß eines, bei dem er nur als Mitarbeiter thätig war, und zweier, deren Echtheit zweifelhaft ist, mit vieler Sorgfalt und Eleganz von D. Juan Eugenio de Hartzenbusch gesammelt und herausgegeben worden (Biblioteca de Autores españoles, 1852, Bd. 20). Die Anzahl der Stücke ist 27, und unter denselben befindet sich auch der erste Theil des „Texedor de Segovia"; nachdem aber Alarcon den zweiten Theil in seinem zweiten Bande ohne irgendeine Erwähnung des ersten Theils veröffentlicht hat, möchten wir mit Hartzenbusch glauben, daß man mit Grund annehmen könne, daß der erste Theil nicht von ihm herrühre; wie ich meine, sprechen auch innere Gründe für diese Annahme.

[Vgl. auch Théâtre d'*Alarcon*, traduit pour la première fois de l'Espagnol en Français. Par Alphonse Royer (Paris 1865). W.]

Seite 683. Anmerkung 5.

Des Miguel Sanchez „Guarda cuidadosa" findet sich in den „*Diferentes* Comedias, 1616, Thl. 5 (s. oben Zusatz zur Anm. 2 der S. 650). Ich entnehme aus den „Noches de Plazer" des Castillo Solorzano (1631, Bl. 5 b), daß Diego Ximenez de Enciso aus Sevilla stammte und ein *Veintequatro* dieser Stadt war.

Seite 683. Anmerkung 6.

Andere Stücke von Salas Barbadillo kommen in seinen andern Werken zerstreut vor.

Seite 684. Anmerkung 1.

Ich hege aber bedeutende Zweifel hinsichtlich aller dieser Behauptungen. Daß Philipp IV. den „Conde de Sex", den ich im 31. Bande der *Diferentes* Comedias (1636) besitze, nicht schrieb, hat v. Schack nachgewiesen (Nachträge, 1854, S. 102), der das Original von Coello's, eines bekannten, 1652 gestorbenen dramatischen Dichters, Hand geschrieben aufgefunden hat. Es ist hier wol am Platze, da wir gerade von diesem Stück sprechen, darauf hinzuweisen, daß eine sehr scharfsinnige und ausführliche Prüfung desselben von Lessing existirt, der mit Wieland den ersten Impuls zu der Liebe der spanischen Literatur in Deutschland gab, die seitdem von Schlegel, Bouterweck und Schack so sehr gepflegt worden ist (s. Hamburgische Dramaturgie, Berlin 1805, II, 58 —126). Was aber die Gedichte betrifft, die Philipp IV. in der Biblioteca des Ribadeneyra (1857, XLII, 151, 152) und in der spanischen Uebersetzung dieser Geschichte zugeschrieben werden, so bezweifle ich die Echtheit aller derselben. Philipp IV. war ein stark sinnlicher Mensch; es fehlte ihm zwar nicht an Geschmack für Künste und Wissenschaften, aber er war durchaus kein Schriftsteller in irgendeiner Bedeutung dieses Worts. Und doch sagte einer der höfischen Schmeichler jener Zeit von ihm: „Es de los mas perfectos musicos y mas felices poetas que oy se conocen, sin que para esta verdad sea menester de valernos de la lisonja" (*Pellicer de Salas*, Lecciones solennes de Gongora, 1630, S. 696, 697). Die zwei dem Don Carlos de Austria, Bruder Philipp's IV., zugeschriebenen Sonette sind wahrscheinlich von ihm und sind für einen Prinzen nicht schlecht (Ribadeneyra, l. c., S. 153).

Seite 686. Anmerkung 2 der vorhergehenden Seite.

Mein Freund, Herr J. R. Chorley, hat mich darauf aufmerksam gemacht, daß ein unbedeutendes Stück von Francisco de Malaspina, „La fuerza de la verdad", in seinem Stoffe mit dem „Diablo predicador" beinahe identisch ist. Es steht im 14. Bande der Comedias escogidas (1661, Bl. 182). In zwei Handschriften des „Diablo predicador" wird dieses Stück dem Francisco de Villegas zugeschrieben; aber die allgemeine Meinung, daß es von Belmonte verfaßt sei, hat größere Wahrscheinlichkeit für sich. Schack's Nachträge, 1854, S. 62.

Seite 686. Anmerkung zu Zeile 1 von oben.

Ueber die Schule Lope de Véga's siehe Biblioteca de Aut. esp. (1857 u. 1858, Bd. 43 u. 45), in welcher Don Ramon de Mesonero Romanos eine Sammlung von 59 Stücken veranstaltet hat, um zur Kenntniß derselben beizutragen. Der Katalog der Verfasser mit dem alphabetischen Verzeichnisse ihrer uns bekannten Stücke nach den Namen derselben steht im 45. Bande und ist besonders werthvoll.

Seite 687. Anmerkung 2 der vorhergehenden Seite.

Lope de Vega war ungeachtet seiner großen Popularität doch schon während seines Lebens wiederholt angegriffen worden, welche Angriffe ihm aber nur geringen Schaden zufügten. Nach seinem Tode wurde er öfter angegriffen, so z. B. von Antonio Lopez de Vega (s. unten Abschnitt 29), der sich in seinem Heraclito y Democrito (1641, S. 176 fg.) sehr undankbar benahm, denn Lope hatte ihm früher Wohlthaten erwiesen.

Seite 689. Anmerkung 2.

Ricardo del Turia, wahrscheinlich ein Pseudonym für Luis Fevrer de Cardona, Gouverneur von Valencia, dem mein Exemplar der „Comedias de Poetas de Valencia" (1609) gewidmet ist, betrachtet dagegen in seiner Vorrede zu seinem zweiten Bande (1616) das Theater, wie es wirklich bestand, und vertheidigt es nicht ohne Gelehrsamkeit und Scharfsinn. Er starb 1641.

Zusätze und Anmerkungen zum zweiten Bande.

Seite 7. Zeile 9 von unten.

Es ist wahrscheinlich, daß Calderon keine Stücke mehr ausdrücklich für die öffentliche Bühne schrieb, nachdem er 1651 Priester geworden war; er beschränkte sich auf *Autos* und „Comedias" für den Hof, welche letztern indessen alsbald auch auf den Theatern der Hauptstadt dargestellt wurden. So wurde z. B. „La fiera, el rayo y la piedra", ein Drama, dessen erste Aufführung im königlichen Palast sieben Stunden dauerte, unmittelbar darauf vor das madrider Publikum gebracht und 37 Nachmittage hintereinander aufgeführt. Hoffentlich mußte nach Weglassung der Hofceremonien das Stadtpublikum nicht ebenso lange Zeit ausharren.

Seite 8. Anmerkung 3. Zeile 2.

und erscheint auch auf den Kupferstichen von 1682 und 1684 ...

Ob einer der erwähnten Kupferstiche nach einem Porträt Calderon's von Alonso Cano oder nach einem von Juan de Alfaro oder nach irgendeinem andern Porträt gestochen worden sei, ist mir nicht bekannt. Die Porträts der zwei genannten Maler sind wahrscheinlich die besten gewesen. Stirling's Artists of Spain, II, 803; III, 1116.

Seit dem Erscheinen der ersten Ausgabe dieser Geschichte im Jahre 1849 ist eine scherzhafte Beschreibung Calderon's von ihm selbst gefunden und gedruckt worden (Biblioteca de Aut. esp., 1853, XXIV, 585). Sie ist in Form einer Romanze gehalten, und obwol das einzige bekannte Exemplar derselben unvollständig ist, so ist sie doch von nicht geringem Interesse. Er richtet dieselbe an eine Dame und rühmt sich einer sehr vornehmen Abkunft, wenn er darin auch nicht so weit geht, als dies von Lara später geschehen ist; spielt auf die bedeutende Hervor-

ragung seines Vorberhaupts an, die in den alten Kupferstichen so sicht=
bar ist, und sagt von sich, er sei von mittlerm Wuchse und blasser Ge=
sichtsfarbe, er schnupfe nicht und sei durch die Hoffnung auf einen Preis
bei der Feierlichkeit zu Ehren des heil. Isidor zum Dichter gemacht wor=
den. Es ist ein hübsches jeu d'esprit.

Seite 9. Anmerkung 2 zu Zeile 9.

„Tratado defendiendo la nobleza de la pintura." Wahrschein=
lich war diese Vertheidigung der Malerei eine „Deposicion" von 18
Seiten, die Calderon an den *Procurador de Camara* richtete, um die
Ausüber dieser Kunst von einer Art militärischer Conscription zu befreien,
von der sie bedroht waren. Dieses merkwürdige Document, von dem
ich sonst keine Erwähnung fand, ist abgedruckt in dem „Cajon de Sastre
literato, etc. por Don *Francisco Mariano Nifo* ober *Nipho*" (1781,
IV, 25 fg.), einer ungeordneten Sammlung von Auszügen aus spani=
schen Schriftstellern der ältern Zeit, die manchmal Seltenes und Interes=
santes, dann aber auch wieder ganz Werthloses enthalten, untermischt
mit Fragmenten der persönlichen Meinungen und Phantasien des Señor
Nipho selbst, der `ein Uebersetzer und Vielschreiber unter den Regierungen
Ferdinand's VI. und Karl's III. war.

(Zusatz zum Schluß dieser Anmerkung.)

Funfzehn vermischte Gedichte Calderon's — von denen mir acht
schon einzeln bekannt geworden waren — sind seit dem Druck der vor=
stehenden Anmerkung im Jahre 1849 zusammengestellt worden und fin=
den sich im 14. Bande der Bibl. de Aut. esp. (1850, S. 724 fg.)
und ebend. Bd. 24 (1853, S. 585). Diese Gedichte können aber nur
ein kleiner Theil von dem sein, was Calderon schrieb, wahrscheinlich nur
ein kleiner Theil von dem, was er ohne seinen Namen drucken oder nach
der Sitte seiner Zeit handschriftlich circuliren ließ. Von einem derselben,
das den Namen *Psalle et Sile* nach einer Inschrift im Chor der Ka=
thedrale von Toledo führt, fand ich ein Exemplar der Originalausgabe
mit der *Aprobacion* vom 31. December 1661 in der Hofbibliothek zu
Wien.

Seite 10. Anmerkung 4.

Die Veröffentlichung von Calderon's Stücken in den ältesten Aus=
gaben derselben ist ungeachtet der Wichtigkeit dieser Ausgaben wahrschein=
lich wegen der Dunkelheit und Schwierigkeit dieser Untersuchung nie ge=
hörig aufgeklärt worden. Ich will versuchen, dies zu thun, soweit es
die in meinem Besitz befindlichen Materialien zulassen.

Das, soviel mir bekannt ist, erste gedruckte Stück Calderon's ist
„El Astrologo fingido", das ich in den sehr seltenen „Comedias de
diferentes Autores" besitze, wo es im 25. Bande (Saragossa 1633)
mit einer Licencia von 1632 steht, in welchem Jahre der Verfasser des=
selben 32 Jahre alt war. In dem Inhaltsverzeichnisse führt es den
Titel „El amante astrologo", und der Herausgeber Pedro Escuer
agt in der Widmung desselben an Franc. Ximenez de Urrea, daß er sich

große Mühe gegeben habe, dasselbe nach einer guten Abschrift zu drucken, — eine Behauptung, die der von ihm herausgegebene Text schwerlich rechtfertigt.

Drei weitere Stücke Calderon's stehen, ebenfalls von Escuer herausgegeben, im 28. Bande der nämlichen Sammlung (Huesca 1634). Diese drei Stücke sind: 1. „La industria contra el poder", das hier dem Lope de Vega zugeschrieben wird, in der That aber Calderon's „Amor, honor y poder" ist; 2. „De un castigo tres venganzas", jetzt geheißen „Un castigo en tres venganzas", und 3. „La cruz en la sepultura", was die erste und bedeutend schwächere Bearbeitung der wohlbekannten „Devocion de la cruz" ist. Ich besitze diesen Band ebenfalls.

Drei andere Stücke Calderon's kommen im 30. Bande der „Comedias de diferentes Autores" vor, der, wie ich aus Münch=Bellinghausen's Schrift (S. 21) entnehme, da mein, zwar übrigens vollständiges Exemplar kein Titelblatt hat, 1636 in Saragossa gedruckt wurde. Die drei erwähnten Stücke sind: 1. „La dama duende", 2. „La vida es sueño" und 3. „El privilegio de las mugeres", welches er in der Gestalt, wie es hier vorkommt, nach Hartzenbusch's Behauptung zusammen mit Montalvan und Coello schrieb und das in dieser Form der ursprüngliche Entwurf der „Armas de la hermosura" ist.

Blos ein Stück kommt im 31. Bande (Barcelona 1638, Bl. 22 fg.) vor, „Con quien vengo vengo", wo es gleich den andern Stücken in diesem Bande ohne Namen des Verfassers erscheint. Es ist aber von ihm. Hartzenbusch setzt das Erscheinen dieses Stücks in das Jahr 1639, was daher ein Irrthum von mindestens einem Jahre ist.

Vier Stücke von Calderon erscheinen im 42. Bande (Saragossa 1650), nämlich: 1. „No ay burlas con el amor", 2. „El secreto a voces" und 3. „El pintor de su deshonra"; irrigerweise ist aber auch „Del rey abajo ninguno" dem Calderon zugeschrieben, obwol jedermann weiß, daß es von Rojas ist, und andererseits wird Calderon's „Hija del Ayre" als ein Stück des Ant. Enriquez Gomez aufgeführt.

Nur ein Stück findet sich in Bd. 43 (Saragossa 1650), das von Escuer herausgegeben ist, nämlich „La desdicha de la voz".

Wie viel noch Stücke von Calderon in dieser Sammlung der Diferentes Comedias vorkommen mögen, läßt sich nicht bestimmen, da man nur so wenige Bände derselben kennt. Ohne Zweifel kamen noch andere mehr neben den von mir aufgezählten vor.

Im Jahre 1652 aber begann die Sammlung der Comedias escogidas, die besser bekannt als die vorhergehende, doch noch immer äußerst selten ist. In dem allerersten Bande dieser Sammlung, der in diesem Jahre herauskam, stehen drei Stücke Calderon's, deren Veröffentlichung, wie es scheint, mit seiner Bewilligung geschah, da seine vom 18. Mai 1652 datirte Aprovacion das erste ist, was uns in diesem Bande begegnet.

Dies ist indessen nur der Anfang; es erschienen noch 46 Bände von dieser Sammlung während Calderon's Leben, die 48 ihm zugeschriebene Stücke enthalten, von denen aber viele nicht von ihm und fast alle voll von Irrthümern, Zusätzen und Versehen sind. Zwei derselben ver= dienen aber eine besondere Erwähnung, nämlich „Las armas de la her= mosura" und „La señora y la criada", welches letztere nun unter dem Namen „El acaso y el error" bekannt ist. Sie stehen im 46. Bande (1679), und Vera Tassis, der Freund Calderon's, sagt in seiner Advertencia zu den Comedias des Calderon (1694, Bd. 5), daß Cal= deron selbst sie ihm zum Druck übergab und daß er die Druckbogen corrigirte. Wir besitzen also diese beiden Stücke wenigstens genau so, wie sie Calderon selbst zur Ausgabe vorbereitet hatte.

Während man aber in diesen beiden größern Sammlungen und in andern von geringerm Umfang einzelne Stücke von Calderon fortwährend bei seinen Lebzeiten oft auf die widerrechtlichste Art abdruckte, wurde ein Versuch gemacht, eine Sammlung derselben in einer Weise zu veröffent= lichen, die ihnen zum mindesten den Anschein gab, daß sie mit Willen und Wissen des Verfassers veranstaltet worden sei. In dieser Absicht wurden zwei Bände von seinem Bruder Joseph herausgegeben; die Nach= richten über den ersten Band, den ich nie gesehen habe, der aber 1635 erschien, lauten sehr unbestimmt; er enthält aber wahrscheinlich die näm= lichen Stücke wie der erste Band der Sammlung des Vera Tassis, der 1685 gedruckt wurde (Hartzenbusch, IV, 654). Der zweite, ebenfalls von demselben herausgegebene Band erschien 1637; ich besitze ihn, und die Stücke sind, wenn auch in etwas anderer Ordnung, die nämlichen, die Vera Tassis 1686 in seinem zweiten Band erscheinen ließ. Im Jahre 1664 erschien ein dritter Band, der von Ventura y Bergara her= ausgegeben wurde, und 1672 ein vierter Band, dem ein Brief Calde= ron's vorangeht, zusammen mit einem Verzeichnisse von 41 Stücken, die unter seinem Namen gingen, die er aber als nicht von ihm herrührend erklärt. Im Jahre 1677 wurde endlich ein fünfter Band in Barcelona veröffentlicht, von dessen zehn Stücken er vier in der Vorrede des ein= zigen je von ihm veröffentlichten Bandes von Autos nicht anerkennt; ungeachtet dieser Ableugnung glaube ich aber doch, daß zwei von diesen vier Stücken wirklich von ihm sind.

In diesem Zustande blieb diese Angelegenheit bis nach Calderon's Tode im Jahre 1681. Dann nahm sich Vera Tassis y Villaroel, der sich selbst „seinen besten Freund" — su mayor amigo — nennt, der= selben ernstlich schon um 1682 an, wie wir aus den Aprovaciones und Licencias seiner Ausgaben der Comedias ersehen. Er scheint zuerst der Ansicht gewesen zu sein, daß die fünf Bände, die wir oben als bei Leb= zeiten Calderon's gedruckt anführten, die Grundlage seiner eigenen Samm= lung abzugeben geeignet seien, denn er begann im Jahre 1683 mit dem Druck eines sechsten Bandes, dessen Aprovaciones u. s. w. von 1682 sind, und zwar befindet sich darunter die berühmte von Guerra vom 14. April 1682 (s. unten, Abschnitt 24, Anm.), die er in seinem fünften Bande (1694) wiederabdrucken ließ und die eine lange Controverse hervorrief (s. unten, Abschnitt 24). Auf diesen sechsten Band ließ er im selben

Jahre 1683 einen siebenten und 1684 einen achten Band folgen. Nun wurde er aber offenbar unzufrieden mit den früher von Calderon's Bruder und andern herausgegebenen Bänden und veröffentlichte im Jahre 1685 einen neuen ersten Band, der, wie ich meine, die Stücke des ersten Bandes von 1635 mit der *Licencia* derselben von diesem Datum enthält. Im Jahre 1686 ließ er den zweiten Band erscheinen, der die Stücke des zweiten Bandes von 1637, aber in veränderter Ordnung, enthält; es darf aber auch nicht unerwähnt bleiben, daß das „Mayor monstruo del mundo" nun vielfach verändert und verbessert ist. Den dritten Band veröffentlichte er 1687, wobei er erklärte, daß Ventura de la Vega ihn in der That schon habe erscheinen lassen „con la vana ostentacion de amigo de nuestro Don Pedro", daß diese Ausgabe aber sehr incorrect gewesen sei und in einem Stück 200 Verse ausgelassen worden seien. Im Jahre 1688 erschien sein vierter und 1691 sein neunter Band, aber mit *Aprovaciones* von 1682, die beweisen, daß er von allem Anfange Vorbereitungen getroffen hatte, um die vollständige Sammlung der *Comedias* seines Freundes zu veröffentlichen. Im Jahre 1694 endlich kehrte er wieder zur frühern Reihenfolge zurück und ließ einen neuen fünften Band drucken, den er „La verdadera quinta Parte" nannte, um ihn von demjenigen zu unterscheiden, den Calderon für unecht erklärt hatte; in der Vorrede desselben theilte er eine Liste von 121 Stücken mit, die mit Recht Calderon zugeschrieben würden, und ein Verzeichniß von 106 Stücken, die man fälschlich ihm zuschrieb. Diese neun Bände, die Vera Tassis so unregelmäßig zwischen 1684 und 1694 erscheinen ließ, sind für Calderon, was die erste Folioausgabe für Shakspeare ist; acht Bände von den neun meines Exemplars haben vorn ein Porträt Calderon's, das 1682 von Foßmann gestochen wurde, den Stirling für vielleicht den besten Kupferstecher zur Zeit Karl's II. hält; sein Kupferstich Calderon's ist, wie ich glaube, besser und nach einem andern und besser getroffenen Porträt gestochen als der Eberhard's im Obelisco funebre von 1684.

Diese Materialien — vor allem aber die Ausgabe des Vera Tassis — bilden die eigentliche Grundlage zu Nachforschungen über die *Comedias* des Calderon. Ein sehr schlechter Wiederabdruck dieser Ausgabe erschien 1723—26 in Madrid in neun Bänden, dem ein besserer von Apontes in elf Bänden (1760—63) folgte; dieser ward aber seinerseits durch einen dritten, sehr sorgfältig von einem ausgezeichneten Kenner des Spanischen, J. J. Keil in Leipzig, veranstalteten verdrängt, der denselben in dieser Stadt von 1827—30 in vier starken Octavbänden erscheinen ließ. Von Alters her wurden gelegentlich einzelne Stücke Calderon's gedruckt, ähnlich den alten Quartausgaben Shakspeare's, gerade so wie dies mit den Stücken aller spanischen dramatischen Schriftsteller bis zum Anfange des gegenwärtigen Jahrhunderts und sogar noch ein gutes Stück länger geschah. Eine Auswahl aus Calderon's Stücken wurde von Huerta, Ortega, Ochoa und andern veranstaltet; doch war dies alles ungenügend.

Endlich unternahm J. E. Hartzenbusch, dem die spanische Literatur in mehr als in einer Richtung großen Dank schuldet, eine Ausgabe für Ribabeneyra und veröffentlichte dieselbe in der Biblioteca de Aut. esp. (1848—50, Bd. 7, 9, 12, 14), die nichts zu wünschen übrig läßt, wenn man den Zustand der Materialien, wie er dieselben vorfand, in Betracht zieht, und die in der That von künftigen Nachforschungen nicht mehr viel erwarten läßt. Hartzenbusch gibt uns 122 Comedias, wobei zehn mit eingeschlossen sind, von denen entweder bekannt ist, daß sie zum Theil von Calderon geschrieben wurden, oder von denen dies aus guten Gründen zum mindesten glaublich ist. Neun Stücke indessen, die in Calderon's eigener Liste von 1680 vorkommen, müssen noch aufgefunden werden; wir besitzen dafür in Hartzenbusch's Ausgabe vier Stücke, die weder in dieser Liste, noch in den vorhergehenden Sammlungen vorkommen. Dies ist etwas, mehr ließe sich aber vielleicht noch entdecken, und jedenfalls sollte mit noch größerm Eifer nachgeforscht werden. Als Zugabe zu den Comedias gibt uns Hartzenbusch 15 Entremeses, Mojigangas und Jocaras entremesadas, die dem Calderon aber, wie ich fürchte, ohne hinreichenden Grund zugeschrieben werden; diesen könnte ich ohne bessere Begründung noch ein *Entremes* mehr hinzufügen, das sich in meinem Besitz befindet und das auf dem Titelblatte für sein Werk erklärt wird, nämlich „Pelicano y Raton". Sie besitzen aber alle nur geringen Werth und befriedigen nicht die Ansprüche, zu denen die *Graciosos* in seinen längern Comedias berechtigen. Ich brauche nicht besonders zu erwähnen, daß die Ausgabe von Hartzenbusch weitaus die beste ist, die wir von Calderon's Stücken besitzen; sie ist die vollständigste und sehr sorgfältig mit guten Einleitungen und ausgezeichneten Anhängen herausgegeben.

Hoffentlich wird er in derselben Weise die *Autos* herausgeben, die nach dem Willen ihres Verfassers ein Eigenthum der Stadt Madrid waren und daher lange Zeit hindurch nicht veröffentlicht werden durften, damit nicht die gedruckten Exemplare die Wirkung der jährlich wiederkehrenden Aufführungen in den Straßen schwächten (*Lara*, Prologo). Calderon sammelte in der That 12 dieser Autos, um sie noch während seines Lebens zu veröffentlichen, und bereitete eine Vorrede zu denselben vor; obwol aber die Aprovacion, Licencia u. s. w. von 1676 datirt sind, so habe ich doch nie eine ältere Ausgabe als die 1690 in Madrid gedruckte gesehen, die sich in meinem Besitz befindet, es ist aber wahrscheinlich, daß im Jahre 1677 eine solche erschien; bis zum Erscheinen der Ausgabe von 1717 in sechs Bänden wurden nicht mehr als diese 12 Autos durch den Druck veröffentlicht, von der Ausgabe von 1717 existirt ein erträglicher Wiederabdruck von Apontes (1759—60). Sie benöthigten einen guten Herausgeber wie Hartzenbusch und würden seine Mühe reichlich belohnen.

Seite 11. Anmerkung 1.

und „El escandalo de Grecia", das im 11. Bande der Comedias

escogidas (1659) ſteht, wo es am Ende des Stücks (Bl. 176 b) un=
verſchämterweiſe als ein Stück Calderon's in der auf der ſpaniſchen
Bühne üblichen Form, den Verfaſſer zu nennen, angeführt wird.

Seite 11. Anmerkung 2 zu Zeile 3.

und mit Zuſätzen von Vera Taſſis in den Comedias de *Calderon*, i,
1685 und V, 1694.

Seite 12. Anmerkung 4 der vorhergehenden Seite.

Der Wunſch nach einer Ausgabe der Erläuterungen Schmidt's iſt
durch folgendes Werk mehr als erfüllt worden: „Die Schauſpiele Cal=
deron's dargeſtellt und erläutert von Friedr. Wilh. Val. Schmidt, aus
gedruckten und ungedruckten Papieren des Verfaſſers zuſammengeſetzt,
ergänzt und herausgegeben von Leopold Schmidt" (Elberfeld 1857,
543 S.). Der Herausgeber iſt des Verfaſſers Sohn und ſcheint ſeines
Vaters Geſchmack und Gelehrſamkeit geerbt zu haben; denn wir verdan=
ken ihm ein Buch über Calderon, das für alle, die Calderon zum Ge=
genſtand eines kritiſchen Studiums zu machen wünſchen, von größerm
Werth als irgendein anderes bisjetzt erſchienenes iſt. Es darf aber nicht
unerwähnt bleiben, daß dieſes wichtige Werk ſich faſt ganz und gar auf
eine ſorgfältige Unterſuchung der 108 *Comedias* in den Ausgaben von
Vera Taſſis und Apontes beſchränkt; außerdem erhalten wir in demſel=
ben nur noch eine kurze Prüfung der 106 dem Calderon fälſchlich zu=
geſchriebenen Stücke, von denen Vera Taſſis die Titel in ſeiner Verdadera quinta Parte (1694) mittheilt, eine Notiz über einige *Autos* des
Calderon und andere ähnliche gelegentliche Unterſuchungen, zu denen dieſe
verſchiedenen Gegenſtände Anlaß geben. Das Werk iſt ſorgfältig heraus=
gegeben und enthält einige ſcharfſinnige Anmerkungen und Zuſätze von
ſeiten des Sohns, die mit der Gewiſſenhaftigkeit des Vaters geſchrie=
ben ſind.

Seite 13. Anmerkung zu Zeile 10 von oben.

In den Jahren 1640 und 1641 und wahrſcheinlich auch in an=
dern Jahren wurden vier *Autos* in den Straßen von Madrid während
des Fronleichnamsfeſtes dargeſtellt; in dem letzterwähnten Jahr erhielten
die Rieſen und die *Tarasca* neue Anzüge in gutem Geſchmack. Schack,
Nachträge (1854, S. 72, 73).

[Von den Autos iſt auch der Anfang einer deutſchen Ueberſetzung
erſchienen: Calderon's Geiſtliche Feſtſpiele. In deutſcher Ueberſetzung
mit erklärendem Commentar und einer Einleitung über die Bedeutung
und den Werth dieſer Dichtungen herausgeg. von Fr. Lorinſer (Re=
gensburg, 1856, Thl. 1). W.]

Seite 13. Anmerkung 3.

So thut auch Ovando bei Gelegenheit der Beſchreibung einer Pro=
ceſſion in Malaga 1655:

Hecha una sierpe salió
Una figura tremenda;
Mas de figuras tarάscas
No hay duda que son feas.

Ocios de Castalia, 1663, Bl. 89.

Bei dieser Gelegenheit, hören wir auch von demselben Berichterstat=
ter, nahmen mit Tamburins tanzende Zigeunermädchen an dem Umzuge
theil, — merkwürdige Theilnehmer bei einem christlichen Feste.

Seite 14. Zusatz zu Zeile 22 von oben.

Sie waren unleugbar eine höchst merkwürdige Manifestation des
poetischen Geistes der katholischen Religion und verfehlten ohne Zweifel
häufig nicht, eine fromme Wirkung auf die sich zu ihrer Darstellung
drängende Menge hervorzubringen.

Seite 15. Anmerkung zu Zeile 15 von oben.

Solche dramatische Darstellungen und solche Karren dienten gele=
gentlich auch zu andern großen Festlichkeiten außer denen des Fron=
leichnamsfestes, die die größten von allen waren. So wurde in
Huesca 1657 nach der Geburt des Don Felipe Prospero, eines Sohnes
Philipp's IV., der jung starb, neben andern Freudenfesten der Stadt
auch eine große dramatische Darstellung gegeben, in der ein großer Kar=
ren erschien, der sich nach sechs Seiten öffnete und den neugeborenen
Prinzen vor der Custodia knieend zeigte, die die geweihte Hostie enthielt.
„Dadurch wurde angedeutet", wie sich der gleichzeitige Bericht über diese
Festlichkeiten ausdrückt, „daß den Prinzen des erlauchten Hauses Öster=
reich durch ·göttliche Zulassung die Verehrung des allerheiligsten Sakra=
ments angeboren ist." (Relacion de las fiestas que la Ciudad de
Huesca etc. ha hecho al nacimiento del principe Nuestro Señor D.
Felipe Prospero, s. a., 4., S. 33—37.) Es dürfte vielleicht manchen
interessiren zu erfahren, daß sich ein schön gestochenes Porträt des Prin=
zen Prospero als Kind in einer Ausgabe von Rebolledo's „Selva mili-
tar y politica" befindet, die ihm 1661, als er ungefähr drei Jahre alt
war, gewidmet worden war.

Seite 15. Anmerkung zu Zeile 9 von unten.

Da die Autos sich auf eine Lehre der Kirche gründeten, so war
ihr Gebrauch der heiligen Schrift und die Anführungen aus derselben
natürlich sehr reichlich. Das schlagendste Beispiel davon findet sich viel=
leicht in Calderon's „Cena de Baltasar" im zweiten Bande (1759).

Seite 16. Anmerkung zu Zeile 13 von oben.

Allegorische Schiffe waren bei religiösen Schaustellungen nicht un=
gewöhnlich. Wir haben auf zwei solcher Schiffe schon in Lope's Drama
aus seiner ersten Zeit „Der Seelen Reise" aufmerksam gemacht (s. oben,
Abschnitt 15). Ein anderes, auf einem silbernen Meere schwimmend,
vor der Kapelle mit dem Allerheiligsten in der Kathedrale von Granada,
wurde bei einer Festlichkeit daselbst im November 1635 ausgestellt; die-

ſeß Kirchenfeſt wurde, um einen Schimpf zu ſühnen — *desagraviar* —, abgehalten, der dem heiligen Altarsſacrament vier Monate vorher von einem franzöſiſchen Ketzer angethan worden war; das Glaubensſchiff feuerte Breitſeiten von Bibeltexten auf Luther, Wiklef, Calvin und Oecolampadius ab, die um daſſelbe herumſchwammen und ſich vergebens bemühten, dieſen Schimpf zu wiederholen. Siehe Descripcion de la grandiosa y celebre Fiesta, etc. por D. *Pedro de Araujo Salgado* (Granada 1635, 4., Bl. 12—15). Das bekannte Narrenſchiff Sebaſtian Brandt's, das in alle Sprachen überſetzt iſt und das in jeder Form, die ihm die Preſſe geben konnte, von ſeiner erſten Veröffentlichung um 1480 bis zu verhältnißmäßig modernen Zeiten herab erſchienen iſt, gehört derſelben Klaſſe der Erfindungen an und veranlaßte ohne Zweifel das Entſtehen von vielen derſelben, vielleicht auch der uns hier beſchäftigenden in Granada.

Seite 18. Anmerkung 2.

Enio iſt unter verſchiedenen Namen den alten mönchiſchen Berichten über den heil. Patrick vom 12. Jahrhundert an bekannt; Montalvan und Calderon aber haben ihn zu der Perſon gemacht, wie wir ſie jetzt kennen.

Seite 21. Anmerkung 1.

Gelungene engliſche Ueberſetzungen einiger Scenen aus derſelben wurden zuerſt in Shelley's Posthumous Poems (London 1824, S. 362—392) veröffentlicht.

Seite 22. Anmerkung 2.

Die Bemerkungen Malsburg's über dieſes Stück ſind ſehr leſenswürdig. Sie ſtehen in der Vorrede zum vierten Bande ſeiner Ueberſetzungen des Calderon (Leipzig 1821). Er führt Stellen aus dem Inca Garcilaſſo zur Erläuterung des Stoffs dieſes Stücks an.

Seite 24. Anmerkung 1 der vorhergehenden Seite.

Von Muſik wurde aber häufig Gebrauch in ſpaniſchen Stücken, insbeſondere in denen Calderon's, gemacht.

Seite 24. Anmerkung 2.

Wir wollen hier nicht unerwähnt laſſen, daß Calderon in ſeinen *Comedias* viermal von der gewöhnlichen Eintheilung in drei *Jornadas* abging, nämlich in der „Purpura de la Rosa", wo er den erſten Verſuch mit einer Oper machte, und im „Golfo de las Sirenas", einer Art Fiſcheregloge, die beide nur eine Jornada haben, und im „Laurel de Apolo" und dem „Jardin de Falerina", die blos zwei haben.

Seite 27. Anmerkung 1.

Der lebhafte Eingang vieler Stücke Calderon's wird in einer gut geſchriebenen lateiniſchen Abhandlung über ſeine poetiſchen Verdienſte betont, die wir nicht mit Stillſchweigen übergehen können; ſie führt den Titel: „De Poeseos dramaticae genero hispanico, praesertim de Petro Calderone de la Barca" (Kopenhagen 1817, 12., 158 S.). Ihr Verfaffer, Joannes Ludovicus Heiberg, der damals erſt 26 Jahr alt war, hat ſich ſeitdem als ausgezeichneter däniſcher Dichter und Dramatiker einen Namen gemacht wie ſein Vater vor ihm. Er erklärt für die zwei großen charakteriſtiſchen Merkmale Calderon's ſeinen ausgeſprochen natio= nalen Geiſt und ſeinen Romanticismus, und dieſe Eigenſchaften haben, ſo ſchließt er, das Calderon'ſche Drama zu dem gemacht, was es ge= worden iſt: „Drama Calderonicum est drama hispanicum gentile ad summam perfectionem perductum" (S. 145).

Seite 28. Anmerkung 1, Zeile 2 von unten.

Muß es heißen: und Cervantes vermuthlich mit ſeinem Regi= ment u. ſ. w., ſtatt: und Calderon u. ſ. w.

(Zuſatz.)

Es darf nicht unerwähnt bleiben, daß Calderon in dieſem Stück viel aus Lope's „Alcaide de Zalamea" genommen ' hat, von dem ſich ein Exemplar in Hollandhouſe befindet, das ich aber ſonſt nirgends fin= den konnte. [Ein Exemplar fand ſich in Duran's Bibliothek, und dar= aus iſt ein Auszug, mit Calderon's Bearbeitung verglichen, mitgetheilt worden im Boletin bibliográfico español, Jahrgang 1864, Nr. 6, S. 71 fg. W.] Dies iſt aber durchaus kein einzelnes Beiſpiel einer ſolchen Entlehnung; im Gegentheil benutzte er ſtark, wie die meiſten ſei= ner Zeitgenoſſen deſſelben Fachs, ſeine Vorgänger. So ſind z. B. ſeine „Cabellos de Absalon" zum großen Theil Tirſo's „Venganza de Tamar" entlehnt; den Stoff zu dem „Médico de su honra" (der 1637 gedruckt wurde) hat er aus einem gleichnamigen, ſehr wenig bekannten Stück Lope's genommen; ſeine „Niña de Gomez Arias" iſt zum Theil nach einem Stück deſſelben Namens von Luis Velez de Guevara bearbeitet, und ähnlich verhält es ſich mit andern Stücken. Inwiefern ein ſolches freies Entlehnen unter den Umſtänden des beſondern Falles und in der Meinung der Zeit zu rechtfertigen war, können wir kaum beſtimmen. Ein Diebſtahl konnte es nicht wohl genannt werden, denn es geſchah zu offen, und das Publi= kum ſowol des Hofs als der Stadt wußte es zu wohl (Schack, Nach= träge, 1854, S. 82—87).

Seite 31. Anmerkung 3.

„A secreto agravio secreta venganza" (Comedias, Bd. 6) wurde 1637 gedruckt. Die Aufführung dieſes Stücks 1818 in Cadiz ſtieß wegen ſeiner Unſittlichkeit auf einige Oppoſition; für dieſelbe trat aber eine kurze Abhandlung u. d. T.: „Discurso en razon de la tra-gedia, A Secreto Agravio", etc. (4., 12 S.) auf, die, wie ich glaube, einen gewiſſen Cavaleri zum Verfaſſer hat. Ein Grund, den er zu Gun= ſten der Aufführung dieſes Stücks anführte, war, daß zwei vornehme deutſche Edelleute damals in dieſer Stadt verweilten, die ſehr begierig waren, der Aufführung eines Stücks von Calderon beizuwohnen, denen dies aber dennoch nicht gelungen war, obwol ſie einige Zeit lang in Spanien gereiſt waren und ſich einen Monat in Madrid aufgehalten

hatten, so selten wurden damals überhaupt Stücke von Calderon ge=
geben.

Seite 34. Anmerkung zu Zeile 6 von unten.

Marianne verkündet dies schon im Beginn:

Por ley de nuestros *hados*
Vivimos á desdichas destinados.

Seite 35. Anmerkung 1.

Die lyrischen Partien des Principe constante wurden von dem
großen deutschen Compositeur Mendelssohn=Bartholdy in Musik gesetzt.

Seite 37. Anmerkung 1 der vorhergehenden Seite.

Damian de Goes sagt, daß der Prinz als Junggeselle lebte, um
sich ganz der Astronomie zu widmen, — „propter sola astrorum stu-
dia cœlebs vixit" (Fides, religio, moresque Aethiopum, Löwen 1540,
4., Bl. 4).

Seite 40. Anmerkung 1. Zeile 4 von oben.

und die bearbeiteten Stücke waren „Mejor está que estaba" und „Peor
está que estaba". Seine „Elvira, or the worse not always true",
die 1677 und in Dodsley's Sammlung gedruckt ist, ist nach Calderon's
„No siempre lo peor es cierto".

Seite 41. Anmerkung 2.

In einer spanischen Herausforderung verlangte der Beleidigte von
seinem Gegner, daß er sich ihm stelle: „Sin mas armas que una espada,
para ver si la de vm. corta como su lengua" (Varias fortunas de
Don Ant. Hurtado de Mendoza, Bl. 3).

Seite 41. Anmerkung zu Zeile 8 von unten.

Der Kobold, im Castilischen oft *Trasgo* genannt, gehörte einer
etwas bösartigern Klasse von Geistern an als die eigentlichen Elfen;
er ist von Lope de Vega in den Abenteuern seines „Peregrino" ergötz=
lich geschildert worden, der eine Nacht von den Streichen einiger aus die=
sem lustigen Völkchen gequält wird (Buch 5). Eine Uebersetzung der
„Dama duende" eröffnet die Uebersetzungen spanischer Stücke, die u. d.
T.: „Three comedies, translated from the Spanish" (London 1807)
erschienen sind und von Watt in seiner Biblioteca, aber, wie ich meine,
mit Unrecht, dem dritten Lord Holland zugeschrieben werden. Alle drei
Stücke sind zu frei wiedergegeben und leiden an dem weitern Uebelstande,
daß sie in Prosa übertragen sind; aber das Englische des Uebersetzers
ist ausgezeichnet rein und gibt das Spanische oft sehr glücklich wieder.

Seite 41. Anmerkung 3.

Der Prinz Balthasar Carlos, der, wie ich glaube, im Alter von
17 Jahren starb, ist uns hauptsächlich durch die vielen schönen Porträts
bekannt, die Belasquez von ihm gemalt hat. Seine Geburt erregte
große Freude in allen spanischen Reichen, da Isabella von Frankreich

während der neun vorhergehenden Jahre ihrer Ehe blos Töchter gebo=
ren hatte. Ich besitze eine Sammlung von lateinischen, spanischen und
italienischen Gedichten, die zur Feier dieses Ereignisses von dem Mai=
länder Jacobus Valerius geschrieben wurden und für ihre Zeit sehr
charakteristisch sind. Mein Exemplar wurde von dem Verfasser mit einer
autographen lateinischen Widmung dem Alfonso Carreras, einem Mit=
gliede des königl. spanischen Raths in Italien, verehrt.

Seite 41. Anmerkung 4.

Es existirt indessen ein älterer, auch nach Calderon bearbeiteter
„Esprit follet“, den Hauteroche wahrscheinlich mehr als das spanische
Original benutzte. Er ist von Antoine le Metel, Sieur d'Duville (Pa=
ris 1642, Quinet, 4.); eine Nachricht über denselben findet sich in der
Histoire du Théatre françois (1745, VI, 159) der Brüder Parfait,
die aber irrigerweise die Grundlagen des Stücks von d'Duville in einem
alten „Canevas italien“ zu finden glauben. Er schöpfte offenbar aus
Calderon, und wenn sich etwas Aehnliches in dem volksthümlichen ita=
lienischen Theater vorfand, so stammte es ohne Zweifel aus der näm=
lichen Quelle; denn diese Italiener in Paris stahlen unverschämt.

Seite 42. Anmerkung zu Zeile 9 von oben.

Das Schleiertragen der Damen in den Straßen von Madrid war
die Veranlassung zu so vielen Händeln, daß nicht weniger als vier Ge=
setze erlassen wurden, um ihren Gebrauch zu verbieten; das erste ist vom
Jahre 1586 und das letzte vom Jahre 1639. Sie erreichten aber ihren
Zweck nicht. Siehe eine merkwürdige Schrift über diesen Gegenstand:
„Velos antiguos y modernos en los rostros de las mugeres, etc. por
Antonio de Leon Pinelo“ (Madrid 1641, 4., 137 Bll.).

Seite 48. Anmerkung 1.

Einmal schöpfte er aus einer sonderbaren Quelle und zeigte dies
auch auf eine eigenthümliche Art an. Er entnahm dem „Conde Luca=
nor“ des Don Juan Manuel die Geschichte Sultan Saladin's (Kap. 6)
und nannte das Stück, das er aus derselben schuf, „El conde Luca=
nor“ und machte einen Grafen Lucanor zum Helden desselben, der aber,
wie es sich von selbst versteht, nicht der Graf ist, dem das Original
seinen Titel verdankt. Das Stück Calderon's hat schöne Stellen. Ein
Stück desselben Titels, das ebenfalls für seine Arbeit ausgegeben wird,
steht im 15. Bande der Comedias escogidas (1661); er protestirt aber
gegen diese Unbilde in der Vorrede des vierten Theils seiner Stücke, der
1672 in Madrid erschien, und bittet darin den Freund, der denselben
herausgab, den echten „Conde Lucanor“ aufzunehmen, damit man in
den Stand gesetzt werde, ihm durch einen Vergleich mit dem untergescho=
benen gerecht zu werden. Von diesem seltenen vierten Bande fand ich
ein Exemplar in der St.=Marcusbibliothek zu Venedig, das früher dem
Apostolo Zeno gehört hatte, der mit den alten spanischen Dramatikern
vertraut war und aus ihnen schöpfte.

Seite 48. Anmerkung 2.

Die Protestanten, die in diesem Stück vorkommen, sind auf eine würdige und achtungsvolle Art behandelt, die in spanischer Dichtkunst sich sehr selten findet und dem Calderon zur großen Ehre gereicht. Belasquez, der in Italien mit dem Marquis Spinola gereist war, entnahm den Stoff eines der größten seiner Gemälde demselben Gegenstande wie dieses Stück Calderon's (Stirling's Artists, II, 634). Head (Hand-Book, S. 152) rechnet es unter die besten historischen Gemälde desselben.

Seite 48. Anmerkung 3.

Es verdient vielleicht erwähnt zu werden, daß über ein Jahrhundert später, im Jahre 1641, der Herzog von Medina Sidonia den Herzog von Braganza, der damals schon König von Portugal war, zu Gunsten des Königs Philipp IV. zu einem Gottesgericht durch einen Zweikampf herausforderte, um seine Rechte auf die Krone, die er damals gerade von Spanien zurückgewonnen hatte, zu verfechten; noch merkwürdiger ist aber, daß diese Herausforderung von einer kirchlichen Autorität in einer Abhandlung von großer Gelehrsamkeit und einigem Scharfsinn vertheidigt wurde, die den Titel führt: „Justificacion moral en el fuero de la conciencia de la particular batalla que el exemo. duque de Medina Sidonia ofreció al que fué de Bragança, por el padre M. *Thomas Hurtado*" (Antequera 1641, 4.). Der Zweikampf wurde von dem König von Portugal, wie natürlich, nicht angenommen.

Seite 51. Anmerkung 2.

Eine Generation später waren Duelle indessen häufiger; so müssen wir aus der Abhandlung über die Gesetze des Duells schließen, die in „Solo Madrid es corte, por *Alonso Nuñez de Castro*" (1658) steht; hier lesen wir, daß „sie nicht weniger häufig als Klippen im Mittelländischen Meere und Stürme im Ocean waren" (Bl. 100: Straßenaufläufe).

Seite 52. Anmerkung 1.

Die Zahl der bei dieser Gelegenheit veröffentlichten Flugschriften war in der That eine sehr große. Ein Versuch wurde gemacht, das Theater zu unterdrücken, bei dem vielleicht auf die Schwäche Karl's II. gerechnet wurde, und es fehlte nicht viel, so wäre derselbe vom Erfolg gekrönt worden.

Seite 52. Anmerkung 2.

Noch besser thut man aber vielleicht, wenn man einen ähnlichen, aber weniger förmlichen Bericht derselben Ceremonie von Juan Gomez de Mora (1632, 4.) zu Rathe zieht.

Seite 53. Anmerkung 2.

Der pedantische Gelehrte Joseph Pellicer de Tovar ließ zur Feier der Vermählung Philipp's IV. mit Marianna von Oesterreich im Jahre 1650 ein sonderbares Buch von mehr als 100 Seiten voll schönredne-

rifcher Schmeichelei drucken und betitelte es: „Alma de la gloria de
España, etc. Epitalamio D. O. C. al Rey Nuestro señor", — das
einzige mir bekannte Epithalamium, das einen Band füllt und ganz in
Profa verfaßt ift. Ueber die Vermählung felbft, den Einzug in Ma=
drid u. f. w. f. Florez, Reynas catolicas (2. Aufl., 1770, II, 953 fg.).

Seite 53. Anmerkung 3 zu Zeile 5.

In der That war es Philipp IV., von dem die Idee ausging,
durch die Gleichzeitigkeit des Friedensschluffes mit der Vermählung alle
Streitigkeiten zwischen den zwei Ländern zu schlichten. Mad. de Motte=
ville, Mémoires d'Anne d'Autriche (1750, V, 295, 296, 301, 418).

(Zusatz zum Ende.)

Eine feltfame Folge des Pyrenäenfriedens und der Vermählung
Ludwig's XIV. mit der Infantin foll fich einem gleichzeitigen Berichte
nach im nächftfolgenden Jahre zugetragen haben, — nämlich die Heilig=
fprechung jenes edeln Spaniers, des Tomas de Villanueva, den Alexan=
der VII. für diefe Ehre auserkor, „weil diefer Heilige ein tauglicher
Vermittler war, um bei Gott für den Frieden diefer zwei mächtigen
Kronen fürzubitten". Siehe „Relacion de las fiestas que el real con-
vento de San Augustin de la ciudad de Cordoba a celebrado á la
canoniçacion de Sto. Tomas de Villanueva" (s. a., 4., S. 2).

Seite 53. Anmerkung 4.

Um fo mehr, wenn man den Contraft ins Auge faßt, den damit
der Bericht von dem Brande des alten Buen Retiro im Jahre 1641
macht, der fich in „Manos blancas no ofenden" findet.

Eins der auffallendften Beifpiele einer fchlauen Bewerbung um die
Gunft des Publikums auf der fpanischen Bühne kommt im „Monstruo
de la fortuna" vor, das von Calderon, Montalvan und Rojas im
Verein gefchrieben wurde. Es handelt von der Geschichte der Wäsche=
rin Felipa Catanea, die eine Zeit lang im Beginne des 14. Jahrhun=
derts eine große politische Rolle in Neapel fpielte und dann mit ihrer
ganzen Familie in der graufamften und brutalften Weise hingerichtet
wurde. Das fragliche Stück ift einer Art Roman entnommen, den
Pierre Mathieu über ihre Geschichte und ihr tragisches Geschick geschrie=
ben hat und der französisch im Jahre 1618 erschien und 1625 von
Juan Pablo Martyr Rizo ins Spanische überfetzt wurde; — der Zweck
ift, durch beständige Anspielungen die Gefühle des Publikums gegen den
Abenteuerer Concini, Maréchal d'Ancre, und feine Gattin aufzureizen.
In Betracht der Streitigkeiten zwischen Frankreich und Spanien kann
man nicht daran zweifeln, daß jedes Wort in diefem Stück Calderon's
eine zündende Wirkung auf fpanische Zuhörer ausgeübt haben muß.

Seite 54. Anmerkung zu Zeile 10 von oben.

Einige der beften Stücke Calderon's find gelegentlich durch den
estilo culto entftellt, fo z. B. der „Principe constante", „La vida es
sueño", „El mayor monstruo" und „El medico de su honra", und

gerade von diesen Stücken wissen wir, daß es Jugendarbeiten waren, denn sie kommen alle in den zwei von seinem Bruder zwischen 1635 und 1637 gedruckten Bänden vor.

Seite 54. Anmerkung 1.

Die erzählenden Theile seiner Stücke sowol als der anderer dramatischer Dichter sind mitunter besonders gedruckt und als populäre Romanzen verkauft worden, so z. B. die Anrede des Tetrarchen in „El mayor monstruo", Jornada II, die so anfängt: „Si todas quantas desdichas" (V, 497). Calderon bedient sich neben den oben angezogenen Versformen gelegentlich der *glosas;* — ein gelungenes Beispiel davon findet sich in „Amar despues de la muerte", Jornada II, das so anfängt: „No es menester que digais"; ich führe dasselbe deshalb hier an, weil es wie andere ähnliche Verskünsteleien Calderon's nicht durch den Druck schon den Leser auf die künstliche Form aufmerksam macht (V, 370).

Seite 55. Anmerkung 2.

Das Wasser war indessen in der ersten Nacht nicht sehr glücklich oder gnädig; denn ein Sturmwind zerstreute die Schiffe, die königliche Gesellschaft und ein Souper, das sich auch unter den schwimmenden Arrangements dieser Gelegenheit befand und von Cosme Lotti, dem florentinischen Architekten, angeordnet war. Dies geschah am 12. Juni 1639; das Stück wurde aber während dieses Monats einigemal mit Erfolg aufgeführt.

Die enormen Kosten einiger dieser Schaustellungen überschritten alles Maß. Der Marquis von Heliche zahlte für eine solche dem König gegebene Unterhaltung 16000 Dukaten und ein anderes mal 30000 Dukaten. Olivares übertraf noch diese beiden Feste, und den Kosten der dramatischen Aufführungen in den Palästen Philipp's IV. war anscheinend keine Grenze gesteckt.

Seite 57. Anmerkung 2.

Ich habe bereits Gelegenheit gehabt, einiger Uebersetzungen Calderon's zu erwähnen, und will hier noch mit einigen Worten der bedeutendsten derselben und der Zeit ihres Erscheinens gedenken: A. W. Schlegel 1803—9, vermehrt 1845, 2 Bde.; — Gries 1815—42, 8 Bde.; — Malsburg 1819—25, 6 Bde.; Martin 1844, 2 Bde.; — Eichendorff, Geistliche Schauspiele (zehn Autos), 1846—53, 2 Bde.; — zwei Stücke von einer Dame übersetzt, 1851; — eins von Cardinal Diepenbrock, 1852, — und ein Auto von Franz Lorinser, 1855. Diese deutschen Uebersetzungen behalten fast alle das Versmaß und die Manier ihrer Originale bei. Ins Italienische sind 15 sorgfältig ausgewählte Stücke von Pietro Monti, alle mit Ausnahme des „Principe constante" prosaisch, in seinem Teatro scelto (4 Bde., 1855) übersetzt worden. Französisch von Damas-Hinard, 3 Bde., 1841—44, in Prosa. Ins Englische wurden sechs Dramen von Edward Fitzgerald übertragen (1853), und sechs andere erschienen im nämlichen Jahre von Denis Florence M'Carthy übersetzt.

Seite 59. Zeile 7 von unten.

(Bon denjenigen, welche die Gunst des Publikums mit ihrem gro=
ßen Meister theilten, hat ihm keiner so nahe gestanden als Agustin Mo=
reto), von dem wir weit weniger wissen, als für die Geschichte des spa=
nischen Dramas wünschenswerth ist. Er wurde in Madrid geboren und
am 9. April 1618 getauft; zwischen 1634 und 1639 studirte er in
Alcala. Später begab er sich nach Toledo, trat in den Dienst des Car=
dinal=Erzbischofs, nahm die heiligen Weihen und wurde schon 1659
Mitglied einer Bruderschaft. Zehn Jahre später, im Jahre 1669, starb
er erst 51 Jahre alt und hinterließ sein ganzes Vermögen den Armen.*)
[Ueber Moreto s. auch: Escritores del siglo XVII. — D. Agustin Moreto por D. Juan Guillen Buzarán; — in der Revista de
ciencias, lit. y artes (Sevilla 1855—56, 1, 396, 445, 509, 577,
656.) W.]

Seite 60. Anmerkung 1 der vorhergehenden Seite. Zeile 4 von oben.

Moreto erscheint als ein bekannter Schriftsteller in den Lagrimas
panegiricas auf Montalvan (1639, Bl. 48 a).

(Zusatz zum Ende.)

— ein starker Beweis seiner großen Popularität; aber eins derselben
wenigstens ist nicht von ihm, nämlich die „Condesa de Belflor" (1666,
Bd. 25, Bl. 18), die nicht mehr und nicht weniger als Lope's wohl=
bekannter „Perro del hortelano" ist.

Seite 61. Anmerkung zu Zeile 7 von oben.

„El lindo Don Diego." Lindo wurde aber, wie ich glaube, da=
mals nicht gewöhnlich in einem verächtlichen oder zweifelhaften Sinne
gebraucht. Die Infantin und ihr Vater Philipp IV. nannten Louis XIV.
„lindo", als sie ihn zum ersten mal auf der Conferenzinsel vor der
Vermählung im Jahre 1660 sahen (Mad. de Motteville, Mémoires,
1750, V, 398, 401).

Seite 64. Anmerkung 1. Vor Zeile 1 von oben.

Einer Notiz des Vera Tassis vor dem ersten Bande von Calderon's Comedias (1685) entnehme ich, daß ein Stück des Rojas schon
1635 gedruckt worden ist.

---

*) Dieses Wenige, das wir von Moreto wissen, wurde von Don Luis Fer-
nandez Guerra y Orbe entdeckt oder sorgfältig zusammengetragen und befindet
sich in seiner ausgezeichneten Ausgabe der Comedias des Moreto, die den 39.
Band der Biblioteca de Aut. esp. (1856) füllt. Die von Ochoa in seinem
Teatro español (Paris 1838, IV, 248) ausgesprochene Vermuthung, daß Moreto an dem gewaltsamen Tode des Medinilla schuld gewesen sei, konnte nie
Anspruch auf Glaubwürdigkeit machen, erhält aber nun durch das Datum von
Moreto's Geburt den Todesstoß; denn Don Luis hat festgestellt, daß dieselbe
im Jahre 1618, mithin nur zwei Jahre vor Medinilla's Tode, stattgefunden
habe.

128

(Zuſatz zum Ende.)

Ueber einen Mordverſuch auf Roxas im Jahre 1638 und über die
wahrſcheinliche Zeit ſeines Todes ſ. einige merkwürdige Daten in Schack's
Nachträgen, S. 90. — Dreißig Stücke von Roxas wurden von Meſo=
nero Romanos im 54. Bande der Biblioteca de Aut. esp. (1861) her=
ausgegeben.

Seite 67. Anmerkung 1.

Einige Stücke Leyba's erſchienen auch in einer in den Jahren 1826
—34 veröffentlichten Sammlung in Madrid.

Seite 67. Anmerkung 3. Zeile 2 von oben.

In einer am 24. Mai 1781 von der Inquiſition zu Sevilla aus=
gegebenen Veröffentlichung, die ich beſitze, iſt die „Muerte de Baldovi-
nos" „por escandalosa y obscena" verboten und im Index von 1790
ſind dieſes Drama, der „Vandolero de Flandes" und endlich die „Obras
de Cancer" alle beſonders als verboten aufgeführt.

. Zeile 2 von unten.

El mejor representante San Gines iſt nach Lope's „Fingido verdadero" bearbeitet.

(Zuſatz zum Ende.)

Fünf 1659 gedruckte Entremeses von ihm ſtehen in einem Bande
der Bibliothèque de l'arsenal zu Paris, der noch andere von Pedro
Roſete, Luis Velez, Andres Gil Enriquez und Antonio Solis enthält.

Seite 68. Anmerkung 1.

Siehe auch im „Prologo" ſeines „Sanson" (Rouen 1656) die Ti=
tel ſeiner 22 Stücke. Er ſchrieb noch andere Werke: „Politica ange-
lica" (Rouen 1647), „Luis Dado de Dios" (Paris 1645) u. ſ. w.

Seite 69. Anmerkung 3 der vorhergehenden Seite.

Schack fand überdies ein von Zarate eigenhändig geſchriebenes
Stück in Duran's Sammlung (Nachträge, S. 61), wodurch auch bewie=
ſen wird, daß Zarate eine wirklich exiſtirende Perſon war. Das Stück,
welches als Zarate's Stück gedruckt wurde und, wie ich glaube, dieſe
Verwirrung verurſacht hat, iſt „Lo que obligan los zelos"; es wird
von Enriquez Gomez in dem Prólogo zu ſeinem „Sanson" aus=
drücklich als ſein Eigenthum beanſprucht, was er natürlicherweiſe nicht
gethan haben würde, wenn Zarate blos ſein eigenes Pſeudonym geweſen
wäre. Alles daher von Caſtro in der Biblioteca des Ribadeneyra
(XVII, LXXXIX, XC) Vorgebrachte, um zu beweiſen, daß Zarate und
Enriquez Gomez dieſelbe Perſon ſeien, zerfällt in nichts.

Seite 70.

[Ueber das Verhältniß des Cid des Corneille zu dem des Diamante
ſ. Documents relatifs à l'hiſtoire du Cid, par M. Hippolyte Lucas
(Paris 1860, 12.), und Antoine de Latour, L'Espagne religieuse et

littéraire, II: P. Corneille et J. B. Diamante (Paris 1863). — Nach
ihm von Cayetano Alberto de la Barrera mitgetheilten Urkunden wurde
Diamante im Jahre 1626 zu Madrid geboren. W.]

Seite 70. Zeile 8 von unten.

woselbst er noch 1709 gelebt hat.

Seite 70. Anmerkung 3. Zeile 2 von unten.

und Schack fand ein autographes Stück von ihm mit dem Datum 1708.

Seite 71. Anmerkung 1.

Die Novelle der Maria de Zayas hat Scarron in seinem „Châti-
ment de l'avarice" (Nouvelles tragicomiques, Paris 1752, 12., I,
165—205) nach seiner Weise benutzt, d. h. verstümmelt und abgekürzt.

Seite 71. Anmerkung zu Zeile 8 von unten.

Es darf nicht unerwähnt bleiben, daß dieses Stück Lope's „Villano
en su rincon" viel verdankt; auch wollen wir nicht mit Stillschweigen
übergehen, daß der „Desprecio agradecido", das zweite Stück des 25.
Theils der Comedias des Lope (Saragossa 1647), im 39. Bande der
Comedias escogidas als ein Werk des Matos abgedruckt ist; als solches
ging es zuerst in die Sammlung des Garcia Suelto, dann in die des
Ochoa über. Matos Fragoso muß wenigstens 59 Jahre für die Bühne
geschrieben haben, denn Schack fand die Handschrift von einem seiner
Stücke mit der Jahreszahl 1634 (Nachträge, S. 92).

Seite 72. Anmerkung 3 der vorhergehenden Seite.

Die Volksromanzen legen gleichfalls Zeugniß von diesem Zustande
der Dinge ab (Duran, Romancero general, I, xiv und 136—50).

Seite 73. Zeile 13 von oben.

Solis dichtete 1642 für ein in Pamplona gegebenes Fest, das zu
Ehren der Geburt eines Sohnes des Vicekönigs von Navarra gefeiert
wurde, bei dem Solis damals als Secretär im Dienste stand u. s. w.

Seite 73. Anmerkung 1.

„Un bobo hace ciento" ist eins der drei spanischen Stücke, deren
Uebersetzung dem Lord Holland zugeschrieben wird (s. oben, S. 122.
Anmerk. zu S. 41, Z. 8 v. u.).

Seite 74. Anmerkung 1. Zeile 1 von oben.

Antonio de Solis, Varias poesias sagradas y profanas (Madrid
1692, 4.; es existiren aber auch Ausgaben von 1716 und 1732).

(Zusatz.)

Tobin, der Verfasser des „Honey moon", war ein Freund der
spanischen Literatur und verfaßte eine Analyse des Stücks von Solis,
da er die Absicht hatte, es für die englische Bühne zu bearbeiten. Er
starb aber jung im Jahre 1804 und hinterließ dieses sowie andere literarische Projecte blos skizzirt. Siehe seine Memoiren, herausgeg. von

Miß Benger (London 1820, S. 107, 171), die ein anmuthiger Tribut weiblicher Liebe sind.

Seite 74, Anmerkung 2, Zeile 4 von unten

muß es heißen: (Teatro hespañol, Thl. 3, Bd. 1, S. 196.)

(Zusatz.)

Er gibt als den Todestag Candamo's den 8. September 1709 an. Das im Text angegebene Todesjahr ist der unbedeutenden Biographie entnommen, die vor seinen Obras liricas steht, dürfte aber meiner Meinung nach richtig sein.

Seite 75, Zeile 2 von oben

lies: Die Wiedereroberung von Breda (La restauracion de *Breda*), und nach Zeile 4 dama): den meisten Erfolg hatte aber ohne Zweifel sein „Esclavo en grillos de oro."

Seite 75. Anmerkung 2.

Ferdinand war der lustige und galante Cardinal-Erzbischof von Toledo, der die spanischen Armeen in Flandern commandirte und den Vorsitz des dortigen spanischen Raths führte; er starb 1641 (Stirling's Artists of Spain, II, 529). Er liebte das Theater wie sein Bruder und suchte sich ihm durch diese Fastenunterhaltungen gefällig zu beweisen.

Seite 76, Zeile 7 von unten

lies: aber erst 1722 gestorben.

Seite 77, letzte Zeile und Seite 78, Zeile 1

bleibt weg: der unter der Regierung Johann's II. die canarischen Inseln entdeckte und eine Zeit lang beherrschte. Dafür lies nun: der sich beschwerte, daß sein Vater unrechtmäßigerweise des Besitzes der canarischen Inseln beraubt worden sei, die er eine Zeit lang beherrscht hatte.

Seite 78. Anmerkung 1.

„Domine Lucas", unter welcher Bezeichnung linkische und schmuzige Gelehrte verspottet werden, die große Prätensionen machen, ist der Spottname der ganzen Klasse geblieben, die er lächerlich macht. „Asi se vió en Roma llamar *Trasones* á todos los valadrones; — *Tartufos* en Francia á todos los hipócritas; — y acá en España en viendo algun estudianton estrafalario le apellidamos, *Domine Lucas.*" Reflexiones sobre la leccion critica, etc. por *J. P. Forner* (Madrid 1786, S. 43).

Seite 82. Anmerkung 2.

Es darf indessen nicht unerwähnt bleiben, daß der Preis der Stücke gestiegen war. In Lope's Zeit betrug derselbe, wie wir gesehen haben (s. I, 630, Anm. 2), 500 Realen, zu Calderon's Zeiten aber 800, die ein Dichter auch für sein erstes Stück erhielt und bevor noch die Verdienste desselben bekannt waren:

Sin saber si es buena ó mala,
Ocho cientos reales cuesta
La primera vez.
                    Nadie fie su secreto, Jorn. II.

Seite 83. Anmerkung 1.

In dem großen und reichen Kloster von San Vicente in Plasencia wurden Stücke alle Jahre am Festtage Unserer lieben Frau del rosario aufgeführt (*Alonso Fernandez*, Hist. de Plasencia, Madrid 1629, Fol., S. 412).

Seite 83. Zeile 7 von oben.

(Roque de Figueroa,) *Melchor de Villalba*, dann Zeile 8 nach Mo= lina setze hinzu: und Cascales sehr loben.

Seite 83. Anmerkung 2. Zeile 2 von oben.

Lope's Widmung des Dómine Lucas, in dem Villalba spielte. Pinebo wird sowol von Lope als von Tirso sehr gepriesen; so sagt Lope im vierten Buche seines Peregrino en su patria:

> Baltasar de Pinedo tendrá fama
> Pues hace, siendo principe en su arte,
> Altos metamorfoscos de su rostro,
> Color, ojos, sentidos, voz, y efectos (afectos?)
> Trasformando la gente.

Pinedo kommt auch bei Cascales vor (1616, Tabla III).

Zeile 5 von oben dieser Anmerkung

heißt es jetzt anstatt: und dort eine Reihe von Jahren u. s. w., und dort durch 12 Jahre spielte (*Chappuzeau*, Théâtre français, 1674, 12., S. 213, 214).

Zeile 8 dieser Anmerkung

vor: Maria de Corboba: Ueber Juan Rana oder Arana, der beinahe achtzigjährig die Lady Fanshaw entzückte, s. die Memoirs derselben (Lon= don 1829, S. 236), und wegen Pedro Morales s. *Navarrete*, Vida de Cervantes (S. 530).

(Zum Schluße dieser Anmerkung.)

und in dem sehr unvollständigen Werke von E. Pellicer, Origen del teatro (Madrid 1804).

Seite 85. Anmerkung 3.

Als der Marschall von Grammont 1659 wegen des Pyrenäenfrie= dens und der Vermählung Ludwig's XIV. nach Madrid kam, berichtete er in ähnlicher Weise über die Stücke im königlichen Palast. Eins sah er, das bei der Beleuchtung von sechs ungeheuern Wachs=Flambeaux in silbernen Leuchtern von außerordentlicher Größe und Pracht aufgeführt wurde. Das Publikum war, wie natürlich, wenig zahlreich und förm= lich, so ernst und steif als möglich. Siehe seinen Brief vom 21. Octo= ber 1659 an seine Schwester Mad. de Motteville in ihren Mémoires d'Anne d'Autriche (Ausgabe von 1750, V, 360—62). Von 1622—

85 wurden Stücke beständig in einem oder dem andern Palast vor dem Hofe aufgeführt, — öfter, wie ich glaube, an Sonntagen und Donnerstagen als an andern Tagen. Der den Schauspielern ausgezahlte Lohn kommt uns wenig königlich vor, — zuerst 2—300 Realen oder zwischen 10 und 13¼ Doll., später etwas mehr. Als der Prinz von Wales, der nachmalige Karl I., 1623 auf seiner tollen Reise mit Buckingham am spanischen Hofe sich aufhielt, wurden Stücke mit besonderer Pracht vor ihm aufgeführt. Man spielte auch Theater während der Reisen des Königs und der Infanten — einmal in der Alhambra und zweimal an Bord der Schiffe in den Buchten von Villafranca und Tarragona, — so groß war die Leidenschaft für die Bühne im 17. Jahrhundert (Schack, Nachträge, 1854, S. 66—76).

Seite 85. Anmerkung 6.

Nachrichten von einigem Werth über das spanische Theater und seine Decorationen finden sich bei Luis Lamarca, Teatro de Valencia (1848, S. 24—29, sammt den Anmerkungen am Ende). Man darf aber bei der Lektüre des Lamarca nie außer Augen lassen, daß das Theater zu Valencia in seinen Einrichtungen wahrscheinlich immer hinter jedem von Madrid zurückstand.

Seite 86. Anmerkung 5.

Mad. d'Aulnoy (III, 22) sagt von der Schmorpfanne (cazuela): „Toutes les dames d'une médiocre vertu s'y mettent et tous les grands seigneurs y vont pour causer avec elles."

Seite 89. Anmerkung 3.

Luys Alfonso de Carvallo definirt in seinem *Cisne de Apolo* (1602, Bl. 124) die *Loa* folgendermaßen: Aora le llaman *loa* por loar en el la comedia, el auditorio o festividad en que se hace, mas ya le podremos asi llamar, porque han dado los poetas en alabar alguna cosa como el silencio, un numero, lo negro, lo pequeño y otras cosas en que se quieren señalar y mostrar sus ingenios, aunque todo deve ir ordenado al fin que yo dixe que es, captar la benevolencia y atencion del auditorio." Nach allem hat, was den allgemeinen Begriff der *Loa* betrifft, Sir Richard Fanshawe recht, wenn er in seiner Uebersetzung von Mendoza's „Querer por solo querer" von dem Prolog spricht, den die Spanier *loa* nennen, d. i. the praise, because therein the spectators are commended *to curry favor with them* (1671).

Seite 93. Anmerkung 1.

Philipp IV. soll ebenfalls ein ausgezeichneter Tänzer gewesen sein. Siehe Discursos sobre el arte del danzado von Juan Gomez de Blas (1642, 12.).

Seite 93. Anmerkung 4.

In der Vorrede des Florando de Castilla (1588, s. unten, Abschnitt 27, Anm.) wird ein Buch angeführt u. d. T.: „La vida de la Çarabanda, ramera publica de Guaiacan."

Seite 95. Anmerkung zu Zeile 5 von unten.

Wir wollen hier zwei Thatsachen anführen, die uns die Leidenschaft der Spanier für ihr nationales Drama zeigen.

Die erste ist, daß die unglücklichen Gefangenen an den Küsten der Berberei sich durch theatralische Aufführungen in den ausgedehnten *Baños* aufheiterten, die ihre Gefängnisse bei Nacht waren. Einen dies beweisenden Fall haben wir schon aus dem Jahre 1575 angeführt, in dem sich Cervantes in Algier befand (s. oben, Abschnitt 11). Einen andern finden wir für das Jahr 1589 verzeichnet (siehe Gallego, „Criticon", Nr. 4, 1835, S. 43); noch ein anderer beweist, daß solche Aufführungen im Jahre 1646 in Tunis häufig vorgekommen sein müssen; denn der schon oben (Bd. 1, Abschn. 17, S. 610, Anm. 2) erwähnte maurische Prinz hatte, als wenn dies gar nichts Besonderes gewesen wäre, der Aufführung eines solchen spanischen Stücks in der Nacht, bevor er entfloh, beigewohnt. Ich zweifle in der That nicht daran, daß die Aufführung von spanischen Stücken sowol in Algier als in Tunis eine gewöhnliche Unterhaltung der daselbst befindlichen christlichen Gefangenen war.

Die andere Thatsache ist, daß so viele Stücke von Personen aus den höchsten und niedersten Klassen der Gesellschaft geschrieben wurden. Eins der unterhaltendsten Beispiele dieser Passion zeigt sich in dem Falle des Herzogs von Estrada, der von 1589 bis um 1650 lebte und uns in seiner Autobiographie erzählt, daß er während seines Exils eine beträchtliche Zahl von Stücken, darunter sechs über seine eigenen Abenteuer, geschrieben habe; — so wahr war es, daß jedermann vom Schneider bis zum Prinzen Stücke über alle mögliche Stoffe schrieb, von den erhabensten der Bibel bis zu den frivolsten aus ihrem eigenen Leben (Memorial historico, Madrid 1860, XII, 504).

Seite 97. Anmerkung zu Zeile 7 von oben.

Diese Gemächer und Balkone, von denen aus die Begünstigten und Reichen der Aufführung der Stücke beiwohnten, scheinen frühzeitig auf kostbare Weise hergerichtet worden zu sein. Antonio Perez, dessen Verfolgungen 1579 — also bevor das Theater in die Hände des Lope de Vega kam — begannen, hatte einen *palco*, der mit Tapeten verziert war und ihm „treinta reales diarios" kostete; denn dieser Luxus wurde für wichtig genug gehalten, um in das Inventar seiner Effecten aufgenommen zu werden, nachdem er auf Befehl Philipp's II. verhaftet worden war (s. unten, Abschn. 37).

Seite 101. Anmerkung 2.

Zapata figurirte, wie ich glaube, als Ritter bei den berühmten Festlichkeiten von Bins im Jahre 1549 (*Calvete de Estrella*, Viage etc., Antwerpen 1552, Fol., Bl. 196).

Seite 102, Anmerkung 2, Zeile 6 von oben

lies anstatt: (Caller [Cagliari] 1579) (Caller [Cagliari] 1576 in einem netten kleinen Bande von 166 Blättern in 18.).

Seite 103. Anmerkung zu Zeile 8 von oben.

Bei dieser Gelegenheit war großer Jubel in Spanien, denn man glaubte, daß es mit der englischen Ketzerei nun vorbei sei. In Toledo wurde im Jahre 1555 von Juan del Angulo der *Tratado primero* der „Flor de las solemnes alegrias que se hizieron en la imperial ciudad de Toledo por la conversion del reyno de Inglaterra" (4., 31 Bll.) veröffentlicht. In demselben werden die Festlichkeiten und Lustbarkeiten, die bei dieser Gelegenheit gegeben wurden, beschrieben, und die Gedichte oder wenigstens ein Theil derselben werden in altmodischen *Villancicos* und fließenden *Redondillas* mitgetheilt; der *Tratado segundo* scheint nie gedruckt worden zu sein. Eine Notiz über diese Schrift s. in der spanischen Uebersetzung dieser Geschichte, III, 561, 562.

Seite 103. Anmerkung 2.

Luis de Belmonte sagt in der Vorrede seines Stücks zu Ehren des Marquis von Cañete, indem er von der Kleinheit des araucanischen Gebiets spricht: „Sein Boden ist mit den Gebeinen von Spaniern gedüngt. Alexander eroberte den Osten mit weniger Soldaten, als Aranco Chili gekostet hat."

Seite 105. Anmerkung zu Zeile 15 von oben.

Solche Visionen wurden zu jener Zeit als ziemlich gewöhnlich betrachtet. Pedro Nicolas Factor, ein Maler, der 1583 starb und dadurch merkwürdig ist, daß er heilig gesprochen wurde, behauptete mehrere solche Visionen gehabt zu haben, — unter andern eine von dieser selben Schlacht von Lepanto, die er in Valencia sah, während sie in Griechenland geschlagen wurde. Stirling's Artists (I, 368—79).

Seite 106. Anmerkung 2.

Die Undankbarkeit Philipp's II. darf uns nicht verwundern, er hatte keine poetischen Seiten in seinem Charakter. Paton sagt uns, daß er war „enemigo de la poesia". Siehe seine Ansprache „Al letor" in den Proverbios morales de *Alonso de Varros* (Baeça 1615). Paton wußte, was er sagte.

Seite 106. Anmerkung 3.

Osorio veröffentlichte auch „Primera y segunda parte de las guerras de Malta y *Toma de Rodas*" (Madrid 1599, 297 Bll.). Es ist aber nicht besser als seine Fortsetzung der Araucana. Ein Exemplar befindet sich in der Bibliothèque de l'arsenal zu Paris.

Seite 108. Anmerkung 1.

Zeile 1 lies letzte statt: beste.

Gayangos führt an, daß 1639 in Sevilla ein Gedicht des Oña u. d. T. „Ignacio de la Cantabria" gedruckt wurde, das nichts anderes als eine Lebensbeschreibung des heil. Ignatius Loyola ist und weiter kein Verdienst als eine leichte Versification der Octaven besitzt. Die „Arauco domado" ist im 29. Bande der Biblioteca des Ribadeneyra wiederabgedruckt und eine Notiz über Oña steht in der Vorrede zu diesem Bande, der 1854 erschien. Er schrieb sein Arauco zu Lima. [Ein ebenfalls nur historischen Werth habendes Gedicht: Puren indomito von Alvarez de Toledo, wurde von D. Diego Barros Arana im Jahre 1862 in der in Paris und Leipzig erschienenen Biblioteca americana, collection d'ouvrages inédits ou rares, zum ersten mal herausgegeben. Es erzählt in 24 Gesängen und 1800 Octaven die unbedeutende Expedition nach Puren, einem Theile von Arauco, welche der Verf. als Kapitän mitgemacht hatte. W.]

Seite 110. Anmerkung 1.

Jedenfalls bildet die englische Literatur damit einen starken Contrast, in welcher zwei der merkwürdigsten Producte der modernen Zeiten, deren Bedeutung in nicht geringem Grade in ihren Naturbeschreibungen liegt, auf die Verbindung zwischen England und Amerika hinweisen, nämlich der „Sturm" und „Robinson Crusoe". Und doch haben weder Shakspeare noch Defoe je die Gegenden gesehen, die ihr Genius mit solchen wunderbaren Schöpfungen bevölkert hat (s. unten, Abschnitt 31 am Ende, über die beschreibende Dichtkunst).

Seite 110. Anmerkung 2.

Es ist in 34 Gesängen mit reimlosen Versen; vorausgeht ein rohes Porträt des Verfassers, das sein Alter auf 55 Jahre angibt. Es müssen mehr als 13000 langweilige Verse sein, in denen Geschichte und heidnische Maschinerie auf die wildeste Weise vermischt sind. Ich habe es nur in der Bibliothèque de l'arsenal zu Paris geseheu.

Seite 110, Anmerkung 3, Zeile 2

nach Madrid 1609, 4. füge hinzu: Alcalá 1612.

Ein zweiter noch längerer Theil von seinem Bruder Luis Hernandez Blasco erschien in Alcalá 1613, den ich nie gesehen habe. Gayangos sagt, er bestehe aus 25 Gesängen, die 5800 achtzeilige Stanzen oder mehr als 50000 Zeilen enthalten.

Seite 111. Anmerkung 4 der vorhergehenden Seite.

Gayangos verzeichnet ein allegorisches Gedicht von Mata u. d. T.: „Cantos morales", das 1594 zu Valladolid gedruckt wurde; er theilt Auszüge aus demselben mit, die weit größern poetischen Werth haben als irgendetwas im Leben des heil. Franciscus. Es ist in 13 Gesängen; jedem derselben geht eine weitläufige prosaische Auseinandersetzung des moralischen Gehalts vorher.

Seite 112. Anmerkung 1.

Eine anmuthige Version derselben Legende ist aber die „Azucena silvestre" des Zorrilla (1845).

Im „Jahrbuch" für romanische und englische Literatur (Berlin 1860, S. 139—63) befindet sich eine treffliche Biographie des Virues und eine scharfsinnige und geschmackvolle Kritik seiner Werke von dem Baron von Münch-Bellinghausen; ich bedauere nur, daß ich diese Arbeit so spät erst zu Gesicht bekommen habe, — nachdem meine Schilderung der Dramen des Virues (Abschn. 8 dieser Periode) schon gedruckt war.

Seite 112. Anmerkung 2.

Der San Josef ist in der Biblioteca des Ribadeneyra (Bd. 29, 1854) wiederabgedruckt. Die „Exposicion parafrastica del psalterio" existirt, wie ich glaube, nur in der Ausgabe von Madrid (1623, 4.). Vor der Benedictina hätte die „Historia de San Ramon de Peñafort" etc. „en coplas castellanas" von Vicente Miguel de Morabell (Barcelona 1603), von der ich ein Exemplar in der Bibliothèque de l'arsenal zu Paris fand, erwähnt werden sollen; aber sie gehört zu den schwächsten frommen Gedichten dieser Periode, obwol die Sprache ziemlich rein ist. Gleich unbedeutend ist „La divina semana", — ein Gedicht über die Schöpfung, das in sieben Tage abgetheilt ist, verfaßt von Joan Dossi (Barcelona 1610, 12., 248 Bll.).

Seite 113. Anmerkung 1. Zeile 1 von oben.

Wiederabgedruckt in Ribadeneyra's „Biblioteca", Bd. 17 (1851).

Seite 114. Anmerkung 1. Zeile 12 von oben.

„Creacion del mundo de *Alonso de Azevedo*" (Rom 1615, 12.) wird von Rosell in der Vorrede zum 29. Bande von Ribadeneyra gepriesen, wo es wiederabgedruckt ist. — „Historia de Tobias, poema por el licenciado *Caudivilla Santaren de Astorga*" (Barcelona 1615, 12.). Es umfaßt ungefähr 1200 Octaven in sehr reinem Castilisch (der Verfasser rühmt sich, aus Toledo zu stammen, das er „patria mia" nennt, Kap. 11); ich finde aber nirgends eine Erwähnung desselben und kenne kein Exemplar außer dem meinen.

(Zu Zeile 18 von unten.)

„El santo milagroso agustiniano San Nicolas de Tolentino" (Madrid 1628, 4.) von Fr. Fernando Camargo y Salgado wird von Gayangos gelobt.

(Zeile 3 von unten.)

„La Thomasiada al sol de la Iglesia y su Doctor Santo Tomas de Aquino, etc. por el Padre *Fray Diego Saenz*" (Guatemala 1667, 4., 161 Bll.) ist ein Leben des Thomas von Aquino in verschiedenen Versgattungen; es ist aber, wie die eine der *Aprovaciones* sagt, aus soliber und massiver Theologie construirt.

(Zusatz zum Ende.)

Diesen ließen sich noch zwei Gedichte des Alonso Martin Braones hinzufügen, das eine u. d. T.: „Epitome de los triunfos de Jesus" (Sevilla 1686, 4.), und das andere heißt: „Epitome de las glorias de Maria" (Sevilla 1689, 4.). Jedes besteht aus genau 500 sehr langweiligen Octaven, ist aber nicht in einem so dunkeln Stil gehalten, als damals gewöhnlich war. Das erste wiederholt zweihundertfunfzigmal den Namen Jesus und das zweite ebenso oft den Namen Maria, was der

Verfasser als das Hauptverdienst dieser Gedichte hervorzuheben nicht un=
terläßt.

Wenn jemand aber zu erfahren wünscht, wie groß die Zahl der
erzählenden spanischen Gedichte ist, so braucht er blos den „Catalogo
de poemas castellanos heroicos, religiosos, historicos, fabulosos y sa-
tiricos" durchzulesen, den Don Cayetano Rosell vor dem 29.- Bande
von Ribadeneyra's Biblioteca (1854) zusammengestellt hat. Es sind
ungefähr 300 solcher Gedichte, und obwol, nachdem die italienischen Meister und insbesondere Tasso in Spanien bekannt geworden waren, viel=
fache Versuche gemacht wurden, dieselben nachzuahmen, so ist doch kein
einziges eigentlich episches Gedicht zu Stande gebracht worden.

Seite 115, Anmerkung 1, Zeile 2 von oben

lies, anstatt Antwerpen 1656, Antwerpen 1556.

Die Uebersetzung des Urrea, die auch sonst nicht fehlerfrei ist, läßt
mehrere Stellen des Originals aus, fügt anderes hinzu und nimmt sich
überhaupt zu große Freiheiten heraus. So werden z. B. im dritten
Gesange 45 Strophen zu 2 zusammengezogen und dieser ganze Gesang
wird dem zweiten hinzugefügt, sodaß von da eine Aenderung der Zählung
der Gesänge bis zum letzten eintritt, der bei Urrea der 45. ist, während
Ariosto 46 hat. Im 24. Gesange hat er Ariosto's spöttische Ansicht
von der berüchtigten Schenkung des Kaisers Konstantin an den Papst,
wie ich glaube, aus Furcht vor der Inquisition nicht übersetzt. Im
35. Gesange schiebt er 70 Strophen zu Ehren Spaniens ein u. s. w.

Gayangos führt zwei andere Uebersetzungen des Orlando an, die
eine in Prosa von Diego Bazquez de Contreras (1585) und die andere
zwar in Versen, aber in solchen, die nach seiner Mittheilung sehr der
Prosa ähneln, von Hernando de Alcozer; letztere Uebersetzung wurde
wahrscheinlich 1550, wie ich glaube, etwas später als die Urrea's veröffentlicht.

Einige ernste gereimte Rittergedichte stehen dem Stoffe nach wol
in keinem Zusammenhange mit den oben besprochenen Gedichten, gehören
aber ihrer Versification nach in dieselbe Klasse; drei derselben müssen hier
wenigstens kurz erwähnt werden.

Von dem ersten habe ich nur ein einziges Exemplar zu Gesicht be=
kommen. Ich fand es in der kaiserl. Bibliothek zu Wien, die ungewöhn-
lich reich an alten spanischen Büchern ist, welchen Reichthum sie hauptsächlich einer zwischen 1670 und 1675 gemachten Erwerbung einer merkwürdigen und schätzenswerthen Sammlung verdankt, die in Madrid von
einem Liebhaber [dem Marques de Cábrega. W.] angelegt worden zu
sein scheint, der in der vorhergehenden Periode lebte. Das bezügliche
Gedicht heißt: „Libro primero de los famosos hechos del principe
Celidon de Iberia por Gonçalo Gomez de Luque, natural de la ciudad de Cordoba" (Alcalá 1583, 4.). Es ist eine seltsame Ritter-
geschichte in Versen, die mit der Vermählung des Altello, Prinzen von
Spanien, mit Aurelia, der Tochter des Aurelius, Kaisers von Konstan-

tinopel, beginnt, sich durch 40 Bücher hindurchzieht und über 4500 Octaven voll ausschweifender und uninteressanter Abenteuer enthält. In dem Prólogo nennt der Verfasser dieses Gedicht eine „pequeñuela obra" und verspricht eine Fortsetzung, die glücklicherweise nie erschienen ist. Die Sprache ist gut, — beinahe so gut, als er von derselben rühmt, wenn er sagt:

Canto blandos versos que corriendo
Van con pié delicado é sonoroso.

Das zweite ist der „Florando de Castilla, lauro de cavalleros", etc. (Alcalá 1588, 4., 168 Bll.) in ottave rime. Es ist von dem Licentiaten Hieronymo de Huerta, dem nachmaligen Arzt Philipp's IV. und Verfasser einiger von Nic. Antonio verzeichneten Werke. Der Florando ist die Geschichte eines spanischen Ritters, der von Hercules abstammt und, nachdem er früher ein verweichlichtes und üppiges Leben geführt hat, von seinem großen Ahnherrn in einem Traume aufgefordert wird, ein irrender Ritter zu werden; nachdem er viele Länder durchzogen und die gewöhnliche Zahl von Abenteuern mit unhöflichen Gegnern, Riesen und Zauberern bestanden hat, vollendet er seine Aufgabe und das Ganze endet, wie vorherzusehen war, obwol etwas plötzlich. Gayangos rühmt den poetischen Werth desselben und erklärt es für eine „obra no vulgar". Antonio sagt, es sei ins Lateinische übersetzt worden, läßt es aber unentschieden, ob diese Uebersetzung gedruckt worden sei. (N. Ant. Bibl. nova, I, 587, und Mayans y Siscar, Cartas de varios autores, 1773, II, 36). Der Florando ist in der Biblioteca de Autores esp. (1855, Bd. 36) wiederabgedruckt; er hat 13 Gesänge in ungefähr 400 Octaven. Er scheint mir eine schwache Nachahmung des Ariosto zu sein. In der Vorrede des Wiederabdrucks von 1855 wird behauptet, daß Huerta 1573 geboren worden sei; da aber die Aprovacion des Florando von Ercilla vom 27. Juni 1587 datirt ist, so wäre er erst 14 Jahre alt gewesen, als sein Privilegio bewilligt wurde; es muß also in dieser Angabe ein Irrthum untergelaufen sein. Huerta schrieb verschiedene andere Werke; am meisten Ehre machte ihm aber seine Uebersetzung der Naturgeschichte des Plinius, von der Theile in den Jahren 1599 und 1603 veröffentlicht wurden; ich besitze aber ein Exemplar der ganzen Uebersetzung, die 1624—29 in zwei Foliobänden gedruckt wurde. Sie ist in kräftigem Spanisch geschrieben und war ohne Zweifel ein wichtiger Beitrag zur intellectuellen Entwickelung seines Landes; die Abbildungen aber, die derselben in der Form erbärmlicher Holzschnitte beigegeben sind, zeigen, auf welchem niedern Standpunkte die Wissenschaft zu jener Zeit in Spanien stand und einer wie viel kräftigern Unterstützung sie beburfte, als Plinius oder Huerta ihr gewähren konnten.

Der dritte dieser poetischen Romane ist den beiden andern nicht unähnlich; jedenfalls ist er ebenso ernsthaft und ebenso ausschweifend. Er führt den Titel: „Genealogia de la Toledana discreta" (Alcalá 1604) und ist nach der Angabe des Verfassers Eugenio Martinez blos der erste Theil, den er seiner Vaterstadt Toledo widmet. Er beginnt in England, das, wie er sagt, „poblada de española y griega gente" ist, und sein in dem Prólogo angegebener Zweck ist, „eine Geschichte aller berühmten Geschlechter Spaniens zu geben". Er füllt aber 34 Bücher und ungefähr 3000 Octaven mit einer wirren Anhäufung von Geschich= ten und Abenteuern an, die blos erfundene Personen betreffen und kei= nen Bezug auf irgendeine bekannte Familie weder in Spanien, noch in irgendeinem andern Lande der Welt haben. Das Gedicht hat seinen Namen von einer toledanischen Prinzessin Sacribea, die sich im dritten Gesange in England befindet und alle wahren Ritter um Hülfe gegen ihren Vetter anruft, der ihre königlichen Rechte zu usurpiren sucht; sie spielt aber später keine wichtigere Rolle als einige andere Figuren, die erscheinen und verschwinden, ohne daß man im Stande wäre zu sagen, warum. Der Stil ist meiner Ansicht nach besser als der des „Celidon de Iberia", die Verse sind fließend und die Sprache ist rein, — und es scheint einigen Erfolg erlangt zu haben, denn ich finde Ausgaben von 1599 und 1608 verzeichnet. Ich habe aber nie ein anderes Exem= plar gesehen als mein eigenes, das 1604 gedruckt ist. Es ist unmög= lich zu sagen, wie lang die „Toledana discreta" hätte werden sollen, wenn der Verfasser so fortgefahren wäre, wie er beginnt; denn nachdem er zu seinem eigentlichen Gegenstand in diesem ersten Theile noch gar nicht gelangt ist, so hätte er ewig fortfahren und aus diesem Labyrinth nie sich herausfinden können. Er scheint indessen dieses Gedicht nicht fortgesetzt zu haben, um, wie Antonio andeutet, eine religiöse Richtung einzuschlagen; denn er ließ ein Gedicht u. d. T.: „Vida e martirio de Santa Inez" drucken (Alcalá 1592).

Seite 115, Zeile 9 von unten
ließ jetzt anstatt: Ein aragonischer Edelmann, Martin Abarca de Bolea, Graf de las Almunias, schrieb zwei Gedichte: Der verliebte Roland und Der verwegene Roland: Ein aragonischer Edelmann, Martin de Bo= lea y Castro, schrieb einen „Orlando enamorado".

Seite 116, Anmerkung 2 der vorhergehenden Seite, Zeile 1 von oben
ließ anstatt 1683: 1583.

Seite 117.
[Ueber den Bernardo des Bernardo de Balbuena vgl.: Examen del *Bernardo de Balbuena* por D. A. *Lista y Aragon* in der *Re-vista* de ciencias, literatura y arte (Sevilla 1855—56, III, 81, 133.) W.]

Seite 119. Anmerkung 1 zu Zeile 6 von oben.
Im nächsten Jahre, 1583, veröffentlichte er zum Theil in Prosa, zum Theil in Romanzenform, die er mitunter nicht ohne Geschick hand= habt, ein kleines Volksbuch u. d. T.: „La antigua, memorable y san-grienta destruycion de Troya, recopilada de diversos autores" (To= ledo 1583, 12., 150 Bll.); die Aprobacion des Lukas Gratian ist von 1581 und das Colophon von 1584 datirt — sodaß dieses sehr unbe=

deutende Buch wahrscheinlich vor seinem „Infelice robo de Helena" geschrieben, aber erst später veröffentlicht wurde. Einige Beschreibungen, wie die der Helena, des Ajax u. s. w. sind so abgefaßt, als wäre Cespeda mit ihnen persönlich bekannt gewesen und hätte sie nach dem Leben geschildert. Doch befolgt er hierin nur das Beispiel des Berosus und Dares Phrygius, denen er unbedingt vertraut und deren Autorität er der des Homer vorzieht.

(Zusatz zum Schlusse.)

Gayangos erwähnt eine frühere „Gigantomachia" von Francisco de Sandoval (Saragossa 1630) und fügt hinzu, daß dieser einen Band Gedichte u. d. T.: „Rasgos de ocio" (v. J.) veröffentlicht habe. Ein erzählendes Gedicht in 134 achtzeiligen Strophen von dem Dr. Antonio Gual erschien um 1637 in Neapel und war der Herzogin von Medina de las Torres, der Gemahlin des Vicekönigs, gewidmet. Ich besitze ein Exemplar desselben, finde aber nirgends eine Notiz über dasselbe oder über seinen Verfasser. Es ist eine ausschweifende und unglaubliche Liebesgeschichte, die mitunter angenehm erzählt ist, häufig aber durch die affectirte Schreibweise, die während der Herrschaft des Gongorismus in der Mode war, entstellt ist; im Ganzen aber ist sie besser geschrieben als die Durchschnittsproducte derselben Klasse.

Seite 120. Anmerkung 2 der vorhergehenden Seite.

Diesen lassen sich noch anreihen die „Fábula de Cupido y Psyches" von Don Gabriel de Henao Monrazaz (Saragossa 1620, 12., 102 S.), die nicht besser als die früher genannten ist, und die Fábulas von Theseus und Ariadne, und Hippomenes und Atalanta von Miguel Colobrero de Villalobos, einem jungen Manne aus Baëna, der 1629 in Cordoba einen kleinen Band Gedichte, meist Sonette, Epigramme u. s. w. enthaltend, veröffentlichte, worauf er 1642 einen andern folgen ließ, dem er den gezierten Titel „Golosinas de ingenios", d. i. Leckerbissen für witzige Köpfe, gab. — Er war ein Bewunderer und Anhänger Góngora's und widmete ihm eins seiner Gedichte.

Gayangos führt verschiedene andere Gedichte derselben Gattung an, als „La Luna y Endimion" von Marcelo Diaz Callecerraba, „La Atalanta" von Cespedes, „Jupiter y Europa" von Jusepe Laporta u. s. w.; keins derselben scheint aber mehr als eine bloße Erwähnung zu verdienen. Im 18. Jahrhundert wurde ein Versuch gemacht, etwas diesem Stil der erzählenden Dichtung Aehnliches wiedereinzuführen oder ihn vielmehr zu parodiren; wir meinen nämlich „El fabulero por Francisco Nieto Molina" (Madrid 1764, 4.), in welchem scherzhafte Erzählungen der Geschichten von Polyphemus, Arethusa, Leander u. s. w. enthalten sind, die oft besser geschrieben sind, als damals gewöhnlich war; sie haben aber wie seine 1765 erschienene „Perromaquia" nur geringen Werth.

Seite 123. Anmerkung 2.

Gayangos bemerkt, ihr Verlust sei nicht sehr zu bedauern, wenn

man nach dem Bande Gedichte urtheilen darf, den er in Madrid 1591
u. b. T.: „Invectiva contra el .vulgo y su maldicencia" erscheinen
ließ und der einen sehr schlechten Geschmack beweist. Man findet sie
wiederabgedruckt im 36. Bande der Bibl. de Aut. esp. (1855). Ich
besitze ein Exemplar von der unglücklichen Gedichtsammlung, die des
Connetable Zorn erregte. Sie enthält 13 Blätter, ist in Mailand ohne
Jahresangabe gedruckt und führt den Titel: „Versos de Cósme de Al-
dana á su capitan general y señor, el illustriss. y excellentiss. señor
Juan Fernandez Velasco, condestable de Castilla." Ohne Zweifel
hat an ihnen die Schmeichelei größern Antheil als die Poesie. — Sie
sind in der Biblioteca des Ribabeneyra nicht wiederabgedruckt.

Seite 126. Anmerkung 1 der vorhergehenden Seite. Zeile 9 von unten.

Andreas Schottus sagt, wo er in seiner Hispaniae bibliotheca
sive de academiis et bibliothecis (1608) von der Stadt Granada
spricht (S. 29): „Hic Johannes Latinus Aethiops (res prodigiosa)
nostra tempestate rhetoricam per multos annos publicè docuit, juven-
tutemque instituit, et poema edidit in victoriam Joannis Austriaci
navalem."

Es existirt ein Stück u. b. T. „Juan Latino" von Diego Ximenez
de Enciso, das im zweiten Bande der Comedias escogidas (Madrid
1652) steht und eine ausführliche Geschichte desselben enthält. Im ersten Act ist er ein Sklave des Herzogs von Sessa und wird übel genug
behandelt, herumgestoßen und gepufft. Im zweiten Act ist er Lehrer der
Doña Anna de Carlobal, der Schwester eines vornehmen Geistlichen,
und wirbt durch seine spanischen Verse und auf andere Weise nach spanischer Sitte um ihre Liebe. Im dritten Act ist er zu Ehren gelangt,
erhält eine Lehrkanzel auf der Universität und wird durch Verwendung
des Don Juan de Austria von dem Herzog von Sessa frei gelassen, der
ihm indessen nur sehr ungern die Freiheit gibt, da es ihm zum großen
Ruhm gereiche, einen so ausgezeichneten Mann als sein Eigenthum zu
besitzen. In einer Ansprache an Don Juan (Bl. 57) sagt Juan Latino
voll glühender Dankbarkeit:

> Yo prometo á vuestra Alteza,
> Que he de quitar á la fama
> Una pluma con que escriva
> Sus memorables hazañas.
> Y como muchos poemas
> Toman nombre del que cantan,
> Llamaré Austriada mi libro,
> Pues cánta Don Juan de Austria.

Dieses Versprechen wurde hier von dem Dichter nach mehr als
einem halben Jahrhundert wiederholt, nachdem es erfüllt worden war.

Zeile 6 von unten.

„El valiente Negro en Flandes" von Andres de Claramonte,
Schauspieler und Theaterdichter.

Seite 127. **Anmerkung 1.** Zeile 9 von oben.

(Lissabon 1594, 4., 206 Bll.)

Seite 127. **Anmerkung 2.** Zeile 2 von unten.

Es gibt Ausgaben von 1585, 1586 u. s. w.

(Zusatz.)

Die „Austriada" ist mit einer guten einleitenden Notiz über den Verfasser von Don Cayetano Rosell im 29. Bande der Biblioteca de8 Ribadeneyra wiederabgedruckt (1854).

Seite 129. **Anmerkung 1.** Zeile 3:

(1590, 286 Bll., — es ist mehr eine Chronik als ein Gedicht, hat 21 Bücher und beginnt mit dem Friedensbruche des Königs von Granada durch seine Einnahme von Zahara und endigt mit dem Aben=teuer und der Ausforderung des Garcilasso de la Vega und dem Falle Granadas.)

(Zusatz.)

Er veröffentlichte auch einen Band vermischter Gedichte (Madrid 1692, 4.) u. d. T.: „Varias obras", unter welchen sich einige portu=giesische und italienische befinden.

Seite 131. **Anmerkung 1.**

Gayangos citirt einen Band von Cueva's Gedichten u. d. T. „Obras", der 1582 in Sevilla erschien.

[Ueber Juan de la Cueva s. Hijos illustres de Sevilla (Se=villa 1850, S. 89). W.]

Seite 132. **Anmerkung 1.**

Dieses letzte enthält die Geschichte des Bernardo del Carpio und endigt mit Roland's Tod, — das Ganze ist in 14 Bücher getheilt und umfaßt ungefähr 1400 achtzeilige Strophen.

Gayangos führt hier fünf oder sechs Heldengedichte und erzählende Gedichte an, die derselben Periode angehören und die, obwol sie nur ge=ringen Werth besitzen und nur einen Theil der großen Menge aus=machen, die man nach Rosell's Verzeichnisse noch aufzählen könnte, doch wol eine kurze Notiz verdienen.

Das älteste ist aus dem Jahre 1568 von Baltasar de Vargas und führt den Titel: „Breve relacion etc. de la jornada del Duque de Alva desde España hasta Flandes"; — es ist nichts als eine noch dazu sehr schwache Lobhudelei des Herzogs wegen seiner Unternehmung gegen Flandern, die soviel zum Ruin Spaniens beitrug.

Das nächste, „La Ifanta (sic) coronada" (1606) von João Soa=rez de Alarcam (Alarcon), behandelt die Geschichte der unglücklichen Inez de Castro.

Das dritte, „La Murgetana" von Gaspar Garcia Driolano (1608), besingt die Eroberung Murcias durch Jaime I. von Aragonien.

Das vierte über ein Seegefecht des Marquis de Santa-Cruz von Diego Duque de Estrada erschien 1624.

Das fünfte handelt von einer andern, von Don Fabrique de Toledo gewonnenen Seeschlacht und wurde 1624 von Gabriel de Ayrolo
Calan veröffentlicht.

Das letzte von Simeon Zapata über die Vertreibung der Morisken vertheidigt dieselbe im Geiste dieser ruchlosen Thrannenthat. Es
wurde 1635 gedruckt und alsbald ins Italienische übersetzt.
Alle diese Gedichte haben keinen oder nur sehr geringen Werth.

Seite 133. Anmerkung 1.

Sie hat einen Band Gedichte u. d. T. „*Soledades de Busaco*"
in portugiesischer, spanischer und italienischer Sprache herausgegeben. Eine
gute deutsche Uebersetzung eines Theils derselben findet man in dem
„Blumenkranz religiöser Poesien aus Sprachen des Südens von C. B.
Schlüter" (Paderborn 1855).

Seite 134. Dieselbe Anmerkung der vorhergehenden Seite. Zeile 9.

In demselben Jahre 1651 erschien ein anderes Gedicht über die
Eroberung Neapels durch Gonsalvo de Corboba zu Granada (4., 138
Bll.) in ungefähr 600 achtzeiligen Strophen. Es ist eine Art Biographie des großen Feldherrn; obwol es seinen Tod erwähnt, so endet
es doch eigentlich mit seiner letzten Abreise von Neapel. Dieses sehr
langweilige Gedicht führt den Titel: „Napolisea, poema heroico, etc.
por Don *Francisco de Trillo y Figueroa*." Dieser Dichter ließ auch
einen Band lyrischer Gedichte u. d. T. „Poesias varias" 1652 zu Granada drucken; — einige derselben sind in einem nationalen und einfachen Stil, andere aber affectirt und in dem *estilo culto* des Góngora
geschrieben, den er nachahmte.

(Zusatz zum Ende dieser Anmerkung.)

Die lyrischen Gedichte des Juan de la Victoria Ovando, meist in
der Manier der Italiener, die 1663 in Malaga u. d. T. „Ocios de
Castalia" gedruckt wurden, sind nicht besser. Er sagt in denselben, daß
er seine ersten Gedichte 1642 geschrieben und daß er in Neapel und in
Wien gedient habe; auch finde ich, daß er 1688 noch gelebt habe: dies
ist alles, was mir von ihm bekannt ist.

Seite 138. Anmerkung 2. Zeile 3.

In den Ausgaben desselben von Madrid 1588 und Alcalá
1563, 12. u. f. w.

Seite 138. Anmerkung 6.

Er veröffentlichte auch 1584 eine Sammlung religiöser lyrischer
Gedichte u. d. T. „Jardin espiritual", die sein schwächstes Werk ist, und
1587 ein religiöses erzählendes Gedicht in neun Gesängen und achtzeiligen Strophen u. d. T. „Grandeza y excelencias de la Virgen, Nuestra Señora".

Seite 139. Anmerkung 3. Zeile 6 von oben.

und aus der eine Notiz über Lope de Vega, die der bedeutendste Theil dieſes Entwurfs war, mit der erſten Ausgabe der „Jeruſalen conquistada" (1609) gedruckt wurde.

(Zuſatz zum Ende dieſer Anmerkung.)

Die weitaus beſte Nachricht über Pacheco und ſeine Abhandlung von der Malerei findet ſich in Stirling's „Artists of Spain" (1848, I, 462—79). Seine wenig zahlreichen Gedichte, in denen er den Herrera nachgeahmt hat, ſtehen in Ribadeneyra's Biblioteca (1854, Bd. 32). [Ueber Fernando de Herrera ſ. Hijos ilustres de Sevilla (Sevilla 1850, S. 225.) W.]

Seite 139. Anmerkung 4.

Obwol Herrera ein Freund des Pacheco war, ſo ſoll doch ſein Geſchmack in künſtleriſcher Beziehung ſehr ſchlecht geweſen ſein. Cean Bermudez, Diccion., III, 240.

Seite 141. Anmerkung 1, Zeile 4 von oben

lies jetzt: Es gelang ihm ſogar, die in einem Nonnenkloſter zu Madrigal lebende natürliche Tochter des Don Juan de Auſtria, Anna von Oeſterreich u. ſ. w.

(Zuſatz zum Ende.)

Der Roman des Patricio de la Escoſura „Ni rey ni roque" (in vier Bändchen, 1835) iſt ganz auf den 1595 gedruckten Bericht gegründet, ſodaß er mitunter Stellen wörtlich aus demſelben entnimmt; er geht aber immer von der Vorausſetzung aus, daß der Paſtetenbäcker wirklich der unglückliche König von Portugal geweſen ſei. Das obenerwähnte Schauſpiel ſoll von Geronymo de Cuellar verfaßt ſein. Siehe MünchBellinghauſen, S. 69.

Seite 143. Anmerkung 2. Zeile 3 von oben.

Wiederabgedruckt in Ribadeneyra's Biblioteca (1857, Bd. 42).

(Zuſatz.)

Eine der des Espinoſa ähnliche Sammlung wurde von Joſ. Alſay, einem Buchhändler, veranſtaltet und in Saragoſſa 1654 u. d. T. „Poesías varias de grandes ingenios españoles" etc. (4., 150 Bll.) herausgegeben. Sie enthält Gedichte von 35 Dichtern; die bedeutendſten derſelben, die den meiſten Raum einnehmen, ſind aber Quevedo, Góngora, Lope de Vega, Francisco de la Torre und Antonio de Mendoza. Das burleske Genre herrſcht vor. Siehe Spaniſche Ueberſetzung dieſer Geſchichte (1854, III, 505).

Seite 144. Anmerkung 1.

Von den drei Damen, deren Gedichte bei Espinoſa vorkommen, erwähnen, wie ich meine, Antonio (Bibl. nova, II, 349) und Lope in ſeinem *Laurel de Apolo* die eine, Doña Chriſtovalina. Von den andern weiß ich nichts und ebenſo wenig von Pedro de Liñan, außer daß er ein Freund Lope's de Vega war und in dem *„Laurel de Apolo"* mitaufgezählt wird.

[Ueber Pedro de Liñan f. *Gallardo*, Criticon (Nr. 6, S. 9) im Romancero general unter dem Namen Riselo. W.]

Seite 144. Anmerkung 2. Zeile 2 von unten.

Er starb 1613.

Seite 146. Anmerkung 1. Zeile 3 von unten.

(Barcelona 1611 und Ribabeneyra, Bb. 25.)

(Zusatz.)

Er schrieb auch „Epigramas y geroglificos á la vida de Christo" ec. (Madrid 1625, 12.). Einer der frühesten und, wie ich glaube, be= sten Nachahmer des Lebesma war Alonso Bonilla, von dem Gayangos sagt, er habe ungeachtet seines gezierten Stils „elegantes y harmonio-sos versos" geschrieben. Antonio theilt die Titel von vier seiner poeti= schen Werke mit (Bibl. nova, II, 13), worunter „Nuevo jardin de flo-res divinas" (Baeza 1617), meist religiöse lyrische Gedichte, und „Nom-bres y atributos de la Virgen" ec. (Baeza, 1624), ein religiöses Gedicht von bedeutendem Umfange, das von Lope de Vega sehr gelobt wird.

Seite 147. Anmerkung 1.

In einem Todtengespräch, das mit mehr Urtheil und Geschmack ge= schrieben ist, als zur Zeit seines Erscheinens (1786) gewöhnlich war, wird dem großen spanischen Gelehrten Luis Bives bei Gelegenheit, als über den Berfall der römischen Literatur gesprochen wird, folgender Aus= spruch in den Mund gelegt: „Pues quien no vé haber sucedido esto mismo en nuestra España y haber sido igualmente el deseo de brillar el que corrumpió nuestros estudios?" Desengaño á malos tra-ductores por *Arnoldo Filonoo* (Madrid 1786, 18., S. 29).

Seite 147. Anmerkung 2. Zeile 3 von oben.

dennoch den Italiener Marini — der, wie ich glaube, spanischen Ur= sprungs und zum Theil in Spanien erzogen war —

Ebendas. Zu Zeile 11 von oben.

Lope's Geschmack war aber überhaupt durchaus nicht immer der richtige. Er hat an einem andern Orte (Widmung des „Verdadero amante") Ronsard als dem Petrarca und Garcilasso de la Vega ebenbürtig behandelt. [Ueber Góngora f.: Critica literaria. — Observaciones acerca de *Góngora* y del culteranismo en España, in der *Revista* de cien-cias, lit. y artes (Sevilla 1855—56, I, 317).

Churton, Edward, Góngora, an historical and critical essay on the times of Philip III. and IV. of Spain (London 1862, 2 Bde.). Enthält auch Ueberfetzungen. W.]

Seite 149. Anmerkung 2.

Sein Porträt wurde von Belasquez gemalt und befindet sich nun in der königlichen Galerie zu Madrid (Stirling's Artists of Spain, 1848, II, 587, 588).

Seite 151. Anmerkung zu Zeile 11 von oben.

Góngora veranstaltete keine Sammlung seiner Werke. Entweder
die Schwierigkeit, sich eine Druckerlaubniß zu verschaffen, oder die gefähr-
lichen Folgen, denen man sich durch den Druck von irgendetwas, das
den Verdacht der geistlichen Censur erregen könnte, aussetzte, oder
der Widerwille, als Autor von Profession zu erscheinen, was man mit
der Würde eines Caballero nicht für ganz vereinbar hielt, — einer
oder der andere dieser Gründe oder alle zusammen hielten ihn wie viele
andere Spanier ab, sich dem Publikum selbst als einen Dichter vorzu-
stellen. Seine Gedichte circulirten aber nach der Mode seiner Zeit sehr
viel handschriftlich und wurden von den exclusiven und höfischen Kreisen
während der ganzen zweiten Hälfte seines Lebens höchlich bewundert.
Einer seiner eifrigsten Bewunderer war Don Juan Lopez de Vicuña,
der während der letzten zwanzig Jahre von Góngora's Leben alles sammelte, was er von seinen Gedichten auftreiben konnte, und dieselben kaum
ein Jahr nach seinem Tode (1627) unter dem prunkhaften Titel „Obras
en verso del Homero español" erscheinen ließ; näher den Verfasser zu
bezeichnen, hielt er für überflüssig. Dieser Band von 320 Seiten in
Quart ist so selten, daß mir außer meinem Exemplar kein anderes zu
Gesicht gekommen ist. Er ist indessen von Wichtigkeit, da er die
Grundlage aller nachfolgenden Ausgaben und Sammlungen von Góngora's Werken ist. In seiner Vorrede bemerkt Vicuña, daß Góngora nie
die Originale seiner Gedichte aufbewahrte und daß, wenn die circuliren-
den Abschriften ihm gezeigt wurden, er sie häufig gar nicht als seine
eigene Arbeit erkannte, — so sehr wurden sie durch aufeinanderfolgende
Abschriften verändert. Der Band des Vicuña ist um so wichtiger, da
wir alle Gedichte, die er enthält, in der besten Form, die in einem solchen Falle möglich ist, und von einem Freunde des Verfassers erhalten;
auch kommen einige dieser Gedichte nicht in den spätern Sammlungen
vor, obwol diese spätern von größerm Umfange sind. Zwei dieser später nicht wiederaufgenommenen Gedichte haben ein besonderes Interesse
durch ihre offenbare Beziehung auf den Dichter selbst; — das eine, das
anfängt: „Si á gastar y pretender" (Bl. 159), bezieht sich auf das
Leben einer Person, die sich am Hofe um eine Stellung und Gunst be-
wirbt, wie dies von Góngora selbst durch so lange Zeit geschah, und
das andere, das beginnt: „Dulce musa picaril" (Bl. 157), beschreibt
seine eigene, mehr satirische poetische Begabung mit unterhaltendem Witz.
Man scheint phantastische Titel wie den des eben beschriebenen Bandes als besonders geeignet für die Werke des Góngora gehalten zu haben, was sie in der That auch waren. Der größte Theil seiner poetischen Werke wurde 1640 in Barcelona unter dem folgenden Titel veröffentlicht: „Delicias del Parnaso en que se cifran todos los romances liricos, amorosos, burlescos, glosas y decimas del regosijo (sic)
de las Musas, el prodigioso Don *Luis de Góngora*. Von diesem
Bande in Lang-Duodez zu 761 Seiten befindet sich ein Exemplar in

der Bibliothek des Arsenals zu Paris, — das einzige, das ich je gesehen habe.

[Siehe Poesías escogidas de *Góngora*, dadas á luz, corregidas y aumentadas con varias inéditas, por D. Luis Maria Ramirez y las Casas-Deza (Madrid 1863). Als Probe von Góngora's Prosa f. Cartas de Góngora im *Semanario pintoresco* von 1854, S. 353, 404. W.]

Seite 151. Anmerkung 2.

Eine sehr lange Liste von Pellicer's Werken findet sich bei Antonio (Bibl. nova, II, 811—16); alle aber, die ich kennen gelernt habe, zeugen von einem sehr schlechten Geschmack. Er war 1602 geboren und starb 1679; da er mit 19 Jahren zu schreiben begann, so hatte er in seinem langen Leben Zeit genug, eine große Menge zu schreiben.

Seite 151. Anmerkung 5.

Martin de Angulo's Antwort an Cascales führt den Titel: „Epistolas satisfactorias á las objecciones que opuso á los poemas de D. Luis de Góngora el licenciado Francisco Cascales" (Granada 1635). Am Schlusse theilt er ein Verzeichniß von Dichtern mit, die Góngora's Schule angehören, das Gayangos abdrucken ließ. Es umfaßt beinahe 30 Namen, von denen jetzt nur noch wenige bekannt sind.

Seite 153. Anmerkung 1. Zeile 9 von oben.

21. August 1622.

(Zusatz.)

Siehe auch Quevedo's „Grandes anales de quince días" und die Anmerkungen dazu in Ribadeneyra's Biblioteca (XXIII, 214). Gayangos erwähnt einen Band mit unveröffentlichten Gedichten des Villamediana, dessen Hauptinhalt Satiren auf Ereignisse und Personen aus der Zeit des dritten und vierten Philipp sind, und fügt hinzu, daß dieselben den Liebhabern solcher Gegenstände wohl bekannt seien. Die bezüglichen Erzählungen sind aber alle unbedeutend.

[Ueber Villamediana f. die biographischen, die frühern fabelhaften Angaben von seiner Liebe zur Königin berichtigenden Notizen in den Discursos leidos ante la real academia española en la recepcion publica de D. *Franc. Cutanda* el dia 17 de Marzo de 1861 (Madrid 1861, 4.) und zwar in der Contestacion von Hartzenbusch (S. 46 fg.). Die Abhandlung behandelt eigentlich: El epigrama en general y en especial el español. W.]

Seite 154. Anmerkung 4.

Mehrere andere Portugiesen schrieben auch nach der Trennung der beiden Königreiche im Jahre 1640 ausschließlich oder gelegentlich Spanisch; sie sind aber nicht bedeutend genug, um besonders angeführt zu werden. Wir haben schon von der Zeit des Gil Vicente und Saa de Miranda an Gelegenheit gehabt, häufig zu bemerken, daß die Literaturen der zwei Länder in engem Zusammenhange standen und daß Portugiesen

oft Spanisch schrieben, obwol nur wenige Spanier dieses Compliment er-
widerten.

Seite 154. Anmerkung 5.

Melo war aber im Herzen ein echter Portugiese. Sein „Ecco po-
lytico" (1645), das ein Angriff auf die Regierung Philipp's IV. ist,
macht dies zweifellos. Siehe weiter unten, Abschnitt 38.

Seite 155. Anmerkung 5.

Einige seiner kürzern und leichtern Gedichte sind in einem anmuthigen und reinen Stil geschrieben.

Seite 156, Zeile 4 von oben

anstatt 1589 lies 1603.

Seite 157. Anmerkung 5. Zeile 3.

(In Ribadeneyra's Biblioteca, Bd. 32, 1854.)

[Ueber Baltasar de Alcazar f. eine biographische Notiz aus handschriftlichen Quellen in der Zeitschrift El·Español (II, Nr. 8). W.]

Seite 158. Zeile 6 von oben.

Er blühte zwischen 1590 und 1622.

Zeile 9 von oben

anstatt 29 Sonetten lies 61.

Seite 158. Anmerkung 1. Zeile 2.

und in der Biblioteca des Ribadeneyra (Bd. 32, 1854).

Seite 159. Zeile 7 von oben.

Lupercio Leonardo wurde 1564 geboren.

Seite 162. Zeile 14 von oben

lies: Jaureguy ist erst 1649 gestorben.

Seite 163. Anmerkung 2 der vorhergehenden Seite. Zeile 4 von oben.

Die erste derselben wurde in einem netten kleinen Bande von blos
87 Seiten 1607 in Rom mit einer bescheidenen und etwas ängstlichen
Widmung gedruckt.

Zeile 7 von oben.

Jaureguy's Pharsalia ist erst 1684 in Madrid sehr schlecht gedruckt
worden, verdiente aber auch kein besseres Los; denn Jaureguy hat den
Antheil Lucan's fast unkenntlich gemacht. Es ist natürlich, diese Uebersetzung mit einer andern, nämlich der gleichzeitigen Uebersetzung der The-
baide des Statius, zu vergleichen; diese letztere wurde aber zum ersten
mal 1855 im 36. Bande der Biblioteca de Aut. esp. veröffentlicht.
Die ersten neun Bücher sind von Juan de Arjona, einem Freunde Lope
de Vega's, übersetzt; Arjona's Tod verhinderte aber nach sechsjähriger
Arbeit die Vollendung der Uebersetzung. Dieselbe wurde von Gregorio
de Morillo oder Murillo beendigt. Beide sind bessere Uebersetzer als
Jaureguy; keiner von ihnen aber verdient das große Lob, das ihnen der
Herausgeber dieser Uebersetzung gespendet hat.

149

Seite 165. Anmerkung 4.

Anstatt: „Sein Apollo und Daphne ist theilweise in lächerlichster gebildeter Schreibart", ist zu lesen: „Sein Apollo und Daphne ist theilweise eine Verspottung des *estilo culto.*" Seine „Academias del jardin" wurden 1630 gedruckt, sein „Buen humor de las Musas", der den größten Theil seiner Gedichte enthält, wurde, wie ich glaube, in demselben Jahre gedruckt; mein Exemplar ist aber von einer im Jahre 1637 gedruckten Ausgabe.

Seite 165. In Zeile 10 von unten.

Mira de Mescua, von dem wenigstens eine Ode berühmt gewor=den ist,[*])

Seite 165. Anmerkung zu Zeile 4 von unten.

Einer derselben, aber nicht der bessern Gattung, war Gabriel Bo=caugel y Unçueta, der in Diensten des kriegerischen Cardinal=Infanten Ferdinand zur Zeit Philipp's IV. stand und 1635 einen Band meisten=theils lyrischer Gedichte in den italienischen Formen veröffentlichte, unter denen sich aber einige gute Romanzen befinden; dieser Band führte den Titel: „Lira de las Musas." Einige seiner Romanzen waren als „Ri-mas heroycas" 1627 erschienen, und er schrieb später viele Gelegenheits=gedichte, die in den Ausgaben seiner Lira von 1637 und 1652 gedruckt wurden; es befinden sich aber keine von größerm Werthe darunter. Er kommt in Lope's „Laurel de Apolo" (1630) vor und starb 1658.

Seite 165. Anmerkung zu Zeile 2 von unten

... und 1658 oder 1659 gestorben ist.

Seite 166. Anmerkung 1.

Eine Notiz über das Leben und die Werke Caro's, der 1573 ge=boren wurde und 1647 starb, steht in dem Memorial historico der spa=nischen Akademie der Geschichte (1851, I, 347 fg.).

[Ueber Francisco de Rioja s. Hijos ilustres de Sevilla (Se=villa 1850, S. 65) und Estudios biográficos. — *Francisco de Rioja* por D. Antonio Gómez Azéves, — in der Revista de ciencias, lit. y artes (Sevilla 1855—56, III, 151). W.]

Seite 167. Anmerkung 1. Zeile 4 von oben.

Gayangos führt einen Band des Francisco de Borja, Fürsten von Esquilache an, den ich nie gesehen habe und der den Titel führt: „La pasion de N. S. Jesu Christo *en tercetos*" (Madrid 1638, 4.); das Gedicht steht aber in seinen „Obras en verso" (1663, S. 598 fg.).

(Zusatz.)

Außer der „Napoles recuperada", der „Pasion de N. S." und den „Obras en verso" ist, wie ich glaube, nur ein Werk des Fürsten von Esquilache gedruckt worden, — ein Band in Quart, „Meditaciones

[*]) Siehe die Ode „Ufano, alegre, altivo, enamorado" in der Manier des Petrarca, von der Quintana in seinem Tesoro (Paris 1838, S. 403) er=klärt, sie sei unter den spanischen Oden „el exemplar mas excelente ó, por mejor decir, unico en su genero".

y oraciones", den er in seinen alten Tagen nach einigen kleinern lateinischen Abhandlungen, die man dem Thomas von Kempis zuschreibt, bearbeitet hat. Er ist in fließender, reiner castilischer Prosa geschrieben und
ist einer jener Tribute, den die Spanier von hohem Range so häufig den
Forderungen ihrer Kirche aus dem ängstlichen Wunsche zollten, jedem Ver-
dachte derselben zu entgehen und den Ruf unbefleckter Rechtgläubigkeit zu
hinterlassen. Er wurde mit größern Prätensionen auf typographische
Schönheit als die übrigen Werke des Prinzen in Brüssel 1661, drei Jahre
nach seinem Tode gedruckt. Borja hat ein Stück bei Gelegenheit, als dem
Prinzen Balthasar im Jahre 1632 feierlich gehuldigt wurde, geschrieben,
das auch im Palast aufgeführt, aber, wie ich glaube, nie gedruckt wurde.

Seite 167. Anmerkung 2.

Zarate wurde indessen zu seiner Zeit sehr bewundert und ein Sonett von ihm auf eine Rose wurde von jedermann höchlich gepriesen.
Gayangos citirt eine Ausgabe seiner „Poesias" von 1619, die dem
Herzog von Medina-Sidonia gewidmet ist, und erzählt, daß Zarate diesem Edelmann ein Exemplar seiner poetischen Werke übersandte, worauf
der Herzog ihm ebenso viele Goldkronen zurückschickte, als der Band Verse
enthielt.

Seite 168.

[Ueber Rebollebo siehe: Des Grafen Bernardino Rebollebo
Selvas danicas. Programm des Gymnasiums in Ploen. 1858. Von
J. Bendixen. (s. Archiv f. d. St. d. n. Spr. u. Lit. v. Herrig,
XXIII, 442—43.) W.]

Seite 168. Zeile 9 von unten.

Paulino de la Estrella, ein anderer Portugiese, der nach England
mit der königlichen Gemahlin Karl's II. kam und in London einen kleinen Band spanischer Gedichte meist im Romanzenmaß veröffentlichte;

Seite 168. Anmerkung 3. Zeile 3 von unten.

Paulino de la Estrella, „Flores del desierto cogidas en (sic)
el jardin de la clausura minoritica de Londres, offrecidas (sic) a la
Majestad de la Serenissima Reyna de la Gran Bretaña," etc. (1667,
18., 164 S.), ein sehr merkwürdiger Band, von dem ich ein Exemplar
im British Museum gefunden habe. Barbosa hat eine Notiz über den
Verfasser, der 1683 gestorben ist (Bibl., III, 616).

Zeile 2 von unten.

und in Ribadeneyra's Biblioteca (Bd. 32, 1854).

Seite 169. Dieselbe Anmerkung der vorhergehenden Seite. Zeile 3 von unten.

[*Sor Juana Inez de la Cruz*, por D. T. de Rojas, in der *Revista meridional* (Granada 1862, Nr. 1 fg.). A.]

Seite 170. Anmerkung zu Zeile 14 von oben.

Don Pascual de Gayangos citirt in einer Anmerkung zu dieser
Stelle in seiner Uebersetzung (III, 516 fg.) einige Cancioneros und an-

tere Werke, die religiöse lyrische Gedichte jener Periode enthalten; obwol diese Notizen ein größeres bibliographisches als literarhistorisches Interesse besitzen, so dürfen sie doch hier nicht ganz übergangen werden. Es sind folgende Werke: 1. Cancionero de *Juan de Luzon* (Saragossa 1508, 4.). 2. Cancionero de diversas obras, etc. por el Padre Fray *Ambrosio Montesino* (Toledo 1508, 4.); es ist dies dieselbe Person, die ich zu Ende des Abschn. 21 der ersten Periode erwähnt habe. 3. Flor de virtudes, etc. por *Alonso de Zamora* (Alcalá 1525). 4. Vergel de Nuestra Señora, übersetzt von Juan de Molina aus dem Valencianischen und veröffentlicht in Sevilla 1542. 5. Cancionero espiritual por el Rev. Padre *Las Casas* (Mexico 1546). 6. Cancionero espiritual de un Religioso (Valladolid 1549). 7. Vergel de flores divinas, por el Licenciado *Juan Lopez de Ubeda* (Alcalá 1588 und schon früher 1586, 1587). Endlich 8. Vergel de plantas divinas, etc. por Fr. *Arcangel de Alarcon* (Barcelona 1594). Die beste dieser Sammlungen und, wie ich glaube, die einzige von einiger Bedeutung ist der Vergel des Ubeda, aus dem Don Pascual gute Auszüge mitgetheilt hat. Seine Anmerkung war 1854 erschienen; im nächsten Jahre, 1855, kam aber (im 35. Bande von Ribadeneyra's Biblioteca u. d. T. „Romancero y cancionero sagrados" herausgeg. von Don Justo de Sancha) eine sehr umfangreiche und befriedigende Sammlung alles dessen, was von spanischer religiöser Lyrik lesenswürdig ist, heraus; sie ist nach passenden Rubriken, als Sonetos, Romances, Villancicos, Canciones u. s. w., abgetheilt, beginnt aber vielleicht nicht ganz passend mit den „Cor tedes la muerte", einem merkwürdigen, aber rohen Drama auf den Todtentanz von Miguel de Carvajal und Luis Hurtado. (Siehe über diesen letztern oben, Per. 1, Abschn. 11 und Per. 2, Abschn. 7, Anm.) Ueber die meisten dieser Gedichte, die Sancha so aus der Literatur des 16. und 17. Jahrhunderts gesammelt hat, habe ich bei Gelegenheit der Besprechung ihrer Verfasser, als eines Luis de Leon, Lope de Vega, Gregorio Silvestre, Pedro de Padilla, der Argensolas und vielleicht 40 oder 50 anderer, mich genügend ausgesprochen. Wegen der übrigen verweise ich die Wißbegierigen auf diesen Band, wo sie fast sicher alles finden werden, was sie suchen können; aber an diesem Platze wäre eine eingehendere Besprechung derselben nicht angezeigt.

Seite 171. Anmerkung 1.

Im dritten Bande der spanischen Uebersetzung dieser Geschichte (S. 523 fg.) führt Don Pascual de Gayangos noch einige lyrische Dichter mehr neben jenen an, von denen ich bereits mehr oder minder ausführlich in diesem Abschnitte gehandelt habe; — ihrer sind aber so wenige, daß mich die geringe Zahl derselben erfreut, da ich daraus ersehe, daß meine Nachforschungen nicht ganz fruchtlos waren. Der zuerst erwähnte ist Bartolomé Cayrasco de Figueroa, der 1540 auf den Canarischen Inseln geboren war und daselbst 1610 starb. Ich habe schon (Per. 1, Abschn. 2) Gelegenheit gehabt, seines „Templo militante", eines in Verse gebrachten Lebens der Heiligen, Erwähnung zu thun; er veröffentlichte denselben 1602 in Valencia, die vierte Ausgabe erschien 1615 (Lissabon, Fol.). Sein Stil ist affectirt und seine Gedichte sind sehr langweilig und schwerfällig. Der nächste ist Diego de Vera y Ordoñez, dessen „Heroydas belicas y amorosas" 1622 erschienen; er ist aber durch den *cultismo* der Zeit verdorben. Der dritte ist Antonio de Paredes, dessen „Rimas" (Cordoba 1623) mehr noch der guten Schule des vorhergehenden Jahrhunderts angehören. Viertens Geronimo de Porras, der in Antequera geboren war, wo er auch 1643 starb. Seine „Rimas varias", die daselbst 1639 erschienen sind, sind im allgemeinen ziemlich ungekünstelt, aber doch nicht mehr als die seines Freundes Montalvan. Der fünfte endlich ist Pedro Alvarez de Lugo, der wie Cayrasco auf den Canarischen Inseln geboren war und 1664 in Madrid seine „Vigilias del sueño" veröffentlichte. Der poetische Werth dieser fünf Dichter ist aber nur gering.

Seite 172. Anmerkung zu Zeile 5 von oben.

Poetische Satiren oder Libelle, die öffentlich circulirten und mitunter heimlich in die Häuser der Personen, die sie verspotteten, oder in die Kirchen geworfen wurden, scheinen zur Zeit Alfons' X. (1252—84) häufig gewesen zu sein und wurden durch sein Gesetzbuch streng bestraft (Part. VII, Tit. IX, Ges. 3, 20). Diese „Cantigas" oder „Rimas" oder „Dictados malos", wie sie hier genannt werden, waren höchst wahrscheinlich, wie ich glaube, im Romanzen=Versmaß und Stil geschrieben.

Seite 175. Anmerkung 1.

Poesias burlescas oder derbkomische und parodistische Gedichte nahmen zum großen Theil den Platz der eigentlich mit Recht so genannten satirischen Gedichte ein, und wenn nicht die Inquisition gegen dieselben wegen Unsittlichkeit oder aus andern weniger zu entschuldigenden Gründen auftrat, so erfreuten sie sich in Spanien eines großen Erfolgs. Von vielen Schriftstellern dieser Gattung habe ich bereits gesprochen, als z. B. von Castillejo, Mendoza, Quevedo u. s. w.; Gayangos führt in seiner Uebersetzung (III, 530 fg.) aber noch zwei oder drei derselben an, die, obwol verhältnißmäßig von nur sehr geringer Bedeutung, erwähnt werden müssen, weil sie diese Versgattungen pflegten. Sie sind erstens Jacinto Alonso Malvenda wegen dessen „Bureo de las Musas" (1631) und „Tropezon de la risa" (o. J.); s. Ximeno (I, 321) und Fuster (I, 252). Gayangos führt noch an „La cozquilla del gusto" (1629). Zweitens Luis Antonio, der 1658 in Saragossa seinen „Nuevo Plato de Manjares" erscheinen ließ, in dem die Romanzen und Letrillas als gut gerühmt werden.

Seite 176. Anmerkung 2 der vorhergehenden Seite.

Diego Mexia war aus Sevilla gebürtig, wurde aber ein *Oydor* in Ciubad de los Reyes (Lima) in Peru. Von da begab er sich 1596 nach Mexico. Er erlitt auf seiner Ueberfahrt beinahe Schiffbruch und

feine Landreife nach feinem Beftimmungsorte war fehr befchwerlich; während der drei Monate, die er auf diefen Reifen zubrachte, fchrieb er den
größten Theil diefer Ueberfetzungen, die er „las primicias de mi pobre
musa" nennt; nachdem er fie in Mexico vollendet hatte, fchickte er fie
alsdann zur Veröffentlichung nach feiner Geburtsftadt in Spanien. Er
fagt in feiner Vorrede, daß er fich der *terza rima* als befonders geeignet, das elegifche Versmaß der Lateiner zu überfetzen, bediene — welche
Behauptung ganz und gar der von Villegas ausgefprochenen entgegen-
gefetzt ift. (Siehe oben, I, 380, Anm. 1 und Anmerkungen von
Gayangos.)

[Ueber Diego Mexia f. auch Hijos ilustres de Sevilla (Sevilla
1850, S. 61). W.]

Seite 179. Anmerkung 4 der vorhergehenden Seite.

Siehe oben, II, 138, Anm. 6.

Seite 179. Anmerkung 4.

und ift wiederabgedruckt in der Biblioteca des Ribadeneyra, XXIX, 474.

Seite 179. Anmerkung 5.

Gayangos führt zwei andere poetifche Werke von Roxas an, „Los
rayos del Faeton" (1639) und „Parayso cerrado" (1652); beide find
werthlos, und diefes letztere, das die Schilderung eines Luftgartens enthält, den er auf dem Albaycin befaß, ift durch einen Grad von *Cultismo* entftellt, der felbft um die Mitte des 17. Jahrhunderts ungewöhn-
lich war.

Seite 181. Anmerkung 1.

Die Epigramme des Miguel Moreno, die der Regierungszeit Philipp's IV. angehören, die aber, wie ich glaube, nicht vor 1735 veröffentlicht wurden, hätten hier erwähnt werden können; fie find aber zum größten Theil fehr geiftlos. Es find ihrer gerade 200, und Ribadeneyra
hat fie im 42. Bande feiner Biblioteca wiederabdrucken laffen; es befinden fich aber kaum zehn darunter, die anmuthig oder geiftreich find.

Seite 183. Anmerkung 1 der vorhergehenden Seite. Zeile 17 von oben.

Die Ausgaben, die ich befitze, find ein kleiner Quartband, der 1552
mit gothifcher Schrift in Saragoffa gedruckt wurde, und zwei Bände in
Duodez, die 1563 und 1564 in Alcalá erfchienen; diefe letzten zwei find
eigentlich eine und diefelbe Ausgabe mit verfchiedenen Jahreszahlen auf
den Titelblättern. Gayangos führt eine Ausgabe von Murcia aus dem
Jahre 1518 an und fagt, daß Caftilla, als er diefe Gedichte fchrieb,
Gouverneur von Baza, Guadix und einigen andern Plätzen war. Dies
fcheint aber den Anfpielungen auf feine Zurückgezogenheit von den Ge-
fchäften zu widerfprechen, die in den Gedichten felbft vorkommen.

(Zufatz am Ende.)

Einige Gedichte Mendoza's ftehen im Cancionero von 1554. S.
oben, I, 343, Anm. 2.

Seite 184. Anmerkung zu Zeile 20 von oben.

Der Band mit dem Gedicht Murillo's: „Sobre las tres primeras palabras de las siete que dixo Christo en la cruz" enthält auch einige Gedichte von gleicher Länge und eine beträchtliche Zahl kürzerer, welche letztern den meisten Werth haben. Er führt den Titel: „Divina, dulce y provechosa poesia compuesta por el Padre Fray *Diego Murillo*" ec. (Saragossa 1616, 12., 264 Bll.). Die castilische Reinheit seines Stils ist für die Zeit seiner Veröffentlichung bemerkenswerth; ebenso merkwürdig ist dieser Band aber auch wegen der Roheit seiner religiösen Ideen. Die folgenden Zeilen aus dem Beginn eines Gedichts auf die heil. Theresa sind ein Beispiel von dem, was ich meine, und von damals sehr gewöhnlichen und für fromm geltenden Gefühlen.

> Quando Dios se enamoró
> Do vos, Teresa gloriosa,
> Y os escogió por esposa,
> Lo que en esto pretendió
> Fue una sucesion copiosa.
>
> Bl. 205 b.

Ebenso starke Stellen finden sich in dem Gedicht auf die „Maddalena". Murillo war 1555 geboren und starb 1616; — der Band mit seinen Gedichten erschien nach seinem Tode und galt ohne Zweifel in Vergleich mit seinen Predigten und religiösen Werken in Prosa für gering von Bedeutung. Es darf auch nicht unerwähnt bleiben, daß er zu jenen gehörte, die es aufgaben, die alten Privilegien Arragoniens Philipp II. gegenüber aufrecht zu erhalten (Latassa, Bibl. nueva, II, 206).

Seite 185. Anmerkung 2. Zeile 6 von unten.

Cespedes war ein Freund des großen Erzbischofs Carranza, der, nachdem er Karl V. die letzten Tröstungen der Religion gespendet hatte u. s. w.

(Zusatz.)

Ein ausgezeichneter Bericht über Cespedes steht in Stirling's Artists of Spain (1848, I, 321—44).

Seite 186. Anmerkung 1. Zeile 4 von oben.

... *Selvas danicas*, von denen eine Ausgabe mit einem schön gestochenen Porträt des kleinen Prospero, Sohnes Philipp's IV., existirt, dem die Ausgabe am 3. Jan. 1661 von Kopenhagen aus, wo sie gedruckt wurde, gewidmet ist.

(Zusatz.)

Gayangos erwähnt zwei andere bidaktische Gedichte, die aber kaum diesen Namen zu verdienen scheinen. Das eine ist „Tropheo del oro" zur Verherrlichung der Macht des Goldes von Blasco Pelegrin Cathalan (Saragossa 1579), das andere ist „Elogio a el retrato de Philippo IV." von Don Pedro Geronimo Galtero (Sevilla 1631).

Seite 186. Zeile 3 von unten.

Miguel Dicastillo oder Del Castillo

Seite 187. Anmerkung 1.

Die dritte Ausgabe von 1679 enthält Zusätze von Aguſtin Nagore, „otro monje de la misma cartuxa"; — die bedeutendſten ſind zwei Sonette, zwei achtzeilige Strophen und eine Romanze, die der Vorrede des „Adicionador" unmittelbar vorangeht; es ſind lauter Akroſtichen, in denen der Mönch eine weltliche Liebe verräth.

Ein anderes beschreibendes Gedicht muß hier noch genannt werden: „El triumpho mas famoso ec. por *Gregorio de San-Martin*" (Liſſabon 1624, 4., 158 Bll.). Es iſt eine Erzählung von dem Beſuch Philipp's III. in Liſſabon 1619, — ſeinem feſtlichen Einzuge daſelbſt — und den prächtigen Feſtlichkeiten, die ihm zu Ehren von einem Volke gegeben wurden, das ihn und ſeinen Stamm unverſöhnlich haßte. Das Gedicht iſt in ſechs Geſänge getheilt und umfaßt ungefähr 900 achtzeilige Strophen. Sein Verfaſſer war ein Verwandter Lope de Vega's, beſaß aber wenig von Lope's dichteriſcher Begabung. Der intereſſanteſte Theil ſeines Werks iſt der Bericht im fünften Geſange von einer prachtvollen dramatiſchen Aufführung, die zu Ehren des königlichen Hofs von den Mönchen des St.=Antoniuskloſters gegeben wurde; — dieſer Fall beweiſt deutlich, wie ſehr die Geiſtlichen des 17. Jahrhunderts das Theater unterſtützten. (S. oben, II, 83, Anm. 1.)

Gayangos erwähnt ein Gedicht über denſelben Gegenſtand von Basco Mauſinho de Quevedo. Es heißt „Triunfo del monarca Filippe III." und wurde in ſechs Geſängen und in ottave rime gedruckt. Eine Notiz über den Verfaſſer, der zu den bedeutenden Dichtern Portugals gehört, ſteht bei Barboſa, Bibl. (1752, III, 777).

Seite 190. Anmerkung 1. Zuſatz.

Ich habe eine Ausgabe des Fuentes von 1550 citirt gefunden; dies iſt aber ohne Zweifel ein Irrthum.

[Keineswegs; ſ. Amador de los Rios, Hist. crit. de la lit. esp. (III, 478), der die Ausgabe von 1550 ſelbſt gebraucht hat. W.]

Seite 191. Anmerkung 1.

Der „Romancero historiado" des Lucas Rodriguez (Alcalá 1579) gehört hierher; ich habe ihn aber nie geſehen. Duran druckt in ſeinem Romancero (1849—51) über 60 Romanzen aus demſelben ab und ſagt, daß mehr als die Hälfte des Bandes von Rodriguez aus Gedichten dieſer Gattung beſtehe, die, wenn ſie auch nicht mehr im ſtreng volksthümlichen Tone abgefaßt ſind, ihm doch näher als die meiſten folgenden ſtehen.

Seite 194. Anmerkung 1. Zeile 3 von oben.

und geſammelt von Damian Lopez de Tortajaba.

Seite 194. Anmerkung 8.

Segura ließ auch erſcheinen: „Primera parte del Romancero historiado" ec. (Liſſabon 1610, 12., 182 Bll.). Er war ein Spanier von Geburt, hatte aber lange Zeit in Dienſten Portugals geſtanden, deſſen Könige er in dieſen 38 Romanzen verherrlichte. Sie ſind im ganzen ſehr ſchwach; die beſten ſind, wie ich glaube, 13—18 über die Eroberung Liſſabons. Sein „Rosario sacratissimo" (Saragoſſa 1613, 12., 156 Bll.) in fünf Geſängen iſt ebenſo unbedeutend.

Seite 195. Anmerkung 4 der vorhergehenden Seite.

Dieſen ſollte noch Gabriel Laſſo de la Vega's „Manojuelo de ro- mances" hinzugefügt werden, der 1587 erſchien und den ſowie die ſpä- tern Veröffentlichungen des Laſſo de la Vega Duran in ſeinem „Roman- cero general" benutzt hat.

Seite 196. Anmerkung 1.

Es darf nicht unerwähnt bleiben, daß das Drama, welches den Romanzen ſo viel verdankte, zum Theil ſeine Schuld zurückgezahlt hat; denn viele volksthümliche, noch curſirende Romanzen ſind den langen Erzählungen in den Stücken des 17. Jahrhunderts entnommen. Ich beſitze viele ſolche, und Wolf theilt ein Verzeichniß noch mehrerer mit (Studien, S. 395—98).

Seite 200. Anmerkung 3 der vorhergehenden Seite. Zeile 1 von oben.

Anſtatt „wol aber in allen folgenden Ausgaben" lies: „wol aber in einigen folgenden Ausgaben."

(Zuſatz nach dieſer Zeile.)

Die erſte mir bekannte, in der ſie vorkommt, iſt eine von Alonſo de Ulloa (ſ. oben, I, 377, Anm. d. vorherg. S.) in Venedig 1568 in 18. veranſtaltete, auf deren Titelblatt Ulloa ſagt: „Hanse añadido en *esta* ultima impresion los verdaderos amores de Abencer- rage y la hermosa Xarifa", — daraus möchte ich ſchließen, daß Ul- loa, der etwas frei mit den ſpaniſchen Büchern umſprang, die er wieder- abdrucken ließ, der erſte war, der die Geſchichte von Narvaez in den Roman des Montemayor aufnahm, bei dem ſie, wie ich meine, ſeitdem beſtändig verblieb.

(Zuſatz zum Ende.)

Sir Philipp Sidney überſetzte zwei oder drei der kürzern Gedichte in der Diana des Montemayor; das eine aus dem erſten Buche, das ſo beginnt: „Cabellos, quanta mudanza", iſt ihm ſehr wohl gelungen. Es war natürlich, daß der Verfaſſer der Arcadia mit Montemayor ver- traut war, beſonders da er zu einer Zeit erzogen worden war, in der man der ſpaniſchen Literatur in England große Aufmerkſamkeit ſchenkte.

Seite 201. Anmerkung zu Zeile 14 von oben.

Die überaus große Beliebtheit von Montemayor's Diana verurſachte nicht nur viele Nachahmungen derſelben, die ſpäter erwähnt werden ſol- len, ſondern gab auch Anlaß zu einer merkwürdigen Traveſtirung der- ſelben zu religiöſen Zwecken, die den Traveſtirungen der Gedichte des Garcilaſſo de la Vega ähnlich iſt. Das fragliche Werk führt den Titel: „Primera parte de la Diana a lo divino repartida en siete libros compuesto por el muy Reverendo Padre Fray *Bartholomé Ponce*," etc. (Saragoſſa 1599, 12.; bie Druckerlaubniß ift aber von 1571 datirt und eine Ausgabe erſchien 1581 in. Saragoſſa). Sein Zweck ift bie Verherrlichung der Jungfrau Maria. In der Dedicatoria del autor al prudente lector ſagt Fray Bartholomé, daß, als er ſich 1559 in Angelegenheiten ſeines Kloſters am Hofe befunden habe, er jedermann bie Diana des Montemayor leſen geſehen habe, — „la qual", fährt er fort, „era tan acepta quanto yo jamas otro libro en Romance aya visto" — und baß er deshalb bie Bekanntſchaft Montemayor's geſucht habe und mit ihm bei einem Freunde zuſammengetroffen ſei. Das Reſultat ihres Verkehrs war, daß der Mönch dieſe geiſtliche Parodie der Diana in der nämlichen Anzahl Bücher und mit parallelen Charakteren ſchrieb, an deren Schluß er eine Fortſetzung ankündigte, bie nie erſchienen ift. Er ſpielt auf Montemayor's Tod in einem langweiligen Gedicht an und ſcheint ihn als ein Strafgericht des Himmels angeſehen zu haben. Der Mönch ſtarb um 1595, und eine kurze Notiz über ihn ſteht bei Lataſſa, Bibl. nueva (I, 569). Das einzige Exemplar, das ich je von dieſem ſehr abſonderlichen Buche geſehen habe, gehört Herrn Victor Couſin in Paris, der es von Fauriel geerbt hat.

Seite 201. Anmerkung 1.

Lies nun: Die erſte angeführte Ausgabe (Antonio, Bibl. nova, I, 139) ift von 1564, und es exiſtiren andere mit der Diana des Montemayor zuſammengedruckte: Venedig 1568, 1585, Barcelona 1614 u. ſ. w.; aber ſie war wenig beliebt und ift, wie ich glaube, nach 1564 nie mehr allein gedruckt worden. Die Ausgaben von 1568 und 1614, bie ich beſitze, ſind merkwürdig.

Seite 202. Anmerkung 2.

Dieſe Anmerkung lautet jetzt: Es exiſtirt ein dritter Theil u. b. T.: „La Diana de Montemayor, nueuamente compuesta por *Hieronymo de Texeda*, castellano interprete de lenguas, residente en la villa de Paris" etc. (a Paris 1627, a costa del auctor). Er ift dem Prinzen von Joinville gewidmet und füllt zwei Bände — der erſte von 346 und der zweite von 394 Seiten —; mein Exemplar ift aber in einen Band gebunden und ſcheint mir mehr als ein Titelblatt gehabt zu haben. Der caſtiliſche Stil des Ganzen ift einfach, aber trocken und bie Erfindung ganz werthlos; — gelegentlich müſſen alte und wohlbekannte Geſchichten wie bie vom Cid im ſechsten Buche, — von den Abenceragen im ſiebenten, — von dem von Mauregato erpreßten Tribut der 100 Jungfrauen im neunten und andere zur Ausfüllung bienen. Am Ende des zehnten und letzten Buchs wird ein vierter Theil verſprochen, der glücklicherweiſe aber nie erſchienen ift.

Seite 202. Anmerkung 3.

Seine Diana wurde von Kaspar Barth (ſ. oben, Per. 1, Abſchn. 13, I, 222, Anm. 1 b. vorherg. S.) unter dem Namen „Erotodidascalus

sive Nemoralium libri V" (Hannover 1625, 12., 315 S.) ins Lateinische übersetzt. Einige metrische Uebertragungen sind sehr gelungen.

Gayangos citirt unter den ältesten Nachahmungen der Diana eine von Hyeronimo de Arbolanches, die von einer der Hauptpersonen, Abido, den Titel „Las Havidas" (Saragossa 1566) führt. Die Geschichte ist seltsam und theilweise widrig, Gayangos nennt aber einige Gedichte darin lesenswürdig.

Er ertheilt dasselbe Lob dem „El prado de Valencia", der zu Ehren Philipp's III. und des Herzogs von Lerma verfaßt ist, die darin in der Verkleidung von Schäfern erscheinen; in demselben kommen zwei *Certamenes* oder dichterische Turniere vor, in denen Lopez Maldonado, El Capitan Artieda, Guillen de Castro und andere bekannte Dichter der Zeit auftreten. Er kam 1601 in Valencia heraus.

Seite 203, Anmerkung 3, vorletzte Zeile von unten

muß es heißen, statt: Dieses Gedicht des Tansillo ist viermal ins Spanische übersetzt worden: ist sechsmal u. s. w.

Seite 204. Anmerkung 3.

Jedenfalls hätten die „Tragedias de Amor" des Juan Arze Solorzano, die 1604 und wieder 1607 herauskamen, genannt werden müssen, wenn dieses Schäfergedicht in Prosa nicht gar so unbedeutend wäre, daß es selbst die Nennung kaum verdient. Der Verfasser hat es noch sehr jung in 15 Eklogen, wie er die Bücher, in die es eingetheilt ist, nennt, geschrieben, und veröffentlichte es in seinem achtundzwanzigsten Jahre; er ließ aber nur fünf von diesen 15 Büchern erscheinen, zu deren jedem er nach der Mode der Zeit eine sehr schwache allegorische Auslegung hinzufügte.

Seite 207. Anmerkung 5 der vorhergehenden Seite.

Die „Filis" ist zum größten Theil eine Geschichte seines eigenen Lebens und seiner Abenteuer.

Seite 211. Anmerkung zu Zeile 15 von unten.

Von diesen armen, stolzen Hidalgos, wie er sie 1525 in Toledo sah, liefert Navagiero durch einen einzigen Zug ein lebendiges Bild: „De' cavalieri pochi sono che habbino molta intrata; ma, in loco di quella, suppliscono con superbia, ò, come dicono loro, con fantasia, della quale sono si ricchi, che, se fossero eguali le facultà, non bastaria il mondo contra loro (ed. 1563, Bl. 10).

Seite 212. Anmerkung 1.

Die Wirkung der Reichthümer beider Indien auf den Verfall der Sitten des spanischen Volks und namentlich der mittlern und niedern Klassen desselben wird von Campanella in seinem merkwürdigen Discursus hervorgehoben, den er im Kerker schrieb, um Philipp IV. zu überreden, nach der Universalmonarchie zu streben, und ihm die Mittel zur Erlangung derselben anzudeuten. Er sagt: „Vere affermare possumus, mundum novum quodammodo perdidisse mundum veterem", und fügt hinzu, daß die Menschen alles für amerikanisches Gold opferten — „mancipantes seipsos fertilitati ·pecuriae et divitum domibus". (*Th. Campanellae* de monarchia hispanica discursus, ed. Elzevir., 1640, Kap. 16, S. 170, 171.)

Seite 212, Zeile 11 von unen
lies statt 1554: 1553.

Seite 214. Anmerkung 1.

Wenn die in der vorhergehenden Anmerkung erwähnte Vermuthung Clemencin's richtig ist, so sollte ich meinen, daß Cervantes diese Angabe des Freundes Aleman's lächerlich machen wollte, wenn er Don Quixote von dem ersten Theile seiner eigenen Geschichte sagen läßt: „Treinta mil volúmenes se han impreso de mi historia, y lleva camino de imprimirse treinta mil veces de millares si el cielo no lo remedia" (Thl. II, Kap. XVI).

Seite 214. Anmerkung zu Zeile 2 von unten.

In der Ausgabe des ersten Theils, die 1600 in Brüssel gedruckt wurde (und wahrscheinlich auch in der ersten, 1599 gedruckten Ausgabe), sagt Aleman, daß der zweite Theil schon geschrieben sei und, wie dies in dem echten zweiten Theile wirklich geschieht, mit Guzman's Galerenstrafe enden solle; — dies bestätigt seine spätere Behauptung von der Plünderung seiner Handschrift für den unechten zweiten Theil, der erst 1603 erschien und in derselben Weise endigte.

Seite 214. Anmerkung 3.

(Diese Anmerkung ist ganz umgearbeitet, sodaß die der frühern Ausgabe nicht mehr zu berücksichtigen ist.)

Ueber die erste Erscheinungszeit dieser zwei zweiten Theile hat in den verschiedenen Angaben einige Verwirrung geherrscht; denn beide gehören zu den seltensten Büchern in der castilischen Literatur. Ich besitze aber beide und bin über diesen Punkt im Klaren.

Der unechte zweite Theil wurde zuerst in Madrid 1603 u. d. T. gedruckt: „Segunda parte de la vida del Picaro Guzman de Alfarache, compuesta por *Mateo Luxan de Sayavedra*, natural vezino de Sevilla" (con licencia, en Madrid en la imprenta real, 1603, 12., 437 S.). Die eine *Aprovacion* desselben ist von Valencia, 8. August 1602 und die andere von Valladolid, 31. Mai 1603 datirt; — die Druckerlaubniß ist vom 1. Juli 1603 aus Valladolid, die Tassa vom 3. September 1603, — und eine einigermaßen versteckenspielende Vorrede des Francisco Lopez, des Buchhändlers und Verlegers desselben, ist vom 23. September 1603 datirt.

Der echte zweite Theil wurde zuerst in Valencia 1605 unter dem folgenden Titel gedruckt: „Segunda parte de la vida de Guzman de Alfarache, atalaya de la vida humana, por *Mateo Aleman*, su verdadero autor. Y advierta el letor, que la segunda parte que salió antes desta *no era mia;* solo esta reconozco por tal. Dirigida" etc. (Valencia 1605). Die Druckerlaubniß ist vom 22. September 1605 aus Valencia datirt, und die *Aprovacion,* die gleich der ersten des fal= schen zweiten Theils von Petrus Joannes de Assensius ausgestellt ist, ist vom 17. October 1605 datirt. Aleman scheint daher denselben ab= sichtlich in der Stadt, in der Marti lebte, und in der für diesen ver= letzendsten Weise haben erscheinen lassen. Er ist dem Don Juan de Mendoza gewidmet; demselben geht eine gegen den falschen zweiten Theil sehr bittere Vorrede und die schon erwähnte Lobrede des Alferez Luis de Valdes voran. Dieser Theil umfaßt 585 Seiten in Duodez, denen die *Tabla,* ein lateinisches Epigramm und ein spanisches Sonett zu Ehren des Werks von einem portugiesischen Mönch, Namens Lope, folgen. [Vgl. jedoch Wien. Jahrb. d. Lit., CXXII, 105, wo eine Ausgabe des zweiten Theils von Aleman (Mailand 1603) angeführt wird, die sich auf der Wiener Hofbibliothek befindet. W.]

Jeder dieser beiden zweiten Theile verspricht einen dritten, der nie erschienen ist.

Seite 216. Zeile 23 von oben.

Die erwähnten Verse des Ben Jonson lauten:

„The spanish Proteus, which, though writ
But in one tongue, was formed with the world's wit,
And hath the noblest mark of a good booke,
That an ill man doth not securely looke
Upon it; but will loathe or let it passe,
As a deformed face doth a true glasse."

Seite 218. Letzte Zeile von unten.

Statt 1540 lies: 1551.

Seite 219. Anmerkung 1.

Espinel scheint aber nun in der Stadt und Gegend, die er so sehr liebte, ganz vergessen zu sein. Ein Engländer erkundigte sich hier 1849 angelegentlich um seinen Marcos de Obregon, und die Leute wußten nicht, ob er „von einem Mann oder einem Buche" spräche (W. G. Clarke, Gazpacho. London 1850, S. 199).

Seite 219. Anmerkung 5.

Dies muß aber ein Irrthum sein, wenn Navarrete die Taufe Es= pinel's richtig auf den 28. December 1551 ansetzt. Siehe Bibl. de Aut. esp. (1854, XXXIII, lxxv, 2. Anm.).

Seite 220. Anmerkung 7 der vorhergehenden Seite.

Die erste Ausgabe wurde von Juan de la Cuesta gedruckt, der im selben Jahre 1618 eine Ausgabe des zweiten Theils von Lope de Vega's *Comedias* veröffentlichte, in deren Vorrede er sagt, er habe Espinel 100 Goldkronen für den Marcos de Obregon bezahlt; er klagt aber, daß der Absatz desselben, der Araucana und anderer Bücher, die er aufzählt, sehr durch den Nachdruck räuberischer Verleger gelitten habe.

Seite 221. Anmerkung 2 der vorhergehenden Seite. Zur vorletzten Zeile.

Lies anstatt: wirklich abgeschmackt: ebenso abgeschmackt als Vol-

taire's Orthographie des Titels dieses Buchs, das er offenbar nie ge=
sehen hatte und von dem er auch nur sehr wenig gehört haben konnte.
Seite 221. Zu Zeile 7 von unten.
Des Yañez „Alonso" ist dem Marcos de Obregon zu ähnlich.
Seite 222. Zeile 7 von oben.
Des Castillo Solorzano „*Harpias de Madrid y coche de esta-
fas*", vier Erzählungen von vier schlauen Weibern, die leichtgläubige
Männer plündern, erschien 1631.
Seite 223. Anmerkung 1. Zeile 3 von unten.
(daß Antonio Enriquez Gomez 1638 nach Frankreich) und später
nach Holland geflohen.
Seite 223. Anmerkung 2.
Der Roman des Gonzalez, der mitunter dem Guevara, dem Ver=
fasser des „Diablo cojuelo", zugeschrieben wurde u. s. w.
(Zusatz.)
Ein anderes Werk, das mit dem Zustande der Gesellschaft, die den
Estevanillo hervorbrachte, im Zusammenhange steht und diese merkwür=
dige Geschichte erläutert, darf nicht ganz mit Stillschweigen übergangen
werden. Es führt den Titel: „La vida del falso Nuncio de Portugal,
Alonso Perez de Saavedra." Mein Exemplar desselben hat keine Jah=
reszahl auf dem Titelblatte, scheint aber 1739 gedruckt worden zu sein;
die Geschichte selbst ist aber einer Handschrift des Escurials aus der Zeit
Philipp's II. entnommen. Es ist die wirkliche oder angebliche Selbstbio=
graphie eines ausgezeichneten Schelms von niederm Ursprunge, der wäh=
rend der Regierung Karl's V. durch eine Reihenfolge glücklicher Aben=
teuer hoch genug stieg, um sich an dem portugiesischen Hofe als päpst=
lichen Nuntius (eine der ersten geistlichen Würden) auszugeben und, wie
er behauptet, die Inquisition in diesem Königreiche 1539 einzuführen.
Spuren von diesem portugiesischen Abenteurer finden sich in Geschichts=
werken schon bei Gonzalo de Illescas, der in seiner „Historia ponti-
fical" von 1574 diese Geschichte als eine Begebenheit seiner eigenen Zeit,
an die er glaubte, erzählt und über Saavedra hinzufügt: „Ich sah ihn
später in Sr. Majestät Galeren rudern, woselbst er viele Jahre blieb."
Luis de Paramo erzählt 1598 die nämliche Geschichte und Pedro de
Salazar 1603, — sodaß es außer Zweifel steht, daß ein vom Erfolge
begünstigter Betrüger des Namens Saavedra in der Zeit Karl's V. und
Philipp's II. lebte. Feyjoo macht es aber auch in seinem „Teatro critico" (Tom. VI, Disc. 3, zuerst 1734 gedruckt) unzweifelhaft, daß der
Theil der Erzählung, der sich auf die Einführung der Inquisition in
Portugal bezieht, eine Erfindung sei. Ob diese merkwürdige Selbstbio=
graphie zuerst genau in der Form, in der wir sie jetzt besitzen, gedruckt
wurde, weiß ich nicht; ich besitze aber zwei Exemplare eines Stücks un=
ter dem nämlichen Titel: „El falso Nuncio de Portugal", das der
Hauptsache nach dieselbe Geschichte enthält; das eine Exemplar ist ohne

Jahreszahl und das andere 1769 gedruckt; dieses Stück scheint im Beginn des 18. Jahrhunderts sehr beliebt gewesen zu sein und mehr als die Prosaerzählung den kritischen Zorn des Feyjóo erregt zu haben. Ich habe schon oben (Abschn. 29, S. 141, Anm. 1) den Pastetenbäcker von Madrigal erwähnt, der (auch in der Zeit Philipp's II.) gehangen wurde, weil er sich für den König Sebastian von Portugal ausgab, und der wie der falsche Nuntius zum Träger eines Stücks gemacht wurde.

Beide sind für uns merkwürdig und selbst bedeutend, da sie einige Elemente eines Zustandes der Gesellschaft enthüllen, der dem Gusto picaresco im Romane den Ursprung gab und denselben rechtfertigte.

Seite 226. Anmerkung 2.

Wie aber Gayangos richtig bemerkt, stammten diese Versuche und die ähnlichen frühern des Diego de San Pedro und anderer, die zu Ende des 22. Abschnitts der ersten Periode erwähnt wurden, aus Italien und erwiesen sich bald als zu schwach, um gegen die Ritterromane ankämpfen zu können.

Seite 226. Anmerkung 3.

Sie sind im Tone der Ritterromane gehalten und charakterisiren den Uebergang in unverkennbarer Weise.

Seite 227. Anmerkung 1.

Die „Selva de aventuras" wird auch manchmal „Lozman y Arbolea" genannt.

In derselben Anmerkung, Zeile 3 von unten

lies statt: einen Band mit Allegorien: mit Lobreden.

[Ueber Contreras vgl. auch Serapeum, 1855, Nr. 8 und 9, von Seidemann. W.]

Seite 229. Anmerkung 1.

Romero sagt in seinen „Paseos por Granada" (1764, 4., T. I, Paseo XXV), daß sich in Granada jeder Vater unglücklich fühlte, wenn er seinem Sohne bei seinem Eintritt in die Schule nicht ein Exemplar der „Guerras civiles" mitgeben konnte, sodaß das Volk, das dieses Werk schon in den Kinderjahren las, alles darin für wahre Geschichte hielt, — eine Thatsache, die dem guten Romero weit mehr Kummer verursachte, als nöthig war.

Seite 230. Anmerkung 1.

Aehnliche Behauptungen von einem arabischen Original des Romans werden in der Vorrede einer französischen Uebersetzung desselben von A. M. Sané aufgestellt (Paris 1809, 2 Bde.). Auf S. XLVII führt er verschiedene französische Nachahmungen desselben an, als deren erste er die „Guerres civiles de Grenada" von Mlle. de la Roche Guillon bezeichnet, die ich nie gesehen habe, von der ich aber vermuthe, daß sie vielmehr eine 1683 erschienene Uebersetzung von Hita's Werk als eine Nachahmung desselben war.

Seite 232. Anmerkung 2.

Ich glaube, daß Quinault einigermaßen mit dem Romane des Hita bekannt war, als er 1654 seine „Généreuse ingratitude" schrieb; denn die Aehnlichkeiten zwischen den beiden lassen sich auf eine andere Art nicht leicht erklären.

Seite 233. Anmerkung 2.

Der Gerardo leidet stark am Gongorismus, der Pindaro weniger; aber seine Geschichten sind unzusammenhängender und ausschweifender.

Seite 237. Anmerkung 1.

Vielleicht sollte auch ein unvollendeter Roman nicht ganz übergangen werden, der u. d. T.: „Engaños y desengaños del profano amor" um 1686 von Don Joseph Zatrilla y Vico, Grafen von Villasalto u. s. w., in Cagliari in Sardinien geschrieben wurde; er ist aber gänzlich werthlos, obwol sein Stil besser als der damals gewöhnliche war. Der Zweck desselben ist eine religiöse Warnung gegen zügellose Leidenschaft. Ich kenne ihn nur in der Ausgabe von Barcelona (1737, 4., 391 S.), meine aber, daß er ursprünglich in zwei Bänden gedruckt wurde.

Seite 238.

[Ueber den spanischen Begriff des Wortes *Novela* s. auch: Discurso leido ante la real academia española en la recepcion publica de Don *Candido Nocedal* el dia 15 de mayo de 1860 (Madrid 1860, 4.), sobre el genero literario que se conoce con el nombre de *novela*. W.]

Seite 238. Anmerkung 1.

Es existirt eine Ausgabe von 1561 und wahrscheinlich noch eine frühere; wiederabgedruckt wurde es im dritten Bande der Biblioteca de Aut. esp. (1846).

Seite 239. Anmerkung zur vorletzten Zeile von unten.

Gayangos bezweifelt, daß Conde diese Geschichte bei irgendeinem arabischen Historiker gefunden habe, und fügt hinzu, daß Conde namentlich in seinem dritten Bande häufig sich an die alten spanischen Chroniken gehalten habe.

Seite 240, Anmerkung 1. Zeile 12 von oben

lies: von dem Corsen Francisco Balbi de Correggio u. s. w.

Seite 242. Anmerkung 1.

Wiederabgedruckt in der Biblioteca de Aut. españoles (Bd. 36, 1855). .

Seite 242. Vorletzte Zeile.

Salas Barbadillo starb 1635.

Seite 243. Anmerkung 1.

Scarron nahm Stücke aus derselben heraus, die er in der Weise, in der er mit andern spanischen Dichtungen verfuhr, umänderte und für

11 *

feine Geſchichte „Les hypocrites" benutzte (Nouvelles tragicomiques, Paris 1752, Bd. 1).

Seite 244. Anmerkung 3. Zeile 3 von oben.

Statt Rodumuntadas lies *Rodomontadas.*

Es darf indeſſen nicht mit einem Bändchen ſehr unbedeutender Späße verwechſelt werden, das faſt denſelben Titel hat: Rodomontadas española; es wurde 1675 in Venedig ſpaniſch, italieniſch, franzöſiſch und deutſch gedruckt.

Seite 244. Anmerkung 4.

Ins Engliſche überſetzt von Philip Ayres, dem Versmacher, und 1670 gedruckt.

Seite 244. Anmerkung 5. Zeile 1 von oben.

Don Diego de Noche bedeutet einen Ritter, der bei Nacht ver= mummt auf Abenteuer ausgeht. Es iſt ein *sobriquet.*

(Zuſatz.)

Zwei andere Dichtungen von Barbadillo, die in einem von dem der vorhergehenden etwas abweichenden Tone, aber mit nicht weniger Geiſt geſchrieben ſind, ſollen hier noch erwähnt werden. Die erſte iſt: „El sagaz Estacio, marido examinado" (Madrid 1620, 12., 155 Bll.), eine dramatiſche Geſchichte in drei Acten, der dieſelbe Idee wie Fletcher's „Rule a wife and have a wife" zu Grunde liegt; — Eſtacio, der Held, benimmt ſich einer reichen Dame gegenüber als ein fügſamer Ein= faltspinſel, während er um ſie wirbt, beherrſcht ſie aber mit vielem Geiſte, ſowie ſie ſein Weib geworden iſt. Die andere iſt: „Las fiestas de la boda de la incasable mal casada" (Madrid 1622, 12., 167 Bll.) und erzählt die Vermählung einer Dame von großem Vermögen, Geiſt und körperlichen Vorzügen mit einem Dummkopf, den ſie abſichtlich aus lächerlicher Eitelkeit wählt, um durch den Contraſt mehr zu glänzen, wofür ſie von einer Schar muthwilliger Studenten in einer Reihenfolge dramatiſcher und anderer Unterhaltungen, die dieſe dem neuvermählten Paare geben, gründlich lächerlich gemacht und gepeinigt wird; das Ganze endigt mit der erklärten Ungnade des einfältigen Bräutigams. Jede dieſer Erzählungen iſt in Proſa, untermiſcht mit Verſen, und die letztere zeigt auf eine lebhafte Art, wie Theatervorſtellungen auf Privatbühnen zu den Zeiten Philipp's III. und IV. aufgeführt wurden.

Seite 244, letzte Zeile von unten

lies ſtatt: Sein letztes Werk: Ein ſpäteres Werk.

Seite 245

bleibt Zeile 4 von oben: als er gleich darauf ſtarb, und Zeile 5 weg, und lies dafür: Das letzte Werk aber, das, obwol es ſchon früher ge= ſchrieben worden war, während ſeines Lebens veröffentlicht wurde, war eine Reihe von ſatiriſchen Charakterzeichnungen u. d. T.: „El curioso y sabio Alexandro", deſſen Druckerlaubniß im October 1634, wenige Monate vor ſeinem Tode, erneuert wurde.

Seite 245. **Anmerkung 1.**

Es wird als ein nachgelassenes Werk angekündigt; die *Tassa* ist aber vom 9. Juli 1635 datirt, und er starb am nächsten Tage. Gayangos erwähnt noch einige Erzählungen mehr von Salas Barbadillo, als z. B. „Correccion de vicios" (1615), — „El subtil Cordoves Pedro de Urdemalas" (1620), — „El cortesano descortes" (1621), — „La sabia Flora Malsabadilla" (1621) — und „La estafeta del dios Momo" (1627). Eine fast ganz vollständige Liste seiner Werke findet sich bei Alvarez y Baeza, a. a. O.

Seite 246, **Anmerkung 1.** Zeile 3 von oben

lies anstatt: Leibarzt der Königin: Secretär der Königin.

Seite 246. **Anmerkung zu Zeile 2 von unten.**

Gayangos bezweifelt diese Etymologie. Es kann mir nicht einfallen, meine Meinung in etwas, das sich auf arabisches Wissen bezieht, ihm gegenüber verfechten zu wollen; ich will daher nur bemerken, daß ich meine Erklärung des Wortes *cigarral* aus Covarrubias *ad Verb.* und aus dem größern Wörterbuche der spanischen Akademie schöpfte. Ich vermuthe indessen, daß Gayangos den arabischen Ursprung zugibt, aber nur diese besondere Form des Wortes bezweifelt.

Seite 247. **Anmerkung 1.**

Die köstliche Erzählung von den „Tres maridos burlados" in den Cigarrales läßt uns dies als einen Verlust bedauern.

Die Obstgärten, die Bourgoing bei Toledo fand, als er sich daselbst gegen das Ende des 18. Jahrhunderts aufhielt, werden von ihm als durchaus nicht reizend geschildert. (Voyage en Espagne, 1789, III, 323.) Sie waren, wie ich vermuthe, zur Zeit Tirso's kaum besser. In der That besaßen aber, wie Bourgoing an einer andern Stelle bemerkt hat, die gebildetern und wohlhabendern Klassen des spanischen Volks wenig Sinn für das Landleben. „Les plaisirs innocens et sains de la campagne leur sont à peu près inconnus. ... Il seroit facile de compter leurs maisons de campagne", etc. (II, 310). Dies hängt vielleicht mit ihrer Schwäche in der beschreibenden Dichtung und Landschaftsmalerei zusammen (s. oben, Bd. 2, Abschn. 27, S. 110, Anm. 1 und ebendas., Abschn. 31, S. 187).

Seite 248. **Anmerkung 1.** Zeile 2 von oben.

In der Vorrede zum ersten Bande seiner Comedias sagt er, daß sechs Auflagen derselben binnen zwei Jahren erschienen seien, und verspricht, dadurch ermuntert, einen zweiten Theil, woran ihn seine Krankheit schon im nächsten Jahre verhinderte.

Seite 248. **Anmerkung 2.**

Im „Para algunos" werden zwei Personen auf einer Wallfahrt zu Unserer lieben Frau von Guadalupe uns vorgeführt. Sie kehren in dem Hause eines Freundes einer derselben ein, lesen ein Stück des Pos .

Reyes (El agravio agradecido), besprechen sich über die Zauberei und erzählen zwei lange Geschichten, die auf dieselbe Bezug haben, worauf sie dann ihre Reise fortsetzen. Das Ganze ist in Treze discursos eingetheilt und sehr sorgfältig gearbeitet.

(Zusatz.)

Ein unbedeutendes Werk derselben Gattung von El Maestro Ambrosio Bondia erschien in Saragossa (1651, 4., 676 S.) u. d. T.: „Cythara de Apolo i Parnaso en Aragon" etc. Es besteht aus den Unterhaltungen von vier Tagen in einer „casa de recreo" nahe der Stadt, wo eine Gesellschaft von Herren und Damen die Osterfeiertage zubringt, und ist eine Mischung von Prosa und Versen — Dramen u. s. w., die vornehmlich die Verherrlichung des Königreichs Aragonien bezwecken und sämmtlich sehr stark gongorisiren. Ich fand ein Exemplar in der Hofbibliothek zu Wien. (Ueber den Verfasser siehe Latassa, Bibl. nueva, III, 132.) In der Biblioteca regia zu Parma fand ich ein Werk derselben Gattung, das besser als das des Bondia ist und von einem Landsmann von ihm, Matias de Aguirre del Pozo y Felices, geschrieben ist. Es wurde 1654 in Saragossa gedruckt (4., 390 S.) und führt den Titel: „Navidad de Zaragoza." Es ist eine Erzählung von vier Abenden in den Weihnachtsfeiertagen und den in einem für diese Gelegenheit passenden Palast angestellten Vergnügungen an denselben, wo Stücke aufgeführt, Verse recitirt, philosophische Fragen abgehandelt, Geschichten erzählt und schwelgerische Abendessen gehalten wurden. Ein anderer Theil wurde versprochen, ist aber nie erschienen.

Seite 248, Anmerkung 3

wurden die ersten zwei Zeilen folgendermaßen abgeändert: Das „Para Si de Don *Juan Fernandez de Peralta*" (Saragossa 1661, 279 S.) habe ich nur in der kaiserl. Bibliothek zu Wien gesehen. Es ist in 11 „Discursos" eingetheilt und mit Versen untermischt, enthält eine Allegorie, ein Drama, eine Liebesgeschichte u. s. w., alles im *estilo culto*, nicht ohne Reminiscenzen an „Para todos", auf welches Werk sich in einer vor dem Anfange befindlichen „Carta de Apolo" bezogen wird.

Seite 248. Anmerkung 3. Vorletzte Zeile.

(Obras [1670], S. 1—106, die erste Ausgabe erschien 1630.)

Seite 249. Zusatz zu Zeile 9 von unten.

Maria de Zayas, eine Dame am Hofe und eine eifrige Vertheidigerin der Rechte der Frauen u. s. w.

Seite 249. Anmerkung 5.

Eine Geschichte — *El prevenido engañado* — ist, obwol von einer „Dame am Hofe" geschrieben, eine der unanständigsten, die ich mich je gelesen zu haben erinnere; sie wurde von Scarron in seiner „Précaution inutile" mit nur geringer Milderung ihrer schamlosen Indecenz benutzt.

Seite 250. Anmerkung 3.

Ich fand auch in der kaiserl. Bibliothek zu Wien „Las persecuciones de Lucinda, dama Valenciana, y tragicos succsos de Don Carlos, por el Doctor *Christoval Loçano*" (Balencia 1664, 12., 285 S.), — eine schwache Dichtung, die in acht Persecuciones anstatt der Kapitel getheilt ist, in deren einer ein Stück enthalten ist.

Seite 250. Zeile 11 von oben

lies statt 1640: **1649.**

Seite 250. Anmerkung 4.

Aehnlich in der Form sind auch zwei andere Werke des Solorzano, — die „Noches de plazer" (Barcelona 1631, 12., 210 Bll.), 12 Geschichten, die in einem Freundeskreise an sechs Abenden der Weih= nachtsfeiertage erzählt werden, — und die „Sala de recreacion" (Sa= ragossa 1649, 12., 352 S.), die aus fünf Erzählungen und einem Stück u. d. T.: „La torre de Florisbella" besteht.

Seite 251. Anmerkung 1.

(aber Alcalá's Novellen sind besser als die andern angeführten Er= zählungen dieser Art,) obwol sie meiner Meinung nach es nicht verdien= ten, nicht nur von Clemencin, sondern auch von der spanischen Akademie in der Vorrede zu ihrem Wörterbuche als Beweis des Reichthums ihrer Sprache angeführt zu werden.

Seite 252. Anmerkung 1.

Gayangos erwähnt zwei andere Novellisten von geringer Bedeutung, die dieser Periode angehören, nämlich 1. Juan Cortes de Tolosa, dessen Fortsetzung des Lazarillo (1620) schon im vierten Abschnitte dieser Pe= riode erwähnt wurde; seine „Discursos morales y Novelas" erschienen 1617, — und 2. Francisco de Navarrete y Ribera, der 1644 seine „Casa de juego" veröffentlichte, um die Spielhäuser seiner Zeit und die betrügerischen Streiche der Spielhalter an den Pranger zu stellen.

Seite 252. Zeile 14 von unten

lies jetzt: Schon früher jedoch, als der Hinkende Teufel erschien, hatte Jacinto Polo im Jahre 1636 sein Siechhaus der Unheilbaren ge= schrieben, eine directe Nachahmung Quevedo's, und 1640 erschien unter seinem Namen die Universität der Liebe u. s. w.

Seite 252. Anmerkung 2, Zeile 1.

Der erste Theil dieser Novelle erschien unter dem Namen des An= tolinez de Piedra Buena, der Verfasser der „*Carnestolendas de Za-ragoza*" (1661) war u. s. w.

(Zusatz.)

Latassa indessen (Bibl. nueva, III, 62) behauptet, der erste Theil sei ohne Namen des Verfassers erschienen, und nennt den Historiker Juan Francisco Andres de Uztarroz als Verfasser des zweiten Theils, welcher Meinung auch N. Antonio ist (Bibl. nova, I, 693), der den Bene=

dictus Ruiz für den Verfasser des ersten Theils hält (II, 340). Gayangos theilt diese Zweifel und stellt keine feste Meinung über diesen Punkt
auf; er sagt aber, daß die „Universidad de amor" mit andern Werken
Polo's schon 1640 gedruckt worden sei, und hält sie für schwächer als
des Polo einigermaßen ähnliches Werk: „Hospital de incurables y viage
deste mundo y el otro", das man in der Ausgabe von 1670, S. 220
—41 findet, das aber schon 1636 erschienen ist.

Seite 254. Anmerkung 1 der vorhergehenden Seite.

Noch mehr im gongoristischen Stil geschrieben ist indessen eine Novelle u. b. T.: „Firmeza en los impossibles i fineza en los despre-
cios, escrivialo Don *Baltasar Altamirano y Portocarrero*" (Saragossa 1646, 12.), welche von der grausamen Koketterie der Heldin und
der unerschütterlichen Beständigkeit des Helden erzählt, der zuletzt den
Tod in einem Seegefecht mit den Franzosen sucht.

Seite 256. Anmerkung 3.

„El no importa de España" (Madrid 1608, 12., 269 S.) ist
ein anderes Werk derselben Gattung, das in einer Art Traumbild zeigt,
daß der wahre Spanier sich aus gar nichts etwas macht. Es ist in 12
Bücher eingetheilt und versucht die Lehre einzuprägen, daß diese Sorglosigkeit, die in jeder Tagesstunde durch ein Beispiel erläutert wird, alles verderbe — „tiene perdido el mundo".

Seite 257. Anmerkung 1.

Madame d'Aulnoy, die sich in Spanien 1679—80 aufhielt und
die gewiß ein competentes Urtheil in solchen Fragen hatte, bewunderte
indessen die spanischen Novellen sehr. „L'on doit convenir", äußert sie
sich, wo sie von den Spaniern und ihren *novelas* spricht, „qu'ils ont
un génie particulier pour ces sortes d'ouvrages (Voyage, III, 117).
Sie verspricht überdies, ihren Freunden in Frankreich Proben dieser rei-
zenden Erzählungen nach Hause zu senden, was sie aber in der That
schon gethan hatte. Die Geschichte von der Markgräfin be los Rios in
ihrem vierten Briefe zu Ende des ersten Bandes ist eine reine Dichtung
in spanischer Manier, und später — 1692 — ließ sie vier andere Geschichten u. b. T.: „Histoire nouvelle de la cour d'Espagne" drucken,
ganz gelungene Nachahmungen der *Novelas* des Montalvan, Santos und
Salas Barbadillo, die nur etwas zu lang sind.

Seite 258. Anmerkung zur letzten Zeile.

Eine Sammlung von spanischen Geschichten und Novellen verschiedener Gattung, die, wie ich glaube, alle in dieser Geschichte erwähnt
worden sind, findet sich im 33. Bande von Ribadeneyra's Biblioteca
(1854) zugleich mit einer guten historisch-kritischen Untersuchung über
diese Dichtungsgattungen von Eustaquio Fernandez de Navarrete.

Seite 259. Anmerkung zu Zeile 6 von oben.

Eine Person, die sich selbst Don Gabriel Garcia Caballero nennt, veröffentlichte 1770 in Madrid ein Pamphlet u. d. T.: „Discurso sobre la eloquencia del foro", in welcher alle die alten Lehren des Cicero und Quintilian geleugnet werden und behauptet wird, daß die Beredsamkeit unter jeder Regierungsform sich entwickeln kann, — unter dem Despotismus ebensowol als unter der Republik. Diese Lehre war wol dem Breitegrade angepaßt, unter dem sie gelehrt wurde; es entwickelte sich aber die Beredsamkeit nicht früher in Spanien, als bis die Cortes nach dem Einfalle der Franzosen wiedereingeführt wurden.

Seite 261. Anmerkung zu Zeile 2 von oben.

Es darf nicht unerwähnt bleiben, daß Luis de Granada einer jener ausgezeichneten Schriftsteller war, die durch ihr Beispiel die aus dem Arabischen entlehnten Worte außer Gebrauch setzten und sich mehr und mehr an die wahre Grundlage des Castilischen, das Lateinische, hielten und so dasselbe zu bereichern und zu reinigen strebten. Ihr Einfluß war in der That unter der Regierung Philipp's II. so bedeutend, daß sie, wenn sie auch nicht geradezu eine Revolution ihrer Muttersprache bewirkten, doch dieselbe erheblich modificirten. Wie sehr es anfangs nothwendig war, viele Worte spätern Ursprungs zu erklären, haben wir bereits oben bemerkt (I, 426, Anm. 4 und mehrfach sonst).

Seite 263. Anmerkung 1 der vorhergehenden Seite.

Zwei andere Werke desselben — die beiden einzigen Uebersetzungen, wie ich glaube, die er gemacht hat — verdienen noch eine Erwähnung. Das erste ist das dem Thomas a Kempis zugeschriebene Buch „De Imitatione", das Luis de Granada in einer manches ändernden Bearbeitung 1567 veröffentlichte, wozu er noch eine kurze, aber schöne und rührende Vorrede schrieb. Die zweite Uebersetzung, die 1568 erschien, ist die der „Scala Paradisi" des Johannes, eines griechischen Mönchs vom Berge Sinai aus dem 6. Jahrhundert, der den Namen Johannes Climacus von Κλίμαξ, dem Titel seines Werks im Original, erhielt. Beide Uebersetzungen sind ebenso charakteristisch für Luis de Granada's Geist und Neigungen als die meisten seiner eigenen Werke.

Es dürfte hier noch am Platze sein anzuführen, daß der „Scala Paradisi" noch zwei andere bemerkenswerthe Auszeichnungen in der spanischen Sprache zutheil wurden. Im Jahre 1504 wurde sie auf Befehl des Cardinals Ximenes in Toledo in einer stilistisch sehr verdienstvollen anonymen castilischen Uebersetzung gedruckt; die Exemplare von diesem prachtvollen Foliobande in 100 Blättern waren schon 1569 sehr selten geworden, das Exemplar, das ich von demselben besitze, ist das einzige mir bekannte („Paucissimi nunc inveniuntur et sui pretium raritate adaugent", sagt Alvarez Gomez, De rebus gestis a Fr. Ximenio, 1569, Bl. 19.) Die andere Auszeichnung, die der „Scala Paradisi" zutheil wurde, ist, daß sie in einer von Fr. Juan de Estrada veranstalteten Uebersetzung das erste Buch war, das in Mexico gedruckt wurde, und daher überhaupt das erste in der Neuen Welt gedruckte Buch; diese Uebersetzung erschien 1532 (N. Ant. Bibl. nova, I, 686, und Pellicer,

Bibl. de Trad., II, 120). Das Vorhandensein einer frühern spanischen Uebersetzung ist bestritten worden, weil die auf Befehl des Cardinals Ximenes veranstaltete beinahe ganz unbekannt ist; ich glaube indessen, daß sie Luis de Granada bekannt gewesen sein muß.

Seite 263. Anmerkung zu Zeile 15 von oben.

Während die Schule des Paravicino auf der Höhe des Rufs sich befand, erschien eine bescheidene Abhandlung über Kanzelberedsamkeit, vornehmlich in Bezug auf den religiösen Charakter derselben, in der der herrschende *cultismo* mit großer Strenge als ein bloßes Resultat persönlicher Eitelkeit getadelt wird, was er in vielen Fällen ohne Zweifel auch war. Siehe „Sumulas de documentos de la predicacion evangelica, por el P. Maestro *Juan Rodriguez*, Presbitero" (Sevilla 1640, 4., Kap. 10).

Seite 263. Anmerkung 1. Zeile 8 von unten.

Paravicino's „Panegyrico funeral" (1625) auf Philipp III. wurde von einem ungenannten Schriftsteller angegriffen, der ihm Plagiarismus und schlechten Geschmack vorwarf; derselbe wurde dagegen von Juan de Jauregui in einer Abhandlung, die im nämlichen Jahr erschienen und dem Grafen-Herzog von Olivares gewidmet ist, vertheidigt (Siehe spanische Uebersetzung dieser Geschichte, III, 552).

(Zusatz.)

Eine ähnliche Bemerkung läßt sich auch von seiner Abhandlung über die Kunst der Beredsamkeit („Filosofia de la eloquencia", Madrid 1776 und London 1812) machen.

Capmany, dem wir außer seinen literarischen Werken (worunter das bedeutendste „Teatro historico-critico de la eloquencia española" (Madrid 1786—94, 5 Bde.) noch einige historische und politische Schriften verdanken, war 1743 in Barcelona geboren und starb 1813 (Siehe Fallecimiento de D. *Antonio Capmany y Montpalau*, Madrid 1815, 28 S.).

Seite 264. Anmerkung 1.

Juan de Yaciar, ein Biscayer, gab 1569 einen vollständigen Brief-steller heraus, den er dem bekannten Fürsten von Eboli widmete, auf dessen Verlangen er zusammengestellt worden war. Es muß nach Stirling's Notiz über dasselbe ein merkwürdiges Buch gewesen sein; ich habe es aber nie gesehen und glaube nicht, daß es so großen Einfluß auf die Briefschreibung in Spanien ausübte als Guevara's Goldene Briefe, die 30 Jahr früher erschienen sind (Artists of Spain, 1848, III, 1341).

Seite 265. Anmerkung 2.

Eine gute Biographie des Gonzalo Perez von Esteban de Arteaga y Lopez steht im 13. Bande der Documentos ineditos des Salva und Baranda (1849, S. 531—49).

Seite 266. Anmerkung zu Zeile 27 von oben.

Ueber seinen Aufenthalt in England kann man unterhaltende und interessante Notizen im ersten Bande von Birch's Memoirs of the reign of queen Elizabeth (1754) nachlesen, so unter anderm einen Brief (S. 143) von Lord Bacon's Mutter an ihren Sohn Anton, in dem die strenge alte Dame große Unruhe darüber verräth, daß ihr Sohn Francis, von dessen künftiger Größe sie keine Ahnung hat, mit einem so sittenlosen Manne wie Perez Umgang pflegen sollte. Sie sagt: „I pity your brother; yet so long as he pities not himself, but keepeth that bloody Perez, yea, as a coach-companion and bed-companion; a proud, profane, costly fellow, whose being about him I verily fear the Lord God doth mislike and doth less bless your brother in credit and otherwise in health; — surely I am utterly discouraged and make conscience farther to undo myself to maintain such wretches as he is, that never loved your brother but for his own credit."

Seite 267. Anmerkung zu Zeile 21 von oben.

Dies ist die Lady Rich, die so innig mit dem Ungemach und Kummer von Sir Philip Sydney's Leben verknüpft war.

Seite 268. Anmerkung 2. Die ersten fünf Zeilen sind folgendermaßen abgeändert:

Zuerst wurden die *Relaciones* des Antonio Perez aller Wahrscheinlichkeit nach in den „Pedaços de historia etc. (impreso en Leon)" veröffentlicht; dieser ohne Jahreszahl erschienene Band in klein Quart umfaßt 389 Seiten, ohne die Vorreden und Nachsätze mitzurechnen. Er ist dem Grafen von Essex gewidmet und, nach den Typen und Papier zu urtheilen, in England, wo Perez damals lebte, vielleicht auf Kosten der Königin Elisabeth gedruckt, die seine Patronin war und der er in der Widmung über die Maßen schmeichelte. Er muß spätestens 1594 erschienen sein, denn Mignet (S. 343, Anm.) führt eine holländische Uebersetzung desselben an, die in diesem Jahre in den Niederlanden herauskam, die sich damals seit so langer Zeit gegen Spanien im Aufstande befanden. Ich glaube aber, daß abgesonderte *Relaciones* von den Vorgängen des 24. Mai und 24. September 1591 in Saragossa früher gedruckt und in Umlauf gebracht worden waren, um Unruhen in Perez' Vaterlande zu erregen. Jedenfalls wurden indessen die „Relaciones", wie sie gewöhnlich genannt werden, neuerdings, aber mit zahlreichen Veränderungen und Zusätzen, zu Paris 1598 in einem Quartbande von 316 Seiten ohne die Vorreden und Nachträge, unter welchen sich Briefe von Perez u. s. w. befinden, gedruckt. Da er sich aber nunmehr in Frankreich befand, so widmete er sein Werk Heinrich IV.; in meinem Exemplar befindet sich aber auch mit besonderer Paginirung eine Widmung an den Papst und das Cardinalscollegium, womit ohne Zweifel die nach Rom zu sendenden Exemplare anstatt der an Heinrich IV. gerichteten versehen werden sollten. Perez scheint in der That seine Werke immer mit solchen dem Orte und der Zeit ihres Erscheinens angepaßten Veränderungen versehen zu haben.

Seite 269. Anmerkung 1.

Sieben Briefe des Juan de la Sal, Bischofs von Bona, vom

Jahre 1616 an den Herzog von Medina Sidonia stehen im 36. Bande der Biblioteca de Aut. esp. (1855) und verdienen eine Erwähnung. Sie betreffen die Phantasien oder Prätensionen eines Weltgeistlichen, Namens Francisco Mendez, der behauptete, er werde an einem bestimmten Tage sterben, diesen aber um mehrere Monate überlebte und dann, wie man glaubt, aus Aerger über die fehlgeschlagene Prophezeiung starb und acht Jahr später von der Inquisition in effigie als Betrüger verbrannt wurde. Er war wahrscheinlich, wie Don Juan vermuthete, blos ein verrückter Mensch, der eine große Menge Unsinn sprach und mehr Aufsehen durch seine Ansprüche auf ein wunderbares Vorhersehen erregte, als diese verdienten. Die Briefe sind schlicht und einfach mit einigem Humor und vielem gesunden Verstande geschrieben, aber sonst nicht weiter bemerkenswerth.

Seite 269. Anmerkung 2.

Mit ähnlichen, wenn auch nicht gleichen Ansprüchen treten auch die „Epistolas varias" von Felix de Lucio Espinosa oder Espinossa (1675, 4.) auf, — einem Verfasser, den wir wegen seiner schlechten Sonette schon oben erwähnt haben (Bd. 2, Abschn. 30, S. 169, Anm. 3 b. vorherg. S.), dessen Briefe aber, obwol sie eher gelehrte Abhandlungen als Briefe sind, besser sind, als man sie von dieser Zeit erwarten möchte. Sie sind an Nicolas Antonio, Joseph Pellicer, Joseph Dormer und andere Gelehrte der damaligen Zeit gerichtet, und einige derselben sind wegen ihrer absonderlichen Untersuchungen merkwürdig, so z. B. der zwölfte über den Gebrauch künstlich abgekühlter Getränke. Die wenigen Briefe des Gonzalo Ayora aus der Zeit Ferdinand des Katholischen und des Francisco Ortiz aus der Zeit Karl's V. gehören, obwol sie der Sammler des Epistolario español, der den 13. Band von Ribadeneyra's Sammlung (1850) ausmacht, der Aufnahme in denselben würdig befunden hat, doch nicht in die Sammlung der Briefschätze einer Nation und beweisen nur, ebenso wie die Sammlung des Mayans, wie wenig auf diesem Felde in Spanien zu finden ist.

Seite 271. Anmerkung zu Zeile 5 von oben.

Eine Notiz über diese merkwürdige Urkundensammlung, die seit dem Jahre 1561, in dem der Anfang zu derselben gelegt wurde, der Obhut einer und derselben Familie anvertraut gewesen ist, die eine traditionelle Kenntniß von den Schätzen derselben besitzt, ist in der „Revista literaria del Español" vom 28. Juli 1845 zu finden. Den ersten Impuls zur Anlegung von Landesarchiven verdankt man, wie ich glaube, dem Cardinal Ximenes.

Seite 272. Anmerkung 1 der vorhergehenden Seite. Zeile 7 von oben.

Die Fortsetzung des Bartolomé Leonardo de Argensola ist zu weitläufig, da sie über 1100 Seiten mit den Ereignissen von nur vier Jahren (1516—20) anfüllt; sie ist nicht so verständig und unparteiisch als Zurita's großes Werk, aber in stilistischer Beziehung besser geschrieben.

Ihrerseits wurde die Geschichte des Argensola von Franc. Diego de Sayas in seinen „Anales de Aragon" (1667, Fol.) in fast ebenso weit= läufiger Weise fortgesetzt; denn er widmet den vier nächsten Jahren, nämlich vom Ende 1520—25, über 800 Seiten. Sayas, der 1680 starb, schrieb andere Werke, aber, soviel ich weiß, keins von Bedeutung (Latassa, Bibl. nueva, III, 551). Dormer, der auf andere Weise so viel für Zurita that, gab 1697 als Supplement zu Zurita's größerm Werk einen Folioband u. b. T.: „Anales de Aragon, desde 1625 hasta 1640" in 700 Seiten heraus; wie viele andere von ihm veröffentlichte historische Werke ist es eine urkundlich belegte Chronik, die wenig stilisti= sche Ansprüche erhebt; Dormer starb 1705.

Seite 273. Anmerkung 1 der vorhergehenden Seite.

Pellicer de Tovar spricht in seiner „Gloria de España" (1650, 4., S. 16) von dem „Comentario", als wäre er in der That ein Werk des Kaisers Karl V. selbst, und Cabrera deutet dasselbe in seiner Ab= handlung „De historia para entenderla y escrivirla" (1611, Bl. 7 b) an; aber der Bericht des Navarra hat die größere Wahrscheinlichkeit für sich. Es scheint jedoch gewiß, daß Karl Denkwürdigkeiten über sein eige= nes Leben zusammenstellte, und es ist höchst wahrscheinlich, daß Phi= lipp II. dieselben vernichtet hat. Diese wurden jedoch von ihm selbst und von Van Male zusammengetragen und hatten nichts mit den Co= mentarios des Avila zu thun, obwol sie den Irrthum und die Verwir= rung veranlaßt haben mögen (Gachard, „Retraite et mort de Charles V.", 1855, II, cxlvi). Beide, sowol Van Male als Avila, waren viel um die Person Karl's V., dessen Anhänglichkeit an beide bis zu seinem Ende gedauert zu haben scheint. Avila's Gattin hatte eine Besitzung zu Pla= cencia bei Yuste, und er lebte daselbst, während sich der Kaiser im Klo= ster befand, besuchte seinen alten Herrn oft und war eine der wenigen Personen von Ansehen und Rang, die sich bei seinem Sterbelager und als Leidtragende bei seinem Begräbnisse befanden. Eines Tags, erzählt man uns, habe der Kaiser im Kloster ein wenig von einem Kapaun ge= speist und dann gesagt: „Stellt den Ueberrest für Don Luis beiseite; — vielleicht sind Wir nichts anderes ihm zu geben im Stande." Und bei einer andern Gelegenheit, wo er sich über den „Comentario" äußerte, sagte er: „Alexander vollbrachte größere Thaten als ich, aber er fand keinen so guten Geschichtschreiber." Bera y Figueroa, Vida y hechos de Carlos V. (Madrid 1654, 4., Bl. 125, 129, 130), — ein unter= haltendes, geschwätziges Buch, aber voll von der Intoleranz und falschen Loyalität seiner Zeit.

Es existirt eine, wie ich glaube, sorgfältige deutsche Uebersetzung des Comentario, die u. b. T.: „Geschichte des Schmalkaldischen Kriegs nach Don Luis de Avila y Zuñiga" (Berlin 1853) erschienen ist. Robertson benutzte die lateinische Uebersetzung des armen Van Male, die 1550 gedruckt wurde. Er hätte jedoch, wenn ihm um Nachforschungen in sol= chen Dingen zu thun gewesen wäre, eine englische, 1555 gedruckte finden können, von der Herr Stirling ein Exemplar in seiner sehr werthvollen Sammlung besitzt. Sie wurde, wie ich glaube, von John Wilkinson verfertigt; Dibdin hat sie in seinem Ames (1819, IV, 427) beschrieben. Das Original wurde im 21. Bande der Biblioteca de Aut. esp. (1852) wiederabgedruckt. — Ich besitze eine italienische Uebersetzung, die 1548, in dem Jahre des Erscheinens des spanischen Originals und nur ein oder zwei Jahr nach den berichteten Ereignissen in Venedig, gedruckt worden ist. Es mag hier noch angeführt werden, daß Stirling in einer unterhaltenden und interessanten Abhandlung, die 1856 für die Philobiblion Society in London gedruckt wurde und den Titel „Notices or the Emperor Charles V. in 1555 and 1556" führt, einige interessante Daten über Avila mittheilt.

Seite 273. Anmerkung 1. Vorletzte Zeile.

Das „Cisma de Inglaterra" (Barcelona, [und nicht Valencia] 1588) ist sehr parteiisch; aber der Gegenstand war für einen spanischen Katholiken, noch dazu zur Zeit, als die Armada ausgerüstet wurde, sehr verlockend; überdies waren auch die Verfolgungen unter Königin Elisabeth groß genug, um einen strengen Tadel zu rechtfertigen. Die Popularität des Buchs beweist, daß es zu einer passenden Zeit erschienen ist; drei Ausgaben desselben kamen 1588 heraus. Ribadeneyra's „Tratado de la religion", den er 1595 Philipp II. gewidmet hat und in dem er eine Antwort auf Macchiavelli's „Principe" beabsichtigt, enthält beredte Stellen, besitzt aber nicht die hinreichende Schärfe und Stärke, die nöthig wären, um einem durch seine überwältigende Kraft so furchtbaren Gegner entgegenzutreten.

Seite 274. Dieselbe Anmerkung der vorhergeh. Seite. Zeile 5 von oben.

Historia de la orden de San Gerónimo (Madrid 1600—5, Fol., 2 Bde., fortgesetzt von Francisco de los Santos, 1680, Fol.).

Seite 274. Anmerkung zu Zeile 6 von oben.

Mariana spielt sehr anmuthig auf den Ort seiner Geburt in dem Eingange seiner Abhandlung „De rege" (1599) an.

Seite 275. Zusatz zu Zeile 10 von oben.

Dabei steht er aber mit vielem Scharfsinn für die Macht der Kirche ein und hat selbst die Begründung einer Theokratie im Auge.

Seite 275. Anmerkung zu Zeile 7 von unten.

Der Befehl, es zu verbrennen, ist am Schlusse eines interessanten Buchs u. d. T.: „L'Antimariana" (Paris 1610, 284 S.) abgedruckt; derselbe ist vom 10. Juni 1610, nicht ganz einen Monat nach der Ermordung Heinrich's IV., datirt. Der Verfasser des Buchs ist Roussel (Barbier, Nr. 938).

Seite 275. Anmerkung 2. Zu Zeile 3 von oben.

Die erste Ausgabe desselben enthält die sowol von dem König als dem Examinator des Jesuitenordens ausgestellte Druckerlaubniß. Die Stelle zur Entschuldigung oder Vertheidigung der Ermordung Hein= rich's III. durch Jacques Clement steht im ersten Buche, Kap. 6, wo dieselbe „monimentum nobile" genannt wird. Siehe Sismondi (Hist. des Français, 1839, XXII, 191), der aber irrig die Veröffentlichung dieser Abhandlung in das Jahr 1602 setzt; denn ich besitze einen Druck derselben von Toledo (1599, 4., 446 S.). Der in der Anmerkung auf Zeile 5 von unten erwähnte Loaysa war nachmals Erzbischof von Se= villa und Großinquisitor.

(Zusatz zum Ende.)

Vaughan hat in seiner desultorischen Weise in seinem sehr merk= würdigen und seltenen „Golden fleece" (1626, Thl. 1, Kap. 1 und 2) die Behauptung aufgestellt, daß die Abhandlung Mariana's nicht ohne Einfluß auf Ravaillac war. Bayle aber, der nur mit Widerwillen ein Zeugniß zu Gunsten eines Jesuiten ablegt, weist nach, daß dieselbe auf einer Täuschung beruhe (Artikel Mariana, H und K). Ravaillac war viel zu wenig gelehrt, als daß dies der Fall hätte sein können.

Seite 276. Anmerkung 1. Zeile 3 von oben.

Die Abhandlung „De mutatione monetae" ist sorgfältig heraus= geschnitten und jede Spur von derselben vernichtet. Man findet sie aber in Mariana's eigener spanischer Uebersetzung u. b. T.: „Sobre la mo- neda de vellon" zu Ende des 31. Bandes der Biblioteca de Aut. esp. (1854).

Seite 277. Anmerkung zu Zeile 6 von oben.

In einer der vielen Streitschriften, die durch des Padre Feyjóo Werke hervorgerufen wurden, kommt der nachstehende bizarre, aber echt spanische Satz vor, um das Gefühl des Danks auszudrücken, das die spanische Nation immer für die ihr durch Mariana's Geschichte im Aus= lande zutheil gewordene Ehre empfunden hat: „Hasta el tiempo en que este docto jesuita escrivió su historia latina, passabamos entre estran- geros por *gente sin abuelos*" (Estrado critico, s. l., 1727, 4., S. 26).

Seite 277. Anmerkung 1.

Mariana's Geschichte wurde nebst vier Abhandlungen desselben auch in der Biblioteca des Ribadeneyra veröffentlicht (1854, Bd. 30 und 31), für welche Ausgabe die Abhandlung „De rege" übersetzt wurde; ebenso wurden auch zwei unbedeutende „Escritos sueltos" und ein „Ca- talogo" von Mariana's Werken am Schlusse angehängt.

Seite 279. Anmerkung 1. Zu den fünf ersten Zeilen von oben.

Es entspann sich eine Controverse über Mariana's Glaubwürdig= keit, die aber nur kurze Zeit währte und nicht sehr weit ging. Pedro

Mantuano, ein junger Spanier und Secretär des Großconnetable von
Castilien, Velasco, der eine gelehrte Bildung besaß und damals Statt=
halter von Mailand war, ließ im December 1607 in Mailand sechs
Bogen „Advertencias" oder Bemerkungen zu der Geschichte des Ma=
riana drucken und sandte dieselben an Mariana, der im folgenden Sep=
tember als einzige Antwort dieselben mit seinen Randglossen an den
Ueberfender zurückfandte. Erst im Jahre 1611 ließ Mantuano, der viel=
leicht über eine so kühle Aufnahme ärgerlich war, seine bedeutend ver=
mehrten „Advertencias" in Mailand erscheinen, die 1613 mit neuen
Veränderungen wieder in Madrid herauskamen. Tamayo de Vargas,
nachmals ein sehr fruchtbarer Schriftsteller, damals aber ein junger An=
fänger, antwortete ihm in einer Schrift u. d. T.: „Historia, ec. de Mariana defendida" (Toledo 1616). Mariana lehnte es aber füglich ab,
beide Schriften zu lesen oder sich überhaupt an dem Streite zu betheili=
gen. Keiner dieser beiden Schriftsteller ist in der That von Bedeutung,
wie man schon daraus schließen kann, daß sich Mantuano rühmt, er sei
erst 26 Jahr alt gewesen, als er sein Buch geschrieben habe, und Ta=
mayo de Vargas prahlend darauf antwortet, er habe auf die Wider=
legung desselben nur 14 Tage verwendet. Ueber diese ganze Angelegen=
heit kann man die *Raçon* oder den Bericht nachlesen, den Vargas zu
Ende seiner „Defensa" gibt, die eine im ganzen befriedigende, aber etwas
bittere Erwiderung auf die unbedeutenden Einwände Mantuano's ist.
Tamayo de Vargas starb 1641 und Mantuano 1656.

Seite 280, Zeile 4 von unten

lies anstatt: 20. März 1620: 12. März 1620.

Seite 280. Anmerkung 1.

Es darf nicht unerwähnt bleiben, daß Bart. Leonardo de Argensola
in seinen „Anales de Aragon" (1630) dem Sandoval gelegentlich einige
Ueberfehen und Irrthümer nachweist. Seine schon oben (S. 272 und
Anm. 1) erwähnte „Cronica de Alfonso VII." wurde 1600 gedruckt,
und seine übrigen Werke, die alle historisch und von geringerer Bedeu=
tung sind, erschienen in den Jahren 1601—15.

Seite 281. Anmerkung 2 der vorhergehenden Seite. Zeile 23 von oben.

Ja, Gregorio de Argaiz, der großes, aber werthloses gelehrtes Wis=
sen besaß, veröffentlichte selbst noch in den Jahren 1667—75 zur Ver=
theidigung derselben sechs große Foliobände, von denen ich einen besitze.
Jene Bleibücher, „libros de plomo", die in den Monaten März
bis Mai 1595 zum Vorschein gekommen waren, wurden in einem unter
bischöflicher Autorität zu jener Zeit in Granada gedruckten Foliobogen,
der voll der ausschweifendsten Absurditäten ist, dem Publikum feierlich
angekündigt. Ich besitze ein Exemplar desselben; die Facsimiles der In=
schriften sind im hohen Grade lächerlich. Wie ich bereits bemerkt habe,
war das spanische Volk, das so bereitwillig an die Echtheit dieser Bücher

geglaubt hatte, nur sehr schwer davon zu überzeugen, daß sie Fälschungen seien. Die *Chronicones* standen sogar noch längere Zeit in Gunst
als die Bleibücher. Ich habe Spuren des Glaubens an dieselben in der
letzten Hälfte des 18. Jahrhunderts gefunden; — so wurde der unechte
Flavius Dexter als eine Autorität in einem für den Unterricht bestimmten Werke citirt, das den Titel führt: „Conversaciones del R. P. Ca-
puchino *Fr. Francisco de los Arcos*" (Granada 1764, 4.). Siehe
Carta por D. *Juan Vicente* (*Tomas de Yriarte*) al R. P. Fr. de los
Arcos (Madrid 1786, 17 S.) u. f. w.

[Ueber des Villanueva weiter unten in dieser Anmerkung erwähn-
tes Werk Viage literario á las iglesias de España f. *Coleccion de
documentos*, Bd. 21. W.]

Seite 283. Anmerkung zu Zeile 10 von unten.

Es existirt eine interessante handschriftliche Genealogie des Garci
Perez de Vargas (f. oben, Per. 1, Abschn. 6, Anm.), die von dem
Inca geschrieben ist, der ein Abkömmling dieses berühmten Ritters zu
sein behauptet. Siehe spanische Uebersetzung dieser Geschichte, III, 555.

Seite 285. Anmerkung 1. Zeile 9 von oben.

Alle Uebersetzungen des Leone Hebreo stehen im Index expurgatorius von 1667, S. 759.

Seite 286. Anmerkung 1.

Die beste Ausgabe des Moncada ist die im 21. Bande der Bibl.
de Aut. esp. (1852) befindliche.

Seite 287. Anmerkung 1.

Carlos Coloma, Markgraf von Espinar, war ein Sohn des bereits oben erwähnten Juan de Coloma (f. oben, II, 102, Anm. 2).
Don Bernardino de Mendoza war ihm theilweise zuvorgekommen und
hatte die Geschichte von zehn Jahren des flandrischen Kriegs in seinen
„Comentarios de la guerra de lo sucedido en los Paises Baxos,
1566—77" geschrieben, die 1592 zu Madrid und, wie ich glaube, nicht
wiederabgedruckt wurden, bis sie im 28. Bande der Bibl. de Aut. esp.
(1853) erschienen. Dieses Werk verdiente eine solche Vernachlässigung
nicht; denn obschon die strategische Wissenschaft, sofern sie in diesem langen und unglücklichen Kriege zur Anwendung kam, einen sehr großen Raum
in demselben einnimmt, so ist es doch in einem sehr reinen Stil geschrieben. Diesem Werke war ein anderes desselben Verfassers vorangegangen,
das blos von der Kriegskunst handelt; es führt den Titel: „Theoria y
pratica de la guerra", wurde zuerst 1577 gedruckt und erlebte zwei
oder drei Auflagen; außerdem wurde es auch ins Italienische übersetzt.
Mendoza starb blind und sehr alt in einer Zelle des Klosters seines
Namenspatrons, des heil. Bernhard, zu Madrid.

Seite 288. Anmerkung 1. Zeile 3 von oben.

Was die im Text erwähnten Drangsale des Manoel de Melo betrifft, so muß ich erwähnen, daß die Berichte über dieselben nicht übereinstimmen. Die gewöhnliche Annahme ist, daß die Zeit seiner Einkerkerung und Verbannung 18 Jahr betrug, Barbosa gibt 15 Jahr an; ich glaube aber nach einer sorgfältigen Vergleichung der Daten, daß seine Gefangenschaft nur von 1644—48 währte und daß seine Verbannung nicht über vier weitere Jahre sich erstreckte; es ist dies schon schlimm genug.

(Zusatz zum Schlusse.)

Ein anderes historisches Werk derselben Gattung mit dem des Melo, welches dieselbe Periode behandelt, muß hier noch erwähnt werden, obwol es von geringerer Bedeutung ist, nämlich: „Tumultos de la ciudad y reino de Napoles en el año 1647, por Don *Pablo Antonio de Tarsia"* (Leon de Francia 1670, Fol.); es ist ein merkwürdiges und interessantes Buch über die wilden und ungewöhnlichen Unruhen zur Zeit Masaniello's, die hier vom spanischen Standpunkte aus dargestellt sind.

Seite 289. Zeile 18 von oben

lies anstatt: mit welchem vermuthlich ein Gehalt verbunden war: mit welchem ein geringer Gehalt verbunden war, der noch dazu unordentlich ausgezahlt worden zu sein scheint.

Seite 291, Zeile 1 von oben

lies anstatt Diego de Tovar: Diego de Tebar.

Seite 291. Anmerkung 1.

Ein von ihr nicht citirtes Beispiel, das aber prächtig genannt zu werden verdient, muß hier erwähnt werden. Als Philipp IV. 1665 starb, fand es sich, daß er insgeheim 1000 Dublonen beiseite gelegt hatte, um damit 35000 Seelenmessen zu bezahlen, die unmittelbar nach seinem Tode gelesen werden sollten; außerdem hatte er noch 100000 andere in seinem Testament angeordnet (Pedro Rodriguez de Monforte, Descripcion de las honras de Phelipe IV., Madrid 1666, 4., Bl. 29).

Seite 291, Anmerkung 2, Zeile 2

lies statt 1654: 1684.

Zu Zeile 3 von oben.

Die prächtige Ausgabe von 1783 nennt Stirling den Triumph der Pressen des Sancha. Ob das schön gestochene Porträt des Solis, das derselben vorgesetzt ist, von Cano herrührt, weiß ich nicht, es schiene mir aber seiner würdig zu sein; es existirte aber ein anderes von Tomas de Aguiar, das Solis selbst in einem Sonett pries (Stirling's Artists of Spain, S. 1234, 803, 1377).

Seite 291. Anmerkung zu Zeile 14 von oben.

Wie wenig der wahre Charakter der Geschichte und die nothwendigen Eigenschaften des Geschichtschreibers selbst in den guten Zeiten Spaniens verstanden wurden, ergibt sich deutlich aus der Abhandlung die Luis de Cabrera, der Historiograph Philipp's II., u. d. T.: „De histo ria para entenderla y para escrivirla" (Mabrib 1611, 4.) schrieb. Sie ist ein bloßes Gemisch von Pedanterie und Anmaßung, gänzlich jemandes unwürdig, der damals darauf denken mußte, wie er selbst über eine der für die Geschichte des modernen Europa wichtigsten Regierungen schreiben sollte. Er erwähnt kaum einen der frühern spanischen Geschichtschreiber, und wenn er Mariana anführt (Bl. 33), so geschieht es nur, um ihn zu tabeln; andererseits bezeigt er aber einem Berosus, Manetho und den andern erbärmlichen Fälschungen eines Annius Viterbiensis seine Ehrerbietung (Disc. 16) und ist voll Aberglauben und Leichtgläubigkeit (Disc. 17).

Seite 294. Anmerkung 1 der vorhergehenden Seite.

In den „Castigos" des Königs Sancho, Kap. 38 (s. oben, Per. 1, Abschn. 4, Bb. 1, S. 53, Anm. 1), die um 1293 geschrieben sind, kommt folgende Stelle vor: „Por eso diz la palabra del proverbio antiguo, Faz bien, Et non cates a quien", — sobaß dies Sprichwort im 13. Jahrhundert alt war (Cuatro palmetazos bien plantados, Cabiz 1830, 4., S. 12 und Anm. 5).

Seite 294. Anmerkung 4.

Vor Partida 4 lies nun: Partida 1, Titel 21, Gesetz 3.

Seite 295. Anmerkung 1.

Geronimo de Serrano sagt in seiner biographischen Notiz zu der „Laude de mugeres" (Mailand 1580) von dem Verfasser derselben, Joan de Spinosa: „mas de seis mil proverbios vulgares, que ha recogido y parte dellos compuesto." Wenn die Zahl derselben bedeutend über die 6000 des Hernan Nuñez hinausging, so hätte diese so frühe Sammlung ein bedeutendes Interesse besessen.

Seite 296. Anmerkung 1. Zeile 7 von oben.

(Oudin, wiedergedruckt Brüssel, 1611, 12.) und Paris 1659.

Zeile 13.

(Mabrib 1665 u. s. w.)

Zeile 16.

(sind gereimt) — gelehrte Nachahmungen des Barros —.

(Zusatz.)

Die „Proverbios de Alonso de Varros concordados por el Maestro Bartolomé Ximenez Paton" (Baeça 1605, 4., 78 Bll.) sind 1100 griechische und lateinische Sprichwörter, die in glatte castilische gereimte Verse übersetzt und manchmal, aber selten, durch die entsprechenden castilischen Sprichwörter wiedergegeben sind. Sie waren zu ihrer Zeit sehr beliebt, denn der ersten Ausgabe von 1567 folgten mindestens fünf andere nach. Ich besitze eine italienische Uebersetzung derselben (Venedig 1622). Alle Sprichwörter Barros' mit Ausnahme der fünf ersten beginnen affectirt genug mit dem Worte „Ni". — Andere Sammlungen werden noch von Gayangos erwähnt: so von Alonso de Fuentes von

1548, Juau Ruiz de Bustamente 1551 und Francisco Thamara 1552 (f. spanische Uebersetzung dieser Geschichte, III, 556). Ungefähr 1700 dem Wörterbuche der Academia entnommene und erläuterte nationale Sprichwörter sind in den „Refranes de la lengua castellana" (Barcelona 1815, 12., 2 Bde.) enthalten.

Seite 296. Anmerkung 2.

Ein ungenannter Schriftsteller indessen, der über die Sammler von Sprichwörtern und neben den übrigen auch von Yriarte spricht, sagt, die vollständigste Sammlung sei von D. Gonzalo Correa veranstaltet worden („Defensa de D. Fern. Perez, Autor de la Carta de Paracuellos", Madrid 1790, S. 30). Ein sehr gutes Leben des Yriarte steht im zweiten Bande der „Espagne littéraire" von 1774, einer unbedeutenden Zeitschrift des Nicolas Bricaire de Dixmérie, die das Jahr ihrer Geburt nicht überlebte, obwol 1810 eine Art *Rifacimento* derselben in Paris herauskam.

Seite 298. Anmerkung 1. Zeile 3 von unten.

Ich besitze auch eine italienische Uebersetzung desselben von Celio Malespina, die 1612 in Venedig gedruckt wurde, deren Widmung aber aus dem Jahre 1590 datirt ist.

Seite 299. Anmerkung 1.

Alle Werke des Acosta wurden in Venedig von Giacomo Cornetti 1592 in Quart gedruckt.

Ein Werk, das dem „Loor de las mugeres" von Acosta nicht unähnlich ist, erschien 1580 in Mailand nach dem Tode seines Verfassers, Jean de Spinosa; es führt den Titel: „Dialogo en laude de las mugeres" und wurde von dem Verfasser selbst der Kaiserin Marie, Tochter Karl's V., gewidmet. Spinosa hatte sich als Soldat schon bei der Schlacht von Ravenna ausgezeichnet, später spielte er eine bedeutende Rolle als Diplomat; er war aber ein Freund der Wissenschaften und schrieb ein kräftiges Spanisch in dem reinen Stil der Zeit Philipp's II., obwol nicht, ohne mit seiner Gelehrsamkeit einigermaßen zu prunken. Er behauptet (Bl. 45 u. f. w.), daß das Weib seiner Organisation nach vollkommener als der Mann sei. Ein anderes Werk von ihm, das er in diesem erwähnt — den Micracanthos — habe ich nie gesehen und bin nicht sicher, ob es je gedruckt worden ist.

Seite 300. Anmerkung 1. Zeile 3 von oben.
Bibl. de Aut. esp. (Bd. 6, 8, 11).

(Zusatz.)
Wie populär in Frankreich um 1660 die französische Uebersetzung der „Guia de Pecadores" war, bezeugt auch eine Anspielung an einem Orte, wo man sie schwerlich gesucht hätte; in Molière's „Cocu imaginaire" (Scene 1) versucht der Vater seiner Tochter die ihr nach seiner Ansicht passenden Begriffe vom Leben beizubringen und empfiehlt ihr einige Bücher anstatt des Romans „Clélie", der damals gerade in der

Mode war, und neben andern erwähnt er: „La Guide des Pécheurs est encore un bon livre."

Seite 300. Anmerkung 2.

Ein sehr merkwürdiges Leben des San Juan de la Cruz wurde 1623 geschrieben, es führt den Titel: „Suma de la vida y milagros del Venerable Padre, Fray *Juan de la Cruz*". Mein Exemplar ist in Quart und 1625 in Amsterdam gedruckt. Es war ein beliebtes Werk, das wahrscheinlich in der Absicht verfaßt wurde, den Weg zu seiner Heiligsprechung zu bahnen, für welchen Zweck es wol berechnet ist. Eine Abhandlung über den Charakter des Juan de la Cruz, dessen weltlicher Name Yepes war, steht im 27. Bande der „Bibl. de Aut. esp.", sie ist vollkommen im Geiste des Heiligen geschrieben und sehr lesenswürdig. Seine Werke befinden sich im selben Bande. Seine Gedichte wurden 1854 in Münster in einem netten Bande gedruckt, den W. Storck herausgab; die deutsche Uebersetzung derselben, ebenfalls von Storck, wurde in demselben Jahre und Orte ebenso zierlich gedruckt.

Seite 300. Zeile 7 und 6 von unten

lies statt „der Weg der Vollkommenheit" der Weg zur Vollkommenheit, und statt: „Die innere Burg" „Die Seelenburg oder die sieben Wohnungen". [Ueber die Geschichte der spanischen Mystik vgl. C. A. Wildens, Zur Geschichte der spanischen Mystik. Teresa de Jesus (Halle, 1862). Die Gedichte dieser Heiligen hat spanisch und deutsch mit denen des Juan de la Cruz Sporck in den oben erwähnten Bänden herausgegeben: Todas las poesias de S. *Juan de la Cruz* y de Santa *Teresa*. Recogidas y publicadas por *Sporck* (Münster 1852, 12.). W.]

Seite 301. Anmerkung 1.

Quevedo nahm an dem Streite über die Schutzheiligen Spaniens theil und vertheidigte den ausschließlichen Antheil des h. Jakob in seinem „Patronato de S. *Jago*", — diese Abhandlung trug ihm Verbannung und Kerker auf einige Monate ein, — so heftig war damals (1628) dieser Streit entbrannt.

Es wird vielleicht manchen interessiren zu erfahren, daß die Werke der h. Theresia in den Vereinigten Staaten von Nordamerika viel gelesen werden, woselbst ihre Autobiographie und ihr Weg zur Vollkommenheit unter den hervorragenden Werken der katholischen Kirche angekündigt werden. [Eine neue Ausgabe der Schriften der heil. Theresia wurde in der Bibl. de Aut. esp. begonnen (Bd. 53, 1861). W.]

Seite 303. Anmerkung 1.

Ausgaben der Magdalena des Malon de Chaide erschienen in Alcalá, 1592, 12., 1596, 1598 u. s. w. Auch erschien sie im 27. Bande der Bibl. de Aut. esp. (1853).

(Zusatz.)

Das beste Werk des Horosco soll nach Gayangos' Behauptung das „Epistolario christiano para todos estados" (1567) sein, wie es auch sein letztes war. Von derselben Gattung, wie die Magdalena, und ihr in einigen Beziehungen noch ähnlicher als das Werk Horosco's, ist die Abhandlung über die Liebe Gottes — „Amor de Dios" — von Christoval de Fonseca, einem Augustinermönche, der, über 70 Jahr alt, um 1614 starb. Sie wurde, wie ich glaube, zuerst 1594 gedruckt, erlebte aber viele Ausgaben, die ihr Erscheinen ohne Zweifel ebenso wol dem milden Sinne des Verfassers, als der Reinheit seines Stils verdankten, die Toledos würdig war, wo Fonseca geboren war und beständig lebte.

Hier sollten noch die „Discursos de la paciencia christiana", das einzige Werk des Fray Fernando de Zarate, erwähnt werden, die zuerst 1593 erschienen, dann wieder 1597 und nun jüngst im 27. Bande der Biblioteca des Ribadeneyra (1853) herausgegeben wurden; sie sind aber nicht von gleichem Werthe mit den Werken der vorzüglichsten Mystiker und Ascetiker, die wir bereits angeführt haben. Theile derselben sind sehr flach, einige sogar gemein, aber ihr Stil ist immer klar und mitunter kräftig.

Besser indessen als jedes dieser beiden letzten Werke sind die „Meditaciones espirituales", das vorzüglichste und beste aus einigen ähnlichen Werken des Luis de la Puente, eines ausgezeichneten Jesuiten, der, 70 Jahr alt, 1624 in seiner Vaterstadt Valladolid starb. Seine Betrachtungen über die Geheimnisse des christlichen Glaubens, über das geistige Gebet und über eine Menge anderer ähnlicher Gegenstände füllen gewöhnlich drei Bände und sind in dem feierlichen, gelehrten, reinen Stil des 16. Jahrhunderts geschrieben. Sie erschienen zuerst 1605, aber die Zahl der seither erschienenen Ausgaben ist sehr bedeutend, und sie sind außerdem zwei- oder dreimal ins Lateinische, zweimal ins Französische und zum wenigsten einmal ins Italienische, Englische und Vlämische übersetzt worden.

Ein sehr ähnliches Werk von ungefähr gleichem Umfange, und wenn auch von etwas geringerer Kraft und Beliebtheit, doch wegen beider bedeutend, wurde 1614 in Sevilla von dem damals achtundachtzigjährigen Jesuiten Alfonso Rodriguez veröffentlicht, der in Valladolid geboren war, aber meistentheils in Sevilla lebte, wo er am 21. Febr. 1616, an dem Tage, an dem er sein neunzigstes Jahr vollendet hatte, starb. Dies Werk, die Frucht seines hohen Alters, war, wie ich glaube, das einzige, das er geschrieben hat, es führt den Titel „Exercicio de perfeccion" und ist gewissermaßen das Resultat seiner langen religiösen Erfahrung. Gleich den „Meditaciones" des La Puente ist es in einem reinen Stil geschrieben, der zum Geiste und Zwecke dieses Werkes paßt, und umfaßt fast alle Gegenstände christlichen Nachdenkens und Betrachtens. Wie das obenerwähnte Werk wurde es übersetzt und in ganz Europa gelesen.

Seite 304. Anmerkung 1.

Figueroa's **Plaza** universal ist nach dem Italienischen des Tomas Garzoni bearbeitet.

Zu Zeile 12 von oben.

Weniger wichtig ist die zweite Ausgabe der **Plaza** universal, die viele Stellen des Figueroa ausläßt, die jetzt von Werth sind; sie scheint in andern Beziehungen der Zeit ihres Herauskommens angepaßt worden zu sein, und zeigt eine Geschicklichkeit in dieser Bearbeitung, die, wie ich vermuthe, unter den Jesuiten erlangt wurde.

[Ueber **Figueroa's** Plaza universal vgl. Blätter für literarische Unterhaltung, 1853, Nr. 31 und 32, „Zur Geschichte des spanischen Dramas in Lope de Vega's Zeit", von J. R. Seidemann. W.]

Zu Zeile 5 von unten.

Dieses Werk des Cevallos lieferte einige Materialien zu einem unterhaltenden französischen Roman von der Gattung der Schelmenromane, der den Titel führt: „Les Aventures de Don Juan de Vargas racontées par lui-même. Traduites de l'Espagnol sur le manuscrit inédit" (Paris 1853, 18.). Einige der Zeitschriften, die es besprachen, ließen sich täuschen und hielten den Roman für eine wirkliche Uebersetzung aus dem Spanischen — so national ist er in Ton und Manier —, er rührt aber in der That von Herrn Henri Ternaux-Compans, dem bekannten Gelehrten, her.

Seite 305. Anmerkung 1. Zeile 2

nach 1634 lies noch 1651.

Ebendas. Anmerkung 3. Zeile 1

lies statt Bordio: Borbio.

(Zusatz.)

Es darf nicht unerwähnt bleiben, daß die „Conservacion de monarquias" des Navarrete — ein kühnes Werk, in dem viele gesunde Wahrheiten, untermischt mit großen Irrthümern, Philipp IV. gesagt werden — zuerst 1621 in der Zeit Philipp's III. unter dem Titel „Discursos politicos" erschien, in welcher Form es viel kürzer, obwol ebenso aufrichtig ist. Beide diese Werke und die „Carta de Lelio" stehen im 25. Bande der Biblioteca de Autores españoles (1853). Navarrete beschäftigt sich sehr viel mit den Ursachen des Verfalles Spaniens und zählt unter diesen die Vertreibung der Juden und Morisken, die klösterlichen Niederlassungen, die Verachtung der Arbeit, die Mayorazgos, die auswärtigen Kriege u. s. w. auf.

Seite 306. Anmerkung 1. Zeile 2.

Die Zahl der Ausgaben dieses Buches, über zwanzig, u. s. w.

Ebendas. Anmerkung 3. Zeile 2 von unten:

nach einem 1654 zuerst und noch 1765 erschienenen u. s. w.

Seite 307. Zusatz zu obiger Anmerkung 2 von Seite 306.

Nieremberg's Werke, obwol ihrer Zeit beliebt, sind von geringem Werthe. Zu den charakteristischeren derselben gehört seine „Curiosa Filosofia y Tesoro de maravillas de la naturaleza" (1630), die eine philosophische Untersuchung über interessante Fragen der physikalischen Wissenschaften zu sein vorgibt, aber so voll Leichtgläubigkeit ist, wie dies nur Unwissenheit und Aberglauben vereint bewirken konnten. Kein Buch konnte deutlicher die Nothwendigkeit von Vater Feyjóo's „Teatro critico" zeigen, bis zu dessen Erscheinen noch ein Jahrhundert vergehen sollte.

Seite 307. Anmerkung 2. Zeile 2.

Man hat bezweifelt, daß Faxardo der Verfasser der „República literaria" gewesen sei; meiner Meinung nach ist aber die in Ribadeneyra's Biblioteca (1853, XXV, 389 S. Dieser Band enthält die sämmtlichen Werke Faxardo's) mit diesem Werke zugleich abgedruckte Widmung geeignet, jeden Zweifel zu entkräften. Nach derselben scheint die „Republica" dieses Schriftstellers erstes Werk gewesen zu sein, welcher Umstand den leichten und fröhlichen Ton dieses Werkes erklärt, der eine der Ursachen war, die den obenerwähnten Zweifel hervorriefen.

Seite 307. Anmerkung 4.

Der Galateo des Giovanni della Casa ist von Domingo Becerra gut ins Spanische übersetzt worden. — Dantisco war auch Dilettant in der Malerei und scheint bei Hofe angesehen und beliebt gewesen zu sein (Stirling's Artists of Spain, I, 416).

Seite 308. Anmerkung 2.

Wegen anderer, aber unbedeutender Werke Paton's s. die spanische Uebersetzung dieser Geschichte, Bd. III, S. 561 und oben S. 296, Anm. 1.

Seite 309. Anmerkung 6 der vorhergehenden Seite. Zeile 6.

Hinsichtlich auf Schreibart und Behandlungsweise sind die besten seine „Loores de San Juan" (1554), „Vanidad del mundo" (1574) und „Meditaciones del amor de Dios" (1578); dieses letztgenannte Werk ist sehr salbungsvoll.

Zeile 12.

Aehnlich sind „Sancto Inocente" (1583), „Sancta Florentina" (1584) und „Sancta Teresa" (1599) von Diego de Yepes.

Zeile 17.

Roa, der 1637 starb, schrieb viele lateinische und einige spanische Werke, von diesen letztern waren der „Estado de los Bienaventurados en el Cielo, de los Niños en el Limbo" etc. (1630), die „Almas en Purgatorio" (1631) und die „Beneficios del Santo Angel de nuestra Guardia" (1634) am meisten beliebt. Es existiren aber mehrere Ausgaben von jedem dieser Werke, — darunter vielleicht einige, die vor den hier angeführten erschienen sind.

Zeile 19 ff.

Des Juan Huarte de San Juan „Examen de Ingenios" wurde, wie ich glaube, schon 1557 geschrieben, erschien aber nach der Behauptung des N. Antonio erst im Jahre 1575. Es war das einzige Werk seines Verfassers und genoß lange Zeit hindurch des größten Beifalls; ich habe 14 spanische Ausgaben desselben angeführt gefunden, von denen ich die von 1603 und 1640 besitze, und in das Lateinische, Italienische, Französische und Englische wurde es so oft übersetzt, daß es mindestens siebenundzwanzigmal in diesen Sprachen erschienen ist. Ins Englische wurde es auch 1698 von C. Bellamy unmittelbar aus dem Spanischen übersetzt. Sir Henry Wotton hat dieses Werk in seinen Reliquiae angeführt; Lavater hat es wiederholentlich angezogen und gelobt. Es steht im Verzeichnisse der zu reinigenden Bücher von 1667 (S. 734) und so gründlich gingen Inquisition und Beichtstuhl vor, daß im Jahre 1765 der gelehrte Feyjóo einen Freund bitten mußte, ihm ein Exemplar desselben in lateinischer, italienischer oder französischer Sprache zu verschaffen, denn, obwol elf spanische Ausgaben bereits erschienen waren, konnte er doch, wie er sagte, kaum hoffen, ein spanisches Exemplar aufzutreiben: „que en el idioma Español y en España será dificil hallarle". Bayle hat einen guten Artikel über Huarte, der ein ausgezeichneter Arzt zur Zeit Philipp's II. war; ich besitze eine gelehrte und mitunter scharfsinnige Schrift gegen das Examen, die 1631 in Paris von einem andern Arzte, Jourdain Guibelet, u. d. T. „Examen de l'Examen des Esprits" veröffentlicht wurde; diese Gegenschrift ist länger als das Hauptwerk, aber durchaus nicht so gut geschrieben.

Seite 310. Zusatz zu dieser Anmerkung.

Eine interessante und werthvolle Notiz über Carbucho steht in Stirling's Artists of Spain, I, 417—428.

Seite 310. Anmerkung 1.

Liñan y Verdugo zeigt durch sein Guia y Avisos de Forasteros (1620), daß der *Estilo culto* schon zu dieser Zeit bekannt war (s. Ausgabe von 1753, S. 155 u. f. w.), und unter diesem Namen wird derselbe in des Peñalosa „Cinco Excellencias del Español" (1629, Bl. 87 a.) angegriffen.

Seite 312. Anmerkung 1.

Gracian's Werke wurden zum großen Theile in das Französische und Italienische übersetzt, aber nur wenige derselben ins Englische. Ich besitze seinen „Courtier's Manual Oracle" (London 1684), der sich nicht immer treu an das Original („Oraculo manual y Arte de Prudencia") hält, aber mitunter sehr glücklich die Meinung des Verfassers erräth und dieselbe schlagend wiedergibt. — (Bekanntlich war eine der letzten Arbeiten des Philosophen Arthur Schopenhauer eine Uebersetzung dieses spanischen Werkchens. W.) Ich besitze auch eine Uebersetzung des „Hero" mit guten Anmerkungen, die nach der französischen

Ueberſetzung des Paters Courbeville gearbeitet iſt und 1726 in London und Dublin gedruckt wurde. Andere engliſche Ueberſetzungen ſind mir nicht bekannt.

Zwei andere Werke ſollten hier vielleicht noch erwähnt werden. Das erſte iſt „Invectiva poetica contra cinco Vicios, Soberbia, Invidia, Ambicion, Murmuracion e Ira, etc. por el Licenciado *Luis Sanchez de Melo*" (Malaga, 1644, 4.). Der Verfaſſer war in Liſſabon geboren, lebte aber als Rechtsgelehrter in Malaga; wie er ſelbſt erzählt, ſchrieb er ſeine Invectiva in zwanzig Tagen während der Mußeſtunden, die ihm ſeine Beſchäftigung ließ. Ich ſetze keinen Zweifel in dieſe Behauptung, denn ſein Werk iſt, obwol es mit Verſen unterſpickt iſt, nichts als eine Reihe unbedeutender Predigten, die in einem äußerſt gezierten Stil geſchrieben ſind. Das andere iſt: „Aciertos celebrados de la antiguedad, su autor Don *Josef de la Torre*" (Saragoſſa 1654, 12., 188 S.), eine Sammlung von merkwürdigen Begebenheiten und Anekdoten aus claſſiſchen Schriftſtellern, die La Torre mit einem ſchlechten Commentar verſehen hat; er wurde ſpäter Mönch und ſtarb 1674 in Madrid.

Seite 317. Anmerkung 1.

Der niederländiſche Krieg, der von 1567 bis 1612 dauerte, ſoll Spanien über 200 Millionen Thaler gekoſtet haben (Havemann, S. 269, Anm.), und die ſpaniſche Staatsſchuld ſtieg unter Philipp II. von 35 Millionen Dukaten auf 140 Millionen (ſ. ebendaſ., S. 272).

Das tiefer liegende Uebel der Geringſchätzung der Arbeit wurde ſchon viel früher gefühlt. In dem merkwürdigen „Geſpräche zwiſchen Merkur und Charon", das dem Juan Balde's zugeſchrieben wird und um 1530 gedruckt wurde, ſagt der gute Frater, daß er in ein Kloſter eintrat „por poder honestamente trabajar", und gibt als Grund, warum er dies thun mußte, an „porque ni mi linaje, ni mi estado me consentia trabajar, si no mudaba el habito" (Ausg. von Wiffen, S. 306). Da er aus gutem Geſchlechte ſtammte, ſo konnte er alſo in ehrenhafter Weiſe nicht anders für ſeinen Lebensunterhalt ſorgen, als indem er Geiſtlicher oder Soldat wurde. Dies war in den erſten Zeiten der Regierung Karl's V.

Im Jahre 1552 äußerten ſich die Cortes dem Kaiſer gegenüber offen über das ungeheuere Anwachſen des Kircheneigenthums, ſie ſtellten nämlich ihre 55. „Peticion" mit den folgenden Worten: „Ytem, por experiencia se vee que las haciendas estan todas en poder de Yglesias, Colegios, Hospitales, et Monasterios de que viene notable daño a vuestras rentas reales et a vuestros subditos et naturales; et sino se remedia todas las haziendas vernan á poder dellos. Suplicamos á vuestra Magestad sea servido de mandar que de aqui adelante ninguna yglesia, ni monasterio compre bienes rayzes" etc. Leyes, etc. (Valladolid, Fol. 1558, Bl. 13).

In der Zeit Philipp's II. war es nicht wahrſcheinlich, daß ſich solche Klagen hervorwagten; er war aber kaum todt, so findet sich selbst in einer ihm zu Ehren gehaltenen Leichenpredigt eine bestimmte Anspielung darauf (Sermones funerales del Rey D. Felipe II., Madrid 1601, Fol. 179; — die fragliche Predigt ist von Fray Augustin Salucio). Unter der Regierung Philipp's · III. veröffentlichte Geronimo de Cevallos 1620 ben „Discurso de las razones", in dem er bewies, daß ein allgemeiner Verfall dem großen Anwachsen geistlicher Stiftungen folgen müsse, und in demselben Jahre antwortete ihm Dr. Gutierre, Marques de Carreaga, mit einer „Respuesta al Discurso", in der er die den geistlichen Körperschaften gemachten Vorwürfe bekämpft und die Behauptung aufstellt, das Land würde ohne ihre Gebete, Fasten und Almosen bald seinem Verfalle entgegengehen. Keiner dieser beiden Schriftsteller war aber der wichtigen Frage gewachsen, die hier in Untersuchung kam; außerdem war dieses Unheil, von dem man noch fühlte, daß es dem Bereiche der Gesetzgebung entrückt war, in der Zeit Philipp's II. und noch früher verursacht worden. Philipp III. griff im Jahre 1623 zu einem außerordentlichen Mittel, um demselben abzuhelfen und die Vermehrung der Bevölkerung zu begünstigen. Durch eine feierliche *Prematica* bewilligte er allen, die heirathen würden, die Vorrechte des Adels auf vier Jahre, und auf Lebenszeit allen, die sechs männliche Kinder haben würden.

Seite 319. Anmerkung 1 der vorhergehenden Seite. Zeile 2 von oben.

Eine Notiz über diese Handschrift, von der sich Abschriften in der Nationalbibliothek zu Paris und im British Museum befinden, steht im „Catalogo razonado de manuscritos españoles" etc. von E. de Ochoa (Paris 1844, 4.); dieses merkwürdige und werthvolle Werk ist nicht das geringste Verdienst, das sich Señor Ochoa um die Literatur seines Landes erworben hat. Die erwähnte Notiz (S. 57 ff.) enthält einen interessanten Brief des Don Pascual de Gayangos über andere spanisch-arabische Handschriften, die anderswo vorkommen; über die hier in Rede stehende bemerkt er, daß sie von Joseph Morgan, dem englischen Consul in Tunis, 1715 nach England gebracht wurde, der auch später eine freie und unvollständige Uebersetzung eines Theils derselben verfertigte, die unter dem Titel „Mahometanism fully explained" in den Jahren 1723—1725 in London erschien.

Zusatz zum Schlusse dieser Anmerkung.

Gute Bemerkungen über den Verfall Spaniens von der Zeit Philipp's III. an finden sich in dem „Discurso sobre la educacion popular" von Campomanes, dem weisen Minister Karl's III. (Madrid 1775, Introd. und S. 412 ff.). Die Universitäten und Schulen waren indessen zu jener Zeit zahlreich und stark besucht, aber in ihnen herrschte eine leere, werthlose Gelehrsamkeit. Fernandez de Navarrete sagt, daß es unter Philipp III. 30 Universitäten und 4000 *Estudios de Gramatica*, oder Schulen, in denen Lateinisch gelehrt wurde, gab.

Er fügt aber hinzu, daß aus ihnen zum größten Theil nur Scharen von Vagabunden hervorgingen, die die Bevölkerung des Landes auszuplündern verstanden („Conservacion de monarquias", 1626, Fol. Discurso xlvi, S. 299; zum erstenmal war dieses Werk 1621 veröffentlicht worden).

Seite 320. Anmerkung 2.

Die nämliche Thatsache wird von Stanhope, dem englischen Gesandten in Madrid, in der merkwürdigen und interessanten Correspondenz angeführt, die Lord Mahon u. d. T. „Spain under Charles II." (2. Ausg., London 1844) veröffentlicht hat. In einem vom 26. Mai 1698 datirten Briefe an den Unterstaatssecretär sagt General Stanhope (S. 131): „The Conde de Andero, who is Supraintendiente de las Rentas, declares he is not able to find money for his Majesty's subsistence."

Seite 321. Anmerkung 1.

Stanhope sagt in seiner in der vorhergehenden Anmerkung angeführten Correspondenz (S. 181), daß man allgemein in Madrid an die Bezauberung des Königs glaubte. Sismondi gibt in seiner „Histoire des Français" (XXV, 85; XXVI, 207, 208) einen jammervollen Bericht von der Geistesschwäche des Königs.

Seite 322. Anmerkung 2.

Ich halte 1632 bei Llorente für einen Druckfehler, statt 1623, denn Isabel de Bourbon gebar 1632 kein Kind, während hingegen die Infantin Doña Margarita Maria Catalina am 25. Nov. 1623 geboren wurde (*Florez*, Reynas Catolicas, 1770, II, 940). Das Datum des Textes sollte in diesem Falle 1623 lauten.

Seite 322. Anmerkung 3.

Poreño (Dichos y hechos de Phelipe II., geschrieben 1626, Kap. XIV) und Cabrera (Phelipe II, Lib. V, cap. 3, 1619 veröffentlicht, aber schon früher geschrieben) geben die Worte des Königs an Don Carlos de Sese, als dieser unglückliche Edelmann zu seinem entsetzlichen Ende bei ihm vorübergeführt wurde: „Yo traere la leña para quemar a mi hijo, si fuere tan malo como vos." Agustin Davila, der am 8. Nov. 1598 in Valladolid — der nämlichen Stadt, in der Carlos de Sese lebendig verbrannt worden war — dem König Philipp II. eine Leichenpredigt hielt, spricht mit Enthusiasmus von diesen infamen Worten als von einer „famosa sentencia" (Sermones funerales en las honras de Felipe II., Madrid 1601, 4., Bl. 78). Es ist indessen vielleicht noch bemerkenswerther, daß der fröhliche und epikureische Philipp IV. ähnliche Gefühle äußerte, und daß man sie ihm in ähnlicher Weise zur Ehre anrechnete. Es verhält sich aber in der That so; als man ihn, um der Form willen, um die Erlaubniß bat, einen seiner Minister der Inquisition zu überliefern, gab er sie und fügte die Betheuerung hinzu, „er würde seinen eigenen Sohn, wenn er schuldig wäre, mit derselben Willfährigkeit ausliefern". Balthasar war damals am Leben und er liebte dieses Kind leidenschaftlich. Dieser Geist wurde aber von der Inquisition überall eingeflößt, wohin sie ihre Wirksamkeit erstreckte (S. Pedro Rodriguez de Montforte, Honras, etc. de Felipe IV., Madrid 1666. 4. S. 10). Es darf hier nicht unerwähnt bleiben, daß Mexico es Philipp II. zur Ehre anrechnete, daß er 1574 die Inquisition daselbst einführte und daß 1596 acht Personen, worunter fünf Frauen, des Judaismus angeklagt, lebendig verbrannt wurden (Exequias de Phelipe II., Mexico 1600, 4., Bl. 133 ff.)

Seite 323. Anmerkung zu Zeile 7 von oben.

Don L. L. Corradi hat in einer Reihe von Aufsätzen in der „Revista literaria del Español" (1845) die Schlechtigkeit des Herzogs von Lerma, dieses Günstlings eines unverantwortlichen Despotismus, nachgewiesen. Das jährliche Einkommen, das er durch die Gnade des Königs erhielt, betrug, gelegentliche Geschenke ungerechnet, während einer Periode seines allmächtigen Einflusses, 488000 Dukaten.

Seite 323. Anmerkung 1.

Ein noch schlagenderes Beispiel aber von dem damals herrschenden Gebrauche des Wortes *Magestad*, als die oben in dieser Anmerkung citirten, findet sich in einer Schrift u. d. T. „Epitome historial, etc. de los once Martyres Franciscanos de Gorcomio, que escrivió Fray *Alonso Lopez Magdalena*" (Madrid 1676), in welcher bei Erwähnung eines Auflaufes in der Stadt Gorcum in Holland gesagt wird, er habe damit begonnen: „Empuñando los hereges las armas contra todos los fieles vasallos de *ambas Magestades* (S. 18), womit Gott und Philipp II. gemeint sind.

Magestad hieß auch die Monstranz, welche die geweihten Hostien enthielt. In einer Schrift über eine glänzende Feierlichkeit in der Pfarre Sta Cruz in Madrid im Mai 1628, bei einer Gelegenheit als die Hostie nach einer neuen Kapelle transferirt wurde, stoßen wir auf nachfolgende Phrasen: „Todos nueve dias estuvo su Magestad patente"; — „Un Bufete donde estuvo su Magestad" etc. — (Breve Compendio del Aparato y Fiesta etc., Madrid 1628, 4.)

Ich führe diese Stellen an, um nicht nur den außerordentlichen Gebrauch des Wortes Magestad zu erklären, sondern auch um eine Denkungsart zu erläutern, die uns in der spanischen Literatur beständig begegnet und die eine Verwirrung der Ideen des religiösen Glaubens und der Lebenstreue in sich schließt, die für den Nationalcharakter verhängnißvoll wurde.

Seite 328. Anmerkung zu Zeile 30 von oben.

Ein gleichzeitiger halbofficieller Bericht von Philipp's V. Ueberschreiten der Grenze seines Königreichs erwähnt, daß er das Spanische nicht sprechen konnte, aber fleißig dem Erlernen desselben oblag. „No

sabe hablar el Español aunque lo aprende con grande aplicacion"
(Entrada del Rey nuestro Señor en Bayona etc. y en Irun, primer
pueblo de España, Madrid, 27 de Enero, 1701, 4., 7 S.). Bekanntlich kam Karl, der erste Herrscher aus dem Hause Oesterreich,
ebenso wenig der spanischen Sprache kundig nach Spanien als der erste
Bourbon.

Seite 329. Anmerkung 1.

Die *Constituciones* wurden am 2. Jan. 1716 gegeben, und es
ist charakteristisch, daß die erste derselben bestimmt, des Königs Beichtvater solle für alle Zukunft der verantwortliche Director der Bibliothek sein (Fundacion y Estatutos de la Libreria publica, Madrid
1716, 4.). Natürlicherweise wurde sie auf lange Zeit hinaus eine
Sammlung orthodoxer Bücher und nichts weiter.

Seite 329. Anmerkung 2.

Fundacion y Estatutos de la Real Academia Española, Madrid
1715, 4.). Die erste Sitzung wurde am 6. Juli 1713 gehalten, an
welcher acht Personen theilnahmen. Der wirkliche Gründer und erste
Director der Akademie, der Markgraf von Villena, in der englischen
Geschichte mehr gekannt unter dem Namen Herzog von Escalona, hatte
seinem Lande sowol als Krieger wie als Staatsmann gedient; im Successionskriege war er aber gefangen genommen worden und wurde für
General Stanhope ausgewechselt. Er starb 1738, 59 Jahr alt.
Sein Sohn folgte ihm als zweiter Director der Akademie und starb
1751, 38 Jahre alt. Beiden erwies die Akademie ausgezeichnete Ehren
nach ihrem Hintritte. S. „Relacion de las Exequias que la Real
Academia Española celebró por el Excmo. Señor *Mercurio Antonio
Lopez Pacheco*, Marques de Villena su Director" (Madrid 1738, 4.)
und „Elogio historico, ec. del Marques de Villena su segundo Director, por D. *Francisco Antonio de Angulo*" etc. (Madrid 1751);
erstere Schrift besteht zum Theil aus einer Lobrede des Blas de Nasarre,
des Herausgebers der Comedias des Cervantes; die letztere rührt von
dem Secretär der Akademie her.

S. auch Pelisson, „Histoire de l'Académie française" (Amsterdam 1717, 12., S. 53).

Seite 331. Anmerkung 2.

Seit Covarrubias ist sehr wenig für spanische Etymologie geschehen.
Das jüngste Werk, das mit großer Prätension auftrat, war das
„Diccionario de Etimologias" von Don Ramon Cabrera, der 79 Jahr
alt 1833 starb und sein Werk in einem rohen und ungenügenden Zustande
zurückließ, in dem es von seinem Freunde Don Juan Pedro Ayegui
herausgegeben wurde (Madrid 1837, 2 Bde.).

[Seitdem erschien auch von Pedro Felipe Monlau ein bei weitem
besser ausgearbeiteter: Diccionario etimologico de la lengua castellana
(Madrid 1866, 4.). W.]

Seite 332. **Anmerkung zu Zeile 10 von oben.**

Ich besitze eine Flugschrift in Quart von 1713 u. b. T.: „Planta y Metodo que deven observar los Academicos en la composicion del nuevo Diccionario", — und zwei kleinere undatirte Abhandlungen u. b. T.: „Reglas para la correccion y aumento del Diccionario"; — diese drei Schriften weichen beträchtlich voneinander ab, enthalten aber alle drei verständige Regeln, die den successiven Stadien der Composition des Wörterbuchs angepaßt sind; sie wurden sämmtlich auf Anordnung der Akademie zur Richtschnur für ihre Mitglieder veröffentlicht, während sie mit dieser Aufgabe beschäftigt waren.

Seite 332. **Zeile 10 von unten.**

Mayans y Siscar veranstaltete nach einem Exemplar ohne Titelblatt, dem einzigen, das er in Madrid oder Salamanca aufzutreiben im Stande war, 1731 einen Wiederabdruck des Systems von Lebrixa mit Vorreden und *Reflexiones*, die überflüssig waren und wenig erklären. Es ist eine sehr kleine, einfache Abhandlung von kaum 50 Seiten in Octobez.

Seite 332. **Anmerkung 1.**

Neben andern Versuchen, die spanische Orthographie zu verbessern und festzusetzen, erschien, während die Akademie an ihrem Werk arbeitete, ein Pamphlet, dessen Titel seine Absurdität kennzeichnet, nämlich: „Alfabeto o nueba qoloqazion de las letras qonozidas en nuestro idioma Qastellano, ec. por Don *José Ipolito Baliente*, Profesor de Artes en los Estudios de la Ziudad de Plasenzia i de Leyes en la Unibersidad de Salamanqa" (4., 1731). Diesem entgegnete eine Flugschrift u. b. T.: „Hypolito contra Ipolito, el Español vindicado, ec. por D. *Gabriel de Atarbe y Anguita*" (Madrid 1732, 4.). Diese letztere Abhandlung steht für das *uti possidetis* der Sprache freilich auf keine sehr genügende Weise, aber doch hinreichend ein, um einen so ausschweifenden Gegner zu widerlegen.

· **Zu Zeile 9 von oben.**

Was den Gebrauch des *i* zur Schreibung des Bindewortes *y* betrifft, der vielleicht zur Geltung gelangen dürfte, so ist schon häufig derselbe befürwortet worden. So kommt er in den Obras liricas des Birues (1609) vor, wogegen indessen der Drucker das folgende *Caveat* einlegt: „La Ortografia que lleva este libro se puso a persuasion del Autor y no como en la imprenta se usa." Ebenso verfuhr Esteban de Billegas in seinen Eroticas (1617), aber auch hier verwahrt sich der Drucker, daß das Buch gedruckt sei „a costa del Autor i por el corregida la ortografia". Aleman war ein Zeitgenosse von beiden und mag einigen Antheil an ihren Systemen gehabt haben.

Zusatz zum Ende.

Der „San Antonio de Padua" des Aleman ist bei weitem besser als

Montalvan's „San Patricio" oder als ein anonymes Werk u. b. T.: „Libro de la Historia y Milagros hechos a invocacion de nuestra Señora de Monserrat" (Barcelona 1556, 12., 269 Bll.). Dieses letztere ist indessen ein merkwürdiges Denkmal des spanischen Glaubens; die 325 Wunder desselben reichen bis zu dem Jahre des Erscheinens dieses Buches herab, während welchem sich die vier letzten ereignet haben sollen.

Seite 333. Anmerkung 1.

Ich kenne kein Land, in welchem mit allgemeiner Billigung alle Sorgfalt in der Orthographie so vernachlässigt worden wäre, als in Spanien; — dies wird jedermann zugeben, der auf die Aufschriften der Gewölbe und bei den Handwerkern in den verschiedenen Städten geachtet hat; diesen Uebelstand hechelt eine Flugschrift u. b. T.: „Bello gusto satirico de Inscripciones" (Madrid 1785, 18.) gehörig durch, in derselben wird der Vorschlag gemacht, es möge das Amt eines Gewölbe-Aufschriften-Inspectors bestellt werden, wie dies auch einer der Facheaux des Molière will, und soll ein solches sogar nach der Behauptung eines der Annotatoren des Molière einmal wirklich in Paris existirt haben. Madrid könnte nichts Besseres thun, als diesem Beispiele nachfolgen.

Die Orthographie der Akademie wurde 1806 von einem anonymen Schriftsteller angegriffen, der neben andern Aenderungen die Buchstaben *h, q, v, x* und *y* zu unterdrücken vorschlug, und ein praktisches Beispiel seiner Theorie in der Schreibung seiner Abhandlung gab. (Reflexiones sobre la Ortografia de la Lengua Castellana, ec., Madrid 1806, 18., 47 S.) Ein so absurder Versuch konnte, wie natürlich, keinen Erfolg haben.

Seite 336. Anmerkung 1.

Gayangos verzeichnet eine unbedeutende poetische Arbeit des Moraes in spanischer Sprache schon vom Jahre 1696. Es ist ein Panegyrikus auf die große Familie der Sousa in 88 Strophen.

Seite 337. Anmerkung 1. Zeile 9.

Ich besitze auch ein Gedicht auf den heil. Johannes den Täufer, von Antonio de Frias (1717); — ein Gedicht auf den heil. Hieronymus, von P. Francisco de Lara (1726); — eine gereimte Weltgeschichte, von Bernabé de Palafox, Marques de Lazan (1734) — und San Rafael, oder eine Geschichte von gewissen Visionen eines Mönchs von Corbova im 16. Jahrhundert, von P. Buenaventura Terrin (1736), alles erbärmliches Zeug.

Seite 337. Anmerkung zu Zeile 4 von oben.

Es entstand eine beträchtliche Zahl von Volksliedern während des Successionskrieges, Villancicos, Gespräche, Romanzen u. s. w., von denen ich eine ansehnliche Sammlung besitze; sie sind aber alle vom gewöhnlichsten Schlage, mitunter erbärmlich gemein.

Seite 387. Anmerkung 2.

In der vorletzten Zeile lies: *Antonio Muñoz*, Aventuras en Verso y en *Prossa* (sic). Zusatz: Muñoz schrieb noch „Morir viviendo en la Aldea y vivir muriendo en la Corte" (Madrid 1737, 12.), eine schwache Erzählung, die Landedelleute verspottet, die sich einem bäueri=schen Leben ergeben, nachdem sie zu etwas Besserem erzogen worden sind. — Eine Dame muß noch diesem Verzeichnisse hinzugefügt wer=den: Doña Teresa Guerra von Cadiz, die 1725 einen kleinen Band wahrhaft erbärmlicher Gedichte drucken ließ.

Aber dies alles war von keiner Bedeutung und wurde mitunter für nicht mehr selbst zu der Zeit gehalten, in der es erschien. So sagt Don Francisco de la Rua, der eine Flugschrift u. d. T. „Destierro de Pobres, La Poesia muerta" (Madrid 1734) schrieb, und den sein Geschmack nicht abhielt, Schriftsteller wie Lobo und Ines de la Cruz zu preisen, von der Nationalpoesie seiner Zeit (S. 15), daß er gänzlich an derselben verzweifle, denn es sei schwer, „einen Körper wieder zu beleben, der seit so vielen Jahren todt ist". Er räth daher, die Gedanken der Na=tion nur auf das Nützliche zu lenken, und es scheint fast, als ob sein Rath weise gewesen wäre.

Seite 338. Anmerkung 1.

Ein Band u. d. T.: „Sacra y humana Lyra, Poemas de Don *Gabriel de Leon*" (Madrid 1734, 4.) stimmt zu den obenerwähnten „Sagradas Flores" und ist auch seinem Inhalte nach, da er sich zum großen Theil mit dem Altarsakramente und ähnlichen Gegenständen be=schäftigt, sehr denselben ähnlich.

Ein schlagender Beweis für den Verfall und die Vernachlässi=gung der Literatur unter der Regierung Philipp's V. ist auch die ge=ringe Anzahl von Exemplaren, die von Büchern gedruckt wurde, die auf Popularität Anspruch machen konnten. So sagt der Drucker in seiner Ansprache an den Leser, die der dritten Ausgabe der „Cryselia de Lidaceli" (1720, s. oben S. 232) vorangeht: „Zweihundertundfunfzig Exemplare wurden gedruckt, wie dies auch bei andern Büchern geschieht, — von einigen werden zweihundertundfunfzig, von andern einhundert oder zweihundert gedruckt, sodaß es dem Wiß=begierigen nicht fehlen kann, sie zum Lesen zu erhalten." Wenn es aber so wenig Käufer und Leser von „libros de entretenimiento" gab, welche Beweggründe konnten dann dazu vermögen, solche zu schreiben? Und so wurden sie denn auch in der That nicht geschrieben.

Seite 338. Anmerkung 2. Zeile 6 von unten.

Unter den heftigsten Angreifern auf das „Diario" befand sich Mayans y Siscar, der durch einen Aufsatz über seine „Origenes de la lengua española" sehr verletzt war und dagegen einen Band u. d. T.: „Conversacion sobre el Diario de los Literatos de España; la publicó D. *Placido Veranio*" (Madrid 1737) schrieb, der aber

nicht mit der sanften, sommerlichen Milde geschrieben war, die er durch
sein Pseudonym hatte ankünden wollen. Ein anderer Gegner des Diario war
D. Vicente de la Bentura y Balbés, der es in seinem „Triumvirato
de Roma" (Madrid 1738) angriff, dessen *Aprobaciones* sehr lang
und so bitter wie das Werk selber sind. Noch ein anderer Angreifer
war Añorbe y Corregel, der schlechte Theaterdichter, dessen absurdes
religiöses Drama in drei Theilen „La Tutora de las Iglesias" das Diario beurtheilt hatte (Thl. 4, S. 358); er erwiderte darauf in der Vorrede
seiner ebenso albernen Zarzuela „Jupiter y Danae" und machte darin
den Anspruch, auf demselben Boden mit Lope de Vega und Calderon
zu stehen, — als hätte er das geringste Recht, sich auf demselben auf-
zuhalten, mit Ausnahme dessen, daß er ihre Extravaganzen und Thorheiten nachahmte. Aber alle die kleinen Hunde bellten das *Diario* und
seinen Herausgeber an, und so hatte es, wie gesagt, keinen Erfolg.
Andere periodische Schriften erschienen um dieselbe Zeit, z. B. der
„Mercurio" von Mañer, Nifo's „Diario curioso" u. s. w.; aber auch
sie genossen geringe Gunst.

Seite 340. Anmerkung 1. Zeile 3.

Monarquia Hebrea (2 Bde., Madrid 1727, Haag 1745,
4 Bde., 12.). Nur wenige Bücher können sich mit diesem Werke an
Albernheit messen.

(Zusatz.)

Ein wichtiges Werk für die Geschichte der spanischen Malerei erschien in den Jahren 1715—1725, das eine ausführlichere Erwähnung erfordern würde, wenn es nicht so schlecht geschrieben wäre, welches aber auch nicht so gänzlich übergangen werden darf. Es ist von
Acisclo Antonio Palomino y Belasco, dem „Vasari Spaniens", verfaßt; dieser Künstler wurde 1653 geboren und starb 1726. Sein Werk
umfaßt zwei Bände in Folio, dessen zweiter Band in zwei Theile zerfällt, und führt den phantastischen Titel: „El Museo pictorico y
Escala optica"; es beginnt mit einer Geschichte der Anfänge der
Malerkunst und endet mit den Biographien der spanischen Maler. Eine
ausführliche Notiz über den Verfasser und sein Werk findet man bei
Cean-Bermudez (Diccionario, 1800, Thl. 4, S. 29—41), noch
besser ist die in Stirling's Werk (Artists of Spain, Bd. 3,
S. 1120—1134) befindliche. Cean spricht in seinem Prólogo mit
vieler Schonung von Palomino's schlechtem Geschmack, ohne Zweifel
eingedenk, wie viel er seinem Fleiße verdankte; auch Herr Stirling er-
kennt dankbar seine Verpflichtungen ihm gegenüber an.

Seite 341. Anmerkung 1.

Diese Mode dauerte mehr oder minder durch diese ganze Periode
fort. Als im Jahre 1789 ein junger Mann, der Schriftsteller werden
wollte, einen satirischen Rath über die Laufbahn, die er einschlagen
wollte, erhielt, wurde er bedeutet: „Die neueste Mode ist immer die

beſte. Schreibt daher im modernen, b. i. bem franzöſiſchen Stil".
Carta de Paracuellos, Madrib 1789, S. 30.

Seite 343. Anmerkung 1

ließ ſtatt: Dieſe Abhanblung, in vier kurzen Kapiteln: in neun kurzen
Kapiteln.

Seite 343. Anmerkung 2.

Rengifo's Arte poética enthält ein Reimlexikon, welches, wie Mo=
ratin ber Jüngere in ſeiner „Derrota de los Pedantes" (1789, S.
42) bemerkt, ein wichtiges Hülfsmittel für bie Dichter ſeiner Zeit war.

Seite 344. Anmerkung 6.

Eine noch lächerlichere, aber kürzere Schrift über Logik unb Natur=
philoſophie folgte im Jahre 1758. Sie war von einer Dame, Doña
Maria be Camporebonbo, in volksthümlichen, ja ich möchte ſagen, orbi=
nären Seguribillas geſchrieben unb führt ben Titel „Tratado philoso-
phico-poetico" (18., 128 S.).

Seite 346. Anmerkung 2.

Der gelehrte Bayer nahm an ben Reformbewegungen Antheil unb
arbeitete eine lange Denkſchrift an ben König aus, bie ben Titel führte
„Por la Libertad de la Literatura Española" unb ben übeln Zu=
ſtanb an ben großen Univerſitäten auseinanberſetzte. Dies geſchah im
Jahre 1769. Im Jahre 1771 wurde mit einigen Reformen begonnen
unb im Jahre 1778 waren, ungeachtet bes heftigen Wiberſtanbes ber
hohen Schulen, einige Veränberungen bewirkt worben, bie inbeſſen,
lange Zeit hinburch, nur von geringer Wirkung waren. S. bie ſpani=
ſche Ueberſetzung bieſer Geſchichte, Bb. 4, S. 399.

Seite 347. Anmerkung zu Zeile 12 von oben.

In ber 1666 erſchienenen officiellen Schilberung ber Beerbigung
Philipp's IV. im vorhergehenben Jahre ſteht ein ausführlicher Bericht
von bem Kometen von 1664, ber bieſes Monarchen Tob verkünbigt
habe; bieſer befinbet ſich aber hinter einem ebenſo ausführlichen Berichte
von bem ſeit 1659 burch Krankheit bewirkten, ſtufenweiſe Hinfälliger=
werben bieſes Monarchen (Monforte, Honras a Felipe IV., Madrib
1666, 4., Bl. 19—22).

Seite 347. Anmerkung zu Zeile 10 von unten.

Feyjóo feiert in ſeinem „Teatro critico" (Tom. IV., Disc. XIV.,
§. 85, Ausg. v. 1759, S. 412, 413) bankbar bas Anbenken ſeines
Vaters als eines Mannes von hohen Geiſtesgaben unb großen chriſt=
lichen Tugenben.

Seite 350. Anmerkung 1.

In einer balb nach ſeinem Tobe gehaltenen Lobrebe erfahren wir,
baß er von heiterer, ja ſogar luſtiger Gemüthsart war, unb baß er
nicht nur einige geiſtliche Beförberungen unb Würben zurückwies, ſonbern

auch auf das persönliche Begehren Ferdinand's VI., daß er in Madrid leben möge, ablehnend antwortete; denn er dachte mit Recht, daß er sich in seinem Kloster in Oviedo besser der großen Aufgabe seines Lebens, der Aufklärung seiner Landsleute, widmen könnte (Oracion en la Universidad de Oviedo, 27 de Noviembre 1764, á la immortal Memoria del Ilustrissimo y Reverendissimo S. D. F. Benito Geronimo Feyjóo, por el S. Doct. *Alonso Francisco Arango*, etc., Oviedo 1765, 4.). [S. Obras escogidas del P. Fr. B. G. Feyjóo. Con una noticia de su vida y juicio crítico de sus escritos, por *Vicente de la Fuente*, Madrid 1863, 4. W.]

Seite 352. Anmerkung 1 zu Zeile 5 von oben.

Seitdem im Jahre 1617 dieses Dogma, daß die heil. Jungfrau durch göttliche Gnade ohne den geringsten Antheil an der Erbsünde geboren worden war, durch eine päpstliche Bulle unterstützt wurde, ward es in der spanischen Kirche, der es in der That seine Entstehung verdankte, herrschend. Niemand konnte an den Universitäten einen Grad erlangen, der nicht feierlich seinen Glauben an dasselbe bekannte, und selbst in der von Murillo in Sevilla gestifteten Maleraladbemie wurde die Aufnahme an eine ähnliche Bedingung geknüpft (Ford's Handbook, 1845, Buch I, S. 265—267. Cean=Bermudez, Carta sobre la Escuela Sevillana, Cadiz 1806, 18., S. 141). Es durchdrang in der That den Charakter des ganzen Volks. Ich erinnere mich aus meinem Aufenthalte in Spanien im Jahre 1818, daß wenn ein Landmann dem andern begegnete oder seine Hütte betrat, sein Gruß war „Ave Maria purissima", worauf die Antwort des Angesprochenen lautete: „Sin pecado concebida." Karl III. bemühte sich, die unbefleckte Empfängniß als einen allgemeinen Glaubensartifel in Rom durchzusetzen, was ihm aber nicht gelang; — Spuren des Glaubens an dieses Dogma finden sich aber in der spanischen Literatur allerwärts, und Philipp V. war ohne Zweifel wohlberathen, wenn er sich desselben als eines Mittels bediente, um Popularität zu gewinnen.

(Zusatz zum Ende.)

S. auch Tapia, Historia, IV, 32. San Phelipe, Comentarios, Buch XIV.

Seite 353. Anmerkung zu Zeile 7 von oben.

Die Geschichte des Nicolás Jesus de Belando wurde in drei Foliobänden zwischen 1740 und 1744 gedruckt. Wie ich denke, wurde aber blos die Vernichtung des letzten Bandes, der die Ereignisse von 1713 bis 1733 umfaßte, befohlen, und dieser kann jetzt kaum noch aufgetrieben werden. Er wurde am 20. Juli 1744 veröffentlicht und am 6. Sept. des nämlichen Jahres unterdrückt.

Seite 353. Anmerkung 1.

Ich besitze die officiellen „Relaciones" der am 21. Dec. 1720 und 30. Nov. 1721 in Granada gehaltenen Antos, die 98 Fälle enthalten, wovon 96 Juden, oder solche, die dafür gehalten wurden, betrafen; einige derselben wurden lebendig verbrannt, die Gebeine einiger Verstorbenen wurden ausgegraben und verbrannt, die übrigen wurden zu lebenslänglichem Kerker und verschiedenen geringern Strafen verurtheilt; — dieses Verzeichniß von Greueln ist in einem Tone richterlicher Kälte und Würde niedergeschrieben, als wären die Milde und Weisheit dieser Urtheile gleich unzweifelhaft.

In einem Buche u. d. T. „History of the Jews of Spain and Portugal" von E. H. Lindo (London 1848, S. 276) finde ich folgende kühne Behauptung, die ich nicht zu widerlegen im Stande bin, obwol sie mich sehr überrascht hat: „The bloody records of the Inquisition state not a single instance of the Hebrew people acting irreverently to the Catholic worship." Wenn dies wahr ist, so handelten die Juden besser oder mindestens klüger als die Protestanten.

Seite 353. Anmerkung zu Zeile 7 von unten.

Juan de Ferreras, der einzige unter diesen Männern, der nicht schon früher gehörige Erwähnung fand, war 1652 geboren und starb 1735. Seine „Historia de España" erschien zwischen 1700 und 1726 in 16 Quartbänden; es ist ein langweiliges Werk, das zur Zeit seines Erscheinens viele Angriffe erfuhr, aber ehrlich und verläßlich ist. Ferreras war ein eifriger Vertheidiger des Thronrechts Philipp's V. und schrieb zwei kurze Abhandlungen zur Unterstützung desselben, — die eine u. d. T. „Desengaño catolico", und die andere betitelt sich „Desengaño politico". Mit Ausnahme dieser und einiger anderer religiöser und politischer Flugschriften von geringem Werthe veröffentlichte er neben seiner Geschichte nichts (Elogio de Juan de Ferreras, Decano de la Real Academia, ec. hecho de la Comision de la misma, por D. *Blas Antonio Nasarre y Ferriz*, Madrid 1735, 4.).

Seite 354. Anmerkung 2.

Ich besitze eine große Menge Flugblätter und anderer Producte des Geschmacks und der Gefühle des Volks zwischen 1700 und 1760; unter anderm über 20 auf die Thronbesteigung Ferdinand's VI. im Jahre 1746. Man kann sich kaum etwas Schlechteres denken; sie verdienen reichlich das von Melendez Baldez über dieselben gefällte Urtheil, der in einer als Generalfiscal gehaltenen Rede vorschlug, solche Publicationen gänzlich auf gesetzlichem Wege zu unterdrücken und anstatt derselben durch die Akademie, oder andere der Regierung zu Gebote stehende Mittel Romanzen, ähnlich denen des 16. und 17. Jahrhunderts, wieder ins Leben zu rufen. Der Zweck war lobenswerth, aber die Mittel waren mehr poetisch, als angemessen oder weise. Das Volk will zu allen Zeiten eine solche volksthümliche Literatur, die seinem Geschmacke und Bildungsgrade angemessen ist, und dieselbe Gattung von *jacaras* und *romances vulgares* wurde in Spanien um die Mitte des 19. Jahrhunderts gedruckt, wie zu Melendez' Zeit und ein halbes Jahrhundert

früher. Es wäre aber ungerecht, für ihre Flachheiten irgendeine Dichterschule verantwortlich machen zu wollen (s. Discursos forenses de
Melendez Valdéz, 1821, S. 167 ff.).

Seite 354. Zeile 7 von unten

lies: Sie entstand in den Jahren 1749 bis 1751.

Ebendas. Letzte Zeile.

Montiano, der der Secretär besselben war.

Seite 359. Anmerkung 1.

Die Mittheilung Llorente's, nach Langle's Angabe, daß diese in
Sevilla verbrannte Frau jung und schön gewesen sei, ist indessen irrthümlich; sie war blind und häßlich, — eine *beata* von sehr unregel-
mäßigem Lebenswandel und, wie ich nach dem Bericht vermuthe, ver-
rückt. Einige Details ihres Processes und ihrer Hinrichtung sind von
entsetzlicher Roheit und Abscheulichkeit; als sie schließlich dem weltlichen
Arme überliefert wurde, blieb man der alten schmachvollen Heuchelei
getreu und bat die Personen, die sie vom Leben zum Tode zu bringen
hatten, sie gütig und sanft — *benigna y piadosamente* — zu behandeln (Relacion historica de la Juderia de Sevilla, Sevilla 1849,
12., S. 182—209).

Seite 360. Zu Zeile 14 von oben

der dort als Verbannter seit der Austreibung seines Ordens aus
Spanien lebte.

Seite 360. Anmerkung 1.

Ueber Isla s. auch die Biographie Monlau's vor der sehr guten
Auswahl aus seinen Werken im 15. Bande der Bibl. de Aut. esp.
(1850).

Seite 360. Anmerkung 2.

Mitarbeiter an dem Schriftchen „Juventud triunfante" war Vater Posada. S. den vom 21. Oct. 1781 datirten Brief Isla's an
seine Schwester.

Seite 363. Zeile 21 von oben.

Lies statt: „Der erste Band dieses Romans erschien 1758 ohne
Wissen des Verfassers": „Der erste Band des Bruders Gerundio wurde
1758 etwas früher, als der Verfasser beabsichtigt hatte, ausgegeben; —
in das Geheimniß Eingeweihte hatten die ganze Auflage in ihren Besitz
gebracht und verkauften achthundert Exemplare binnen vierundzwanzig
Stunden."

Ebendas. Anmerkung 3. Zeile 3 von unten.

Eine lange Erörterung über diesen Roman steht im 4. Bande der
Ausgabe von 1813.

(Zusatz.)

Die Befürchtung, daß dieses Buch verboten werden würde, war

so groß, daß der Preis der Exemplare des erſten Bandes unmittelbar nach dem Erſcheinen deſſelben ein äußerſt hoher wurde. Ein Exemplar wurde um 25 Louisdor gekauft und dieſelbe Summe wurde für ein anderes nicht angenommen (Espagne littéraire [von Nicolas Bricaire], 1774, III, 315).

Seite 364. Anmerkung 1.

Ich beſitze indeſſen ein Exemplar des zweiten Bandes gedruckt „En Campazas, Á costa de los herederos de Fray *Gerundio*, Año de 1770". Begreiflicherweiſe iſt es ganz und gar ohne die gewöhnlichen *licencias* und paßt nicht beſonders zum erſten Baude von 1758.

Seite 364. In Zeile 14 von oben.

(Der unglückliche Isla erlitt) . . . . . auf dem Wege nach Co-ruña, wo er ſich einſchiffte, einen Anfall von Lähmung, welcher ſein Leben während der noch übrigen 14 Jahre deſſelben, von denen ein in Corſica zugebrachtes und mehrere in Bologna und deſſen Nachbarſchaft verlebte durch Kriegsunruhen oder perſönliche Verfolgungen und Armuth ſehr trübſelig waren, ſehr ungewiß machte. Dennoch hat man nach ſeinem Tode gefunden, daß er auch während dieſer leidensvollen Jahre, in denen er mehrmals ſein Leben nur durch die Unterſtützung milbthätiger Freunde fri=ſten konnte, nicht müßig geweſen iſt.

Seite 365. Anmerkung 2. Zeile 4 von unten

lies: Ihm wird auch ein Gedicht, Sueño politico, auf die Thronbeſtei=gung Karl's III. fälſchlich zugeſchrieben u. ſ. w.

(Zuſatz.)

Auf ſeine Ueberſetzungen, mit Ausnahme der des Gil Blas, iſt es kaum nothwendig näher einzugehen. Es mag indeſſen erwähnt werden, daß er 1731 Fléchier's „Theodoſius den Großen" ſpaniſch veröffent=lichte und bald darauf Duchesne's Abriß der Geſchichte Spaniens; — dieſe beiden Werke hatte er ſchon früher vorbereitet und das letztere der-ſelben war lange Zeit ein beliebtes Lehrbuch in den ſpaniſchen Schulen, und zwar nicht blos wegen des Verdienſtes des Originals, ſondern auch wegen der verſtändigen Zuſätze Isla's und wegen eines Auszuges in Verſen, den er der Geſchichte einer jeden Periode voranſtellte und den die Kinder auswendig lernten.

Seite 365. Anmerkung 3.

Don Antonio Puigblanch, ein wunderlicher, aber gelehrter Catalane, unternahm eine Ueberſetzung des Gil Blas mit einer Einleitung, die beweiſen ſollte, daß Le Sage der Verfaſſer deſſelben ſei, und kündigte die Veröffentlichung dieſes Werkes an, wie er ſelbſt ſagt; ich glaube aber nicht, daß es je gedruckt worden ſei. S. ſeine originellen „Opus-culos grammatico-satiricos" (London, o. J., Thl. II, S. 372, 373).

Seite 366. Anmerkung 1.

Die Fortsetzung Isla's war indessen eine Uebersetzung aus dem Italienischen des Kanonikus Giulio Monti, eines Bolognesen, der 1747 starb und dessen Gil Blas, wie ich glaube, im selben Jahre in Venedig erschienen war.

[S. über die Frage des Ursprunges des Gil Blas: Essai sur la question de l'originalité de Gil Blas ou nouvelles observations critiques sur ce roman, par *Charles Fréd. Franceson*, Leipzig 1857. W.]

Seite 369. Anmerkung 1.

Die Poesias des Don Vicente Garcia de la Huerta beginnen mit dem Endymion, einem kurzen Heldengedicht, das zuerst besonders im Jahre 1755 in Quart erschienen war; obwol aber dieses Gedicht sehr anspruchvoll auftritt, ist es doch sehr schwach und unbedeutend.

[Ueber Vicente Garcia de la Huerta s. die biographische Notiz im *Boletin bibliografico*, 1863, Nr. 26, S. 293—296. W.]

S. 369, letzte Zeile von unten, lies, statt 1770, 1772, und S. 370, Zeile 1 von oben, lies, statt fünf Jahre, drei Jahre.

Seite 370. Anmerkung zu Zeile 15 von unten.

Ob der Infant Don Gabriel mit Recht als der Verfasser der Anmerkungen zu der Uebersetzung des Sallust (von der eine prachtvolle Ausgabe in Folio 1772 von Ibarra gedruckt wurde) gelten kann, ist ungewiß; denn er war bei ihrem Erscheinen erst 20 Jahr alt und sein Lehrer war der gelehrte Perez Bayer. Er war aber ein Prinz, der so manche elegante Fertigkeiten und einen entschiedenen Geschmack für die Literatur besaß, sodaß sein Tod im Jahre 1788 ein Unglück für Spanien war, das während der Regierung seines Bruders, die im nämlichen Jahre begann, noch tiefer empfunden wurde.

Seite 370. Anmerkung zu Zeile 8 von unten.

Eine große Menge poetischer Flugschriften in Octobez wurde in Madrid während der Regierung Karl's III. veröffentlicht; sie sind aber fast alle ohne Werth. Ich besitze 40 oder 50 derselben, worunter sich die meisten Werke des ältern Moratin, einige von Gregorio Salas u. s. w. befinden, darunter eine, „El Planto de los Montes, por Doña *Maria Josefa de Cespedes* (1786, 14 S.), eine Satire auf die übrigen ist; es wird uns darin berichtet, daß Apollo ein Heer von Ratten, Abkömmlinge des Horazischen *ridiculus mus*, abgesandt habe, um sie sämmtlich aufzuzehren. Moratin der Jüngere macht sich auch in seiner „Derrota de los Pedantes" (1789, S. 45—50) über diese *Poemitas* wie er sie nennt, lustig, die zum größten Theile unsern Gelegenheitsgedichten entsprachen. Ein Jahrhundert früher würden alle diese Kleinigkeiten in Quart erschienen sein, nun aber war die ganze Literatur des Landes zu denselben zwerghaften Proportionen zusammengeschrumpft. In der ersten Hälfte des 18. Jahrhunderts waren in der That selbst

diese armen, verkümmerten kleinen Schriftchen selten; während der Regierung Karl's IV. wuchsen sie aber nach und nach zu kleinen Bänden
in Duodez oder Octav an.

Seite 371. Anmerkung zu Zeile 6 von oben.

Die Ausgabe der „Naves de Cortés", die der jüngere Moratin
im Jahre 1785 (18., 67 S.) nach seines Vaters Tode veranstaltet hat,
ist derjenigen vorzuziehen, die er 1821 in Barcelona erscheinen ließ, da
er in dieser Aenderungen vorgenommen hat, die den Werth derselben
nicht erhöhen und die nicht zu rechtfertigen sind. Dieses epische Gedicht
wurde geschrieben, um sich um den 1777 von der spanischen Akademie
ausgeschriebenen Preis zu bewerben, — es war das erste mal, daß diese
Körperschaft einen ähnlichen ausgesetzt hatte. Franc. Gregorio de Salas
schrieb auch bei derselben Gelegenheit über den nämlichen Stoff, sandte
aber seinen Versuch nicht zur Bewerbung ein (Poesias, 1797, Thl. I,
S. 288, 298 u. f. w.). Der fragliche Preis wurde von Don Josef
Maria Baca de Guzman erlangt, dessen Gedicht in 60 Octavstrophen
ohne Jahreszahl unter folgendem Titel herauskam: „Las Naves de
Cortés destruidas, Canto premiado" etc. (Madrid, 4., 21 S.). Aber
weder sein Gedicht, noch das des Salas lassen sich mit dem Moratin's
vergleichen, das ohne Zweifel von seinem Sohne veröffentlicht wurde,
um zu zeigen, wie sehr es die Ehre verdient hätte, die ihm nicht zutheil geworden war.

Seite 371. Anmerkung 1.

Seine meisten Werke sind gesammelt im 2. Bande der Bibl. de
Aut. esp. (1846).

Seite 371. Anmerkung zu Zeile 9 von unten.

Das Werk Giovanbattista Conti's, das in vier Bänden zwischen
1782 und 1790 in Madrid gedruckt wurde, ist eine Sammlung von
spanischen Gedichten, größtentheils in italienischer Manier, die mit Garcilasso beginnen und mit den Argensolas endigen. Voran geht eine
Einleitung über die ältere spanische Dichtkunst, und jedes Gedicht ist
mit einem Commentar versehen, alles dies in beiden Sprachen. Dies
Werk hat sehr geringen Werth.

Seite 373. Anmerkung 1.

Der Titel „Eruditos á la Violeta" hat Ausländer mitunter ver-
wirrt, die Bedeutung desselben ist aber keinem Zweifel unterworfen:
„Los Petimetres de la Literatura y los Eruditos á la Violeta, dos
nombres quasi sinonimos" ec. sagt eine satirische Schrift u. d. T.
„Mis Vagatelas, o las ferias de Madrid" (1781, 18., 32 S.).

Seite 374. Anmerkung 1.

Eine bessere Nachricht über sein Leben steht bei Stirling, Bd. III,
S. 1172—1174.

202

Seite 375. Anmerkung 1.

Florian überſetzte oder paraphraſirte eine bedeutende Anzahl Fabeln
des Yriarte in der von ihm 1792 veröffentlichten Sammlung, in deren
Vorrede er von ihm ſpricht als „un Espagnol nommé Yriarté, poète
dont je fais grand cas, et qui m'a fourn. mes apologues les plus
heureux.“

·Es iſt vielleicht hier am Platze, zu bemerken, daß Fabeln von der
Zeit des Erzprieſters Hita an geringen Erfolg in Spanien gehabt haben.
Die Fabeln des Bidpai wurden überſetzt und in den Jahren 1498 und
1547 veröffentlicht (Sarmiento, S. 333—340; Pellicer, Trad. T. II,
S. 156—169) und die Aeſopiſchen Fabeln wurden von Pedro Simon
Abril überſetzt und erſchienen 1575 und 1647 (Clemens, Specimen,
1753, S. 113). Von dieſen abgeſehen, kenne ich keine von größerer
Bedeutung als die Fabeln, die bei den Argenſolas zerſtreut vorkommen
und das „Fabulario“ (Valencia 1614), von Sebaſtian Mey, einem
Verwandten des bekannten Druckers, das beinahe ganz aus dem Phä=
drus überſetzt iſt (Ximeno, I, 264).

Seite 377. Anmerkung 1 der vorhergehenden Seite.

Dieſen Fünfen ſollte ich vielleicht noch den Namen der Nonne Ana
de San Geronimo hinzufügen, die der caſtiliſchen Familie Verbugo
angehörte und deren Werke nach ihrem in Granada 1771 erfolgten
Tode unter dem Titel: „Obras poeticas de la Madre Sor *Ana de
San Geronimo*“ (Cordoba 1773, 4.) veröffentlicht wurden. Aber es
ſind blos unbedeutende Nachahmungen der verſchiedenen Formen der
religiöſen Dichtung des vorhergehenden Jahrhunderts.

Seite 378. Anmerkung zu Zeile 9 von oben.

N. F. Moratin, Desengaño, S. 34. — Huerta, Teatro hespañol,
Prólogo, p. lxxix.

Seite 379. Anmerkung zu Zeile 15 von unten.

„Olia toda á tomilla“ (ſie duftete ganz nach wildem Thymian“)
waren die im Texte (Zeile 23 von unten) angeführten Worte des Don
Antonio de Tavira über die Ekloge des Melendez Valdés. Die mit
derſelben um den Preis ringende Ekloge des Yriarte, die den Titel
„La felicidad de la vida del campo“ führte, wurde im Auftrage
der Akademie durch die Preſſe Ibarra's ganz in der nämlichen Weiſe
wie die des Melendez gedruckt; ſie erſchien aber unter dem Pſeudonym
Francisco Aguſtin de CiSneros.

Seite 380. Anmerkung zu Zeile 16 von unten.

In der Vorrede, die Melendez 18 Monate vor ſeinem Tode zu
ſeinen Werken ſchrieb, ſagt er mit dem unverkennbaren Tone des Kum=
mers und des Leidens: „Yo, desde el dia que dexé la quietud de
mi Catedra y mi Universidad, no he hallado por do quiera sino

cuestas, precipicios y abismos en que me he visto ciego y des-
peñado" (S. IX).

Seite 381. Anmerkung 1. Zeile 1

lies, statt Gesang Luzbel's (Canto de Luzbel), Sturz Luzbel's (*Caida
de Luzbel.*)

(Zusatz.)

Es darf nicht unerwähnt bleiben, daß eine französische Dame,
Mademoiselle de Bouville, die 1786 in Madrid eine merkwürdige Schrift
über die spanische Literatur veröffentlichte, sich bitter darüber beklagt,
daß kein Preis zuerkannt wurde (Criticas reflexiones ec., 4., 29 S.).

Seite 382. Anmerkung 1.

Aber das so spät errichtete Denkmal hat zum Theil den scharfen
Vorwurf entkräftet, den der Botaniker Gomez de Ortega seinem Vaterlande macht, der ein Epigramm auf Melendez mit diesen Worten endigt:

Interea, heu! Patriam pudet monumenta doloris
Communis, tali nulla sacrasse viro.
Carmiña, Madrid, 1817, S. 112.

Seite 383. Anmerkung 1.

Bald nach Melendez Tode erschienen einige von seinen Reden in
den drei ersten Bänden der „Continuacion del Almacen de frutos
literarios" (Madrid 1818, 4.). Im Jahre 1821 kam aber in der
Imprenta nacional in Madrid unter dem Titel „Discursos forenses"
ein Bändchen heraus, das zehn sorgfältig herausgegebene Reden desselben
enthält. Die Hälfte derselben sind Reden, die er als Fiscal de Corte
oder Staatsanwalt in bedeutendern Processen hielt, die andern fünf sind
Reden bei verschiedenen politischen und literarischen Anlässen. Einige derselben sind sehr beredt und des Schülers eines Jovellanos nicht unwürdig, dessen edler und stolzer Geist sie erfüllt. Der Fehler derselben ist
der Gallicanismus, von dem auch seine Gedichte nicht ganz frei sind,
der in seiner Prosa aber stärker fühlbar ist; sie ist indessen anmuthig,
manchmal etwas gefeilt, aber oft von ergreifender Wirkung.

Seite 384. Zeile 17 u. f. w. von oben

lies, statt: von denen die beste, von denen die besten eine gut geschrie-
bene Vertheidigung des literarischen Rufes seines Vaterlandes gegen die
Anschuldigungen der Ausländer und eine Abhandlung über die
Art, spanische Geschichte zu schreiben, sind.

Seite 384. Anmerkung 2. Zeile 2 von oben.

Er ließ mit derselben eine gute französische Rede des Abbé Denina
drucken, die derselbe zum Theil auf Anregung des Königs Friedrich's II.
über denselben Gegenstand vor der Berliner Akademie gehalten hatte.

(Zusatz.)

In dem Verzeichnisse seiner Werke, das von Forner selbst herrührt

und in diesem Bande (S. xxxii) vorkommt, erwähnt er das (1796 in
Madrid gedruckte) Stück „La escuela de la amistad, ó el filosofo
enamorado" nicht; es ist in drei Acten und in den alten, kurzen,
nationalen Versen und *Asonantes* verfaßt und rührt ohne Zweifel von
ihm her (L. F. Moratin, Obras, T. IV, S. lxxxii). Wie die „Biographie universelle" mittheilt, soll es 18 mal aufgeführt worden sein;
es ist indessen sehr schwach und langweilig.

Seine „Oracion" wurde von jemand angegriffen, der sich in der
„Carta al Autor de la Oracion apologética" (Madrid 1787, 18.)
als José Conchubo unterzeichnete; die Vertheidigung derselben übernahm
E. C. B. in dem „Antisofisma" ec. (Madrid 1787, 18.) — Beide
diese Schriftchen haben indessen für niemand außer den Schreibern derselben Bedeutung.

Seite 387. Anmerkung zu Zeile 2 von unten.

Er war auch ein Freund der Malerkunst, unterstützte Cean Bermudez und Ponz in ihren Untersuchungen und hielt vor der Akademie
von San Fernando in Madrid im Jahre 1784 eine Rede (Stirling's
Artists of Spain, Vol. III, S. 1387).

Seite 391. Anmerkung 1.

[Eine neue Ausgabe von Jovellanos Werken durch D. Candido
Nocedal ist in der Bibl. de Aut. esp., Tom. 46 und 50, begonnen
worden. W.]

Seite 391. Anmerkung 2.

Ein heftiger Angriff wurde auf Muñoz von Don Francisco Iturri
in einem 1798 in Madrid gedruckten, aber aus Rom vom 20. August
1797 datirten Pamphlet gemacht. Der Hauptvorwurf, der ihm gemacht
wird, besteht darin, daß er in seinen Meinungen gelegentlich mit Robertson
in der „History of America" und mit De Pauw in dessen „Recherches philosophiques" übereinstimme; aber obwol dieses Pamphlet nicht
schlecht geschrieben ist, so nimmt es doch nur selten eine Stellung ein,
von der aus es Muñoz gefährlich werden könnte, und noch seltener behauptet es die Stellungen, auf die es sich vorgewagt hat.

Seite 392. Anmerkung 1.

Die „Mexico conquistada" wurde und zwar, wie ich aus innern
Gründen vermuthe, von Southey in der Critical Review (Vol. XXXII,
1801, S. 513) angezeigt, in welcher Anzeige er neben geistreichen Uebersetzungen einiger Stellen in reimlosen Versen einen guten Auszug des
ganzen Gedichts mittheilt. Die Anzeige ist weder lobspendend, noch
streng; aber sie zeigt von großer Sympathie mit den gepeinigten Indiа-
nern und geringer Achtung vor den „Conquistadores".

Eine Erwiderung auf diese Anzeige erschien drei Jahre später in
Toledo u. b. T.: „Exortacion amistosa dirigida á ciertos Analistas
Ingleses, por Don *Inocencio Redondo*" (1804, 12., 100 S.), eine

schwache Arbeit, die indessen den Charakter der Spanier durchaus zu rechtfertigen versucht und die Eroberung Meriko's damit vertheidigt, daß die Mexikaner Heiden waren. Das Sonderbarste am Ganzen ist, daß man es wünschenswerth finden konnte, eine Erwiderung in Toledo, wo die Review niemals stark verbreitet sein konnte, lange nachdem der Artikel in England vergessen worden war, zu veröffentlichen.

Seite 393. Anmerkung 1.

Moratin's Werke stehen auch im zweiten Bande der Biblioteca de Aut. esp. (1846), der Mehreres, worunter jedoch nichts von Werth, enthält, was in der Ausgabe der Akademie noch nicht aufgenommen worden ist.

Ebendas. Zeile 4 von unten.

In Madrid, am 11. April 1772 geboren u. s. w.

Seite 395. Anmerkung 1. Zeile von 3 unten

lies, statt triunfo, *tiempo*.

Die beste Ausgabe der Werke Quintana's ist im 19. Bande der Biblioteca (1852), in welcher Sammlung aber keines seiner frühesten Gedichte vorkommt. [Vgl. Discurso leido ante la R. Acad. esp. el dia 14 de marzo de 1858, de D. *Leop. Aug. de Cueto*. Juicio crítico de Quintana como poeta lírico, Madrid 1858, 4. W.]

(Zusatz zum Schlusse dieses Abschnitts.)

Die letzte Auszeichnung, die Quintana zutheil wurde, war die Krönung durch seine Königin, die am 25. März 1855 in Gegenwart der Vornehmsten und Ersten des Landes vollzogen wurde. Zwei Jahre später, am 11. März 1857, starb er und die Edelsten seines Landes bezeigten ihm jetzt wieder die gleiche Achtung, als sie ihm langsam zu seinem letzten Ruheplatze folgten. Er hatte beinahe seinen 85. Geburtstag erlebt, und war dem Publikum durch 69 Jahre als Dichter bekannt gewesen.

Seite 396. Zeile 8 von unten.

Es ist diese Uebersetzung aber niemals aufgeführt worden, und obwol sie einmal wieder abgedruckt worden ist u. s. w.

Seite 397. Anmerkung zu Zeile 3 von unten.

In der Vorrede zu „La Babilonia de Europa y primer Rey de Romanos", einem werthlosen und abgeschmackten Stücke, das von Fernando de Barcena y Orango in der ältern Manier geschrieben und 1731 in Madrid gedruckt ist, wird der Preis eines Stückes, „si es buena", zu 25 Dublonen angegeben. Es hat mich überrascht, denselben so hoch angesetzt zu finden (s. oben Per. II, Abschn. 18, Anm.).

Seite 398. Zeile 15 von oben.

... Hofplätze *(corrales)* genannt und ihre Logen Stübchen
(aposentos).

Ebendas. Anmerkung 1.

Einige Versuche wurden nochmals in dieser Periode gemacht; einer
zur Zeit Karl's III., der zum Theil auch durch eine Uebersetzung des
Aufsatzes über die Oper vom Grafen Algarotti unterstützt wurde, —
„para instruccion", sagt das Titelblatt, „de los que quieran asistir
al nuevo Teatro que se ha establecido en esta Corte" (Madrid,
1787, 18.).

Seite 399. Anmerkung 1.

Aehnliche Possen, die mit ebenso schlechten lyrischen Gedichten ab-
wechseln, finden sich in einem Bande u. d. T.: „La mejor Guirnalda
de Apolo ec. su Autor Don Angel Peregrino", Band I, 1749;
ich glaube aber nicht, daß ein zweiter Band erschienen ist.

Seite 399. Zu Zeile 3 von oben

„in der französischen Weise" und beinahe als Nebenbuhler des
Corneille'schen Cinna u. s. w.

Ebendas. Anmerkung 2.

Ich besitze 14 oder 15 von Añorbe's Stücken, sie sind theils geist-
lich, theils weltlich, aber alle schlecht. Einige sind kurz und für Privat-
aufführungen berechnet, einige sind Wiederabdrücke aus der zweiten Hälfte
des 18. Jahrhunderts, die beweisen, daß sein Ruf, selbst durch den
Erfolg der Moratin's, nicht ganz erloschen war. Er starb 1741
(Alvarez y Baena, IV, 357).

Seite 400. Zeile 7 von oben

ließ, statt „reimlosen Versen", fließenden Assonanten.

Seite 401. Anmerkung zu Zeile 12 von oben.

„Los Criticos de Madrid", eine Art Saynete (Madrid 1768,
18., 20 S.), verspottet den theatralischen Krieg der damaligen Zeit.
Es erklärt Lope und Calderon für Contrebande und befiehlt sie zu verbrennen; von einem der modernen Stücke heißt es dagegen:

En ella canta un Navio,
Se desmaya un Tronco, y bayla
Contradanzas un Castillo.

Seite 401. Anmerkung zu Zeile 20 von oben.

Die „Hormesinda", und besonders die Vorrede zu derselben, die
von Moratin's Freunde Bernascone geschrieben war, wurde von Juan
Pelaez in einer Flugschrift u. d. T. „Reparos sobre la Tragedia intitulada Hormesinda" (Madrid 1770, 18.) angegriffen. Pelaez war
ein Bewunderer der alten Schule Lope's und Calderon's, vertheidigte
sie aber hier nicht mit großem Geschick oder Scharfsinn.

Seite 402. Anmerkung 1.

Eine Nachricht über sein Leben und viele seiner Werke steht in Sempere y Guarinos, Biblioteca, Bd. 6, Artikel *Trigueros*; wie in einem anonymen satirischen Schriftchen u. d. T. „Suplemento al articulo Trigueros en la Biblioteca de Sempere y Guarinos" (Madrid 1790, 57 S.), das von Forner geschrieben sein soll, gesagt wird, soll Trigueros selbst diesen Artikel zu seiner eigenen Verherrlichung geschrieben haben.

Seite 403. Anmerkung 1. Zeile 4.

Die Hauptperson desselben ist die komische Caricatur eines Mannes, der beständig geschäftig ist, aber nie etwas thut; — *multa agendo nihil agens*. Es wurde 1770 unter der durchsichtigen Maske des Anagrammes Tirso Ymareta gedruckt.

Seite 403. Anmerkung 2. Zeile 1.

Im Jahre 1782 veröffentlichte er eine „Historia de Gibraltar", die er bis auf die Vorbereitungen herabführt, die zur Belagerung der Festung in diesem Jahre gemacht wurden.

(Zusatz.)

Es existirt eine italienische Uebersetzung der Rahel in *versi sciolti* (Bologna 1782), die von Huerta's Bruder Piedro veranstaltet wurde; dieser gehörte, wie ich glaube, zu den exilirten Jesuiten und schickte seiner Uebersetzung eine liebevolle Widmung an den Verfasser des Originals voran, die, was ihr an Poesie fehlt, durch zärtliche Liebe zu ersetzen versucht.

Seite 404. Zeile 3 von oben

ließ: durch welches er die grausame und nutzlose Strenge eines spanischen Gesetzes gegen den Zweikampf tadeln wollte, das seit 1757 Geltung hatte.

Seite 405. Anmerkung 1.

Während der letzten Zeit ihrer Existenz machten sich in den Autos die Possen aller Art sehr breit, die in so ausschweifender Weise die weltliche Bühne beherrschten. Ich besitze eine kleine Abhandlung u. d. T.: „Letras de las Tonadillas que se cantaran en los Saynetes del Auto sacramental *Lo que va del hombre á Dios* que representará la Compañia de Juan Angel, el dia 29 de Mayo 1761". Von diesen „Tonadillas" oder Gesprächen u. s. w. in Musik kommen hier vier vor, die mit den Entremeses und Saynetes eingewoben wurden; außer diesen gab es bei diesem Auto noch besondere *Bayles*, oder Ballete, die den Triumph des Bacchus und die pythischen Spiele darstellten, einige *seguidillas*, einen Zwergentanz u. s. w., was alles, wie man meinen sollte, von der ursprünglichen Idee eines *Auto sacramental* so weit als möglich entfernt ist und den Charakter desselben sehr entstellte. Die Procession wurde oft ebenfalls mit ungeheuerlichen Figuren von Adlern,

Löwen u. f. w. in ungeziemender Weise überladen. Siehe Voyage d'Espagne faite en 1755 (par le père *Kaimo*), traduit de l'Italien par *Livoy*, Paris 1772, I, 37—40, über welches Werk man interessante Notizen im ersten Bande der Espagne littéraire (1774, I, 120—136) findet.

Noch bis zum Jahre 1840 fand in Valencia während der Festlichkeiten des Fronleichnamtages eine Aufführung statt, die eher einem Mysterium der ältesten Zeit als einem „Auto" glich (Lamarca, Teatro de Valencia, 1840, S. 11). Dies ist, wie ich vermuthe, dasselbe Stück, dessen Auffführung Julius v. Minutoli in Valencia 1853 bei dem Fronleichnamsfeste beiwohnte, und das er nicht blos beschreibt, sondern im Dialecte der Gegend ganz so, wie er es hörte, abbrucken ließ (siehe sein Altes und Neues aus Spanien, Berlin 1854, Bd. 1, S. 1—17).

Seite 405. Anmerkung zu Zeile 17 von unten.

Ich besitze eine Schrift in Versen von Julian de Castro u. d. T. „La Comedia triunfante, Poema lirico" (Madrid, 18., 22 S., ohne Jahreszahl, aber nach 1760 gedruckt). Es ist kein lyrisches Gedicht, wie es der Verfasser in seiner groben Unwissenheit nennt, sondern ein bidaktisches, und es wird darin eine Art Geschichte des spanischen Theaters zu geben versucht. Es ist indessen wenig glaubwürdig hinsichtlich der angeführten Facten und als Gedicht werthlos.

Zu Ende steht ein Verzeichniß von ungefähr einem Dutzend anderer Werke Castro's, worunter sich einige dramatische befinden.

Seite 405. Anmerkung 3.

Die Abendaufführungen waren indessen, namentlich für Damen, nicht ohne ihre besondern Unbequemlichkeiten und Uebelstände. Die Straßen in der Nähe der Theater wurden voll Menschen, und die Haufen des gemeinen Volks, aus dem viele schon um 2 Uhr nachmittags, um sich Plätze im *Patio* zu sichern, hinströmten, benahmen sich lärmender und roher, als unter Tages (Ant. Muñoz, „Morir viviendo en la Aldea", 1784, 18., 54 S. „Carta censoria sobre la Reforma de los Teatros españoles, dirigida á la *turba* de Criticos dramaticos por el Abate *Agamemnon*", Madrid 1793, S. 19).

Seite 406. Anmerkung zu Zeile 4 von oben.

Es gab auch *tonadas*, Gedichte anscheinend im Romanzenstil, die besonders übel berufen waren. Ich weiß nicht genau, was es für Gedichte waren; aber jemand, der sie oft gehört hatte, beschreibt sie als „las letrillas indecentes y tal vez execrables con nombre de *Tonadas*". (El Belianis Literario, Madrid 1765, 4., S. 13.)

Seite 406. Anmerkung 1.

Manchmal, wenn schon selten, wurden diese verschiedenartigen Beigaben gedruckt. Dies ist der Fall in einer Abhandlung u. d. T. „Bayles que en la proxima Comedia, *La Perla de Inglaterra*, baylará en el Coliseo del Principe, Gaudencio Barry, Milanés"

(18., 1760). In dieser Schrift kommen zwei „Bayles" und zwei „Tonadillas" vor, die den gebräuchlichen „Entremeses" und „Saynetes" noch hinzugefügt wurden, sodaß nun mindestens sieben solcher Productionen neben der „Comedia" selbst stattfanden, die meiner Ansicht nach mit Ausnahme der letzten derselben dieser nur nachtheilig sein konnten. Sie wurden offenbar alle blos zur Ergötzung des Pöbels eingeschachtelt. Es bestand auch das Streben, alles Tragische in Miscrebit zu bringen. In einer halb prosaischen, halb versificirten Abhandlung sagt man uns, daß all derlei ungeeignet sei, „den armen Handwerker oder unglücklichen Tagelöhner zu unterhalten, der die ganze Woche hindurch hart arbeitet und sich für den Sonntag ein Stück erhofft, um einige Erholung für seinen müden Körper zu erlangen". Diese Personen beherrschten in der That das Theater, wie es in derselben Abhandlung heißt:

> Es la comedia un plato cuyo guiso
> Es para el pueblo: al poeta le es preciso
> Que consulte á que gusto es inclinado
> Y qual aprecia mas; si no, va errado.
> <div align="right">Carta censoria por el Abate <i>Aga-
memnon</i> (1793, 18., S. 4, 19).</div>

Dies ist indessen blos die Anwendung der alten Doctrin des Lope de Vega auf einen sehr niedrigen Zustand des Theaters, den sowol seine Lehre als sein Beispiel hervorbringen halfen.

Ein minder günstiger Bericht von dem spanischen Theater um 1785, als der von mir hier gegebene, steht in dem „Nouveau Voyage en Espagne" (von J. T. de Bourgoing), Paris 1789, Bd. 2, S. 327 —369. Dieser beurtheilte dasselbe indessen aus dem französischen Gesichtspunkte.

Seite 407. Anmerkung 1 zu Zeile 8.

Er wurde oft angegriffen, wie sich dies nach der Beschaffenheit seiner Stücke nicht anders erwarten ließ; so einmal von D. Antonio Maria Ontiveros in einem Schriftchen u. d. T. „El Clarito, Papel jocoserio, respondiendo al Indifferente" (Madrid 1769, 18.).

Zu Zeile 12.

Juan Ignacio Gonzalez del Castillo war Souffleur des Theaters von Cadiz, in welcher Stadt er 1763 geboren war und wo er auch im Jahre 1800 am gelben Fieber in so großer Armuth starb, daß er auf Kosten der Pfarre, in der er wohnte, begraben wurde. Er war außerhalb Andalusiens wenig gekannt, bis Adolfo de Castro in den Jahren 1845—1846 in Cadiz eine Sammlung seiner „Sainetes" in vier Duodezbänden erscheinen ließ; neben ungefähr 30 „Sainetes" enthalten diese Bände noch ein Trauerspiel, „Numa", ein Lustspiel in drei Acten, „La madre hipocrita", ein Gedicht gegen die Franzosen, „La Galiada" geheißen, und eine „Escena lirica", deren Held Hannibal ist.

Seite 407. Zusatz zu Anmerkung 1.

Viele französische Vaudevilles wurden zu dieser Zeit übersetzt und aufgeführt. In einer Flugschrift u. d. T. „Carta del Sacristan de Berlinches al Organista de Mostoles" (18., ohne Jahreszahl, aber um 1780 gedruckt) heißt es bei Gelegenheit der Besprechung der zahlreichen Uebersetzungen der französischen Possen: „Por lo comun estan mezcladas de Arias, o como se escribe christianisimamente, de *Arietes* capaces de batir en brecha las murallas de la Lira de Amphion" (S. XII), ein schlechtes Wortspiel, was man auch sonst davon halten mag.

Seite 410. Anmerkung 1.

Huerta wurde wegen der Auslassung Lope's und wegen mehrerer anderer Gebrechen seines Teatro hespañol heftig in einer Schrift u. d. T.: „Carta á D. Vicente Garcia de la Huerta ec. por D. J. C. D." (Madrid 1787, 18., S. 36—46) angegriffen. Einen andern Angriff enthält der „Dialogo transpirenaico e hiperboreo" ec. (ohne Jahreszahl, 18., 30 S.), wo er unter anderm wegen der seltsamen Worte, deren er sich mitunter bedient, wie „instrenuos", „pusilidad" u. s. w. und wegen der Schreibung Zaire in seiner Uebersetzung dieses Stückes mit einem X, „Xaira", verspottet wird.

Seite 411. Anmerkung zu Zeile 14 von oben.

Eine Dame, die Karl XII. aufführen sah, erzählt, daß der König wie ein Modegeck gekleidet war (S. 14 von Mlle. Bouville's oben, Zusatz zu 381, Anmerkung 1, erwähnter Schrift).

Seite 412. Anmerkung 1.

Eine Ursache des niedern Zustandes der Bühne war, daß die Schauspieler zu großen Einfluß auf die Dichter ausübten. Bittere Klagen darüber stehen in dem „Juzgado Casero", einer Art Zeitschrift, die 1786 in Madrid gedruckt wurde (Nr. 3, 18). Es ist das alte Uebel, nur ärger geworden. S. oben, Zeitr. 2, Abschn. 26. Aber das niedere Publikum beherrschte jetzt die Schauspieler.

Seite 413. Anmerkung zu Zeile 15 von unten.

Diese Entmuthigung dauerte bis zu dem glücklichen Erfolge des jüngern Moratin. In der „Decada epistolar sobre el estado de las letras en Francia" (Madrid 1781, 2. Ausg., 1792) kommt der Verfasser, nachdem er eine ausführliche und günstige Schilderung der pariser Theater gegeben hat, auf eine Reform der spanischen Theater zu sprechen und bricht bei dieser Gelegenheit in den Ausruf aus: „Zerstört sie erst gänzlich, dann wollen wir darüber sprechen." Es schien in der That kein anderes Mittel zu geben, und die Person, von der dies Urtheil ausging, war der Herzog von Almodovar, spanischer Gesandter in Portugal, Rußland und England, der, als er starb, Director der spanischen Akademie war. Die „Decada" ist unterhaltend geschrieben

aber unbedeutend und oberflächlich, und ihr Verfasser, obwol ein Anhänger der französischen Dichterschule, ist doch ein heftiger Feind der
französischen Philosophie jener Zeit (siehe ein schwaches „Elogio"
auf den Herzog von Ric. Rodriguez Laso, das am 11. Juli 1794 vor
der Akademie gelesen und 1795 in Quart gedruckt wurde).

Seite 414. Anmerkung 1.

Bevor Moratin das „Neue Schauspiel" schrieb, hatte er in seiner
„Derrota de los Pedantes" (anonym in Madrid 1789 erschienen, 18.,
108 S.) die Dramatiker seiner Zeit angegriffen, als Leute, die die
Theater mit ihren sogenannten Comedias quälen, „die aus da und
dort übel genug herausgerissenen Fetzen zusammengesetzt und mit größern
Fehlern zusammengeflickt sind, als sich in den nachgeahmten Originalen
finden, wogegen sie nichts von den Vorzügen aufzuweisen haben, die
diese entschuldigen oder ihre Unvollkommenheiten vergessen lassen"
(a. a. O., S. 8).

Seite 416. Anmerkung 2. Zeile 2

oder im zweiten Bande der Biblioteca de Aut. esp. (1846).

(Zusatz.)

In den Werken der Maria Rosa Galvez Cabrera (Madrid 1804,
12., 3 Bde.) befinden sich neun oder zehn dramatische Arbeiten unter
den Benennungen: Trauerspiel, Lustspiel, Drama u. s. w.; sie verdienen
aber keine nähere Besprechung.

Seite 417. Anmerkung 1.

In dem „Juzgado Casero" (1786) findet sich eine Liste der besten
Schauspieler jener Zeit, unter denen Maria l'Avenant und Nicolas
de la Calle die vorzüglichsten waren; diesen an Bedeutung nachstehend
waren Maria del Rosario, Manuel Garcia Parra, der ein unbedeutendes
Buch über das Theater schrieb, Josefa Figueras und andere. Sie alle hatten ein hartes Leben; neue Stücke wurden zwei= oder dreimal wöchent=
lich aufgeführt, Proben gab es wol nur wenige, aber dies machte die
Sache nur schlimmer (s. die oben Zusatz zu S. 381, Anm. 1 er=
wähnte Schrift der Mlle. Bouvillé, S. 14 und 16).

Seite 418. Anmerkung 2 der vorhergehenden Seite, nach Zeile 17 von unten.

Einmal wenigstens griff die höchste kirchliche Autorität ein; Bene=
dict XIII. absolvirte im Jahre 1729 die Bewohner von Pamplona durch
eine förmliche Bulle, von der ich ein Exemplar besitze, von einem Ge=
lübde, aller scenischen Aufführungen sich zu enthalten, das sie während
einer Pest im Jahre 1721 vorschnell abgelegt hatten. Die kirchlichen
Autoritäten waren daher, ebenso wol als die weltlichen, untereinander
selbst uneins über das Theater.

Zeile 6 von unten.

Und doch waren nur 15 oder 20 Jahr früher französische Stücke

14*

besonders verfolgt worden; denn Bourgoing, der von 1782—1785 in
Spanien reiste, sagt: „Ils ont été plus scandalisés du Misantrope et
de l'Athalie qu'ils ne sont des indécences de leurs Saynetes" (Voyage,
Ausg. von 1789, Bd. 2, S. 368). Diese Albernheit läßt sich aber
vielleicht zum Theil durch eine persönliche Feindschaft erklären, die zwischen dem jüngern Moratin und dem General Cuesta bestand, der Prä-
sident des Theater-Censur-Bureau war (S. darüber Biblioteca de Aut.
esp., Tom. II, 1846, S. xxx, xxxi).

Seite 419. Anmerkung zu Zeile 7 von oben.

Manuel Godoy erhielt den Titel Friedensfürst, „Principe de la
Paz", wegen des Friedens, den er 1795 mit Frankreich abschloß; Forner feierte denselben in ungefähr 100 Octaven u. d. T. „Canto heroico al Excmo. Señor Principe de la Paz" (Madrid 1798), welches Gedicht mit seinen Schmeicheleien ebenso wenig ehrenvoll für Forner war, als der Friede mit seinen schlechten Bedingungen für Godoy.

Seite 420. Anmerkung 1 der vorhergehenden Seite.

Der unmittelbar vorhergehende Index war, so viel ich weiß, der
von 1747, der von den Jesuiten Carrasco und Casani abgefaßt war.

Seite 421. Anmerkung 1.

Martinez de la Rosa's Stück „Viuda de Padilla" wurde zum
erstenmal in Cadiz während der Belagerung von 1812 und zwar in
einem eigens dazu errichteten Theater aufgeführt, da das öffentliche Theater sich innerhalb der Schußweite der französischen Artillerie befand.
Navagiero, der weise Gesandte Benedigs an Karl V., befand sich
vier Jahre nach der Hinrichtung Padilla's in Toledo und gibt einen
ergreifenden Bericht von der ganzen Begebenheit mit wenigen kräftigen
Worten (Viaggio 1563, Bl. 10). Der Krieg der Comuneros
ist aber ein großer Vorwurf, der eine ausführliche Behandlung verdiente; ausgezeichnete Materialien über denselben findet man nur in den
Documentos ineditos, Bd. I, bei Ternaux-Compans (1834), der einen
noch nicht herausgegebenen Bericht über diesen Krieg von Pedro de
Alcocer benutzt hat, und besonders in dem „Movimiento de España",
welches Buch Juan Maldonado, der bei vielen Begebenheiten jener Zeit
als Augenzeuge zugegen gewesen war, 1525 lateinisch geschrieben hatte
und das von José Quevedo 1840 in einer Uebersetzung herausgegeben
wurde.

Seite 429.

[Ueber den Ursprung der spanischen Sprache s. auch: Discursos
leidos ante la Real Academia Española en la recepcion publica
del il^{mo} Señor D. *Pedro Felipe Monlau* (del origen y formacion
del Romance castellano con la contestacion del Sr. *Hartzenbusch*.)
Madrid 1859. W.]

Seite 429. Anmerkung 1.

Ich besitze eine gelehrte Abhandlung, Declaracion etimologica ec. (4., ohne Jahreszahl), in der allen Ernstes behauptet wird, daß das Wort España abgeleitet sei von 'Eς πάν — Es ist alles — denn was ein Menschenherz verlangen kann, findet sich innerhalb seiner Grenzen. *Cosas de España!*

Seite 432. Anmerkung 1.

Einen sehr guten ethnographischen Bericht über die Biscayer u. s. w., der gerade die hier einschlagende Frage behandelt, findet man in M. Willkomm's „Wanderungen durch die nördlichen und centralen Provinzen Spaniens" (1852, Bd. 2., S. 165 — 235).

Seite 433. Anmerkung zur letzten Zeile.

„Ne transieris Iberum; ne quid rei tibi sit cum Saguntinis. Ad Iberum est Saguntum: nusquam te vestigio moveris." Dies sind die bittern Worte, die Livius dem Hannibal in den Mund legt, als er diesen General schildert, wie er den Zorn seiner Truppen gegen die Römer aufregt, weil diese solche Bedingungen in dem Friedensschlusse auferlegt hatten, den er soeben gebrochen hatte (Hist. Lib. XXI, c. 44).

Seite 435. Anmerkung 1.

Als der gelehrte Florez, der Verfasser der „España sagrada" im Jahre 1774 eine Karte zur Erläuterung aller Schlachten, die die Römer in Spanien gefochten hatten, herausgab, bemerkte er auf dem Titelblatte der interessanten Abhandlung, zu der sie gehörte, daß er sie veröffentlicht habe, um zu zeigen: „lo que dice la Sagrada Escritura, que los Romanos conquistaron á España *con consejo y paciencia*"; wobei er sich auf die schlagende Stelle im Beginne des achten Kapitels des ersten Buches der Makkabäer bezog.

Seite 444. Anmerkung 1.

S. auch August Fuchs, „Die romanischen Sprachen in ihren Verhältnissen zum Lateinischen", Halle 1849, S. 351 ff.

Seite 446. Anmerkung 2.

Diez, der in seinen „Altromanischen Sprachdenkmalen" (Bonn, 1846) einen Wiederabdruck dieses merkwürdigen Gedichts mit ausgezeichneten Abhandlungen und Anmerkungen gibt, stimmt Raynouard's Meinung über das hohe Alter dieses Gedichts bei und läßt, wie ich meine, vernünftigerweise keinen Zweifel mehr über diese Frage bestehen.

Seite 447. Anmerkung 1 der vorhergehenden Seite.

Man hat oft behauptet, daß Sylvester II. den Gebrauch der arabischen Ziffern, deren wir uns jetzt bedienen, unter den Christen eingeführt habe. Wenn er es wirklich gethan hat, so war es der größte

Dienst, den er der Welt geleistet hat (Aschbach, Geschichte der Om1-
maiaden in Spanien, 1830, Bd. 2, S. 235, 331).

[Ueber die arabische Literatur in Spanien s. auch *Fr. Fernandez
Gonzalez*, Plan de una biblioteca de autores arabes españoles, ó
estudios biograficos y bibliograficos para servir á la historia de la
literatura arabe en España, Madrid 1861, 4.]

Seite 450. Zeile 2 von oben

lies 8. December 1254.

Ebendas. Anmerkung 2.

Memorial historico español, que publica la Academia de Historia, Tom. I, 1851, S. 54.

Ebendas. Anmerkung 4.

Es scheint indessen wahrscheinlich, daß die von Albrete und Marina
aufgestellte Schätzung der Anzahl der in die spanische Sprache aus dem
Arabischen aufgenommenen Wörter zu hoch gegriffen sei. Von Hammer=
Purgstall gibt in einem in der k. k. Akademie zu Wien gehaltenen Vor-
trage (der in den Sitzungsberichten, November 1854, veröffentlicht
wurde) die Zahl der Worte, die „unzweifelhaft arabischen Ursprungs"
sind, auf 498 an.

Seite 452. Zeile 3 von unten

lies: Wirklich sind die ältesten noch vorhandenen Urkunden
das Fuero von Oviedo von 1145 und eine Bestätigung u. s. w.

Ebendas. Anmerkung 3.

Vor dem Anfange dieser Anmerkung lies nun:

Das Fuero von Oviedo ist nicht mit so hinreichender Sorgfalt
geprüft worden, daß ein vollkommen entscheidendes Urtheil über dasselbe
schon jetzt ausgesprochen werden könnte. Ich besitze aber eine Abschrift
jenes Theiles desselben, der in neuerer Sprache abgefaßt ist und der in
einer Bestätigung dieses selben Fuero durch Ferdinand IV. im Jahre
1295 aufgenommen ist, wo es freilich schon möglich war, daß die
Worte oder ihre Orthographie geändert wurden, oder daß das Ganze
übersetzt wurde, wie es häufig mit derlei Urkunden in solchen Fällen
geschah (s. oben, Bd. 1, S. 42, Anm. 1, und Dozy, Recherches
B. 1, S. 641, Anm. 2).

Ich theile die folgende Stelle als Probe mit:

„Hie si vecino a vecino fiadura negar, tolla del fiador a doble a cabo
que si podier arrancar per judicio della villa quel peche el dublo:
et si dos omes trabaren magar que el maiorino o sagione delant
estant, non haian hi nada si uno dellos non lli da sua voz, si fierro
molido hi non sacar a mal facer. Et si sacaren armas esmolidas
aut ome y mataren, escollase el maiorino quel quesier ó las armas
o el omecio sin voz que le sea dada sesaenta sueldos por las armas ot por lo omecidio trecientos sueldos et quantas armas sacaren
levanteso uno de la volta qual se quiere et dia fiador por todos et

parelos tras si et non peche por todas las armas mas que scsaenta sueldos. Et si vos lle da uno de aquellos que trabaron el maiorino vaia con el et dia el rencurso fiador por el fuero de la villa et al tercer dia dialle derecto el maiorino. El maiorino non tenga voz por ninguno de illos mas ellos tengan su voz si sobieren, et si non sobieren, ruegen vecinos do la villa que sean vecinos, que tengan sus voces et quien en fiado fuere por el fuero de la villa demanda al otro fiador de a que da por tal siempre por el foro de la villa et del uno tal grant sea da fiadura como da altra ata que prendan judicio. Et si alguno de illos retraere quisiere del judicio peque cinco sueldos," etc.

Seite 454. Dieselbe Anmerkung zu Zeile 13 von unten.

Siehe einen genauen Bericht über den Tod des Don Sancho in der seltenen alten Chronik von Aragonien, „Historia de la fundacion y Antiguedades de San Juan de la Peña y de los Reyes de Sobrarbe y Aragon, por Don *Juan Briz Martinez"* (Saragoffa 1620, Fol., S. 511—513).

Seite 456. Anmerkung 2. Zeile 5 von unten

lies: *Roman paladino* bedeutet ebenso wie *romanz paladino* (in dem „Loor de Berceo", St. 34, Sanchez, Tom. II, S. 471) die gemeine romanische Sprache u. s. w.

Seite 471. Zu Zeile 8 von oben.

Ueber 80 solcher auf fliegende Blätter gedruckter Einzelromanzen befinden sich in einem Bande zusammengebunden in der Prager Bibliothek und wurden von Wolf in seiner „Sammlung spanischer Romanzen u. s. w. zu Prag" (Wien 1850, 4., 191 S.) ausführlich beschrieben. Duran vermochte in seinem „Romancero general" (1849—1851), ohne die Prager Bibliothek einzurechnen, 153 dieser *Pliegos sueltos* aufzuzählen.

Seite 471 ff. Zeile 4, von unten 1 n. s. w.

Von da an bis zum Schlusse ist diese zweite Beilage so bedeutend umgearbeitet worden, daß wir sie obwol mit theilweiser Benutzung der früheren Uebersetzung ganz einrücken mußten. I. Es ist ungewiß, wann die erste Romanzensammlung veröffentlicht wurde. Wolf („Advertencia" in seiner „Primavera", S. lviii—lxviii) meint, daß die erste derartige Sammlung in Antwerpen von dem bekannten Herausgeber Martin Nucio zum Druck befördert wurde. Sie führt den Titel „Cancionero de Romances ec. en Enveres" (sic) und erschien ohne Jahreszahl; Exemplare dieser Sammlung befinden sich in der Bibliothèque de l'Arsenal zu Paris und in der Bibliothek zu Wolfenbüttel. Es schien aber unwahrscheinlich, daß ein spanisches Buch, und namentlich eins dieser Gattung, deffen Inhalt, wie der Verfasser in der Vorrede bemerkt, zum Theil nach dem Gedächtnisse einiger

Perfonen, die ihm die Romanzen dictirten, niedergeschrieben worden ist, in den Niederlanden gesammelt und herausgegeben worden sei, bevor ein ähnliches Werk in Spanien selbst erschien; daher erklärten auch anfänglich Don Pascual Gayangos und Dr. Wolf sowol wie ich öffentlich, daß wir glaubten, daß Nucio seine Sammlung größtentheils einem im Jahre 1550 in Saragossa von Stefan G. de Nagera herausgegebenen Romanzenbuch entnommen habe, das ich gleich näher besprechen werde und das beinahe dieselbe Vorrede und zum großen Theil die nämlichen Romanzen enthält. Die sorgfältigen und gewissenhaften Untersuchungen des Dr. Wolf, deren Resultate er in der Vorrede zu seiner „Primavera" niedergelegt hat, ließen aber sowol mir, als Don Pascual sehr wenig oder gar keinen Zweifel, daß Nagera's in Saragossa erschienene Sammlung später veröffentlicht worden sei, als die Antwerpener des Nucio. Diese letztere kam nach Wolf's Meinung um 1546 als ein vollständig neues und originelles Werk heraus, als das erste seiner Gattung. Es würde mich indessen nicht überraschen, wenn es sich dereinst herausstellen sollte, daß diese Sammlung ein Wiederabdruck, entweder ganz oder zum größten Theil, irgendeiner zur Zeit noch unbekannten, aber ältern, in Spanien erschienenen Romanzensammlung sei, — so unwahrscheinlich ist es, daß eine irgendwie bedeutendere Zahl Romanzen aus der Ueberlieferung und dem Gedächtnisse in Antwerpen zu Stande gebracht werden konnte, wo es außer Soldaten nur wenige Spanier gab.

II. Nucio veranstaltete einen Wiederabdruck dieses „Cancionero de Romances" — „en Envers" (sic) 1550, von dem ich ein Exemplar in der Bibliothèque de l'Arsenal zu Paris untersucht habe. Er hat fast ganz die nämliche Vorrede wie der letzterwähnte, und weicht von demselben nur darin ab, daß er sieben Romanzen, die jener hat, ausläßt und dafür 37 andere einrückt. Die Druckfehler, welche in jener Ausgabe ohne Jahreszahl (Blatt 272 b u. s. w.) angegeben sind, werden in dieser von 1550 verbessert, woraus hervorgeht, daß sie die jüngere ist, welche Thatsache nothwendig auch auf ihre Zusätze Anwendung leidet. Die Ausgabe von 1550 scheint indessen mit verschiedenen Titelblättern herausgegeben worden zu sein, denn Wolf zeigte mir ein Exemplar in der Wiener Hofbibliothek mit der Jahreszahl 1554. Fast alle bisjetzt bekannten Abdrücke zeigen die Jahreszahl 1555, unter welcher diese wichtige Sammlung am meisten bekannt ist und gewöhnlich angeführt wird. Sie ist durchaus einerlei mit dem Abdruck von 1550 in der Bibliothèque de l'Arsenal, Romanze für Romanze und Seite für Seite. Es war eine sehr beliebte Sammlung, es gibt Ausgaben derselben von Antwerpen 1568 und 1573; Lissabon 1581; Barcelona 1587 und 1626, und wahrscheinlich noch andere.

III. Im nämlichen Jahre 1550 veröffentlichte aber Estevan G. de Nagera, ein wenig bekannter Drucker in Saragossa, eine Sammlung von 142 Romanzen, die mit Ausnahme von 22 die nämlichen sind, wie die in der Sammlung Nucio's. Nagera nannte seine Sammlung „Primera Parte de la Silva de Varios Romances; sie besteht aus

222 Blättern in Octobez. Von dieser Silva habe ich 1838 in Paris ein Herrn Ternaux-Compans gehöriges Exemplar gesehen, und ein anderes Exemplar befindet sich in der königlichen Bibliothek zu München. Die Vorrede ist eine Abkürzung der des Nucio und läßt die bezeichnende Phrase: „por ser la primera vez" weg, was schließen läßt, daß Nucio's Sammlung früher gedruckt wurde. In der einleitenden Anrede dieses ersten Theils sagt der Drucker (Impresor): „Ich habe mir die Mühe gegeben, alle Romanzen zusammenzubringen, die zu meiner Kenntniß gekommen sind." Nachher setzt er noch hinzu: „Es ist möglich, daß einige, aber sehr wenige alte Romanzen fehlen, die ich nicht eingerückt habe, weil sie entweder nicht zu meiner Kenntniß gelangt sind, oder weil ich sie nicht so vollständig und correct gefunden habe, als ich wünschte. Ebenso wenig leugne ich, daß in einigen der hier gedruckten ein gelegentlicher Irrthum vorkommen mag; dies ist aber den Abschriften beizumessen, denen ich sie entnahm, welche sehr fehlerhaft waren, und dem schwachen Gedächtnisse einiger Leute, die sie mir vorsagten und sich ihrer nicht mehr vollkommen erinnern konnten. Auch wünschte ich sie in irgendeine Ordnung zu bringen und so habe ich demnach die geistlichen und biblischen vorangesetzt, darauf diejenigen, welche sich auf castilische Geschichte beziehen, und zuletzt die von Liebesangelegenheiten." Er gibt nach den Romanzen, die 196 Blätter füllen, noch 25 Blätter mit *canciones*, *villancicos* und *chistes*, oder Scherzen, unter welchen letzten, Blatt 199, das bekannte witzige Gespräch Castillejo's mit seiner Feder steht. Am Ende des ersten Theils, Blatt 221, finden wir folgende Ansprache an den Leser, wonach der „Impresor" augenscheinlich seine Ansicht geändert hat, daß er schon alles mit Ausnahme einiger sehr weniger alten Romanzen gesammelt habe, denn nun sagt er: „Einige meiner Freunde brachten mir, als sie vernahmen, daß ich diesen *Cancionero* druckte, viele Romanzen, die sie besaßen, damit ich sie einrücke; als wir uns aber dem Ende des Druckes näherten, nahm ich sie nicht auf, weil sie die Ordnung gestört haben würden, mit der ich begonnen hatte. Ich beschloß lieber einen andern Band zu machen, welcher der zweite Theil dieser jetzt im Drucke befindlichen Silva de Varios Romances sein wird. Lebe wohl."

Diese „Segunda Parte" erschien im nämlichen Jahre 1550 und besteht aus 203 Blättern Romanzen, 9 Blättern Chistes und 2 Blättern Inhalt, an deren Schlusse der „Impresor" sagt: „Ich wünschte nicht in diesen Theil noch mehr von diesen kurzen Scherzen zu setzen, weil sie, wenn es Gott gefällt, in den dritten Theil kommen sollen, nebst andern Dingen, die dem wißbegierigen Leser angenehm sein werden. Lebe wohl." Ich kenne kein Exemplar dieses dritten Theils, aber ich vermuthe, daß er gedruckt wurde, weil in der „Silva de Varios Romances", von der es ungefähr ein Dutzend Ausgaben zwischen 1578 und 1673 gibt, unter denen ich die von 1602 besitze, das Titelblatt angibt, es enthalte „los mejores romances de los *tres* libros de la Silva". Von den zwei ersten Theilen scheint es nach Wolf's Behauptung (Vorrede, S. lvn) Ausgaben von Barcelona aus den Jahren 1550, 1557, 1582 und 1617 gegeben zu haben; aber sie scheinen gleich der ersten Ausgabe von Saragossa fast gänzlich verschwunden zu sein. Es darf auch nicht unerwähnt bleiben, daß die *Segunda* Parte von Saragossa, 1550, 66 Romanzen enthält, von denen sich aber nur 20 in Nucio's undatirtem Antwerpener Romancero befinden.

Einige Schwierigkeiten in den Beziehungen zwischen dem von Nucio herausgegebenen Antwerpener undatirten Romancero und dem von Nagera 1550 in Saragossa herausgegebenen Romancero sind indessen der Art, daß es unmöglich scheint, sie zu bewältigen oder zu ebnen. Beide haben großentheils dieselbe Vorrede in denselben Worten, sodaß der eine Sammler das Werk des andern gesehen und benutzt haben muß, — und doch behauptet jeder, seine Romanzen wenigstens zum Theil dem Gedächtniß des Volkes zu verdanken, sodaß jede Sammlung den Anspruch macht, ein neues und originelles Werk zu sein. Nucio sagt, daß seine Sammlung die erste erschienene sei, („por ser la primera vez"), und Nagera sagt in seinem ersten Theile, daß er „alle Romanzen gedruckt habe, die zu seiner Kenutuiß gekommen sind", und daß er glaube, „daß wenige alte Romanzen fehlen würden", was sicherlich in dem Falle unwahr war, daß er Nucio's Sammlung benutzte; denn bei diesem stehen über 60 Romanzen, die bei Nagera nicht vorkommen, und darunter einige der ältesten und besten. Glücklicherweise ist es nicht nothwendig, diese Ehrenfrage zwischen zwei Druckern zu entscheiden, die seit drei Jahrhunderten todt sind. Für uns ist es genügend zu wissen, daß ihre beiden merkwürdigen und seltenen Sammlungen ohne Zweifel um die Hälfte des 16. Jahrhunderts veranstaltet wurden, und daß daher alle Romanzen, die sie enthalten, zu den ältesten, gleichwie zu den besten gehören, die auf uns gekommen sind.

. Auf diese zwei Romanzenbücher folgen mehrere bereits früher im Texte erwähnte Romanzensammlungen, nämlich die von Fuentes von 1550; Sepulveda von 1551; Satago von 1555; Timoneda von 1573; Linares von 1573; Padilla von 1583; Malbonado von 1586 und Cueva von 1587, die hauptsächlich oder ganz aus Romanzen bestehen, welche ihre Herausgeber verfaßt haben; außerdem haben, wie wir gesehen haben, alle bedeutenden Dichter jener Zeit, wie Cervantes und Lope de Vega, Romanzen ohne Maß und Ziel geschrieben. Die Anzahl dieser volksthümlichen und nationalen Gedichte war daher vor dem Ende der Regierung Philipp's II., oder dem Beginne des 17. Jahrhunderts eine sehr beträchtliche.

IV. Zuletzt wurde der Versuch gemacht, ein anderes Romanzenbuch aus allen Quellen zusammenzustellen, die zugänglich waren, sowol aus Büchern als aus dem Gedächtnisse oder der Ueberlieferung, nach welchem letztgenannten echten Principe die beliebten spanischen Romanzenbücher stets verfaßt wurden. Der Anfang damit scheint in Balencia, wahrscheinlich 1588, oder noch früher gemacht worden zu sein; denn in diesem Jahre wurde eine „Aprobacion" erlassen für den zweiten sowol als den erften Theil der „Flor de Varios y Nuevos Romances por *Andres de Villalta*", sodaß der erste Theil wahr=scheinlich vor dieser Zeit veröffentlicht wurde. Wir besitzen indessen keine andere Nachricht von seiner Existenz bis zum Jahre 1591, in welchem Jahre beide Theile in Valencia zugleich mit einem dritten erschienen, den Felipe Mey*) herausgegeben hat (12., 222 Bll.). Pedro de Mon=cayo hatte aber schon 1589 in Huesca eine „Flor de Romances (12., 134 Bll.) veröffentlicht, die mit einem zweiten und dritten Theil ver=mehrt 1595 in Alcalá erschien; außerdem befindet sich bei Antonio (Bibl. nova, II, 285) eine einigermaßen schwankende Anführung des Sebastian Velez de Guevara, als Sammlers eines „Romancero Pri=mera, Segunda, y Tercera Parte" (1594). Von allen diesen Ro=manzenbüchern habe ich keins je gesehen, auch ist mir, außer von dem von 1591, sonst von keinem derselben eine zuverläßliche Beschreibung bekannt. Soweit bewegen wir uns also auf ungewissem Grunde, wir wissen aber, daß diese drei Theile mit unwesentlichen Aenderungen die drei ersten Theile des wohlbekannten „Romancero general" ausmachen. Von da an wird der Boden fester.

Ich besitze die „Quarta y Quinta Parte de Flor de Romances, recopilados por *Sebastian Velez de Guevara*, Racionero de la Co=legial de Santander" (Burgos 1594, ein Band in langem Octodez, 191 Bll.). In seiner Anrede *Al Lector* sagt er, daß die von ihm abgedruckten Romanzen ihm durch die verschiedenen Hände, die sie, seit=dem sie ihre Verfasser verlassen, durchlaufen mußten, sehr beschädigt zu=kamen; — „da fehlte eine Zeile, dort eine Strophe, und an einer andern Stelle der Sinn", sodaß es eine natürliche Folge war, daß er, „obwol kein Dichter von Profession, gar häufig die Füße vieler derselben verbessert und andere neu gemacht hat", und daß er viele ausgebessert hat, bei denen keine Heilung mehr möglich war. „An alle dem", sagt er, „haben die Romanzensänger einen nicht geringen Theil der Schuld, und mit Recht heißt es in der Vorrede zu einem andern currenten Ro=manzenbuche (*el Prologo de otro Romancero que anda*), daß sie so verfahren, als wenn die Romanzen einzig und allein zu ihrem Nutzen verfaßt wären, und als ob die Worte nur um der Musik willen da wä=ren"; und schließlich sagen die Musiker, „die Dichter seien weitschweifig und langweilig, daher sie so viele Strophen auslassen; dies thuen sie aber in Wahrheit nur, weil sie dieselben nicht verstehen können, obwol sie wahrscheinlich eben deswegen die besten von allen sind" u. s. w.; diese merkwürdige Stelle bestätigt vollkommen, was wir anderswoher über die alten Romanzen und die Art, wie sie in den Straßen gesungen wur=den, wissen. Die „Aprobacion" von dem wohlbekannten Pedro del Padilla ist vom 13. August 1592 datirt, und die königliche Licencia ist vom 14. September des nämlichen Jahres; das amtliche Zeugniß

---

*) S. Anmerkung 1 von Seite 475.

des Gonzalo de la Vega ist aber vom 11. August 1594 und sagt
ausdrücklich, dieser Band sei zum andern mal (*otras veces*) gedruckt,
was sich, wie ich vermuthe, auf eine Lissaboner Ausgabe von 1593 bezieht. Jedenfalls steht fest, daß nachmals mit unbedeutenden Aenderungen der vierte und fünfte Theil des „Romancero general" daraus
entstanden.

Ich besitze auch den sechsten Theil, der den Titel führt: „Sexta
Parte de Flor de romances nuevos recopilados de muchos autores,
por *Pedro Flores*, Librero" (Toledo 1594, langes Octobez, 190 Bll.).
Mein Exemplar ist von der ersten Ausgabe, denn seine „Tassa" ist vom
9. Juli 1594 und die „Licencia" vom folgenden 2. August; diese Licencia spricht aber von den „Quarta y quinta partes" als einem von
demselben Pedro Flores gesammelten (recopilado) Bande, was sich, wie
ich vermuthe, auf die ebenerwähnte Ausgabe von 1593 bezieht, von der
Gayangos und Wolf anführen, sie sei von Flores in Lissabon herausgegeben worden. Dieser sechste Theil gehört zu den wichtigern unter
den ältern Romanzenbüchern. Der Prologo ist in Prosa und unbedeutend; hierauf folgt aber eine merkwürdige Romanze von ungefähr 120
Zeilen von Flores selbst, worin er von den Gassen-Romanzensängern
vor Jupiter und andere Götter citirt und angeklagt wird, daß er sie
durch das Sammeln und Drucken ihrer Romanzen in ihrem Gewerbe
gestört habe. Sie beginnt:

> En el audiencia real
> Del tribunal del Parnasso
> Jupiter con otros Jueces
> Está decretando un caso
> De una grande acusacion,
> Que los musicos han dado
> Contra un gallardo español
> Que es Pedro Flores llamado,
> Del qual dizen que reciben
> Vituperio y menoscabo,
> Porque de diversas flores
> Un ramillete ha juntado
> Las quales con grande afan
> De estrañas partes buscaron
> Para dar gusto con ellas
> Al natural y al estraño.

Der Angeklagte wird beauftragt, sich nach drei Tagen zu verant-
worten; er zieht es aber vor, sich auf der Stelle zu vertheidigen. Er
sagt daher:

> Verdad es que yo formé
> Un Ramillete llamado
> De Flores, porque soy digno
> De ser por vos laureado.
> Yo junté en él las hazañas
> Que en los siglos ya passados
> Hizieron en nuestra España
> El Cid, Ordoño y Bernardo.

Pinté destruyda España
Y luego puse el reparo
De muchos grandes varones
Sin los arriba nombrados.
Puse al conde Alfonso Enriquez
Primer rey de Lusitanos,
Tambien a Fernan Gonzalez,
Rasura, y Arias Gonzalo.
Puse los hechos famosos
De los Moros Africanos,
Que, por años setecientos,
Tuvieron nombre de Hispanos
Hasta que ganó a Granada
El inclito Don Fernando,
Y Don Felipe Segundo
Que oy governa el pueblo hispano.
Puse sus motes y insignias,
Sus colores y tocados,
Sus zambras, cañas, y fiestas,
Y de Moras los recaudos,
Las amorosas razones,
Los zelos, ansias y enfados,
Los favores, las cautelas
De los Moros enamorados.
Junté, en nombre de Riselo,
De Lisardo y de Belardo,
Mil vocablos pastoriles
Bien compuestos y ordenados; .
Una amorosa porfía
De zagal enamorado,
Un Duque y un Conde puesto
En abito disfraçado,
Ora que se finge Çayde,
Ora el grand pastor Albano
Que en las riberas del Tormès
Apacienta su ganado.
Letrillas, Motes, Canciones
Y algunos versos glosados,
Que al postrer acento dizen
El contento bien o daño.
Procuré con mi sudor
Y con inmenso trabajo
Juntar diversos Romances
Que andavan discarriados.
Y hice que de un discurso
Se viesse principio y cabo,
Lo que el musico no haze,
Pues medio desbarado
Dexa un romance perdido
Diciendo que le da enfado:
Los quales conforme a ley
Merecen ser desterrados
A las Islas de Corfu
A cantar versos Mosaycos
Y de tan alto auditorio

Uvieran de ser echados
Por quebrantadores de honras
De aquellos siglos dorados.

Hierauf verfertigt auf Antrag Apollo's, der von Mars und Venus
unterstützt wird, Amalthea eine Ehrenkrone für den Dichter, die Roman=
zensänger werden sachfällig und zu den Proceßkosten verurtheilt, und es
wird ihnen anbefohlen, nie wieder eine Romanze zu beginnen, ohne sie
auszusingen.*) Die Angaben in dieser Vorrede zum sechsten Theil, sowie auch die
in den frühern zum vierten und fünften Theile sind merkwürdig, da sie
zeigen, wie lebhaft der Kampf zwischen den *Ciegos* oder Bänkelsängern
und den Sammlern der Romanzen, die dieselben drucken ließen, war.
Die Berühmung des Flores, daß er jede Romanze vollständig mit=
theile, ist einer der Streitpunkte, denn er wirft dagegen den Romanzen=
sängern vor, daß sie eine Hälfte hersingen und dann sprechen, sie haben
es satt. Der ganze Passus ist in der That wichtig, da er uns die
Lage zeigt, in der sich die Romanzen zu Ende des 16. Jahrhunderts
befanden, und uns über die Art, wie sie gesammelt und herausgegeben
wurden, Nachricht gibt. Viele in diesem sechsten Theile, der vortrefflich
ist und ihrer 158 enthält, waren augenscheinlich fliegende (*descarriados*)
Romanzen, die von Flores aus dem Gedächtnisse des Volkes, vielleicht
von den Bänkelsängern selbst, die sich beklagten, daß er sich in ihr
Geschäft menge, gesammelt wurden. Andere sind dagegen von Lope de
Vega und vielleicht noch andern Verfassern, aber die weitaus größte
Zahl ist anonym und machte später den sechsten Theil des „Romancero
general" aus.

Ich besitze auch den siebenten und achten Theil (Alcalá 1597,
lang 18.), die in einen Band mit einem einzigen Titelblatte vereinigt
sind, aber jeder Theil hat besondere Seitenzahl und seine eigene Druck=
erlaubniß und Inhaltsverzeichniß. Der Band führt den Titel „Septima
y Octava Parte de Flor de Varios Romances recopilados de muchos
Autores"; und in der „Licencia" zum siebenten Theil vom 4. Mai
1596 wird die Erlaubniß ertheilt, den Band zu drucken, der beide
Theile enthält, „que otras veces ha sido impresa" (was sich, wie ich
glaube, auf die Ausgaben von Madrid 1595 und von Toledo 1595
bezieht); die vom 30. Septbr. 1596 datirte „Licencia" zum achten

---

*) Die Anspielung auf den damals noch am Leben befindlichen Antonio,
Herzog von Alba, und auf die Arcadia des Lope de Vega, in der der Herzog
erscheint, bringen mich auf die Vermuthung, daß dieser geistreiche poetische Pro=
ceß von Lope geschrieben wurde, und meine Vermuthung wird durch die That=
sache bestärkt, daß sich einige Romanzen Lope's in dem Bande befinden, dem
der Proceß als Vorrede dient. Ich finde auch, daß die Aehnlichkeit zwischen
der Prosaansprache *Al Lector* des vierten und fünften Theils und dieser poe=
tischen Vorrede des sechsten Theils so groß ist, daß sie von Einer Hand
herrühren müssen; dieser vierte und fünfte Theil wurden aber von demselben
Flores im Jahre zuvor, 1593, in Lissabon herausgegeben.

Theile bezieht sich aber auf diesen Theil allein. Sie passen gut zusam=
men, der siebente Theil enthält 168 Blätter, der achte 132; beide wur=
den in den Romancero general als siebenter und achter Theil auf=
genommen.

Der neunte und letzte Theil, den ich ebenfalls besitze (Madrid
1597, lang 18., 144 Bll.), hat eine „Aprobacion" von dem bekann=
ten Juan Rufo mit dem Datum vom 4. Septbr. 1597 und eine
„Tassa" vom 22. März 1596. Die Aprobacion sagt aber, er sei
„intitulado Flores del Parnaso, repartido en dos Partes", und die
Tassa nennt ihn „Otava (sic) y Novena Parte de Flores del Parnaso", während sein eigener Titel ist „Flor de varios Romances
diferentes de todos impresos, Novena Parte", obwol viele derselben,
wie wir wissen, früher gedruckt wurden. Er stimmt bis zum Blatt 135
mit dem neunten Theile des Romancero general überein, von da bis
zum Ende auf Bl. 144 b weicht er aber ab.

V. Aus diesen neun Theilen wurde mit geringen Aenderungen
und Zusätzen die erste Ausgabe des berühmten „Romancero general"
(Madrid 1600, 4.) zusammengestellt (die Tassa ist vom 16. Decbr. 1599);
sie wurde von Luis Sanchez gedruckt und nimmt 368 Blätter ein. Sie
ist äußerst selten; ich fand ein Exemplar derselben in der königlichen
oder Nationalbibliothek zu Madrid und ein anderes in der Biblioteca
Communale zu Bologna. Die nächste Ausgabe, die ich besitze, hat nur
sehr geringe Zusätze und Aenderungen und wurde von Juan Godinez
de Millis gedruckt (Medina del Campo 1602, 4., 362 Bll.). Die dritte
Ausgabe (Madrid, Juan de la Cuesta, 1604, 4., 499 Bll.) enthält einen
Wiederabdruck der neun Theile, wozu noch vier andere konnten, sodaß es
nun im ganzen 13 Theile sind. Die letzte Ausgabe aber, obwol ein bloßer
Wiederabdruck dieser unmittelbar vorhergehenden, ist indessen angekündigt als
„añadido y emendado por Pedro Flores", den wir als Herausgeber
des vierten, fünften und sechsten Theils kennen gelernt haben, der aber
kaum der Herausgeber oder Sammler der ganzen 13 Theile gewesen
sein kann. Diese vierte und letzte Ausgabe erschien in Madrid (Juan
de la Cuesta, 1614, 4.) und ist Seite für Seite ein Wiederabdruck der
Ausgabe von 1604. Vorher hatte aber schon Miguel de Madrigal die
„Segunda Parte del Romancero general" (Valladolid 1605, 4.,
220 Bll.) herausgegeben; die letzten 100 Blätter derselben enthalten
aber canciones und andere Gedichte in italienischer Manier.

[Herr Robert Turner in London besitzt auch von den drei letzten
Theilen, dem 11., 12. und 13., des Romancero general Separat=
ausgaben in lang Duodez, die um 1602 erschienen sind. W.]

Die Erscheinung so vieler verschiedener Romanzensammlungen in
der letzten Hälfte des 16. und den ersten Jahren des 17. Jahrhunderts
läßt keinen Zweifel darüber, daß die Romanzen allen Gesellschaftsklassen
in Spanien bekannt waren und allmählich auch bei den höchsten beliebt
wurden. Die „Romanceros generales" waren aber zu groß für den
Volksgebrauch. Kleinere Romanzenbücher wurden daher gedruckt; zu

diesen gehören Castaña's „Nuevos Romances" (1604); der „Jardin de Amadores" von Juan de la Puente (1611); die „Primavera" des Pedro Arias Perez, eine mit vieler Kritik gemachte Sammlung, die 1621 gedruckt ist, von der aber acht oder zehn Ausgaben bekannt sind, ungerechnet einen zweiten Theil von Francisco de Segura, von dem ich aber nur mein Exemplar kenne, das 1659 erschien; die „Maravillas del Parnaso" von Jorge Pinto de Morales (1640); die „Romances varios" (1655) von Pablo de Bal, durchgängig leicht und satirisch, viele davon aus Quevedo genommen; die „Romances varios" des Antonio Diez (1663), die zum Theil dieser letzten Sammlung entnommen sind, aber bedeutende Zusätze enthalten, und einige andere von geringerer Bedeutung, die man bei Duran, Depping und Wolf erwähnt findet und die ohne Zweifel zur Befriedigung des großen Verlangens der minder Gebildeten unter dem spanischen Volke erschienen, und so sind sie manchmal in kleinen, schlecht gedruckten Bänden, häufiger aber in fliegenden Blättern (broadsides) bis zu unserer Zeit immer wieder neu aufgelegt worden. Aus ähnlichen Gründen, wenngleich vielleicht mehr um den kriegerischen Geschmack der Zeit zu befriedigen und die Heere in Deutschland, Italien und beiden Indien zu erfreuen, wurden aus den allgemeinen Romanzenbüchern ausgewählte kleine Sammlungen gemacht, die nebst Beiträgen aus andern Quellen in bequemer Gestalt nur Romanzen anregender Art enthielten. In dieser Art sind die „Floresta de Romances de los Doce Pares de Francia" (Alcalá 1608 und vielleicht früher in Valencia ohne Jahreszahl erschienen), und desgleichen der „Romancero del Cid" von Juan de Escobar (Alcalá 1612), welche beide Sammlungen oft wiederabgedruckt sind.

Gegen das Ende des 17. Jahrhunderts begann aber die Liebe zu den alten spanischen Romanzen, ebenso wie die zur alten volksthümlichen Literatur, bei den höhern Ständen abzunehmen und mußte, als mit dem 18. Jahrhundert die Bourbonische Dynastie und der französische Geschmack zur Herrschaft kamen, fast ganz verschwinden. Man vermochte aber nicht ein so starkes Gefühl, das im Volkscharakter so tiefe Wurzeln geschlagen hatte, auszurotten. Der Hof und der Adel vergaßen in der That die Romanzen, oder vernachlässigten sie, aber die Masse der Nation blieb ihnen treu, was sowol aus dem klaren Zeugnisse des Sarmiento, als aus der Thatsache hervorgeht, daß sie unaufhörlich zum Volksgebrauche auf die wohlfeilste Weise wiedergedruckt wurden, und meist auf ganzen Bogen, die nur auf einer Seite bedruckt waren (broadsides). Endlich wurde der Versuch gemacht, ihnen wiederum den alten Boden neu zu gewinnen. Don Ramon Fernandez (Estala) ließ zwei Bände Romanzen im Jahre 1796 als einen Theil seiner Sammlung spanischer Dichter wiederabdrucken, und Quintana schrieb eine Vorrede zu denselben, in welcher er erklärte, daß nach seinem Urtheile „die Romanceros schönere und kräftigere Ausdrücke und zartere und feinere Gefühle als die ganze übrige spanische Dichtkunst enthielten". Der gebildete Theil der Nation stimmte diesem hohen Lobe nicht bei;

aber Quintana ermangelte nicht, es zu wiederholen, als er 1807 einen Theil der nämlichen Vorrede vor seinem „Tesoro" wiederabdrucken ließ, und veranstaltete zur selben Zeit einen kleinen, aber anmuthigen Blumenstrauß reizender Romanzen, um seine Behauptung zu verfechten. Man muß indessen zugeben, daß wenig oder gar kein Erfolg in Spanien erreicht wurde. Im Auslande zeigte sich aber bald einiger Erfolg. Jakob Grimm gab 1815 in Wien eine kleine Sammlung der besten alten Romanzen, vorzugsweise aus dem Romanzenbuche von 1550 bis 1555 heraus; im Jahre 1817 veröffentlichte C. B. Depping eine größere, die über 300 Romanzen enthält, mit deutscher Vorrede und Anmerkungen; diese ausgezeichnete Sammlung wurde zuerst mit kleinen Aenderungen von Salvá 1825 in London wieder herausgegeben, eine sehr vermehrte und verbesserte Ausgabe ließ Depping selbst in Verbindung mit A. A. Galiano in Leipzig erscheinen, zu welcher Ausgabe Wolf im Jahre 1846 ein interessantes Bändchen hinzufügte, das Romanzen aus den Rosas des Timoneda enthielt. Alle diese verdienstvollen Sammlungen haben mehr als je zuvor dazu beigetragen, die altspanischen Romanzen außerhalb Spaniens allgemein bekannt zu machen, insbesondere auch dadurch, daß sie die lebendigen, aber sehr freien Uebersetzungen von Lockhart ins Englische (1823) und die interessanten historisch-angeordneten französischen Prosaübersetzungen von fast 300 von Damas-Hinard (1844) hervorriefen, vielleicht auch die deutschen von Emanuel Geibel und Paul Heyse (1852).

Ein guter Erfolg ward indessen binnen kurzem auch in Spanien erreicht. Don Agustin Duran veröffentlichte in den Jahren 1828 bis 1832 fünf Bände Romanzen, die mit einigen unbedeutenden Aenderungen 1838 von Ochoa in Paris und 1840 von Pons in Barcelona wiederabgedruckt wurden. Duran fühlte aber, daß seine Arbeit unvollständig sei, und der Erfolg derselben hielt ihn daher nicht ab, lange mit großem Fleiße an einer größern Vervollständigung derselben zu arbeiten. Das Resultat war, daß er im Jahre 1849 und 1851 einen „Romancero general" als 10. und 16. Band von Ribadeneyra's Biblioteca veröffentlichte, gegen den alle seine frühern Arbeiten unbedeutend erscheinen. Er umfaßt über 1900 Romanzen, anstatt der 1200 in seinen frühern Sammlungen, und die verständige und geschmackvolle Anordnung, die bibliographischen Details zu den einzelnen Romanzen und die historischen und andern Anmerkungen, die sie erläutern, sind in der That ausgezeichnet. Alles zusammengenommen, was jemals geschehen ist, um diesen schwierigen und interessanten Zweig der spanischen Literatur zu erläutern, kommt dem nicht gleich, was in diesem einzigen Werke erreicht worden ist. Unzweifelhaft hätten sich noch mehr Romanzen und zwar bedeutend mehr, sowol aus den alten Romanceros als aus den Quellen, zusammenbringen lassen, und noch mehr werden ohne Zweifel später zu Stande gebracht werden; aber von einer Person läßt sich nicht mehr verlangen, als Señor Duran hier geleistet hat.

Ein anderes Werk der nämlichen Klasse, von ebenso großem Interesse für alle Freunde der spanischen Literatur erschien 1856 in Berlin.

Dies ist die „Primavera y Flor de Romances, ó Colleccion de los mas viejos y mas populares Romances Castellanos, publicada con una Introduccion y notas por Don *Fernando José Wolf* y Don *Conrado Hoffmann*". Es ist in zwei kleinen, sehr nett gedruckten Bänden erschienen und enthält etwas mehr als 200 Romanzen. Diese Anzahl ist mit der des großen Romancero von Duran verglichen nur gering; aber die Romanzen sind mit sehr richtigem Urtheile aus den ältesten, besten, reichsten und anziehendsten der ältesten Sammlungen ausgewählt; überdies enthält diese Sammlung noch eine gelehrte Vorrede, Anmerkungen und Varianten, ganz nach dem Muster, wie man die alten Classiker zu behandeln pflegt, und dies Alles in gutem und elegantem Spanisch. Die Redaction dieser Sammlung ist mit viel größerem Geschick besorgt, als die der Sammlungen Depping's und Duran's.

Diese zwei Sammlungen, nämlich die Duran's und Wolf's zusammengenommen, lassen wenig mehr zu wünschen übrig, und wahrscheinlich dürfte von der Klasse Gedichte, denen dieselben gewidmet sind, nachmals nicht mehr · viel Werthvolles zu Stande gebracht werden. Duran's Sammlung enthält beinahe alles, was jene, die erschöpfende Studien anstellen wollen, nur wünschen können. Wolf will nur jene befriedigen, die blos das Ausgewählteste und Schönste, und zwar in seiner besten Form, kennen zu lernen wünschen.

Seite 504 und 505.

[Ueber spanische Tänze vgl. Escenas andaluzas. von **Serafin Calderon** (El Solitario) [Madrid 1847]. El Bolero, S. 28; — Un baile en Triana, S. 211.

Ueber *danzas* y *bailes: Mariano Soriano Fuertes*, Hist. de la música española (Madrid und Barcelona 1855), T. I, c. IV; — dort auch angeführt: *Juan Esquivel Navarro*, Discursos sobre el arte del danzado (Sevilla 1642, Juan Gomez de Blas). W.]

Seite 541. Zeile 11 von oben

lies: Von dieser Ausgabe sind die Exemplare nicht so selten, als man nach ihrem angeblichen Alter vermuthen sollte.

Zeile 22 von oben

lies statt: einen Abdruck, wie er jetzt vor mir liegt, zwei Abdrücke, wie sie jetzt vor mir liegen.

Anmerkung zu Zeile 24 von oben.

Eins der Exemplare des „Epistolario" von 1499, die ich besitze, ist ein ausgezeichnetes, das sich früher in der Bibliothek des bekannten Marquis von Astorga befand, und es ist bei demselben ersichtlicherweise der Büchersammlern wohlbekannte Pfiff angewendet worden, daß man die Blätter desselben sorgfältig gerieben hat, um dem Ganzen einen alten Anstrich zu geben; es ist aber doch nicht der Schmuz des Alters daraus geworden.

Seite 541. Zeile 18 von unten.

Schalte nach „Schriftsteller" ein: als von Gil Gonzalez Davila in seinem 1647 gedruckten „Teatro de las Iglesias de España".

Nachschrift 1861 (zu dieser fünften Beilage).

Der Marquis von Pidal veröffentlichte in der „Revista española de ambos mundos" (1854, II, 257—280) einen gelehrten Artikel von mehr als 20 Seiten zur Widerlegung der vorhergehenden Beilage; in demselben sprach er seinen Glauben an die Existenz des Baccalaureus Cibbareal aus und vertheidigte die Echtheit des größern Theils des Centon epistolario, ohne übrigens für die Echtheit des Ganzen ein= zustehen.

Ich habe bereits diesem Staatsmanne und Gelehrten für seine Freigebigkeit sowol als für sein gesundes Urtheil und für seinen Ge= schmack, die er bei der Herausgabe von Baena's Cancionero bewiesen hat, gebührenderweise meine Verehrung ausgesprochen (s. oben, Per. 1, Abschn. 23, Anm. 1). Dieselben ausgezeichneten Eigenschaften hat er auch in der langen Abhandlung bewiesen, die er meinen Ansichten von den Briefen des Cibbareal widmete. Er hat auch hier eine gründliche Kenntniß des Gegenstandes, bereits erprobte Geschicklichkeit und Behut= samkeit, verbunden mit der feinsten Höflichkeit, gezeigt.

Ich muß indessen gestehen, daß er mich durchaus nicht zu seiner Ansicht bekehrt hat. Ich muß sogar noch mehr sagen; — er hat, wie ich meine, meine Behauptung wesentlich unterstützt und mich überzeugt, daß (was ich schon im Jahre 1849 angedeutet, aber noch nicht zu be= haupten gewagt habe) Juan Antonio de Zuñiga, der von Philipp IV. zum Grafen de la Roca gemacht wurde, der wirkliche Verfasser der fraglichen Briefe war. Zur Unterstützung dieser Behauptung setze ich nachfolgende Thatsachen und Gründe her, die größtentheils dem näm= lichen Artikel des Marquis von Pidal entnommen sind und sich daher auf seine Autorität stützen.

1. Don Juan de Vera, von einer alten und achtbaren Familie, hatte die Schwäche, mit seinen ihm bekannten Ahnen nicht zufrieden zu sein, und griff daher zu durchaus nicht zu rechtfertigenden Mitteln, um denselben mehr Glanz zu verleihen. Er schrieb selbst oder ließ schreiben nicht weniger als sechs verschiedene Werke, die er unter verschiedenen Namen, als Belasquez de Mena, Silva de Chaves und Pedro Fernando Gayoso zwischen 1617 und 1636 angeblich in verschiedenen Städten, als in Mailand, Arras, Salamanca, ja selbst in Lima erscheinen ließ; die in denselben mitgetheilten Belege führten seine Familie bis zu den entfern= testen Zeiten des Alterthums zurück und machten ihn mit der Hälfte der gekrönten Häupter Europas der damaligen Zeit und mit fast allen Granden Castiliens, Aragoniens und Portugals verwandt. Die in

15*

allen biefen Werken mitgetheilten Thatsachen sind, insofern es sich um eine solche ausschweifende Vergrößerung seines Stammbaumes handelt, nach der eigenen Angabe des Marquis von Pidal falsch und von Bera y Zuñiga selbst gefälscht.

2. Elf von den 105 Briefen des Epistolario des Cibbareal enthalten Stellen und Daten von genau der nämlichen Beschaffenheit, — b. h. Stellen, die deutlich die große Macht und das hohe Ansehen bezeugen, deren Bera y Zuñiga's Familie zur Zeit Johann's II. sich erfreute, wovon sich keine Spur weder in den Chroniken der damaligen Zeit, so ausführlich und minutiös dieselben auch sind, noch sonst irgendwo außer in diesen Briefen finden läßt; alle diese Stellen wurden, wie der Marquis von Pidal einräumt, von Bera y Zuñiga gefälscht und interpolirt, der, wie Pidal glaubt, diese angeblich in Burgos 1499 erschienene Ausgabe des Epistolario in Venedig, wo er in den Jahren 1632 bis 1635 Gesandter war, drucken ließ.

Ist es nun so zugegeben und selbst die Anklage erhoben worden, daß die ziemlich ausführlichen Stellen über die Familie Bera im 2., 8. und 37. Briefe in der That von Bera y Zuñiga gefälscht und interpolirt und mit einer so vollkommenen *callida junctura* an ihren respectiven Plätzen eingeschaltet worden seien, daß sich im Stil keine Einflickung oder Ungleichheit zeigt, die ihren unechten Ursprung verrathen könnte, so ist man auch berechtigt zu behaupten, daß der nämliche Bera y Zuñiga ebenso wol fähig war, die ganzen 105 Briefe zu fälschen, als ihm dies auch bei seiner gänzlichen Nichtachtung der Wahrheit zugetraut werden darf. Ueberdies meine ich, daß ihm dies beinahe ebenso leicht gefallen wäre, als alles das zu thun, was er zugegebenermaßen gethan haben soll, und daß es in größerer Uebereinstimmung mit seinen bekannten Gewohnheiten gestanden hätte, denn nachdem er schon vier oder fünf Bücher zu demselben Zwecke gefälscht hatte, so mußte es ihm natürlich nicht schwer fallen, eins mehr zu fälschen.

Das Endresultat, zu dem ich - nach abermaliger Erwägung der ganzen Materie und Durchlesung des Aufsatzes von Pidal gelangt bin, ist also, daß es klar dem Interesse des Bera y Zuñiga entsprach, und daß es ganz und gar mit den bekannten Eingebungen seiner persönlichen Eitelkeit und mit der Art und Weise seiner vorhergegangenen ähnlichen Fälschungen für den nämlichen Zweck zusammentraf, eine solche Fälschung wie den Centon epistolario zu veranstalten und mit einer falschen Jahreszahl drucken zu lassen. Dies ist, wie ich vernehme, jetzt die Meinung der meisten Spanier, die in solchen Fragen erfahren und zur Beurtheilung derselben competent sind. So hielten schon 1851 die gelehrten Herausgeber des „Cancionero de Baena", der unter den großmüthigen Auspicien eben des Marquis von Pidal veröffentlicht wurde, dieses ganze Epistolario für eine Fälschung irgendjemands, „denn", sagen sie (S. 684, Anm. CXVIII), „es berechtigen triftige Gründe zur Annahme, daß seine (Cibbareal's) Briefsammlung ganz und gar nach der Chronik (Johann's II.) fabricirt worden sei"; und

die gelehrten Uebersetzer der gegenwärtigen Geschichte gehen noch wei=
ter und schließen ihre Bemerkungen über die ganze Frage, indem sie
ihren Glauben aussprechen (IV, 408), „daß der Epistolario aus=
schließlich eine Arbeit des Conde de la Roca sei". Ich darf auch
nicht die Meinung dieser beiden Uebersetzer unerwähnt lassen, daß
eine sorgfältige Prüfung des Stils des Centon epistolario erkennen
lasse, daß es nicht der der Zeit Johann's II. sei. Ich war, als ich
die vorhergehende Beilage vor zwölf oder mehr Jahren ausarbeitete,
zu demselben Schlusse gekommen; denn ohne sich in eine strenge Prüfung
der Syntax und Phraseologie einzulassen, welcher Aufgabe ich im Altspanischen nicht gewachsen bin, so kann doch selbst ein Ausländer, wenn
er mit den spanischen Chroniken des 15. Jahrhunderts vertraut ist, wie
ich glaube, bemerken, daß die Archaismen des angeblichen Baccalaureus
oft überladen sind, und daß im allgemeinen die Färbung, der Ton und
die Gefühlsweise seiner Briefe nicht immer die der Periode sind, in der
er gelebt haben soll.

Ich verdanke den Andeutungen des Marquis von Pidal nicht blos
einige nicht sehr bedeutende Aenderungen in der vorhergehenden Beilage,
sondern auch den klaren Beweis, daß der „Centon epistolario" wirk=
lich und gänzlich das Werk des Don Antonio de Vera y Zuñiga, Gra=
fen de la Roca, ist, der 1658, etwas mehr als zwei Jahrhunderte nach
dem Datum des letzten der Briefe des „Epistolario", gestorben ist.
[Vgl. auch: *Adolfo de Castro*, Memoria sobre la ilegitimidad
del Centon epistolario, y sobre su autor verdadero (Cadiz 1857,
4). W.]

Seite 545.

[Ueber den Buscapié s. auch: El Buscapié del buscarruido de
D. A. de Castro. Critico-critica, por el bachiller Bo-voina (Valencia 1851).

Conjeturas sobre el fundamento que pudo tener la idea que
dió origen á la patraña de *El Buscapié*, por *Cayetano Alberto de
la Barrera*; — in der *Revista* de ciencias, literatura y artes (Sevilla 1855—1856, II, 731; III, 5, 69, 207, 261). W.]

Seite 545. Zeile 12 von oben

nach „einer, ich meine nicht früher" lies: außer von Pellicer zwei
Jahre vorher, erwähnten Sage u. s. w.

Anmerkung zu dieser Einschaltung.

Ensayo de una Biblioteca de Traductores, 1778, I, 166.
Wie ich glaube, schöpfte Pellicer seine Information aus dem vom
16. Decbr. 1775 datirten Briefe des Ruybiaz, auf welchen, wie wir
gleich sehen werden, sich Los Rios im Jahre 1780 berief. Es muß
indessen bemerkt werden, daß Pellicer vom Anfange an der Geschichte
keinen Glauben beimaß.

Seite 545. Zeile 4 von unten

ließ statt Graf von Salcedo Graf von Saceda, und ebenso S. 546, Zeile 8 und 24 von oben.

Seite 546. Anmerkung zu Zeile 15 von oben.

Der Herzog von Almodóvar erwähnt in seiner „Decada epistolar" (1781, S. 181) einer andern wunderlichen Hypothese. Er beklagt sich, daß „Moreri y los demas Diccionarios de aquella clase que ordinariamente le copian" erklärten, daß der Don Quixote eine Satire auf den Herzog von Lerma sei, weil dieser Minister dem Gerüchte nach Cervantes übel behandelt haben soll; eine närrische Anekdote, setzt Almodóvar hinzu, die in der großen französischen Encyklopädie, Artikel Roman, Aufnahme fand.

Anmerkung zu Zeile 11 von unten.

Don José Mor de Fuentes sagt in seinem „Elogio de Miguel de Cervantes" etc. (Barcelona 1835), daß er noch bei Lebzeiten des Grafen von Saceda, mit dem er auf einem sehr vertrauten Fuße stand, die Bibliotheken seiner Paläste, sowol in Aranjuez als in Madrid, sehr sorgfältig nach dem Buscapié durchforscht, aber kein Exemplar desselben und ebenso wenig in den alten und neuen Katalogen eine Spur gefunden habe, daß je ein Exemplar desselben in einer dieser Bibliotheken vorhanden gewesen sei.

Seite 551. Anmerkung zu Zeile 19 von unten.

Cervantes erwähnt die Grube von Cabra auch in seinem „Zeloso Estremeño" (Novelas 1783, II, 45).

Seite 552. Anmerkung 1.

Die am meisten gebräuchliche Form dieses Sprichwortes „Al buen callar llaman Sancho" ist wahrscheinlich auch die richtige; denn man leitet dieses Sprichwort von dem Umstande her, daß, als König Ferdinand der Große, der Vater des durch den Cid bekannten Königs Sancho, jedermann verfluchte, der die Stadt Zamora seiner Tochter Urraca entreißen würde, die beiden Brüder Sancho's dazu Amen sagten, er aber schwieg, wie es in den alten Versen heißt:

„Á quien te quite á Zamora
La mi maldicion le cayga."
Todos responden „Amen!"
Sino Don Sancho que *calla*.

Carta de Paracuellos (Madrid 1789, S. 71).

Nachschrift 1861.

In dem Madrider „Heraldo" vom 10. und 18. Octbr. 1850 veröffentlichte Don Adolfo de Castro eine Entgegnung auf die vorhergehende 1849 erschienene sechste Beilage des Anhangs, in der er an der Behauptung festhielt, daß der Buscapié ein echtes Werk des Cervantes sei. Der Ton dieser Entgegnung war etwas rauh und bitter, und obwol er dieselbe, als er 1851 den Buscapié mit einer Ausgabe des Don Quixote veröffentlichte, in einer etwas mildern Form wieder-abdrucken ließ, so war diese doch nicht so urban, wie es in Dis-cussionen zwischen Männern der Wissenschaft sich gehörte; doch dies nebenbei. Die bezeichnendsten Facten in dieser letzten Schrift von 1851 sind: 1. Ließ Don Adolfo in derselben die Beglaubigun-gen des Ursprungs seiner Handschrift des Buscapié hinweg, die früher die hauptsächlichste Unterstützung der Echtheit des Werkes waren, weil die Beglaubigung, daß diese Handschrift für Gonzalo Za-tieco de Molina abgeschrieben worden sei, von mir (S. 549) für eine Fälschung erklärt worden war. 2. Gab er vor, daß es ihm zweifelhaft vorkomme, ob Gonzalo Zatieco de Molina die nämliche Person mit Gonzalo de Argote y Molina sei, obwol dies nicht blos in mehr als einer Weise bewiesen werden könnte, und er selbst in seiner eigenen Vorrede zum Buscapié (1848, S. xvi) es geradezu bejaht hatte. Das Resultat des Ganzen war, daß er heimlich und im stillen seine Posi-tion gänzlich veränderte, und damit deutlich genug zeigte, daß dieselbe nie begründet gewesen war.

Ungeachtet dieser Beschaffenheit seiner Entgegnung erwiderte ich doch in der spanischen Uebersetzung dieser Geschichte (IV, 218) ausführ-lich auf dieselbe, und zeigte, wie ich meine, daß alle Behauptungen, die er meinen Aufstellungen entgegengesetzt hatte, ohne irgendeine ge-nügende Begründung seien. Eine so ausführliche Erwiderung war mei-nem Dafürhalten nach nur in Spanien nothwendig; denn außerhalb Spaniens hatte, soviel ich weiß, der Buscapié wenig Anhänger gefun-den, und ich habe dieselbe daher hier nicht wieder aufgenommen. Auch glaube ich nicht, daß eine solche Erwiderung zur Zeit als sie erschien, was einige Jahre, nachdem sie geschrieben war, geschah, selbst in Spanien nothwendig war. Als der Buscapié 1848 zum erstenmal er-schien und als die erste Ausgabe dieser Geschichte im Jahre 1849 ver-öffentlicht wurde, unterstützte die allgemeine Meinung in Spanien einiger-maßen Don Adolfo's Ansprüche. Es war wohl bekannt, daß Quin-tana, Pidal, Mora, Mesonero und andere Gelehrte in Madrid dafür hielten, daß der Buscapié wahrscheinlich ein echtes Werk des Cervantes sei, und Mora vertheidigte es öffentlich als ein solches bei seinem ersten Erscheinen. Aber das Urtheil der competenteren und besonneneren Män-ner, deren Meinung hier den Ausschlag gab, verursachte bald einen Um-schlag der öffentlichen Meinung in gerade entgegengesetzte Richtung, und jetzt, meine ich, dürften wenige vorsichtige Kritiker in oder außerhalb Spaniens nicht mit der Entscheidung der gelehrten Herausgeber der im Jahre 1857 in Madrid veröffentlichten Uebersetzung dieser Geschichte übereinstimmen, die den Buscapié für einen literarischen Scherz des Herrn Castro — *un juguete literario del Señor Castro* — erklärten. Für das habe ich ihn immer seit der ersten Durchlesung gehalten, und ich finde mich durch alles, was seitdem über diesen Gegenstand gesagt worden ist, nicht veranlaßt, ein Jota an den Behauptungen oder Grünben ju ändern, die ich im Jahre 1849 zur Begründung meiner Ansicht angeführt habe.

Nur in Beziehung auf die angebliche Handschrift des Buscapié, die Don Adolfo de Castro im Jahre 1847 gekauft zu haben behauptet, von deren Echtheit so viel abhängt, will ich hier noch einige Worte hinzufügen. Im Jahre 1851 forderte Don Bartolomé José Gallardo, ben Señor Castro selbst im Jahre 1848 als „el muy docto filologo español" gepriesen hatte, Don Adolfo öffentlich auf, seine Handschrift Kunstverständigen oder einer akademischen Commission vorzulegen, und fügte hinzu, daß ein Mitglied der Akademie der Geschichte, der sie gesehen hatte, ihm, Gallardo, versichert habe, dieselbe sei eine rohe, unsinnige und stümperhafte Fälschung, „una ficcion ruda, necia y chapuzera." (Siehe S. 53 und 88 einer Flugschrift, die ben An-spruch von Castro's Buscapié, ein Werk des Cervantes zu sein, ver-spottet und ben Titel führt „Zapatazo á Zapatilla y á su falso Buscapié un Puntillazo, por Don J. B. Gallardo", Madrid 1851, der sich so übersetzen läßt: „Ein Klaps für den kleinen Fälscher und ein Fußstoß für seinen falschen Buscapié"; — Zapata war nämlich ber Fälscher einer Chronik, der dafür von Nicolas Antonio, Bibl. ve-tus, lib. VI, cap. XXII, §. 463, und abermals in seinen Historias fabulosas, S. 23, gezüchtigt wird.) Gallardo starb alt im Jahre 1862; aber dieser Appell an Don Adolfo de Castro's Ehre ist 10 Jahr ohne Erwiderung geblieben. Die Handschrift des Buscapié ist nicht vor-gelegt worden; Don Adolfo hat sich daher thatsächlich in contumaciam verurtheilen lassen.

Seite 556. Zeile 4 von oben

eine in Brüssel, 1611, die, wie die meisten daselbst gedruckten spanischen Bücher, voll Druckfehler ist, aber einige, in der Ausgabe von 1608 vorgenommene Verbesserungen auf-genommen hat.

Seite 557. Anmerkung zu Zeile 10 von unten.

Ein derb schmähsüchtiger Angriff auf Bowle wurde von Joseph Baretti in einer sonderbaren Schrift u. b. T. „Tolondron, Speeches to John Bowle about his edition of Don Quixote" (London 1786, 338 S.) gemacht. Baretti ließ sich wahrscheinlich zu dieser Extra-vaganza durch einen Artikel im Gentleman's Magazine des vorher-gehenden Jahres hinreißen, von dem er glaubte, daß er von Bowle geschrieben worden sei; dieser spielte nämlich auf einen Todtschlag an, ben Baretti in einem Straßenexcesse begangen hatte, wegen dessen er 1769 in einen peinlichen Proceß verwickelt worden war, worüber sich einige Nachricht in Boswell's Johnson befindet, da sowol Burke als Johnson als Leumundszeugen für Baretti vorgeladen worden waren. Ich glaube aber, es sei kein Beweis vorhanden, daß Bowle diesen Ar-tikel geschrieben habe, und hätte er es auch gethan, so wäre doch ein solcher Angriff auf ihn ungerechtfertigt, der auch, insofern es sich um seine Gelehrsamkeit handelt, erfolglos ist. Tolondron bedeutet soviel als „Schwindelkopf", was auf einen solchen Mann, und insbesondere in Beziehung auf seine Anmerkungen zum Don Quixote, durchaus keine Anwendung findet.

Seite 558. Anmerkung zu Zeile 16 von oben.

Die erste Veröffentlichung eines größern Stückes aus dem Don Quixote außerhalb Spaniens war, abgesehen von dem oben (Bd. I, S. 505, Anm. 2) erwähnten „Curioso impertinente", wie ich glaube, der „Homicidio de la fidelidad y la defensa del honor" etc. (Paris, Jean Richer, 1609, 18., 125 S.). Es ist aus dem ersten Theile des Don Quixote (Kapp. 12, 13 u. f. w.) und enthält die Geschichte der Marcela und das Gespräch über Waffen und Wissenschaften, aber mit gelegentlichen Aenderungen und einer Uebersetzung für Anfänger in der spanischen Sprache.

Anmerkung zu Zeile 20 von oben.

Einer alten französischen Uebersetzung mit zwei Fortsetzungen, die verschiedene mal gedruckt worden ist, muß hier mit einigen Worten gedacht werden. Die fragliche Uebersetzung erschien zuerst 1677 und rührte von Filleau de St. Martin, einem Buchhändler=Heloten jener Zeit, her. Sie ist schwach und ungetreu, überdies am Ende des vierten Bandes bedeutend abgeändert, indem sie nämlich den Don Quixote von der Krankheit, an der er bei Cervantes stirbt, genesen und noch weitere Abenteuer erleben läßt. Diese Abenteuer beginnen in einem fünften Bande, von dem es aus innern Gründen wahrscheinlich ist, daß ihn Filleau de St. Martin geschrieben habe (s. Barbier, „Anonymes", Nr. 7502), obwol er sich als die Arbeit eines bekehrten Arabers ausgibt. Diese Fortsetzung ist ganz werthlos, sie verbirbt den Charakter Sancho's, indem sie ihn zu einem Ritter macht, und endet mit einer Geschichte, die in Frankreich spielt und die, wie alles Uebrige in diesem Bande, zu dem Roman des Cervantes nicht paßt, dem sie ungeschickterweise angehängt ist. Bevor aber Filleau de St. Martin sein Werk vollendet hatte, starb er, wahrscheinlich schon 1695. Seine unvollendete Arbeit wurde dann von Robert Challes oder Chasles aufgenommen, der 1659 geboren war und zum Rechtsgelehrten erzogen wurde; er war aber ein Mann, der ein unruhiges Leben voll der sonderbarsten Abenteuer führte. Er war viermal in Canada und wurde von den Engländern zum Gefangenen gemacht und nach Boston gebracht, und trieb sich nachmals in einem höchst abenteuerlichen Leben in England, Irland, dem Norden Europas, in der Türkei, Palästina und Ostindien umher (s. Jöcher's Lexikon, Fortsetzung von Abelung, Artikel Challes, und Biographie universelle, Artikel Chasles). Nach der endlichen Rückkehr von seinen Reisen veröffentlichte er eine Schilderung derselben und andere Werke von geringem Werthe; überdies unternahm er es in einem weitern Baude, den Don Quixote des Filleau be St. Martin zu Ende zu führen. Dies that er, wie sich aus dieser Fortsetzung selbst (S. 2) ergibt, nach 1700 und führte die Abenteuer des Don Quixote bis zum Tode des Ritters fort. Das Ganze ist aber eine erbärmliche Caricatur und Travestie des großen Werkes von Cervantes, die endlich zu einem überstürzten Schlusse kommt, augenscheinlich, weil der Verfasser nicht wußte, was er mit seinem Helden anfangen sollte. Diese Fortsetzung wurde zum ersten mal, wie ich glaube, 1715 gedruckt und ihr Verfasser lebte noch im Jahre 1720. Die Uebersetzung macht in meinem Exemplare, das ich von meinem Freunde Charles Sprague erhielt, vier kleine Bände, und die Fortsetzungen sind in zwei Bänden enthalten, die sämmtlich zwischen 1715 und 1719 von den Wetsteins gedruckt worden sind.

Die älteste französische Uebersetzung des ersten Theils des Don Quixote ist von Cesar Dubin und erschien zuerst 1620 in Paris. Sie ist dem Könige gewidmet und Dubin sagt, er habe einen großen Theil des Vaterlandes des Don Quixote in dessen Gesellschaft durchreist und komme nun zurück und wibme ihn in einem französischen Gewande Sr. Majestät. Dubin's Anmerkungen beweisen, daß er ein Lehrer des Spanischen war und seine Arbeiten zum Nutzen seiner Schüler bestimmt hatte. Der zweite Theil des Don Quixote wurde von F. Rosset übersetzt und 1632 ohne solche Anmerkungen gedruckt.

Eine Fortsetzung des Don Quixote in sechs Bänden erschien zu Paris (1722, 12.), von der Barbier (Nr. 17, 310) sagt, sie sei lange fälschlich dem Le Sage zugeschrieben worden, ohne daß er den wirklichen Verfasser derselben zu nennen weiß. In derselben wird Cid Hamet Benengeli zu einem der unter Philipp III. betriebenen Moriscos gemacht; soweit es sich aber um die zwei ersten Bände handelt, die mir allein bekannt sind, ist diese Fortsetzung sehr schwach.

Seite 559. Anmerkung zu Zeile 18 von unten.

Edward Ward war ein fruchtbarer, aber nun vergessener Dichter, der ein Kaffeehaus in London hielt und in der Dunciade (1. Gesang, Zeile 233) vorkommt.

Zeile 3 von unten vor Butler's.

Mißglückt ist auch b'Urfey's „Comical history of Don Quixote", ein höchst unanständiges Machwerk, das zuerst zwischen 1694 bis 1696 erschien und trotz seiner Obscönität auf der königlichen Bühne aufgeführt wurde und der Herzogin von Ormond gewidmet ist.*)

---

*) Theile desselben sind, obwol in Prosa gedruckt, in der That reimlose Verse. Das Ganze wurde von Collier in seinem „Short view" (1698, S. 196 — 208) gegeißelt; bessenungeachtet wurden die unzüchtigen Lieder desselben von Purcell und einigen andern Musikern jener Zeit in Musik gesetzt und in Folio 1694—1696 veröffentlicht.

Seite 560. **Anmerkung 2 der vorhergehenden Seite.**

Beide sind aber unzweifelhaft Nachahmungen, der „Fray Gerundio" eingestandenermaßen. S. den „Prologo con Morrion" der ersten Ausgabe, §. 38.

Anmerkung zu Zeile 9 von oben.

Es gibt verschiedene alte französische dramatische Bearbeitungen des Don Quixote, die längst verschollen sind, so z. B. „Les folies de Cardenio" von Pichot, 1623; „Dom Quichotte de la Manche" von Guerin de Boucal", 2 Theile, 1640; „Le gouvernement de Sanche Pansa", Lustspiel von demselben, 1642; „Le curieux impertinent, ou le jaloux", 1645; „Dom Quichotte de la Manche, Chevalier errant espagnol revolté, tragicomédie" von C. D., 1703, worin der Erzherzog im Successionskriege verspottet wird, und einige andere. Die unterhaltendste Anekdote bezüglich des Don Quixote auf der französischen Bühne ist aber, daß Molière in einem von Madeleine Bejart arrangirten Stücke: „Dom Quichotte, ou les Enchantements de Merlin" im Jahre 1670 die Rolle des Sancho spielte; der Esel aber, der, wie Grimarest sagt, seine Rolle nicht hinreichend gelernt hatte, kam wider den Willen seines poetischen Reiters, unter großem Gelächter des Publikums, zu früh auf die Bühne (Vie de Molière, Amsterdam 1705, S. 89).

Anmerkung zu Zeile 19 von unten

Eine literarische Fehde entspann sich wegen dieses Buches zwischen dem „Apologista Universal", einer periodischen Schrift jener Zeit, und einem Freunde des Verfassers, der auf den Angriff dieser Zeitschrift in einer von ihm „Justa Repulsa" betitelten kleinen Flugschrift antwortete (ohne Jahreszahl, 18., 20 S.). Die „Adiciones" waren indessen das in diesem Streite verschossene Pulver nicht werth.

Seite 561. Zeile 2 von oben.

Eine sechste Nachahmung (2 Theile in 8 kleinen Bänden) wurde 1813 von Ibarra in Madrid gedruckt und führt den Titel „Napoleon o el verdadero Don Quixote de la Europa", — bei welchem Buche Jahreszahl und Titel eine Erklärung unnöthig machen.

Zeile 4 von oben.

Ein kleiner anonym erschienener Band: „Instrucciones economicas politicas dadas por el famoso Sancho Panza, Gobernador de la insula Barataria á un hijo suyo", der in zweiter Auflage 1791 erschien, verdient kaum erwähnt zu werden. Er enthält blos die Sprichwörter Sancho's und scheint einen politischen Zweck gehabt zu haben.

Seite 562, Zeile 9 bis Seite 563, Zeile 6 von oben ist jetzt umgearbeitet wie folgt:

Von der ersten Sammlung, deren Haupttitel „Comedias de diferentes autores" ift, obwol fie auch manchmal „Comedias varias" ober „La Coleccion *antigua*" genannt wird, würde es nach meinem Dafürhalten gegenwärtig unmöglich fein, eine vollſtändige oder der Voll= ſtändigfeit nahe fommende Reihe zuſammenzubringen. Ich befitze fünf Bände derſelben, nämlich den 25., 28., 30., 31. und 43., und habe von neun andern genügende Nachricht. Der erſte dieſer 14 ift der 3. Band, von dem es zwei Madrider Ausgaben von 1613 und 1614 und eine Barceloner von 1614 gibt; der zweite ift der 5. Band, von dem es Ausgaben von Alcalá 1615, Madrid 1615 und Barcelona 1619 gibt; — beide dieſe Bände werden aber manchmal als Theile der ge= ſammelten *Comedias* des Lope de Vega gerechnet, obwol der erſtere unter zwölfen blos 3 Stücke des Lope enthält, ſowie der zweite gar nur eins unter zwölfen. Von dieſem 5. Bande müſſen wir einen großen Sprung bis zum 25. Bande machen; dies hat manche auf den Gedanken gebracht, daß die zwanzig dazwiſchenliegenden Bände entweder ganz oder zum größten Theil Bände von Lope's „Comedias" ſeien, obwol ſich gegen dieſe Conjectur einwenden läßt, daß nicht mehr als 22 Bände von Lope's Stücken erſchienen waren, als der 25. Band der *Diferentes* im Jahre 1633 herauskam. Der nächſte Band ift dann der 28., der in Huesca 1734 gedruckt wurde; dieſem folgen der 29., Valencia 1636; der 30., Saragoſſa 1636 und Sevilla 1638; der 31., Barcelona 1638; der 32., Saragoſſa 1640; der 33., Valencia 1642; der 41., Sara= goſſa 1646; der 42., Saragoſſa 1650; der 43., Saragoſſa 1650, und der 44., Saragoſſa 1652.

Außer dieſen befindet ſich aber in der Univerſitätsbibliothek von Bologna ein Band, den ich geſehen habe, der in Valencia als „Parte XXXXXVII" (sic) 1646 gedruckt zu ſein vorgibt; man hat mitunter gemeint, daß dies ein Druckfehler für XXXVII ſei; ich halte aber da= für, daß das ganze Titelblatt falſch ſei und ſpäter gedruckt wurde, als das Datum beſagt. Dieſer Band ift indeſſen nothwendig, um die 14 oben angeführten Bände voll zu machen, von denen ich 12 geſehen habe. Keiner wurde, wie ich meine, nach 1652 gedruckt, da die ge= wöhnlich „Comedias escogidas" geheißene Sammlung in dieſem Jahre in Madrid begonnen wurde und natürlicherweiſe an die Stelle der ältern treten mußte. Gayangos ſagt, man habe wegen der außerordent= lichen Seltenheit der Bände dieſer Sammlung die Meinung aufgeſtellt, daß einige dieſer 44 Bände nie gedruckt worden ſeien, ſondern daß Buchhändler in den Provinzen, als ſie den Erfolg ſahen, den die Reſidenzbuchhändler mit der Herausgabe von Stücken machten, Bände ſolcher Stücke mit einer Bezifferung, wie ſie ihnen gerade paſſend oder wahrſcheinlich dünkte, zuſammendruckten. Aber dies ift ebenſo wenig wahrſcheinlich, als die Behauptung, daß 25 Bände blos Bände einer Sammlung der Comedias des Lope waren; denn einige derſelben wur= den mehr als einmal gedruckt und die zwei erſten erſchienen in Madrid. Es ift unſtreitig ſeltſam, u. ſ. w.

Seite 564. Zeile 15 von unten und folg.

lies jetzt: Calderon, dem erfolgreichsten Schriftsteller der Zeit, welche er verherrlichte, werden in dieser Sammlung 53 Stücke — darunter viele fälschlich — ganz oder theilweise zugeschrieben, von denen es zuverlässig ist, daß kaum eins von ihnen mit seiner Erlaubniß gedruckt wurde, und nicht mehr als zwei, soweit ich sie mit den echten Aus= gaben seiner Werke verglichen habe, gehörig berichtigt; Moreto, dem nächst Calderon beliebtesten Schauspieldichter, werden auf gleiche Weise 46 Stücke gegeben, vermuthlich alle ohne seine Einwilligung und ge= wiß nicht alle von ihm.

Seite 565. Zeile 16 von oben.

In derselben Weise werden andere Stücke Verfassern zugeschrieben, von denen sie nicht herrühren, so wird z. B. „La batalla del honor" im 15. Bande als ein Stück des Zarate aufgeführt, während es von Lope ist.

Zeile 19 von oben.

Zwei Stücke des Zarate, die im 22. und 33. Bande stehen, sind im 41. Baude abermals abgedruckt.

Zeile 9 von unten

lies jetzt: Zu diesen kleinern Sammlungen gehören die Bände, heraus= gegeben von Aurelio Mey, 1608 —1614; Thomas Alfay, 1651;

Seite 566. Anmerkung zu Zeile 3.

Was die alten Sammlungen spanischer Stücke betrifft, so vgl. nun „Ueber die ältesten Sammlungen spanischer Dramen von Freiherrn Eli= gius von Münch=Bellinghausen" (Wien 1852, 4.), eine der gründlich= sten und gewissenhaftesten bibliographischen Monographien, die mir über irgendeinen Gegenstand bekannt geworden ist. Es würde mir viele Arbeit erspart haben, wenn ich dieselbe vor der ersten Veröffentlichung dieses Anhanges erhalten hätte, und noch größere Hülfe würde sie mir gelei= stet haben, wenn sie mir, bevor ich meine Kapitel über das Drama im 17. Jahrhunderte schrieb, zu Gebote gestanden hätte. Einiges Wenige ließe sich zu derselben noch aus den seither (1854) erschienenen Nach= trägen von Schack (s. namentlich S. 99) hinzusetzen.

Zusatz zu diesem Kapitel

S. über die Geschichte des spanischen Theaters nun auch den „*Catalogo bibliografico y biografico* del Antiguo Teatro Español desde sus origenes hasta mediados del Siglo XVIII." von Don Cayetano Alberto de la Barreira y Leirado (Madrid 1860). Dieses sorgfältig und fleißig gearbeitete Werk hatte vor seiner Ver= öffentlichung einen von der Nationalbibliothek ausgesetzten Preis gewon= nen und erschien dann auf Kosten der Regierung, welche Auszeichnungen es wohl verdient hatte. Es enthält Nachrichten über 1040 dramatische Schriftsteller und die Titel von ungefähr 4300 größern Stücken, 500 *Autos* und 4200 kürzern Stücken, größtentheils *entremeses*; — dem Ganzen geht ein kurzer Bericht über die wenigen früher erschienenen bibliographischen Werke über das spanische Drama voraus, am Schlusse folgen alle nothwendigen Inhaltsverzeichnisse. Natürlicherweise ist ein solches Buch ohne einzelne Irrthümer und Uebersehen nicht möglich; aber es ist, wie ich meine, eins der vollständigsten und zuverlässigsten Nachschlagebücher dieser Gattung, die es gibt.

[Ferner: Dramaticos posteriores á Lope de Vega, publ. por D. *Ramon de Mesonero Romanos;* im 47. und 49. Bande von Ribadeneyra's Bibl. de Aut. esp. (1858 und 1859). Enthalten, außer 60 Dramen, chronologische und alphabetische Verzeichnisse dramatischer Autoren und Stücke von 1580 bis 1740, die auch neben Barreira's Katalog berücksichtigt zu werden verdienen. W.]

Seite 568. Zeile 21 von oben

lies jetzt: Die andere Schrift war vom Vater Juan Andres, der in seiner „*Lettera a Valenti Gonzaga*" (Cremona) u. s. w.

Register.

A.

A secreto agravio secreta venganza, Schauspiel des Calderon, 121 fg.

Abarbanel, seine Dialoghi, 177.

Abril, Pedro Simon de, seine Apuntamientos, 67; überf. den Terentius, 76, und äsopische Fabeln, 202.

Academia del buen gusto, 198.

Acaso, El, y el error, Schauspiel des Calderon, 115.

Acosta, Christoval de, 180.

Abvenant, Maria L', Schauspielerin, 211.

Aesop, Abril's Ueberfetzung seiner Fabeln, 202.

Agamemnon, Abate, seine Carta censoria, 208 fg.

Aguirre del Pozo y Felices, Matias de, seine Navidad de Zaragoza, 166.

Akademie der spanischen Sprache, ihre Stiftung, 190.

Al buen callar llaman Sancho, Sprichwort, 230.

Alarcon, Arcangel de, sein Vergel de plantas divinas, 151.

——, Juan Ruiz de, 38; 109 fg.

Alarcos, Graf, Romanze vom, 16.

Albornoz, Carillo de, stiftet in Bologna das Collegium des h. Clemens, 37.

Alcaide de Zalamea, Schauspiel des Lope de Vega, 121.

Alcalá, Universität von, 57.

—— y Herrera, Alonso de, seine Novellen, 167.

Alcazar, Baltasar de, Dichter, 148.

Alcocer, Hernando de, überf. den Orlando furioso, 137.

Alcocer, Pedro de, Bericht über den Krieg der Comuneros, 212.

Alba, Romanzen von ihrem Traume, 17.

Albana, Cosmé de, seine Asnelda, 140; seine Gedichte, 141.

Aleman, Mateo, sein Guzman de Alfarache, 159 fg.; seine Orthographie, 191; sein h. Anton von Padua, 191 fg.

Alexander der Große, Gedicht über ihn, 26.

Alfay, Josef, seine Poesias varias, 144.

Alfons VII., von Castilien, Urkunde desselben von 1145, 1.

—— X., von Castilien, der Weise, seine letztwilligen Anordnungen, 6 fg.; das alchemistische Gedicht „El Tesoro" nicht von ihm, 7; als Gesetzgeber, Dichter und Schriftsteller, 9 fg.; seine Crónica general, 18 fg.; seine Verordnung über Büchercensur, 52; gegen die satirische Dichtung, 152; stiftet arabische Schulen, 214.

—— XI., von Castilien, Chronik seiner Regierung in Versen, s. Poema de Alfonso Onceno.

—— V., von Aragonien, 37 fg.

Algarotti, über die Oper, 206.

Aliaga, Luis de, schreibt unter dem Pseudonym Avellaneda, 85 fg.

Almacen de frutos literarios, 203.

Almenbares oder Almendariz, dichtet religiöse Gedichte, 82.

Almodóvar, Herzog von, seine Decada, 210 fg.; über den Don Quixote, 230.

Alphonsi, Petrus. 98.

Altomirano y Portocarrero, Baltasar, seine Novelle, 168.

C.

D.

G.

H.

I.

Job.

K.

L.

M.

N.

D.

P.

D.

R.

S.

T.

W.

X.

Y.

Z.

Zusätze und Berichtigungen.

Seite 13, Zeile 14 v. o., statt: gelegt, lies: gelegen

" —, " 5 v. u., gehört der Satz: „ist einzuschalten nach: unter ihren frühesten Eigenschaften", zu dem unmittelbar folgenden Zusatze zu Seite 88, Zeile 22 von oben.

" 22, " 6 v. u., muß das Wort „die" wegbleiben.

" 67, " 8 v. o., st.: à, l.: á

" 70, " 1 v. u., st.: Francisco, l.: Francesillo

" 91, " 18 v. o., st.: fenix, l.: Fenix

" 92, " 12 v. o., st., die, l.: dia

"—, " 15 v. u., st.: diéndos e, l.: diéndose

" 96, Zusatz:

Seite 586. Anmerkung zu Zeile 8.

Der spanischen Uebersetzung dieser Geschichte (Bd. II, S. 551) entnehme ich nach den eigenhändigen Aufzeichnungen des Lope de Vega folgende Daten einiger seiner Stücke: Prueba de los Amigos, 12. Sept. 1604; Carlos V. en Francia, 20. Nov. 1604; Batalla del Honor, 18. April 1608; Encomienda mal guardada, 19. April 1610; Lo que ha de ser, 2. Sept. 1624; Competencia en los Nobles, 16. Nov. 1625; Sin Secreto no hay amor, 18. Juli 1626; Bizarrias de Belisa, 24. Mai 1634. Diesen füge ich aus meiner Sammlung hinzu: Castigo sin Venganza, 1. Aug. 1631. Siehe auch Salvá y Baranda, Documentos ineditos, Bd. I.

" —, Zeile 1 v. u., st.: Lagrimas, Panegiricas, l.: Lagrimas Panegiricas

" 121, Zusatz:

Seite 28, Zeile 3 von unten.

Es darf indessen zu Calderon's Ehre nicht unerwähnt bleiben, daß er in dem ganzen Stücke: Die Liebe nach dem Tode, dem maurischen Charakter willig eine Gerechtigkeit widerfahren läßt, die ihm von Cervantes und Lope de Vega verweigert wurde.

" 134, gehört Z. 7 v. u. vor Z. 12 v. u., zu dem Zusatze zu Seite 106, Anmerkung 3.

Seite 148, Zeile 12, 11 und 2 v. u., ft.: Jaureguy, l.: Janregui
» 197, » 16 v. o., ft.: 7, l.: 8
» —, » 11 v. u., ft.: Balbez, l.: Balbes
» 198, Zusatz:

Seite 355, Anmerkung 2.

Greg. Mayans y Siscar hat eine sehr glückliche Auswahl von Proben aus den alten Cancioneros generales in seiner Retórica getroffen.

» 200, Zeile 11 v. u., ft.: Planto, l.: Parto
» 203, » 8 v. o., ft.: Bouville, l.: Bouvillé

— —

Druck von F. A. Brockhaus in Leipzig.